한국어 의미론

한국어 의미론

2023년 2월 28일 초판 1쇄 발행
2023년 8월 30일 초판 2쇄 발행

지은이 박철우·김윤신·김진웅·김진해·박재연·이동혁·이지영
　　　　이찬규·이혜용·임채훈·정연주·조경순·최경봉·최윤지
편집 임현규·정세민·한소영
디자인 김진운
본문조판 민들레
마케팅 김현주

펴낸이 권현준
펴낸곳 ㈜사회평론아카데미
등록번호 2013-000247(2013년 8월 23일)
전화 02-326-1545
팩스 02-326-1626
주소 03993 서울특별시 마포구 월드컵북로6길 56
이메일 academy@sapyoung.com
홈페이지 www.sapyoung.com

ISBN 979-11-6707-100-2 93700

한국어 의미론

박철우·김윤신·김진웅·김진해·박재연·이동혁·이지영
이찬규·이혜용·임채훈·정연주·조경순·최경봉·최윤지 지음

사회평론아카데미

머리말

한국어의미학회 총서기획위원회의 기획으로 『한국어 의미론』을 출간하게 된 것을 기쁘게 생각한다. 한국어의미학회는 국내 유일의 의미론 전문 학회다. 창립 20주년을 넘어서면서부터 주요 회원들 사이에서 그간의 축적된 역량을 모아 국어 의미론 분야와 학회의 발전을 위해 의미 있는 일을 추진해 보자는 마음들이 확인되었고, 마침내 13대 임원진(회장: 양명희)은 학회 산하에 총서기획위원회를 설치하여 첫 사업으로 이 책을 기획하기로 결정하였다.

의미론은 '언어학의 꽃'이라고 불릴 만큼 매력적인 학문이라는 말을 듣지만, 실제로는 기호의 의미가 그 형태처럼 청각 혹은 시각에 의해 지각할 수 있는 대상이 아니다 보니, 추상적이고 포착하기 어려운 존재로 치부되어 오히려 전문 연구자가 적고 언어학이나 국어학의 핵심 분야로 고려되지 않는 경우가 많다. 그러나 의미론은 어휘 의미 연구를 통해 사전 기술에 크게 기여해 왔다. 또한, 인간이 언어를 사용하는 이유가 의미의 전달이라고 보면 의미론 없는 언어학은 '팥소 없는 찐빵'이라고도 할 수 있을 것이다.

이 책은 국어학 분야 전공 학부생의 의미론 관련 수업에서 한 학기용 교재로 활용될 수 있도록 설계되었다. 지금까지 출간된 국어학 분야 의미론 교재가 없지 않으나 국어학의 다른 하위 분야들에 비해서는 그 수가 현저히 적은 편이며, 학계의 고매하신 선배 교수님의 단독 저술이 주종을 이루었다.

코로나19 감염증의 확산으로 두려움이 컸던 2021년 4월, 비대면 화상

회의로 첫 저자 모임이 열렸다. 우리가 다음과 같은 취지를 공유했던 기억이 새롭다.

- 새 국어 의미론 교재의 필요성에 대한 공감대가 형성되어 있다.
- 의미 연구를 위한 방법론 습득이 가능해야 한다.
- 적용 사례의 적확성, 참신성, 시대성을 교재에 충분히 반영할 필요가 있다.
- 국어교육 교육과정에서 차지하는 의미론 분야의 위상에 대한 인식 개선이 필요하다.

이후 후속으로 이어진 기획 회의를 통해, 지나치게 학술적인 접근을 지양하고 학부생의 눈높이에서 이해하기 쉬운 서술을 목표로 하여 흥미를 유발할 수 있는 도입부, 중간에 상자로 넣은 〈더 알아보기〉와 말미의 〈연습 문제〉, 〈읽을거리〉 등 구성 전반에 관한 논의를 조율할 수 있었다. 우리는 이 책이 국어학 전공생의 교재로서 널리 활용될 뿐 아니라 국어 의미론에 관심이 있는 교양인의 지적 욕구를 채우거나 국어 교과의 정책 수립에도 활용될 수 있는 유용한 길잡이로 남을 수 있기를 바란다.

이 책의 체제는 크게 네 개의 부로 나뉜다. 제1부 '의미론과 의미'는 총론이라 할 수 있고, 제2부 '어휘와 의미'는 어휘 의미론, 제3부 '문장과 의미'는 문장 의미론, 제4부 '발화와 의미'는 화용론을 다루고 있다. 제1부는 두 개의 장으로 이루어져 있고, 제2부에서 제4부까지는 각각 4개의 장으로 이루어져 있어 도합 14개의 장이 되었다. 한 주에 한 장씩 소화하고 한 주를 평가에 할애한다면 15주 만에 전체를 마칠 수 있을 것으로 기대된다. 물론 교수 방법과 담당 교수의 강조점에 따라 분량을 나누어 조금씩 오래 가르치거나, 아니면 같은 기간 내에라도 특정 부분을 강조하고 일부를 생략하는 방식으로 교수할 수도 있을 것이다.

체제 면에서, 기존 의미론 교재들보다 문장 의미론이 강화되어 있고 화용론도 공손성을 포함하는 등 외연을 확장하였다. 반면 이 책에서는 충분히 이해되기 어려운 연구사로 책을 시작하기보다 기본 개념을 익히는 일이 우선이라고 보았으므로, 연구사에 관심이 있는 독자라면 이 책을 읽는 중간이나 다 읽은 뒤에 의미론 연구사를 담은 기존 교재나 관련 문헌을 참조하면 좋을 것이다. 또한, 이 책은 구조 의미론, 인지 의미론, 생성 의미론, 형식 의미론, 화용론 등의 이론적 가정을 두루 담아내고 있지만 이론을 먼저 내세우기보다 언어 단위를 중심으로 장을 나누고 그 단위와 관련된 의미 현상들을 설명하기에 적절하다면 어떤 이론이든 채용할 수 있도록 기획하였다. 이론에 따라 더 근본적이라고 믿는 기본 가정이나 관심의 초점이 다를 수 있다. 이론은 현상을 설명하기 위한 도구이므로, 도구가 목적보다 중시되는 것은 바람직하지 않을 것이다. 우리는 어쩌면 모두 코끼리를 만지는 장님들일 수 있으니 말이다.

이 책의 저자는 14인으로 이루어져 있으며 모두 국어 의미론이 주전공이거나, 국어 의미론 교수 경험자, 의미를 배제할 수 없는 인접 분야의 연구자이다. 한국어의미학회가 아니었다면 한자리에 다 모이기 어려운 분들이기에 각 장에서 드러나는 저자들의 개성을 마주하는 일도 이 책으로 공부하는 일에 맛을 더해 줄 것으로 기대한다. 각 장의 저자는 다음과 같다. 제1장과 제7장의 박철우, 제2장의 이찬규, 제3장의 최경봉, 제4장의 김진해와 임채훈, 제5장의 정연주, 제6장의 이지영, 제8장의 김윤신, 제9장의 조경순, 제10장의 박재연, 제11장의 최윤지, 제12장의 이동혁, 제13장의 김진웅, 제14장의 이혜용. 열네 사람의 마음이 한 사람의 것과 같을 수 없겠으나, 옆 장의 저자와 장을 바꾸어 읽고, 다시 한 장 건너 다른 장의 저자와 장을 바꾸어 읽으면서 장과 장의 연결에 모순이 생기지 않도록 의견을 나누고 고치고 용어를 조정하기를 거듭했다. 그러나 여전히 남아 있는 부족한 부분에 대한 책임은 온전히 저자들의 몫이다.

이 책이 나오기까지 수고해 주신 한국어의미학회 총서기획위원회에 감사드린다. 저자로 참여한 네 사람(박철우, 최경봉, 김윤신, 박재연) 외에 특별히, 기획부터 교정까지 모든 단계에 함께 노심초사 애써 주신 양명희, 정주리 교수님의 노고에 깊이 감사드리며 이 책과 함께 두 분의 수고도 함께 오래 기억될 수 있기를 바란다. 저자들의 손을 떠난 뒤 전체 원고를 맡아 체제와 용어 통일, 최후 교정을 담당해 준 박미은 박사께도 감사의 인사를 전한다. 출판 제안에 선뜻 응해 주신 사회평론아카데미 고하영·권현준 대표님과 모든 연락과 편집 과정에 정성을 기울여 주신 임현규·정세민 편집자께, 또한 이 책이 인쇄되는 순간까지 이름 없이 수고해 주신 모든 손길에 감사드린다.

2023년 2월 15일
저자들을 대표하여 박철우 씀

차례

1부

의미론과 의미

1장

국어학과 의미론

　견월망지(見月忘指)라는 말이 있다. 직접적으로 옮기면 '달을 보려면 손가락은 잊어라'라는 뜻이며, 속뜻은 '본질을 보려면 그 형식이나 수단에 집착하지 말라'는 것이다. 언어 기호는 눈에 보이는 손가락과 달리 주된 지각 수단이 청각이지만, 그것으로써 달과 같은 대상을 가리킬 수 있으니 이 사자성어 속 손가락에 비유될 수 있을 것이다. 아마도 언어 기호 자체에 주목하는 데 관심이 없는 일반인들은 대부분 견월망지의 교훈이 없더라도 언어 기호는 수단(손가락)으로만 이용하고 그 언어 기호가 가리키는 대상(달)만을 능히 꿰뚫어 볼 줄 안다.

　그러나 언어학자는 어떠한가? 주된 연구 대상이 손가락인데 손가락을 잊을 수는 없는 것 아닌가? "손가락이 어떻게 달을 가리킬 수 있게 됐지?", "손가락 끝이 달을 향하고 있기 때문이구나!" 하면서 손가락과 달의 관계를 탐구하는 듯한 태도로 언어 기호를 바라본다. "/달/이라는 소리가 어떻게 실제 달을 가리킬 수 있게 된 것일까?", "/달/이라는 소리에 [月]이라는 의미가 덧붙어 있기 때문이겠구나!" 하면서 말이다.

음성학자는 아예 달은 보지 않고 손가락만 보려고 한다. 의미는 잊고 소리만 정확히 들으려는 훈련을 하기도 하면서 말이다. [다를보려면 송까라근니저라]와 같이. 그에 반해 의미학자는 언어학자 중에서 가장 본질을 의식하는 부류다. '손가락의 어디쯤 의미가 붙어 있을까'를 주로 생각하지만 가끔은 달을 흘끔거리는 것이 그들이다.

이 장에서 우리는 국어 의미론 탐구를 시작하면서, 지각되지 않는, 즉 들리지 않고 보이지 않는 언어 기호의 의미가 어떤 모습을 가졌을지에 대해 가늠해 보고자 한다.

1
의미론의 연구 대상

1) '의미'의 의미

우리는 일상생활에서 '의미(意味, meaning)'라는 말을 자주 쓴다. 먼저 '의미하다'라는 동사의 쓰임을 통해 '의미'의 의미에 대해 생각해 보기로 하자.[1]

(1) 가. 지금의 곤경을 벗어나기 위해서는 안정된 통치 체제가 필요하다. 이는 옐친 대통령만을 <u>의미하는</u> 것도 아니고 러시아 최고 회의를 지칭하는 것도 아니다.

나. 역사 인식이란 것이 과거에 대한 지식만 <u>의미하는</u> 것이 아니라 현재에 대한 통찰력, 미래에 대한 비전까지도 포함하는 것이라

....

1 이 예들은 '21세기 세종계획 연구교육용 현대국어 균형 말뭉치' 중 구어 자료만 검색하여 얻은 418개 용례에서 가려 뽑은 것이다.

면, 고구려에 관한 한 일반인들에게는 그런 인식 태도가 미흡하지 않았나 생각됩니다.

다. 오늘날의 '우(牛)'는 '별(丿)'과 '이(二)'와 '곤(丨)'으로 이루어져 있는데, 별(丿)은 소의 얼굴을 의미하고, 이(二)는 소의 몸통을 나타내며, 곤(丨)은 머리부터 꼬리 부분까지를 나타낸다.

라. 이곳은 상당히 특이한데 빨간 벽돌 건물 안에 이런 유리통 같은 느낌을 주는 곳이 있는데 이곳은 어떠한 것을 의미하는 겁니까?

마. A: "… 학생들이 사고력, 추리력, 창의력, 종합분석력 등을 기를 기회가 전혀 없다는 지적도 나오고 있습니다."

B: "요즘 학교에서는 트집을 잡는 학부모들의 모습이 많이 눈에 띕니다. 이 때문에 객관적이지 않은 문제는 곧 시빗거리를 의미합니다."

바. 윤활유 사업자 입장에서는 신경제 1백일 계획 시행 후 지난 4~5월부터 산업용 윤활유 수요 증가 조짐이 조금씩 보인다. 이는 산업용 기계의 가동 시간이 늘어남을 의미하는 것이어서 한국 경제가 다시 기지개를 켜고 있는 것 같다.

사. 그러나 개표 초반 부재자 투표에서 야당이 크게 앞선 것은 의미하는 바가 큽니다.

이 (1)에 나타난 '의미하다'라는 동사적 표현은 아래와 같이 그것의 명사적 표현인 '의미'로 바꾸어도 그 의미가 달라지지 않는다.

(2) 가. … 이것(안정된 통치 체제)은 옐친 대통령만이 그것의 의미라는 것도 아니고…

나. 역사 인식이란 것의 의미는 과거의 지식만이 아니라…

다. … 별의 의미는 소의 얼굴이고…

라. … 이곳의 의미는 무엇입니까?

마. … 이 때문에 객관적이 아닌 문제의 의미는 곧 시빗거리입니다.

바. … 이것의 의미는 산업용 기계의 가동 시간이 늘어남이어서…

사. … 앞선 것은 의미가 큽니다.

그렇다면 (1)에 사용된 '의미하다'와 (2)로 환언된 '의미'라는 말의 모든 용법이 그대로 국어 의미론의 연구 대상으로서의 의미를 보여 주고 있는 것일까? 의미론의 연구 대상으로서의 의미를 명확히 이해하기 위해 우리는 국어사전을 참조할 수 있다. 다음은 『표준국어대사전』에 정의된 '의미'의 의미이다.

(3) 가. 말이나 글의 뜻.

   - 단어의 사전적 의미.

   - 문장의 의미.

   - 두 단어는 같은 의미로 쓰인다.

   「비슷한말」의의(意義)

나. 행위나 현상이 지닌 뜻.

   - 삶의 의미.

   - 역사적 의미.

   - 의미 있는 웃음.

   - 그녀는 오늘 그와의 만남에 특별한 의미를 부여했다.

   - 그가 전개하고 있는 싸움의 의미는 과연 무엇인지도 이해가
     되지 않았다.≪조정래, 태백산맥≫

다. 사물이나 현상의 가치.

   - 의미 있는 삶을 살다.

- 여가를 의미 있게 보내다.

「비슷한말」 뜻, 의의(意義)

(1), (2)를 (3)에 적용해 보면 (1가)~(1다), (2가)~(2다)는 (3가)에 해당한다고 볼 수 있고, (1라), (2라)는 (3가)에 가깝지만 '말이나 글'의 뜻이 아니라 '(특정한 방식으로 설계된) 장소'라는 뜻이므로 언어나 문자보다 넓은 의미의 기호가 가지는 뜻을 가리킨다고 볼 수 있다. (1마)~(1바)와 (2마)~(2바)는 (3나)에, (1사)와 (2사)는 (3다)에 해당한다고 볼 수 있다.

언어학적 의미론에서 말하는 의미는 기본적으로 (3가)이다. 그 뜻풀이를 보다 정교하게 표현하자면, 의미란 특정 말이나 글, 즉 특정 언어 기호가 늘 가리킬 수 있는 것으로 그 언어를 사용하는 언중들 사이에서 관습적으로 약속된 대상이나 내용을 말한다.

더 알아보기

도상과 지표, 그리고 상징

미국의 기호학자 찰스 샌더스 퍼스(Charles Sanders Peirce)는 기호를 도상(icon), 지표(index), 상징(symbol)으로 나누었다.

도상은 표상체(representamen: 형상적으로 나타내는 부분)가 가리키는 대상과 유사성을 가진 경우, 즉 실물을 그림이나 개략적인 도식으로 나타낸 경우를 들 수 있고, 언어의 의성어나 의태어도 그러한 예가 된다.

지표는 표상체가 대상의 존재에 직접 연결되는 경우로, 가리킴의 기호를 통해서 어떤 대상이 바로 가리켜지는 경우이다. 먹구름이 비를 가리키는 경우처럼 인과관계에 있는 대상들 사이에서 원인이 결과의 지표가 된다고 볼 수 있다. 언어의 화시 표현들, '이, 그, 저, 나, 너, 지금, 여기' 등은 대표적인 지표 기호다.

상징은 표상체와 대상 사이에 도상이나 지표와 같은, 존재적으로 직접적인 관련성이 없지만 그 둘의 관계가 관습에 의해 결부되어 있는 경우를 말한다. '개, 꽃, 나무, 사람' 등 언어 기호는 상징 기호가 대다수를 이룬다.

이러한 구분은 의미의 구분이라기보다는 기표(언어 기호의 형식적 측면)의 구분이라고 할 수 있다.

2) 국어학의 하위 분야 '의미론'

① 국어학과 의미론

국어학의 하위 분야를 구분하는 기준은 다양하겠으나, 가장 기본적인 구분은 국어의 형식 단위(음운, 형태소, 단어)를 중심으로 나누는 것이다. 그러한 구분법에 따르면 국어학의 하위 분야는 일차적으로 형식 단위의 유형에 따라 음운론, 형태론, 통사론으로 구분될 수 있다.[2] 음운론은 한 언어에서 사용되는 말소리들의 체계를 다루고, 형태론은 의미를 가지는 가장 작은 단위인 형태소들의 체계를 다루며, 통사론은 문장에서 자립적으로 쓰이는 단어들의 체계를 다룬다.[3]

이와 같은 형식 단위 위주의 구분에 의미론이 따라붙는 것은 일반적이다. 왜냐하면 형태소 이상의 언어 단위는 모두 언어 기호로서, 그 형식만 존재하는 것이 아니라 그것과 짝을 이루는 내용이 함께 결합되어 있기 때문이다.

그림 1-1의 (가)에서 형식은 형태소이거나 단어 이상의 통사 단위가 될 것이고, 내용은 그 형식과 짝을 이루는 의미가 될 것이다. 우리는 특정 형식과 관습적으로 짝을 이루는 내용, 즉 의미를 활용하여 실제 세상에 존재하는 대상(지시물)을 가리킬 수 있다. 그림 1-1의 (나)는 그림 1-1의 (가)의 예시이다. /꽃/이라는 음소 연쇄는 [花]라는 의미와 짝지어져 {꽃}이라는 형태소이자 단어가 되며, 우리는 이 언어 기호를 이용하여 실제 세상에 존

....

2 국어학의 하위 분야라면 정확히는 국어 음운론, 국어 형태론, 국어 통사론이 되어야 하겠지만, 이미 국어학의 하위 분야임이 전제되어 있으므로 편의상 일일이 '국어'를 앞에 붙이지 않기로 한다.

3 정확히 말하자면 음운론은 음소가 음절 등 더 큰 단위를 이루는 과정, 형태론은 형태소가 단어 등 더 큰 단위를 이루는 과정, 통사론은 단어가 구 등 더 큰 단위를 이루는 과정으로 설명할 수 있지만 여기서는 기본 단위를 중심으로 설명하였다.

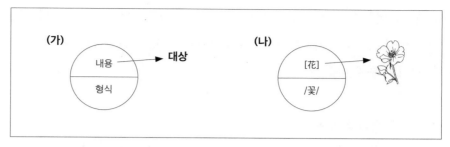

그림 1-1 언어 기호의 두 측면

재하는 '꽃'이라는 대상을 가리킬 수 있게 된다.[4]

따라서 국어학은 형식의 체계를 다루는 음운론, 형태론, 통사론이 그 근간을 이루고, 내용을 다루는 의미론은 이 중에서 형태론, 통사론과만 짝을 이룬다. 언어의 내용을 다루는 분야인 의미론은 형태론의 기본 단위인 형태소에 결부된 의미의 체계와, 통사론의 기본 단위인 단어에 결부된 의미의 체계를 다룬다.

입말에서 우리가 실제로 접할 수 있는 것은 말소리, 휴지(休止)를 포함한 운율뿐이고, 글말에서 우리가 실제로 접할 수 있는 것은 문자와 공백, 문장부호뿐이지만, 우리는 이것들로 이루어진 중간 단위로서의 형태소와

그림 1-2 국어학의 하위 분야

....

4   소쉬르(Saussure, 1916 / 2006)는 언어 기호의 이러한 두 측면을 '기표(signifiant)'와 '기의(signifié)'라고 불렀다.

단어, 그 이상의 단위를 인식할 수 있다. 이와 같은 인식이 가능한 이유는 이런 형식들이 의미와 결부되어 있기 때문이다. 다만 그 의미는 귀나 눈으로 지각할 수 없다.

② 음운론과 의미론

음운론의 기본 단위인 음소는 유사하게 들릴 수 있는 여러 말소리에서 의미로 구별될 수 있는 말소리(혹은 말소리 계열)를 추상적으로 나타낸 것이다. 예를 들어 '달'의 첫소리를 유성음으로 발음한 [dal]과 무성음으로 발음한 [tal]의 [d]와 [t], 그리고 '딸'[t'al]과 '탈'[tʰal]의 각 첫소리 [t']와 [tʰ]는 실제 발음에서 유사한 점이 많다. 모두 치경음이고 폐쇄음인 자음들이니 말이다. 그러나 우리는 국어에서 '달'[dal]과 '달'[tal]의 [d]와 [t]는 서로 다른 음소라고 여기지 않고 하나의 음소 /t/의 변이음들로 이해하는 반면,[5] '딸'[t'al]과 '탈'[tʰal]의 [t']와 [tʰ]는 각각 /t'/와 /tʰ/에 속하는 다른 음소로 여긴다. 이와 같이 음소를 일정 범위의 소리로 한정하게 하는 기준은 모국어 화자가 같은 말소리로 여길 수 있는가 그렇지 않은가에 있으며, 이러한 모국어 화자의 인식은 의미의 구별 여부에 의존하는 것이다.

③ 형태론과 의미론

형태론의 기본 단위인 형태소는 '의미를 가지는 최소 단위'로 정의된다. 이처럼 형태소는 의미와 직접 결부되어 있는데, 여기서 '결부되어 있다' 함은 형식 부분과 내용 부분이 그 언어를 사용하는 언어사회에서 그둘의 결합이 관습적으로 인정됨을 의미한다. 일단 굳어진 두 측면의 결합

....

5 한 음소의 변이음들은 상보적 분포를 가지는 것이 일반적이지만, 여기서는 설명의 편의를 위해 중첩적 분포의 사례를 제시하였다. 어두 'ㄷ'의 일반적인 변이음은 [t]이지만 외국인 발음 등 우발적으로 나타나는 자유변이 [d]를 상정하여 대비한 것이다.

은 그 언어사회 내에서 구성원들에게 구속력을 갖게 된다. 형태소는 그대로 하나의 단어가 되기도 하고(예: 하늘), 다른 형태소나 단어와 결합하여 새로운 단어를 이루기도 한다(예: 덧-버선, 잠-꾸러기, 산-돼지). 이러한 형태소의 확장 방식을 '조어법'이라고 한다. 또한, 새로운 단어를 이루는 것은 아니지만 그 단어의 문법적 기능을 표시해 주는 문법적 형태소들이 추가되기도 한다(예: 검붉-은, 오르내리-고, 덧버선-을, 잠꾸러기-에게). 이러한 형태소의 확장 방식은 '굴절법'이라고 한다. 형태소는 의미를 가진 단위이므로, 조어법이나 굴절법 내에서 한 형태소의 의미가 다른 형태소의 의미와 계열 관계를 이룰 수 있는지, 다른 형태소의 의미 또는 그보다 더 큰 단위의 의미와 통합 관계를 이룰 수 있는지가 의미론의 관심사가 될 수 있다.[6]

④ 통사론과 의미론

통사론의 기본 단위인 단어는 '문장 내에서 자립적으로 사용될 수 있는 최소 단위'로 정의된다. 이러한 통사론적 정의로만 보면 단어가 된다고 하는 것이 의미와 특정한 관계를 맺어야 할 이유는 없어 보인다. 그러나 단어는 의미를 가진 형태소(들)로 구성되며 그 자체도 의미를 가진다. 나아가 의미론적으로 단어는 '하나의 개념을 가지는 단위'로 정의되기도 한다. 예컨대 '산돼지'는 '산'과 '돼지'의 물리적 결합이 아니라, 일반적인 돼지와 구별되는 다른 종의 포유동물을 의미한다. 이와 같이 통사 단위인 단어는 그 내부를 구성하는 형태소와 달리, 언어를 사용하였을 때 세상과 관련하여 직접 해석을 받는 단위가 된다.[7] 단어 단위들은 실체 혹은 실체들의 집

....

6   이런 경우라도 형태소보다는 단어 중심으로 의미가 설명되어야 한다는 입장도 있다.
7   형태소는 세상과 관련하여 직접 해석을 받지 않고 단어 의미를 형성하는 부분으로서만 해석된다. 예를 들어 '산돼지'에 '산'이 들어 있다고 해서 그 단어의 해석이 특정 '산'과 관련되어야 할 이유는 없지만, '산 돼지'는 '(특정) 산의 돼지' 내지는 '(특정) 산에 있는 돼지'가 되어

합으로 해석될 수 있다. 단어뿐만 아니라 통사 단위인 구, 절, 문장은 모두 실제로 사용될 수 있는 단위이며, 사용되었을 때 해석을 받는 단위가 된다. 이런 점에서 통사론적 정의에 포함된 '자립성'이라는 것이 '사용되어 직접 해석의 대상이 될 수 있다'는 의미론적 특성과도 관련되어 있음을 이해할 수 있다.

문장은 통사론의 최대 단위로서 세상과의 부합 여부를 논할 수 있는 '명제'라는 의미 단위로 해석되며, 명제 단위는 합성성의 원리(principle of compositionality)가 준수되는 단위로 이해된다. 이때 합성성의 원리란 "복합 표현의 의미는 그 (통사적) 부분 표현들이 결합되는 방식과 더불어 그 부분 표현들의 의미들 사이의 함수이다."라고 정의될 수 있다.[8] 즉, 문장 단위의 의미(명제)는 단어 단위들의 의미(실체 또는 집합)들의 규칙적 결합에 의해 이루어진다. 단어의 의미도 형태소의 의미로 분류할 때와 마찬가지로, 다른 단어의 의미와 계열 관계를 이룰 수 있는지, 또한 다른 단어나 그보다 큰 단위의 의미와 통합 관계를 이룰 수 있는지에 의해 파악될 수 있다. 이러한 단어 단위의 관계들은 실제 의사소통에 사용되는 단위들에 관한 것이므로, 형태소 단위의 의미 사이에서의 관계들보다 더 실질적이고 명확하다.

3) 의미 연구의 세 측면

의미에 대한 연구는 몇 가지 서로 다른 이론적 전통이 있지만, 크게 볼

....

실제 산과 관련되는 것으로 해석된다.

8 이 원리는 흔히 '프레게의 원리(Frege's principle)'라고 불리며, 프레게(Frege, 1892)에 연원이 있다고 알려져 있으나 원전에 이와 동일한 내용이 제시되어 있지는 않다. 따라서 이러한 명칭은 언어 분석에 관한 그의 일반적인 시각에 대한 헌사로 이해된다.

때 어휘의 의미에 대한 연구, 문장의 의미에 대한 연구, 사용된 언어에 대한 연구로 나뉜다. 이는 각각 어휘 의미론, 문장 의미론, 화용론이라고 불린다.

① 어휘 의미론

'어휘'라는 말은 대개 단어의 집합이라는 의미와, 표현들 사이의 관계를 엮어 주는 법칙을 뜻하는 '문법'과 대조되는 실질적인 내용이라는 의미로 사용되는데, 어휘 의미론에서의 '어휘'는 이 둘을 다 의미하는 것으로 볼 수 있다. 어휘 의미론이 전통적으로 단어의 자격을 가진 것들 사이의 관계 속에서 단어의 의미를 파악하고자 했다는 점에서 그렇고, 문법소보다는 어휘소들 사이의 관계에 주목해 왔다는 점에서 그렇다.

예나 지금이나 언어학에서 의미론이라 하면 대체로 어휘 의미론을 가리킨다. 언어학에서는 페르디낭 드 소쉬르(Ferdinand de Saussure) 이후로 언어의 형식적 단위들의 기능을 구조 속에서 파악하는 구조주의적 연구 방법이 주류를 이루었고, 그런 연구 전통에서는 눈에 보이지 않는 의미도 외현적 형식들 간 관계의 내면적 반영으로서 구조 속에서 파악될 수 있는 것으로 이해되었다. 전통적인 문법 연구에서 일반적으로 원용되는 계열 관계와 통합 관계를 활용한 방법론에서 단어의 개념적 의미는 다른 단어들과의 관계를 통해 언어 내적으로 규정될 수 있었다.

단어들 사이의 관계에서 의미를 파악하던 전통은 음운론이나 인류학에서 보편적인 자질을 추출하여 하나의 단위를 더 작은 자질들의 다발로 분석하는 방법론을 수용하여, 한 단어의 의미를 몇 개의 보편적인 의미 자질들의 다발로 분석하는 성분분석 이론으로 발전하기도 하였다.

이제 어휘 의미론은 인지주의 언어학의 영향을 받아 또 다른 방향으로 발전하고 있다. 인지주의 언어학은 인간에게 언어만을 위한 능력이 따로 존재하는 것이 아니라 지각, 인식, 기억, 추리 등의 인지 능력이 언어 형식의 해석에 종합적으로 관련된다는 이론인데, 어휘 의미와 관련해서는 개념화, 범주화로부터 은유, 혼성, 환유 등 의미 형성과 해석에 관한 이론적 기반을 제공해 주었다.[9]

어휘 의미론의 연구 성과는 전통적으로 사전의 뜻풀이를 기술하거나, 통시적으로 시기별 어휘관계의 형성 양상을 비교하여 언어 변화를 설명하는 데 활용되어 왔다.

② 문장 의미론

문장 의미론은 언어학의 전통에서 시작된 것이 아니라, 철학의 논리실증주의 전통에서 이어진 의미 연구 방법론을 언어학에서 수용하면서 시작되었다. 논리실증주의는 논리적 증명이나 경험적 관찰에 의해 검증 가능한 이론만을 진리로 인정하는 철학의 유파이다. 이러한 전통에서 언어 표현은 애매모호한 상태로 있어서는 안 되고 중의성이 없는 명증한 논리 언어로 번역될 수 있어야 하며, 명증한 형식으로 번역된 언어만이 세상과의 부합 여부를 평가할 수 있고 그러한 평가를 통해 언어 표현의 의미 해석이 가능해지는 것으로 이해되었다. 언어학에서의 문장 의미 연구에서도 문장의 의미는 단순히 그 구성 성분들이 가진 의미의 산술적 결합으로 이해되기 어렵다는 점을 인식하게 되었다. 그리고 이러한 인식으로부터 논리적 공식으로의 형식화를 통해 문장을 연구하는 전통이 문장 단위 연구의 방법론으로 자리 잡게 되었다. 이러한 방법론은 형식 의미론이라고도 불린다.

형식 의미론에서는 문장 의미 검증의 출발점으로서, 문장을 명제로 이해할 때 그 문장의 의미를 그 문장이 참이 될 수 있는 조건, 즉 참 조건 (truth condition)으로 삼고, 문장이 참 조건에 부합한다면 그 전체 의미는 그 문장의 부분을 이루는 표현들의 함수 관계에 의해 형성된 것으로 볼 수

....

9 인지 의미론에 대해서는 5장에서 보다 상세히 다룬다.

있다는 합성성의 원리를 가정한다. 예를 들어 "백로가 희다."라는 문장은 실제로 이 세상에서 백로가 흴 때 참이 될 수 있다. 따라서 "백로가 희다."라는 문장의 의미는 실제 세상에서 백로가 희다는 바로 그 사실이 된다. 그러면 그로부터 '희다'의 의미는 그것이 '백로'를 주어로 취하여 참이 된 것처럼 'x가 희다'를 참으로 만들어 줄 수 있는 조건, 곧 그런 주어 x들의 집합이 된다. 집합론적인 해석 방법론을 취한다면 'x가 희다'의 의미는 조건 제시법으로 {x|x는 흰 것}이라는 조건을 제시할 수 있고, 원소 나열법으로는 {눈, 백로, 백묵, 백지장, 백구…}가 된다. 그리고 이러한 조건에 따라 "백로는 희다."는 참인 문장으로 해석된다. 논리식으로는 '희다(백로)'와 같이 나타낼 수 있을 것이다.[10]

형식 의미론에는 명제 단위(들)의 참 조건을 다루는 명제논리, 서술어-논항 관계에서 성립하는 참 조건을 다루는 술어논리, 개체나 사건의 수량과 관련된 참 조건을 다루는 양화논리를 비롯하여, 사건의미론, 시제논리, 양상논리 등으로 문장의 의미를 구체화하고, 그 속에서 성립하는 관계의 보편성을 포착하려는 시도들이 포함된다.

문장 의미론의 연구는 문장과 그 구성 성분들 사이의 관계뿐만 아니라 문장과 문장 사이의 관계를 명확히 보이는 데 유용하다.[11]

----

10 기호논리학에서는 서술어를 영문 대문자로 표기하여 집합임을 나타내고 논항을 소문자로 표기하여 원소임을 나타낸다. 그러나 형식은 관습적 약속에 의존하는 것이므로, 우리는 서술어를 괄호 바깥에 쓰고 논항을 괄호 속에 넣는 것으로 서술어와 논항의 차이를 드러낼 수 있다고 본다. 또 다른 논점으로 '백로'가 하나의 개체로 이해될 수 있느냐는 반문이 있을 수 있다. 백로는 개체가 아니라 종류이기 때문이다. 여기서는 설명의 편의상 종류도 하나의 개체처럼 취급한 것이다. 그러나 이러한 처리는 총칭성 논의로 이어지면 수정되어야 할 것이다.
11 오늘날에는 문법소의 기능에 대한 설명에서도 인지문법적 접근이 활발해지고 있으므로 앞으로는 문장 의미론에 관한 인지적 접근도 활성화될 것으로 기대된다.

③ 화용론

화용론은 실제로 사용된 문장, 곧 발화의 해석 기제를 연구하는 분야이다. 그 시작은 철학에서 논리실증주의에 입각한 분석철학의 전통에 대한 반작용으로, 언어 의미 연구에서 진술문 이외의 문장 종류, 사실명제 이외의 가치명제, 발화 맥락과 화자 의도까지도 다룰 필요가 있음을 주장한 존 랭쇼 오스틴(John Langshaw Austin), 허버트 폴 그라이스(Herbert Paul Grice) 등의 일상언어학파로 볼 수 있다.

화용론에서 말하는 의미는 주로 발화 의미이므로, 언어 기호와 관습적으로 결부된 의미를 기술하는 데 머무르지 않는다. 화시 표현인 '나'를 예로 들자면 '나'의 의미론적 의미는 일인칭 화자이지만 화용론에서는 그것을 아는 것으로써 그것을 포함한 발화의 해석이 다 이루어졌다고 보지 않는다. 의미론에서는 그 의미를 일인칭 화자로 기술하지만, 화용론에서는 특정 상황 속의 발화에서 '나'가 누구를 가리키는지를 확인하는 데까지 나아간다. 이러한 차이가 있다면 '의미'라는 용어는 언어 기호의 내용을 가리키는 용도로 한정하고, 그것을 넘어선 소위 발화 의미라는 것은 '해석'이라는 용어로 대체하는 것이 바람직해 보인다. 따라서 넓은 의미에서는 다 의미라고 말할 수 있겠으나, 좁은 의미에서는 이 둘을 구별하여 사용할 것이다.

화용론에서는 화시 외에도 전제, 화행(언어 행위), 함축 등의 주제들이 함께 다루어진다. 때로 언어 형식과 결부되어 있어 의미론에서 함께 다루어지는 주제들도 있지만, 그런 경우에도 화용론은 언어 맥락(문맥)과 상황 맥락(화맥)에 의해 해석이 결정되며 언어 형식의 의미(명제)와 상황 맥락이 전혀 맞지 않아 그로부터 화자의 의도를 추론하게 되는 순수 화용론적 해석까지 넓은 범위를 포괄한다. 후자에는 반어나 유머도 포함될 수 있다. 예를 들어 먹구름이 가득 낀 날에 "날씨 참 좋네."라고 말하는 화자가 있다면, 실제 그의 의도는 하필 그날 또는 그 시간에 공교롭게 날씨가 아주 나쁘다는 것을 강조하기 위한 것일 수 있다.

화용론은 언어의 사용을 통해 언어와 세상이 연결되는 부분을 다루는 이론으로, 한편으로 언어 기호의 의미를 정확히 한정하는 잣대를 제공해 주며, 다른 한편으로 우리가 의사 전달 과정에서 언어 기호를 효과적으로 사용할 수 있도록 언어 사용의 원리 이해를 이해하는 데도 도움을 준다.

2

해석의 세 단계

어휘와 문장에 대해서는 의미론적 의미가 있다고 보고, 사용된 문장인 발화에 대해서는 해석이 필요하다고 말한다면, 우리에게 문장 내지는 발화일 수 있는 단위가 주어졌을 때 일반적으로 그것의 의미라고 부르는 차원을 둘 이상으로 구분할 필요가 있음을 알게 된다. 문장과 발화의 차이는, 문장은 맥락과 결부되어 있지 않은 추상적인 단위인 데 반해 발화는 맥락과 결부되어 해석될 필요가 있는 단위라는 점이다.[12] 곧 문장이 실제로 사용된 것이 발화이다. 이로부터 문장이나 발화의 의미를 세분하자면, 그 의미는 의미론적 의미인 문자적 의미와 화용론적 해석에 속하는 명시의미와 함축의미라는 세 차원으로 구분될 수 있다.

....

12 맥락(context)은 상황 맥락(화맥)과 언어 맥락(문맥)으로 구분될 수 있다. 여기서 말한 맥락은 이 두 가지를 아우르는 개념이다.

1) 문자적 의미

다음과 같은 문장을 보자.

(4) 저는 아직 배고파요.

(4)의 문장 의미는 문자적으로 볼 때 다음과 같다.

(5) 가. '저'를 통해 화자가 자기 자신을 가리키고 있으며, 그러면서 자신을 낮추는 의미를 함께 표현하고 있음.
나. '는'을 통해 이 문장이 '저'에 대해 말하고 있음을 표시하고 있음.
다. '아직'을 통해 어떤 일이나 상태가 어떻게 되기까지(여기서는 '배고픔이 사라지기까지') 시간이 더 지나야 하거나 그 일이나 상태가 끝나지 않고 지속되고 있음을 나타내고 있음.
라. '배고프-'를 통해 '배 속이 비어서 음식이 먹고 싶음' 또는 '끼니를 잇지 못할 정도로 생활이 넉넉하지 못하고 몹시 가난함'을 나타내고 있음.
마. '아'('어'의 이형태)를 통해 앞의 내용을 단언하고 있음. 뒤에 '-요'가 없다면 청자가 격의 없이 낮추어 말할 수 있는 편안한 상대임을 표현함.
바. '-요'를 통해 청자를 격의 없이 높이고자 함을 표시하고 있음.

이를 종합하여 정리하면 (4)의 문장은 다음과 같은 문자적 의미로 환언할 수 있다.

(6) 말하는 사람이 자신을 겸손하게 가리키면서 자신이 배 속이 비어

서 음식이 먹고 싶은 상태에 있는데 그 상태가 끝나지 않고 지속되고 있음 또는 끼니를 잇지 못할 정도로 생활이 넉넉하지 못하고 몹시 가난함을 단언하면서 듣는 사람을 격의 없이 높이고 있다.

이러한 의미는 특정한 경우에 사용된 문장이 아니라 맥락과 상관없이 한국어에서 생성될 수 있는 일반적 문장이 가지는 있는 그대로의 의미이므로, 이와 같은 의미는 문장의 의미 내용 혹은 문자적 의미(literal meaning)라고 부른다.

2) 명시의미

우리가 어떤 문장의 의미를 안다고 말할 때는 앞의 문자적 의미와 달리 실제 맥락에서 사용된 문장, 즉 발화의 의미를 가리킬 때가 많으며 그런 경우는 그 문장과 관련된 맥락적 요인들이 전부 채워진 상태를 가리킨다. 그렇게 되면 그때 (4)의 해석은 (6)으로는 충분하지 않다. 사용된 (4)의 사례를 해석하려면, 먼저 (4)가 사용된 수많은 사례 가운데 해석하고자 하는 사례가 일어난 상황을 알아야 한다. 여기서는 두 가지 사례만을 상정해 보기로 하자.

하나는 2021년 10월 29일 오후 2시, 중학교 1학년 봉구가 집에 들어서자마자 학교에서 급식을 먹고 오긴 했는데 그날따라 반찬이 맛이 없어서 밥을 절반만 먹고 왔다며 엄마에게 한 말이라고 하자. 그리고 다른 하나는 2021년 11월 5일 오후 8시, 봉구 아빠가 자신이 아끼는 고향 후배를 회사 근처 음식점에서 만나 함께 저녁을 배불리 먹은 후에 요즘 살 만하냐고 물었을 때 그 후배가 한 말이라고 하자. 이 두 가지 발화는 동일하게 (4)의 문장을 사용하고 있지만 사용되는 맥락이 완전히 다르기 때문에 같은 해

석을 가질 수 없다. 두 해석이 (6)과 얼마나 다른지는 다음과 같이 확인할
수 있다.

(7) 첫 번째 사례의 해석: 2021년 10월 29일 오후 2시에 봉구가 학교
에서 집으로 돌아오자마자 '봉구가 자신을 겸손하게 가리키면서
자신이 배 속이 비어서 음식이 먹고 싶은 상태에 있는데 그 상태가
끝나지 않고 지속되고 있음을 단언하면서 자신의 엄마를 격의 없
이 높이고 있다.'

(8) 두 번째 사례의 해석: 2021년 11월 5일 오후 8시에 봉구 아빠가 회
사 근처 음식점에서 후배와 함께 저녁을 배불리 먹은 뒤 요즘 살
만하냐고 물었을 때 '봉구 아빠가 아끼는 고향 후배가 자신을 겸
손하게 가리키면서 자신이 끼니를 잇지 못할 정도로 생활이 넉넉
하지 못하고 몹시 가난한데 그 상태가 끝나지 않고 지속되고 있음
을 단언하면서 봉구 아빠를 격의 없이 높이고 있다.'

(7)과 (8)에는 각각 (6)과 다른 부분이 눈에 띈다. 화자와 청자가 누구
를 가리키는지 구체적으로 명시되어 있고, '배고프다'의 의미에서 중의성
이 해소되어 있으며, 말한 내용 외의 시간, 장소, 맥락 변동 상황, 직전 발
화 등(작은따옴표 바깥에 표시된 내용들)이 추가적으로 제시되어 있다. (7)
과 (8)은 (4)의 문장이 발화되었을 때 각각이 명제로서 직접적으로 소통
될 수 있는 내용들이며, (4)가 최적의 해석을 얻기 위해 일차적으로 복원
될 필요가 있는 내용들을 복원해 놓은 해석이다. (4)가 사용되었을 때, 즉
맥락과 결부되었을 때, (4)는 (7)이나 (8)과 같은 해석을 가질 수 있게 되
는 것이다. 이런 해석을 스퍼버와 윌슨(Sperber & Wilson, 1986/1993:
182)은 명시의미(explicature)라고 불렀다. 명시의미는 말한 것과 동일한
하나의 명제에 대해 다른 명제가 되었다고 말할 수 없는 한도 내에서 추론

과정을 통해 맥락 정보를 최대한 구체적으로 명시한 것을 가리킨다.[13]

3) 함축의미

우리는 위의 1), 2)와 구별되는, 발화된 문장의 또 다른 해석을 생각할 수 있다. 이를 세 번째 사례라고 하자. 이번에는 2021년 7월 28일 도쿄올림픽 배드민턴 남자 단식 조별리그 A조 2차전에서 세계랭킹 1위인 모모타 겐토(桃田賢斗)를 2대0으로 꺾은 허광희 선수의 인터뷰 내용이다.

> (9) "밑져야 본전이라는 생각으로 달려드니까 제 기량도 더 많이 나오고… 지키는 자가 어렵더라고요. (저는) 아직 배고파요."

이 인터뷰에서 허광희 선수가 말하는 "(저는) 아직 배고파요."라는 말은 어떻게 해석되어야 할까? (9)는 (4)나 (5)와 달리 '배고프다'의 의미가 두 가지 사전적 의미로 해석되기 어려운 점을 가지고 있다. 즉, 올림픽 조

----

13 '명시의미'에 대해 '외축(外蓄)'이라는 용어가 사용되기도 하나, 'explicature'는 '명시적'이라는 뜻을 가진 'explicit'에 명사화 접미사 '-ure'를 인위적으로 붙인 조어로 그라이스(Grice, 1975)가 'implicature'라는 용어를 새로 만든 사례로부터 유추적으로 적용하여 만든 것이다. '외축'이라는 용어는 그라이스의 'implicature'를 '함축(含蓄)'이라고 옮기는 사례로부터 또다시 인위적인 유추를 감행한 것이라 볼 수 있는데, 실제로는 'implicature'도 '암시의미'로 옮기는 것이 훨씬 더 이해하기 쉽다. 다만 이 각각이 엄밀한 의미에서는 '의미'라기보다 '해석'의 차원에 속하는 것이므로 각각 '명시해석', '암시해석'으로 옮겨도 좋을 만한 것이어서 '의미'로 옮기는 데 거부감이 있을 수 있다. 그러나 서두에서부터 '의미'의 폭넓은 용법을 살펴보았듯이 '의미'는 넓은 의미로 사용될 수 있고 앞 단계의 '문자적 의미'와도 대비되는 면이 있으므로 여기서는 '명시의미'라는 역어를 사용한다. 단, 'implicature'에 대해서는 '함축(의미)'이 관습적으로 굳어진 면이 크고 일반어로도 존재하여 이해 가능한 말이므로 그대로 사용하기로 한다.

별리그에서 막 승리한 선수에게 경기 소감을 물었는데, 갑자기 '아직 배고프다'고 말한 것은 상황상 맞지 않는다. '아직 배고프다'는 말은 그 전에 무엇을 먹었거나, 아니면 배고픈 상태가 주목받은 적이 있을 때 쓸 수 있는 말일 텐데, 인터뷰 상황은 그런 맥락을 전혀 전제하지 않기 때문이다. 이를 통해 우리는 '배가 고프다'는 말이 '무엇인가를 성취했을 때 아직 더 이루고 싶은 목표가 있어서 만족할 수 없다'는 뜻을 가리키는 은유적 표현이 될 수 있음을 추론할 수 있다.

    (10)   허 선수의 인터뷰에서는, 상황 맥락을 통해 '배고프다'의 첫 번째와 두 번째 의미를 적용시킬 수 없음을 알 수 있다.
          → 먹는 것이나 가난에 대해 말하고자 하는 것이 아니다.
          → 허 선수는 시합에서 승리했고, 승리는 종종 '먹음'으로 은유된다.
          → 욕망을 채우려면 승리를 더 필요로 한다는 뜻이다.

그러면 (9)에 나타난 세 번째 사례는 다음과 같은 해석을 가질 것이다.

    (11)   세 번째 사례의 해석: 2021년 7월 28일 도쿄올림픽 배드민턴 남자 단식 조별리그 A조 2차전에서 일본의 모모타 선수에게 승리한 뒤 경기 소감을 묻는 기자와의 인터뷰에서, '허광희 선수가 자신을 겸손하게 가리키면서 자신이 또 다른 승리를 더 필요로 하는데 그 상태가 끝나지 않고 지속되고 있음을 단언하면서 자신을 인터뷰하는 기자를 격의 없이 높이고 있다.'

(11)은 결국 '저는 아직 배고파요'를 '저는 아직 승리가 더 필요해요'로 바꾸어 놓은 셈이다. 다시 말해서, (10)은 (4)가 실제로 사용되면서 그

의미 그대로 명제가 된 것이라고 말할 수 없다. 왜냐하면 '배고프다'의 사전적 의미에는 '승리를 더 필요로 한다'는 의미가 없기 때문이다. 이에 대해 물론 이 의미도 사전적 의미에 추가되어야 한다는 주장이 있을 수 있고, 실제로 그렇게 된다면 (11)도 (4)가 그 상황에서 어휘적 중의성이 제거되면서 명시의미로 된 것이라고 말할 수 있을 것이다. 그러나 이때의 '배고프다'가 갖는 의미도 명시의미의 한 가지로 파악하여 사전적 뜻풀이를 추가하는 것보다는, 일종의 은유로서 (10)과 같은 추론의 결과로 얻어진 또 다른 명제적 해석이라고 보는 것이 자연스럽다. 그렇다고 할 때 우리는 (11)을 더 이상 명시의미라고 부르지 않고 (4)가 그 상황 속에서 가지게 된 '함축의미(implicature)'라고 부른다. 함축의미란 화자의 발화가 그대로 명시의미로 해석되기에는 상황 맥락과 부정합한 경우에, 청자가 화자의 실제 의도에 부합하는 의미로 추론해 내는 명제를 말한다. 함축의미는 발화의 문자적 의미와 완전히 다른 명제로 실현된 것이라는 점에서 명시의미와 구별된다.

1 (3)에서 '의미'의 세 가지 정의에는 '뜻'과 '의의'라는 비슷한 말이 함께 제시
되어 있다. '뜻'과 '의의'의 사전적 의미를 확인해 보고 '뜻'과 '의의'는 의미론
적 의미를 나타낼 수 있는지, 나타낼 수 있다면 나타내기에 얼마나 적절한지에
대해 설명해 보시오.

2 미국의 기호학자 퍼스는 기호의 종류로서 도상(icon), 지표(index), 상징(sym-
bol)을 제시하였다. 이러한 기호의 종류에 따라 의미가 다르게 정의될 수 있겠
는지 자신의 생각을 논의해 보시오((1)의 예들을 참조할 수 있을 것이다).

3 다음 문장들은 의미가 같은가? 같다면 무엇이 같으며, 다르다면 무엇이 다
른가?

> (김영희: 35세 여성, 이수돌: 3세 남성 아동, 김영희의 아들)
> ㄱ. 엄마가 수돌이에게 우유를 먹었다.
> ㄴ. 수돌이가 엄마에 의해 우유를 먹었다.
> ㄷ. 우유가 엄마에 의해 수돌이에게 먹혔다.
> ㄹ. 영희 씨가 자기 아들에게 우유를 먹게 했다.
> ㅁ. 수돌이가 김영희 씨 덕분에 우유를 먹었다.
> ㅂ. 우유가 한 30대 여성에 의해 그녀의 아들의 입으로 들어갔다.

4 맥락 없이도 해석될 수 있는 문장과 해석을 위해서는 반드시 맥락이 필요한 문
장(발화)의 예를 생각해 보고 그 이유를 말해 보시오.

• 라이언스(Lyons, 1977 / 2011, 1977 / 2013) 두 권을 합치면 의미론만을 전문적

으로 다룬 입문서로서는 가장 방대한 저작일 것이다. 기호학이라는 보다 큰 틀 안에서 의미론의 위치를 제시하려는 시도가 폭넓게 담겨 있다.

- 소쉬르(Saussure, 2005)는 구조주의 기호학과 언어학의 정경이라고 할 만한 저 작으로, 언어 기호의 성격에 대한 이해를 위해 필요한 부분을 참고할 만하다.
- 오그던과 리처즈(Ogden & Richards, 1923 / 1986)는 상징 기호, 개념, 대상 사 이의 관계를 의미 삼각형으로 제시하고 있는 점이 생각할 거리를 제공해 준다.
- 스퍼버와 윌슨(Sperber & Wilson, 1986 / 1993)은 언어에 의한 의사소통을 부호 화 모형과 추론 모형으로 나누어 언어 기호에 관습적으로 결부된 의미를 넘어 서는 의미의 차원에 대해 생각해 볼 수 있게 해 준다.

2장

의미의 정의와 유형

- "나는 사과를 좋아해."라고 해서 파란 풋사과를 가져다주니 "내가 좋아하는 사과는 이런 사과가 아니라 빨갛고 단단한 사과야."라고 하지 뭐야!

- 아버지께서 "내일 아침에는 일찍 일어나라."라고 하셔서 새벽 4시에 일어났더니 너무 이르다고 말씀하시네. '일찍'은 도대체 몇 시지?

- 책상 모서리만 살짝 색칠을 해 놓으라고 했더니 너무 많이 칠해 놓아서 지우느라고 힘들었어. 그런데 모서리는 어디까지가 모서리야?

- 정의(正義)란 무엇이지? "아리스토텔레스는 '법과 질서를 잘 지키는 것'이라고 했어.", "잘못된 법과 질서를 지키는 것도 정의야? 오히려 양심에 따라 행동하는 것이라고 할 수 있지.", "정의는 공공의 이익에 부합하는 것이어야 해." 이렇게 각자마다 모두 다른 정의(正義)의 정의(定義)를 어떻게 규정할 수 있지?

- '우주선(宇宙船)'과 '어선(魚船)'은 너무나도 다른데 왜 다 '선(船, 배)'이라고 하지?

38 1부 의미론과 의미

- 어떤 환자가 간호사 선생님을 '과부'라고 지칭했다가 의사 선생님께 혼이 났어. 그럼 '미망인'이라고 해야 하나? 나는 그 단어가 더 이상한데 말이야.

　사람들은 동일한 단어나 문장도 저마다 조금씩 다른 의미로 사용한다. 사람들의 언어생활에서 일어나는 크고 작은 갈등은 대부분 이런 의미 차이에서 발생한다. 의미는 단순히 그 말이 지니고 있는 개념적 범주만으로 설명할 수 없으며 복잡한 양상을 포함하고 있다. 어떤 경우 사람들은 그 말의 뜻과는 전혀 상관없이 그 말이 지닌 의미적 가치만으로 불쾌감을 느끼기도 하며, 같은 말이라도 어조에 따라 다른 느낌을 받기도 한다. 언어 의미는 이 모든 것을 포괄한다. 그래서 말의 의미를 샅샅이 밝혀서 규정하고 그 모두를 사전에 기술한다는 것은 거의 불가능하다. 같은 말이라도 상황에 따라 달라지는 경우가 많은 데다가, 사람들은 자신의 경험에 따라 개별적으로 의미를 형성하기 때문이다. 그런 점에서 의미를 정의하는 일은 쉬운 일이 아니지만 우리는 의미를 어디서부터 어디까지 설명해야 하는지, 어떤 관점에서 설명해야 하는지에 대한 기준을 정해야만 한다. 혼돈스럽고 광활한 우주에도 질서가 있듯이, 여기저기 흩어져 있는 것처럼 보이는 언어 의미도 나름의 체계 속에서 상호 의존적으로 존재하고 있다. 그래서 우리는 일상생활에서 큰 고통 없이 생각을 교환하며 살아갈 수 있는 것이다. 의미를 찾아 떠나는 탐험에서 먼저 의미를 정의해 보는 것은 이 탐험의 범위를 정하는 것과 같다.

1

의미 탐색의 위치

언어에서 어떤 기준으로 '의미'를 정의할지에 대해서는 여러 의견이 있다. 의미를 정의하기에 앞서 소통 과정에서 화자와 청자가 왜 다른 의미를 가지고 있는지에 대해 생각해 보아야 한다. 우리가 언어 의미를 구명한다고 했을 때, 그 '의미'는 어떤 의미이며 그것은 어디에서 찾을 수 있는가? 언어 의미가 형성되는 과정은 차치하고 결과적으로 보면 언어 의미는 세 부분에서 확인해 볼 수 있다. 첫 번째는 사람의 뇌 속에 형성되어 있는 의미이고, 두 번째는 사람들의 소통 과정에서 형성된 의미이며, 세 번째는 사전(辭典)에 기술된 의미이다.

먼저 개인적인 측면에서 언어의 의미는 뇌 속에 축적된다. 인간은 유전적으로 언어를 수월하게 습득하는 능력을 가지고 있고, 적절한 언어적 환경에 노출되면 경험을 통해 뇌 속에 의미를 형성한다. 사람들은 감각 기관을 통해 실제의 세계를 경험하지만 실제의 세계를 그대로 뇌 속에 기억하는 것은 아니며, 상당 부분 언어로 전환하여 기억한다. 즉, 인간의 뇌 속에는 현실 세계와 언어의 세계가 존재한다. 물론 이 둘이 별도로 존재하는 것

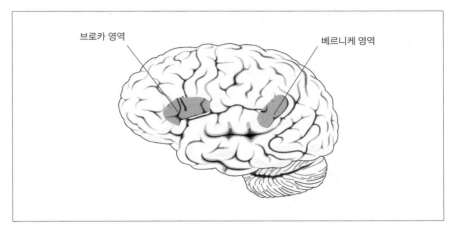

브로카 영역   베르니케 영역

그림 2-1 언어의 이해와 발화를 관장하는 뇌의 부위

은 아니고, 혼재되어 신경망으로 연결되어 있다.

그림 2-1은 언어가 이해되고 발화되는 영역이라고 알려진, 뇌 좌반구에 있는 베르니케 영역(Wernicke's area)과 브로카 영역(Broca's area)이다. 베르니케 영역은 청각령을 통해 들어온 언어의 의미를 이해하는 곳이다. 즉, 개인별로 뇌에 사전이 저장되어 있는 셈이다. 브로카 영역은 말하고자 하는 언어를 조합하는 곳인데, 조합하고자 할 때도 의미가 관여하기 때문에 이 영역은 베르니케 영역과 연결되어 있는 것으로 보인다. 사람은 언어적 경험 속에서 자연스럽게 뇌에 자신만의 의미망을 만든다. '사랑'이라는 단어를 보고 사람마다 다른 단어를 연상하는 것을 통해 이를 확인할 수 있다. 인간의 뇌에 형성된 이 강력한 의미망으로 인해 인간은 아동기에서 청소년기로 넘어가면서 실제 세계보다 언어의 세계에서 사고하는 경향이 커진다고 할 수 있다.

두 번째는 사람들의 소통 속에서 오가는 의미이다. 이 의미는 매우 역동적이며 상황 의존적이다. 사람들은 자신의 뇌에 형성되어 있는 의미를 기반으로 상대방과 문어적·구어적으로 소통하지만, 상대방이 표출한 의미가 자신의 뇌 속 의미와 다르다고 인식할 경우 점검 과정을 거쳐 자기

뇌 속 의미를 재구성하거나 상대방의 의미를 무시한다. 수많은 사람의 소통에는 문화적 배경과 상황이 존재하고, 언어적 의미는 그 상황이나 문화적 배경과 얽히면서 변화를 겪게 된다. 한쪽에서 일어나는 의미는 다른 소통으로 전이되면서 사회적 의미를 획득하기도 하고, 또는 공진화 방식으로 의미가 생성되거나 변화될 수도 있다.

(1) A: 그 사람 주책이 없어서 무슨 일이든지 참견을 하니 그러려니 해.

　　 B: 다른 사람 말할 때 자꾸 끊어 가며 앞뒤도 맞지 않는 말을 자꾸
　　　　해 대서 혼났어요.

　　 A: 그러게. 참 주책이야.

　　 B: 좋다는 말인가요? 아까는 '주책이 없다'고 하고, 이번에는 '주
　　　　책이다'라고 하니 어리둥절하네요.

　　 A: 원래는 '주책이 없다'라고 해야 하는데, 사람들이 '주책'의 의
　　　　미를 정확히 몰라서 그냥 '주책이다'라고 쓰는 바람에 '주책이
　　　　없다'와 같은 뜻이 되었어.

　　 B: 그렇구나. 처음 알았네.

의미는 고정된 형태로 존재하는 것이 아니다. 의미가 적용되는 상황은 늘 변화하기 때문에 의미는 늘 변화의 가능성을 가지고 있다. 의미의 변화는 그 과정을 볼 때 초기에는 소통 안에서 파롤(parole)의 방식으로 시작된다. 그런데 파롤과 랑그(langue)의 경계는 분명한 것이 아니므로 결국 언어 의미는 소통 안에서 형성된다고 보아야 할 것이다.

세 번째는 사전에 규정되어 있는 의미다. 현대에 와서 언어의 의미는 특정한 정의로 규정되는 측면이 강하다. 영국의 대문호 새뮤얼 존슨(Samuel Johnson)이 1755년 근대적인 사전인 『영어 사전(A Dictionary of the English Language)』을 편찬한 이래로 사전은 사회적으로 통용되는 언어,

그중에서도 특히 단어의 의미를 정의하는 중요한 수단이 되었다. 현대 사회로 접어들수록 소통이 다원화되고 신조어가 많아졌을 뿐 아니라 언어의 변화도 심해졌기 때문에 언중들은 단어의 사회적 의미를 습득하기가 쉽지 않다. 그래서 언어권마다 사전을 만들어 사회적 통용어의 의미 범주를 정하고, 언중들은 사전을 통해 의미를 확인하고 습득하는 것이 일반화되었다. 언중들은 자신이 습득한 의미와 사전의 의미를 비교하면서 공적인 의미를 조정해 간다. 즉, 현대에 와서는 '의미'가 '사전' 안에 존재하는 셈이다.

결국 우리가 규정하는 의미는 이 세 영역에서 귀납적으로 도출된 결과물이라고 할 수 있다. 일찍이 여러 학자들은 이 세 영역을 기반으로 의미를 다양한 관점에서 정의하였다.

2

의미의 정의

1) 지시설

지시설(指示說)은 의미를 그 표현이 실제로 지시하는 대상물로 보는 견해로, 플라톤의 『대화편』에 그 기원이 있다. 플라톤은 세상을 감각계와 이데아계로 구분하고, 감각계는 감각을 통해, 이데아계는 지성을 통해 대상과 연결된다고 보았다.

지시설에서는 세상을 실제의 세계와 언어의 세계로 구분할 수 있고, 언어 세계의 표현 방식인 음성이나 문자를 통해 지시한 바가 실제 세계의 대상과 연결될 때 의미를 가진다는 주장이다. 그런데 우리가 '새'라고 할 때, 세상에는 똑같은 새가 한 마리도 없을 텐데 어떻게 우리는 그 수많은 새를 동일한 대상으로 인식하는가? 언어의 세계에는 외연적인 것과 내재적인 것이 존재하고, 언어의 세계에서 대상을 지시할 때는 외연적인 지시뿐만 아니라 내재적인 지시도 동시에 이루어지기 때문이다. 다시 말해 우리는 설사 지시 대상의 외재적인 모습이 완전히 동일하지 않다 하더라도, 부리와 두 다리를 가지고 있고 날개로 날 수 있다고 판단하는 내재적 지시(추상화)를 통해 서로 다른 새들을 동일한 대상으로 간주한다. 또한 '해'와 '태양'처럼 실제 대상은 하나인데 외연적 지시가 하나로 사용되지 않고 다르게 사용되는 경우는 내재적 지시가 다르다고 설명할 수 있다. 지시설의 가장 큰 장점은 지시하는 대상이 분명하다면 의미를 가장 쉽게 설명할 수 있다는 것이다. '코끼리란 무엇인가?'라는 질문에 코끼리를 가리키면 된다. 특히 '이순신, 세종대왕, 서울, 롤렉스'[1] 같은 고유명사를 설명할 때는 어느 정도 타당성을 지닌다.

반면 대다수의 낱말은 하나의 의미만을 가지고 있지 않으며, 사물과 일대일로 대응되지도 않기 때문에 지시만으로 의미를 온전히 설명하는 데는 한계가 있다. 또한 지시설은 고정적인 사물로서 존재하지 않는 대상에는 적용하기 어렵다. 예를 들어 '읽다, 자다, 오르다, 먹다, 뛰다'와 같은 동사류나, '슬프다, 미안하다, 상냥하다, 둥글다'와 같은 형용사류, '항상, 매우, 잘, 가끔'과 같은 부사류, '행복, 기대, 믿음, 정의, 성실'과 같은 추상 명사류, '바람, 구름, 비'와 같은 현상 명사류를 지시로 설명하기는 쉽지 않다. 이 밖에도 '유니콘, 도깨비, 불사조, 천국, 극락'처럼 지시물이 실제로 존재하지 않는 경우는 지시가 불가능하며, '해, 태양', '샛별, 개밥바라기, 금성'처럼 지시물은 하나인데 그것에 대한 언어 표현이 둘 이상인 경우도 외연적 지시만으로 설명하기 어렵다.

2) 개념설

위에서 언급한 대로 언어는 뇌에 축적된다. 개념설(概念說)은 언어와

----

1 롤렉스는 시계의 상표를 나타내는 말인데, '롤렉스'라고만 해도 롤렉스 시계를 지시하게 된다.

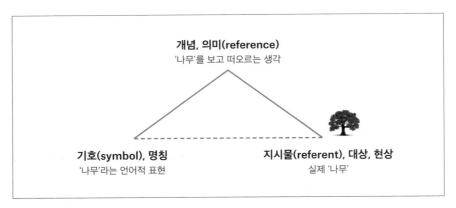

그림 2-2 의미 삼각형

사고가 밀접하게 연관되어 있다는 사실을 바탕으로 의미를 뇌에 축적된 '개념, 사고' 등으로 파악하려는 관점이다. 음운론에서 음소를 심리적 실재(psychological reality)로 보는 것과 같다. 소쉬르는 언어 기호를 시니피에(signifié, 記意, 개념)와 시니피앙(signifiant, 記標, 표현되는 것)으로 구분하여 의미를 개념으로 보는 단초를 제공하였다. 뒤이어 에드워드 사피어(Edward Sapir)는 언어를 사고의 그릇으로 보고, 언어와 사고의 관련성을 설명하였다. 개념을 지시물과 연결 지어 구체적으로 설명한 저서는 오그던과 리처즈(Ogden & Richards, 1923/1986)이다. 이 책에서는 그림 2-2와 같은 의미 삼각형(semiotic triangle)으로 개념과 언어 기호, 지시물의 관계를 설명하고 있다.

그림 2-2에 따르면 실제 세계에 존재하는 지시물은 경험 대상이며, 그 대상에 대해 떠오르는 생각이 바로 '개념(concept)'이다. 그리고 그 개념을 상징하는 것이 언어적 표현이 된다. 삼각형에서 기호와 지시물이 점선으로 연결된 것은 직접적인 관련이 없거나 적음을 보이기 위한 것이다.

개념설은 심리적 현상인 '의미'를 뇌에 축적되어 있는 '개념'으로 파악하고 있다는 점에서 분명한 근거를 가지고 있다. 또한 지시설이 해결하지 못한 의미의 추상성 등을 설명할 수 있다는 점에서도 의의가 있다. 그러나

이 개념을 언어의 '의미'로 볼 수 있는지에 대해서는 의문이 있다. 외부 세계가 분명하게 규정되는 경우나 언어권마다 외부 세계의 대상이 비교적 일치하는 경우는 개념을 언어 의미와 동일시할 수 있겠으나, 실제 세계의 대상에 관한 개념과 언어 의미가 일치하지 않는 경우도 많다. 예를 들어 언어 의미에서는 '차다'와 '춥다'를 구분하고 있으나, 사고(思考)의 관점에서 보면 큰 차이가 없다. 즉, 개념은 언어 의미와 중첩되거나 언어보다 범주가 다소 넓다. 아울러 실제 세계의 대상을 보고 사람들이 모두 똑같은 개념을 떠올리지 않는다는 것도 개념설로는 설명하기 어렵다. 동일한 나무를 보고도 누군가는 '고향'을 생각하고 다른 누군가는 '고난'을 떠올린다. 이렇듯 비유나 과장 등의 수사적(修辭的) 현상도 개념설로는 설명하기가 곤란하다.

3) 행동설

행동설(行動說)은 1930년대 미국에서 성행하던 행동주의 심리학의 영향을 받아 미국 구조주의 언어학자 레너드 블룸필드(Leonard Bloomfield)가 제시한 주장이다. 블룸필드(Bloomfield, 1933 / 2015)는 B. F. 스키너(Skinner)의 자극 반응설(stimulus-response theory)을 발전시켜 의미의 본질을 관념이나 이미지가 아니라 외적으로 드러나는 행동으로 보았다. 블룸필드의 자극 반응설을 도식화한 그림 2-3은 행동적 자극과 반응은 대문자 S와 R로, 언어적 자극과 반응은 소문자 s와 r로 나타냈다. 즉, 화자는 머릿속에 떠오른 생각(S)을 말(r)로 표현하고, 청자는 자신에게 도달한 언어(s)를 듣고 생각(R)을 떠올린다.

행동설에서는 화자의 자극(S)과 청자의 반응(R)이 동일하다면 의미가 형성되었다고 본다. 화자의 자극 행위에 반응하는 발화 행위는 다시 청자

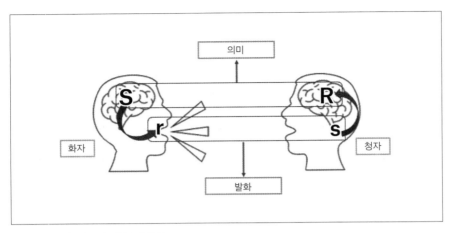

그림 2-3 블룸필드의 자극 반응설

에게 자극이 되고, 이 자극에 대한 반응 행위가 의미라고 보는 것이다. 따라서 언어의 의미는 언어가 전하는 행동이라고 보았는데, 이는 지극히 화자 중심의 설명이라고 볼 수 있다. 행동설은 의미를 개념적이고 추상적인 차원에서, 외현적이고 관찰 가능한 것으로 바꾸었다는 데 의의가 있다. 그렇지만 동일한 발화라도 그 발화에 대한 청자의 반응과 발화가 일어난 상황이 모두 다르기 때문에 개별적인 반응을 모두 일정하게 기술할 수 없다는 문제점이 있다. 또한 언어의 창조적 특성을 설명하기 어렵다는 한계도 지닌다.

4) 용법설

용법설(用法說)에서는 언어적 요소가 문장이나 맥락 내에서 어떠한 기능으로 사용되느냐에 따라 의미가 결정된다고 본다. 단어는 문장에서 일정한 기능을 담당하는데, 그 기능을 통해 의미를 추출할 수 있다고 보는 것이다. 이 점에서 의미의 용법설은 "한 단어의 의미는 그 단어의 사용법이다."라고 한 비트겐슈타인(Wittgenstein, 1968)으로부터 시작되었다고 할 수 있다. 비트겐슈타인은 '언어 게임'이라는 개념을 제안했는데, 게임에는 규칙이 있고 언어를 안다는 것은 곧 그런 규칙과 용법을 안다는 것이다. 일상 언어에서 하나의 단어가 한 가지 이상의 의미를 지니는 경우가 많기 때문에 엄격한 논리적 규칙을 적용하여 그 단어의 의미를 파악하기는 어려우며, 결국 단어의 의미를 나타내 주는 것은 그 단어의 용법이라고 주장했다. 즉, 일정한 언어 단위의 의미를 안다는 것은 곧 그 단위의 용법을 안다는 것이다. 그는 "언어에 관해서 알려거든 의미를 묻지 말고 사용을 물으라."고 말했다.

용법설에서 의미는 뇌 속에 형성된 개념이나 심리적인 실재라기보다 그 단어의 사용법에 있다고 본다. 이는 기능주의(functionalism)나 퍼스의 맥락 이론(contextual theory),[2] 화용론 등과도 관련을 맺고 있다.

(2) 사람을 쓰다
    손을 쓰다
    편지를 쓰다
    모자를 쓰다
    약이 쓰다

(2)에서 '쓰다'라는 단어가 많은 의미를 지니고 있는 것처럼, 용법설은 다의어나 동음이의어를 설명하는 데 유용할 뿐만 아니라 다른 이론에서는 설명하기 힘든 조사, 어미와 같은 문법 형태소도 설명할 수 있다는 장점이 있다. 그러나 사실상 무한수의 용법을 모두 기술하기란 불가능하다. 단어

....

2 퍼스(Firth J.R., 1957)는 언어를 개별적이면서 구성적인 맥락 관계의 총합체라고 하였는데, 이때 '의미'는 곧 '특정 언어 단위가 맥락 내에서 사용되는 기능'과 동일하다고 보았다.

의 용법이 고정된 것도 아니고, 설사 많은 사례를 수집하여 의미를 기술했다고 하더라도 새로이 등장하는 의미를 처리해야 하는 등의 어려움이 있기 때문이다.

5) 의의 관계설

어휘는 하나의 체계로 구성되어 있다. 체계를 이룬다는 것은 그 체계 안의 구성 요소들이 어떠한 방식으로든지 상호 관련성을 갖고 있다는 것을 뜻한다. 의의 관계설(意義 關係說)은 어휘소가 다른 어휘소와 맺는 관계인 의의(sense)를 의미로 보는 견해이다. 예컨대 '나'가 아버지, 어머니, 형제자매, 더 나아가서는 친구, 스승 등과 관계를 맺고 있는 것처럼 단어들도 어떤 방식으로든 다른 단어들과 관계를 맺으며, 그러한 관계를 '의의'로 보는 것이다. 어휘소 간의 의의 관계는 동의 관계, 반의 관계, 상하 관계 등으로 설명할 수 있다.

또한 크루즈(Cruse, 1986)는 의미의 문맥설을 주창했는데, 이는 문장 안에서 단어 간 공기(共起) 관계의 정상성, 비정상성을 통해 의미를 규정할 수 있다고 보는 견해이다. 즉, '마시다'는 '물, 쌍화차, 주스' 등과 공기하며 상호 의미를 공유하고, '동전, 실타래, 나무껍질' 등과는 거의 공기하지 않는다. 또한 두 낱말 사이의 의미적 유사성은 동일한 문맥에서 계열적으로 공유할 수 있는지에 따라 구분된다고 보았다. 가령, 정상적 문장에서 '개와 고양이'는 '개와 상어'보다 상호 대체될 가능성이 높다. 상호 대체 가능성이 높을수록 의미적 유사성이 더 높다고 할 수 있다. 그러나 단어의 의미는 동의 관계, 대립 관계, 상하 관계 등과 같은 의의 관계만으로 정의하는 데 한계가 있다. 의미는 소통에서 전달하고자 하는 핵심적인 사항이므로 이에 대한 개념적 범주 설정 없이 단지 의의 관계만으로 의미를 모두 설명할 수는 없다.

6) 참 조건설

참 조건의 관점에서 의미를 규정한다는 것은 '언어 표현으로 나타나는 어떤 문장이 참이나 거짓이 될 수 있는 실제 상황의 조건을 밝히는 것'이다. 타르스키(Tarski, 1944)는 어떤 문장이 참이면 의미가 있다고 보고 "'Snow is white' is true if and only if snow is white('눈이 하얗다'라는 문장은 눈이 하얄 때만 참이다)."라는 문장을 예로 들어 '타르스키 등치(Tarski equation)'를 제안하였다. 이때 'Snow is white'라는 문장이 증명 가능한 문장이 되기 위해서는 다음과 같은 참 조건이 성립이 되어야 한다.

(3) 'Snow is white' is true if and only if snow is white.

참 거짓을 판명해야 하는 명제

⇓ 공식화

'P' is true iff p.[3]

참 조건 참 거짓 여부

여기서 앞에 오는 'Snow is white'는 분석의 대상이 되는 언어로 실제 대화상의 언어인 대상 언어(object language)이고, '~is true if and only if' 뒤에 쓰인 'snow is white'는 분석 도구로서의 언어, 설명을 위한 언어인 상위 언어(meta language)라고 한다.

....

3 대문자 P는 문장이고, 소문자 p는 조건을 나타내는 기호이며, iff는 'if and only if'를 줄여서 쓴 것이다.

위에서 예시한 'Snow is white'라는 문장은 어떻게 진리치가 결정되어 의미를 가지게 되는가? 이 문장은 'snow'에 의해 지시되는 지시물이 있고, 이 지시물이 'white'라는 술어에 의해 지시되는 '흰' 속성을 지니는 경우 참이 된다고 할 수 있다. 이러한 조건이 충족되면 이 문장은 참이 되고 의미를 지니게 된다. 아무리 복잡한 문장이라도 전체 문장의 참값은 그 복합 문장의 부분을 이루는 단순 문장들의 참값에서 정해진 방식으로 계산이 가능하다. 이후 프레게(Frege, 1960)는 합성성의 원리를 제시하여 복잡한 문장의 참 조건을 설명하는 데 기여하였다. 문장을 이루는 각 단어들의 의미를 알고 그 단어들이 결합하여 전체 문장이 형성되는 과정을 알면, 전체 문장의 의미는 함수적으로 계산할 수 있다는 것이다.

그러나 명령문, 의문문 등과 같은 문장 형식은 논리적으로 설명할 수 없고, 관용 표현을 비롯하여 다양한 화용적 표현은 전체 문장을 구성하는 부분의 합으로 설명하기 어렵다는 점에서 참 조건설은 문장의 의미를 설명하는 데 한계가 있다.

3

의미의 유형

언어 소통의 최종적인 목적은 의미 전달이라고 할 수 있다. 그런데 화자의 발화에는 여러 종류의 의미가 담겨 있어서 하나의 기준으로 이를 다 해석해 낼 수는 없다. 어떤 관점에서 의미를 보느냐에 따라 의미 해석 결과가 달라질 수 있는 것이다. 따라서 의미를 여러 유형으로 분류하여 다루는 것이 의미를 분석하는 데 더 효율적이다.

의미는 사용되는 단위별(단어 의미, 문장 의미, 화용 의미 등)로도 파악할 수 있지만, 이러한 언어 단위의 의미는 보는 관점에 따라서도 달라질 수 있다. 여기서는 단어와 문장의 의미를 일곱 가지 관점으로 나누어 설명한 리치(Leech, 1974: 9-23)를 중심으로 의미의 유형을 분류해 보고자 한다.

1) 개념적 의미

개념적 의미(conceptual meaning)는 기본 의미 또는 중심 의미라고 할

표 2-1 리치가 분류한 의미의 유형

의미 유형	세부적 분류	참고 사항
개념적 의미		중심 의미, 외연적 의미
연상적 의미	내포적 의미	
	사회적(문체적) 의미	
	감정적(정서적) 의미	화자 관점
	반사적 의미	청자 관점
	배열적 의미	문장 내 호응이나 연어적 관점
주제적 의미		초점 의미, 의도 의미

수 있으며, 단어나 문장이 지닌 가장 본질적인 의미이기도 하다. 사전에서 단어의 의미를 기술할 때 가장 먼저 제시되는 의미이기도 하다. 전체 의미에서 핵에 해당하는 부분이며, 가장 대표적으로 인식되는 의미라는 점에서 외연적이다. 외연적 의미는 보편성을 가지며, 지시적이고, 랑그적 성격이 강하다.

{아내·부인·마누라·안사람·여편네}는 [+인간, +여성, +배우자]라는 속성 모두를 충족해야 한다. 이 중 어느 하나라도 빠지면 이 단어의 의미를 기술할 수 없다. 여성 배우자를 지칭하는 집합의 각 구성 요소와 그 성분값들은 상호 필요충분조건을 만족한다. {아내·부인·마누라·안사람·여편네}라는 단어는 [+인간, +여성, +배우자]라는 속성값을 만족하는 동일한 단어가 되는 것이다. 그래서 개념적 의미로는 이 단어들의 의미를 구별할 수 없다.

    (4) A: 돌아가신 춘부장(椿府丈)은 어디에 모셨나?

          B: 선산에 모셨지. 자네 자친(慈親)은 요즘 건강이 어떠신가?

표 2-2 부모 명칭의 개념적 의미

	가친	선친	춘부장	선대인	자친	선비	자당	선대부인
남(여)	+	+	+	+	-	-	-	-
자(타)	+	+	-	-	+	+	-	-
생(사)	+	-	+	-	+	-	+	-

위 대화에 나오는 '춘부장'과 '자친'은 각각 '아버지', '어머니'를 지칭하는 말이다. 하지만 위 문장에 사용된 '춘부장'과 '자친'은 잘못 사용한 말이다. 무엇을 기준으로 잘못이란 말인가? 호칭과 지칭을 엄격하게 구분하여 사용하는 방식에서 보면 '아버지', '어머니'로는 개념적 의미가 충분치 않고, 여기에 [+생(生)], [+자(自)]로 구분을 해야 한다. 춘부장은 [+부, +생, -자]이고, 자친은 [-부, +생, +자]라는 개념적 의미를 지닌다. 그래서 위의 춘부장은 '선대인(先大人)'으로, 자친은 '자당(慈堂)'으로 바꾸어야 한다.

이것을 엄격하게 구분하고 사용하던 시대의 사람들은 표 2-2와 같은 의미 자질을 머릿속에 가지고 있어야 했다. 그런 점에서 이는 인식적 의미라고 할 수 있다. 이때 '인식적'이라고 하는 것은 감각적이거나 감정적인 반응이라기보다는 '이성적', '논리적' 작용의 결과로 형성된 의미의 최소 공약수와 같은 것이다.

(5) A: 철수가 또 빵을 열 개나 사 왔어.

B: 둘이서 어떻게 그걸 다 먹으라고, 하여튼 철수는 손이 커.

(5)의 대화 중 "철수가 또 빵을 열 개나 사 왔어."라는 문장의 의미는 '철수', '가', '또', '빵', '을', '열', '개', '나', '사-', '오-', '-었-', '-어' 각각이 지닌 개념적 의미의 총체라고 할 수 있다. 또 "철수는 손이 커."라

는 문장에서 '철수'의 개념적 의미는 '철수'라는 이름을 가진 지시 대상이고, '는'은 '다른 사람과 구별한다는 의미'이고, '손'의 개념적 의미는 '신체 중 손목 아랫부분', '이'는 '앞에 오는 명사류가 주어가 된다는 문법적 의미'를 지니고 있으며, '크-'는 '면적이나 높이가 일정 기준 이상이라는 의미', '-어'는 '상대 낮춤을 나타내는 종결의 문법적 의미'를 지닌다. 그렇지만 이 개념적 의미를 모두 결합했다고 해서 문장의 의미를 정확히 해석할 수 있는 것은 아니다.

2) 연상적 의미

연상적 의미(associative meaning)는 개념적 의미와 달리 부차적 의미에 해당한다. 위에서 예로든 {아내·부인·마누라·안사람·여편네}의 개념적 의미는 동일하지만 연상되는 의미는 다를 수 있다. [+wife]라는 개념적 의미를 지닌 이 단어 집합은 특히 사용자 연령층, 화자와 청자의 관계, 화자가 대상을 지칭하는 태도 등과 관련이 있다. 현재를 기준으로 보면 '아내'는 모든 연령대에서 사용 가능하며 보통 평온한 상황에서 대상을 지칭하는 표현이다. '부인' 역시 이 말을 사용하는 연령대가 넓은 편이며 대상자에 대한 존중의 의미가 담겨 있다. 이와 비교하여 '마누라'는 이 말을 사용하는 화자의 연령대가 40대 이상일 것이 연상되면서, 지칭의 대상자를 비하하거나, 다정하게 생각하거나, 청자에 대해 겸손한 표현을 사용하려는 의도를 가지고 있는 경우에 사용할 것이다. '안사람'은 이 말을 사용하는 초기에는 주로 가정주부라는 의미로 사용했으나 이제는 청자에 대한 겸양의 의미를 담고 있다. '여편네'는 이 말을 사용하는 사람의 연령이 다소 높고, 화자가 대상자인 아내를 평소에 비하하거나, 지칭하는 당시에 대상자에 대해 불쾌한 감정을 가지고 있을 수 있으며, 이 말을 듣는 청자와의 관계도 친근하거나 상대하기에 편안한 사람일 가능성이 높다. 그러나 이 같은 의미적 차이에 대해 상당히 많은 사람이 수긍한다고 하더라도 어떤 사람들은 동의하지 않을 수 있다. 개념적 의미는 대부분의 사람이 동의할 수 있으며, 이것이 부정되면 의미가 성립되지 않는 고정성을 가지고 있는 반면 연상적 의미는 많은 사람이 동의하기는 하지만 일부가 이를 부정한다고 해도 성립될 수 있다는 점에서 유동성을 가지고 있다. 또한 어떤 화자가 '여편네'라는 단어에 '정감이 있다'고 하더라도 문제가 되지 않는다는 점에서 개방적이고 비한정적이다.

연상적 의미는 매우 포괄적이어서 내포적 의미, 사회적 의미, 감정적 의미, 반사적 의미, 배열적 의미 등으로 나뉜다.

① 내포적 의미

개념적 의미가 지시적이고 외연적인 데 반해 연상적 의미는 내포적 속성을 지닌다. 내포적이라는 것은 '어떤 대상에 대해 우리 마음속에 있는 형상'을 의미한다. 마음속에 형성되는 의미는 언중들의 경험에 의해 생긴다. 동일한 문화권에 있는 사람들의 경험은 유사한 편이지만 그래도 개인과 집단의 경험에 따라 차이가 있기 마련이다. 개인별, 집단별 경험의 차이는 대상에 대한 의미 차이로 나타난다.

예를 들어 '부인'의 개념적 의미는 [+인간, +성인, -남성, +결혼]으로 규정할 수 있으나, '부인'의 의미는 이것만으로 충분치 않다. '부인'이라는 지시 대상이 지닌 부가적이고 다각적인 특성이 많기 때문이다. 여기에는 개인적 경험이나 집단적 경험에 의해 형성된 외모적 특성(예: 어느 정도 나이가 들어 보이는, 부인들의 독특한 스타일을 지닌)뿐만 아니라 사회적 특질(예: 가족 중심적인), 심리적 특징(예: 사교적) 등이 포함된다.[4] 이처럼 한

…………

4   물론 이러한 특성은 시대에 따라(예: 조선시대와 현재), 또 같은 시대라도 세대에 따라(예:

언어문화권에서 어떤 대상의 의미에 대해 누구나 공통적으로 가지고 있는 의미 속성 이외에 개인별, 집단별로 차이가 있는 속성들을 내포적 의미(connotative meaning)라고 한다. 그렇다고 하더라도 누군가 '부인'의 의미에 [+영화를 좋아하는]을 추가한다면 이것에 동의할 언중들은 많지 않을 것이다. 내포적 의미라고 하더라도 타인이 이해할 수 없는 극히 개인적이고 일시적인 경험까지를 포함하는 것은 아니다. 의미의 형성은 개인적 경험이 쌓여서 형성된 특정한 문화적 특성을 반영하지만, 이는 다른 언중들도 이해하고 받아들일 수 있는 범위여야 한다.

이런 점에서 내포적 의미는 개념적 의미에 비해 상대적으로 불안정하고 주변적이며 가변적이고 의미 범주에서도 개방적이다. 언어의 의미는 고정되어 있지 않고 문화, 역사적 시대, 개인과 집단의 경험에 따라 상당히 달라지기 때문에 내포적 의미는 유동적이라고 할 수 있다. 개념적 의미가 실질적으로 한 언어사회의 구성원들이 인식하고 있는 '기본적이고 공통적인 자질'로 구성되어 있는 것에 비해 내포적 의미는 '부차적이고 경험적인 자질'로 구성되어 있다.

② 사회적 의미

언어의 의미는 개념적, 내포적 관점과는 다른 사회적 관점에서도 설명할 수 있다. 내포적 의미가 언중들의 경험에 의해 마음속에 형성된 것을 중심으로 한다면 사회적 의미(social meaning)는 의미를 형성하는 사회적 집단의 특성을 반영한다.

   (6) A: 야, 한 대 빨러 가자.

        B: 그래. 나도 골 때리는 고객 때문에 열받던 참이다.

....

10대 청소년과 60대 장년) 언중들의 경험이 다르므로 달라질 수 있다.

(7)　C: 담배 한 대 태우러 가세.

　　　　D: 그럽시다. 나도 골치 아픈 고객 때문에 머리가 어질어질하던 참
　　　　　　이야.

　　(6)의 A와 B의 대화와 (7)의 C와 D의 대화는 표현 방식에서 차이가 있
고, 그 차이는 화자들의 연령이나 소속 집단의 특성에서 생겨났을 가능성
이 높다. 즉, 표현상의 차이는 의미의 차이를 낳는데, 그 의미 차이가 사회
적 의미에 의해 생긴 것이라고 설명할 수 있다. 그런 점에서 사회적 의미는
화·청자 집단 간에 또는 화·청자 사이에 지역, 경제적 계층, 직업, 종교 등
이 다를 때, 다시 말해 사회적인 차원(dimension)과 층위(level)가 다를 때
생기는 언어 사용상의 간격으로 인해 발생한다.

　　언중들은 사회적 관계를 형성하며 여러 가지 방식으로 집단을 형성한
다. 한 문화권 내에서 사회적 집단이 사용하는 언어가 공인되어 그 언어적
특성이 인정되면 그로 인해 사회적 의미가 생성되었다고 할 수 있다. 특정
사회적 집단에서 사용하는 언어는 시간이 흘러감에 따라 일정한 양식(스
타일)을 만들어 가는 특징이 있으며, 그런 점에서 사회적 의미는 문체적
의미라고도 한다.

　　사람들의 발화에는 그 사람이 속한 집단의 특성이 나타나기도 한다. 그
런 경우 발화를 통해 발화자가 성장한 지역, 시대, 속한 계층 등을 파악할
수 있다. 또한 언중들은 발화가 이루어지는 상황이나 장면에 적합한 언어
를 선택하는 경향이 있다. 공적인 상황인지, 사적인 상황인지, 청자와의 관
계는 어떤지에 따라 적합한 표현을 고르는데, 이러한 특성이 반영된 경우
역시 문체적 의미라고 할 수 있다. 마치 구어와 문어에서 사용되는 언어
표현이 다르게 나타나는 것처럼 화자는 다양한 장면에서 그에 합당한 다
양한 표현들을 사용하는 것이다. 다음은 그러한 문체 변이(stylistic varia-
tion)의 유형이다.

(8) 가. 쉽게 변하지 않는 문체 자질

        a. 개성(individuality): 양주동의 언어, 김대중 대통령의 말투 등

        b. 방언(dialect): 경상도 방언, 충청도 방언 등

        c. 시대(time): 중세 국어, 근대 국어 등

    나. 분야별 특성을 반영하는 비교적 임시적인 문체 자질

        a. 분야(province): 법률 문체, 종교 문체, 기술 문체 등

        b. 상황(status): 격식체, 대화체, 속어체 등

        c. 양식(modality): 강연, 메모, 유머 등

        d. 특이성(singularity, 비교·구별되는 특성): 이외수의 작품 『칼』에 나타난 문체, 헤밍웨이의 작품 『노인과 바다』에 나타난 문체 등

    다. 담화(discourse)상의 문체

        a. 표현 매개 형식(medium): 구어와 문어, 구술과 저술

        b. 참여 방식(participation): 독백, 대화, 연설 등

③ 정서적 의미

정서적 의미(affective meaning)는 주로 화자의 심적 태도와 관련된 의미를 말한다. 소통은 기본적으로 화자와 청자가 있어야 성립하는 것이고, 화자가 발화하는 문장의 의미는 분석 층위에 따라 표 2-3과 같이 구분된다.

정서적 의미는 비언어적 속성인 특정 문체, 운소적(韻素的) 요소, 몸동작 등으로 나타난다. 이 중 발화를 통해 나타나는 것으로는 운소적 요소가

표 2-3 문장 의미의 분석 층위

화자의 발화(문장)	명제 의미
	함축의미
	비언어적(운소적) 의미

대표적이다. 이것은 언어가 지닌 여러 기능 중 (화자의) 감정 표출 기능과 관련이 있는 것으로, 음성으로 실현된 화자의 개인적 감정과 청자의 태도에 대한 화자의 감정이 반영된 의미라고 할 수 있다.

(9)　A: 위원회에서 결론이 어떻게 날까요?

　　　B: 잘될 거야.

　　　A: 그럼 기대하고 있겠습니다.

(9)의 예에서 A가 B의 발화를 듣고 "그럼 기대하고 있겠습니다."라고 한 근거는 "잘될 거야."라는 말에 실린 밝고 희망적인 음색을 통해 긍정적인 의미를 느꼈기 때문일 것이다. 단순히 위로 차원에서 하는 평이하고 낮은 어투와는 다른 느낌을 받은 것이다. 또 다른 예로 누군가가 "이제 끝났어."라고 말했을 때, 맥락을 고려하지 않고 화자의 억양이나 음색을 모른다면 그 말이 '안도'를 말하는 것인지, '포기'를 의미하는 것인지 알 수 없다. 정서적 의미는 화자의 표현에 묻어 있는 억양이나 음의 장단 등을 통해 파악할 수 있는 연상적 의미의 일종이다.

언어적 표현에서 전달하고자 하는 정보와 그 정보에 실린 감정을 명확히 구분할 수 있는 것은 아니지만, 이들을 굳이 구분하는 이유는 언어 의미를 설명하는 데 더 유용하기 때문이다. 만약 정서적 의미를 따로 떼어 설명하지 않는다면 "잘했네." 같은 말이 다양한 의미를 가질 수 있다는 것을 설명하기 어렵다. 이 부분은 단어나 문장에 내재되어 있는 것이 아니라 발화당시의 심적 태도로 결정되는 것이므로 개념적 의미나 내포적 의미, 사회적 의미로는 설명할 수 없다.

화자는 청자나 말하는 대상에 대해 표현할 때 어떤 감정적 태도를 갖게 되며, 이것은 소통의 관점에서 중요한 요인이 된다. 누군가가 "고마워."라고 했을 때, 듣는 사람은 이 말에 실린 어조에 따라 상이한 의미로 해석할 수 있다. 이렇게 본다면 의미는 언어 의미와 비언어 의미의 합이라고 할 수 있다. 비언어 의미는 어조나 억양 등으로 드러나는 의미이고, 형태에 얹혀 있는 추가적 의미이며, 표현할 때마다 달라지는 일시적 의미이다. 하지만 정서적 의미가 주요 기능인 감탄사 등은 대체적으로 고정적 의미를 가지고 있다는 점에서 통상적인 정서적 의미와는 구별된다.

④ 반사적 의미

반사적 의미(reflected meaning)는 청자 관점의 의미라고 할 수 있다. 앞의 정서적 의미가 화자의 심적 태도와 관련이 있다면, 반사적 의미는 화자의 발화에 대한 청자의 감정적 반응으로부터 도출된다. 정서적 의미가 화자의 의도적 또는 비의도적 감정 표출인 데 비해 반사적 의미는 청자의 비의도적인 반응을 나타낸다. 감정적 반응의 종류를 크게 나누면 '긍정적', '부정적', '중립적'으로 구별할 수 있다.

(10) A: 요즘도 애완동물 데리고 식당에 오는 사람들이 있냐?

B: 애완동물이 뭐야. 그렇게 부르지 마.

C: 이제는 사람들이 집에 데리고 사는 동물을 반려동물이라고 해.

B: 그렇지.

(10)의 예를 보면 청자인 B는 동일한 지시 대상이라 하더라도 '반려동물'에는 긍정적으로 반응하고 '애완동물'에는 부정적으로 반응한다. 이 예에서는 화자인 C가 각 단어가 긍정적 또는 부정적 뉘앙스를 가진다는 것을 알고 있지만, 반사적 의미는 화자의 의도와는 상관없이 청자가 느끼는 의미적 뉘앙스를 기준으로 분석한다. 영어의 예로, 교회에서 삼위일체의 제삼위인 '성신'(또는 '성령')을 나타내는 말로 'The Comforter'와 'The Holy Ghost'가 있는데, 이 말을 들었을 때 청자의 반응은 다르게 나타난

다. 'The Comforter'는 따뜻하고 위안을 주는 뜻으로 들리고, 'The Holy Ghost'는 약간 무섭게 들린다는 것이다. 이처럼 화자가 자신의 발화 내용 중 어떤 것이 긍정적인지, 부정적인지 고려하지 않더라도 청자는 그 표현에 정서적 반응을 가질 수 있다.

> (11) A: 몸이 아주 건강해 보이네.
>   B: 뭐야? 내가 뚱뚱해 보여?
>   A: 아냐, 그런 뜻이 전혀 아닌데.

이 경우 화자가 '건강하다'를 '뚱뚱하다'의 완곡한 표현임을 알고 있다 하더라도, 전혀 그럴 의도로 사용하지 않았을 가능성이 있다. 하지만 청자는 그 말을 '뚱뚱하다'고 받아들였다. 반사적 의미는 이런 경우를 설명하는 데 유용하다. 청자인 B가 왜 그렇게 이해했는지에 대한 근거를 제시해 주기 때문이다. 특정한 표현에 대해 청자가 느끼는 긍정적, 부정적 연상은 때로 다른 여타 유형의 의미보다 청자에게 강렬하게 작용할 때가 많다.

⑤ 배열적 의미

배열적 의미(collocative meaning)는 문장 내 직접 구성 성분들 간의 공기 관계에 의해 형성되는 의미이다. 단어는 문장 내에서 제멋대로 존재하는 것이 아니고, 일정한 구조나 체계 속에 존재한다. 배열적 의미는 문장 내에서 단어 의미가 상호 의존성을 가지고 있음을 증명해 준다.

> (12) #자전거를 타다가 눈이 부셔서 시계를 꺼내 썼다.

(12)은 {자전거, 를, 타다가, 눈, 이, 부셔서, 시계, 를, 꺼내, 썼다}와 같은 단어로 이루어져 있다. 그런데 이 단어들은 문장 내에서 문법적으로뿐만

아니라 의미적으로도 결합적으로 연결되어 있으며, 이는 문장 내에서 단어 상호 간에 의미를 규정하는 데 기여한다.

실질 형태소를 중심으로 의미적인 상호 의존 관계를 살펴보면, 이 문장에서 '자전거'는 '타다가'와 상호 의존적이며, '눈'은 '부시다'와 의존 관계가 성립한다. 특히 '눈'과 '부시다'는 그 의존 관계가 매우 강하다. 어떤 문장에서건 '부시다'라는 단어는 유일하게 '눈'과만 결합 관계를 유지하고 있어 '눈'이 아니면 의미를 설명할 수 없다. 또 동사 '꺼내다'는 '시계'와 관계를 맺고 있기는 하지만 의미적 의존 관계가 미약하며, '쓰다'는 '시계'와 의미 관계가 형성되지 않는다. 통상적으로 '쓰다[+착용]'의 범주 안에 '시계'가 포함될 수 없기 때문이다. 이 문장에서 '시계'를 '선글라스'나 '모자' 등으로 바꿔야 하는 근거는 '의미적 결합 관계'가 적합하지 않아서라고 할 수 있다. [+세척]의 의미를 공통으로 가지고 있는 '옷을 빨다', '머리를 감다', '손을 씻다' 등도 '*옷을 감다', '*머리를 씻다', '*손을 빨다'처럼 사용할 수 없는데, 그 이유는 이들 명사와 동사의 의미적 상호 의존성이 매우 높기 때문이다.

문장 내에서 실현되는 배열적 의미 관계는 수식 관계를 통해서 더 명확하게 드러난다.

(13) 가. {a-성난 사자, b-성난 토끼}
       나. {a-귀여운 아기, b-귀여운 레슬러}
       다. {a-징그러운 뱀, b-상냥한 뱀}

(13)의 예시 쌍에서 a로 제시한 각각의 수식 관계는 통상적이지만 b의 관계는 특수한 상황이 아니라면 언중들에게 이상하게 받아들여질 것이다. 단어들의 배열에 있어 개념적, 내포적, 정서적, 반사적 의미 범주를 벗어나는 b의 경우는 사용이 '맞다', '틀리다'의 개념보다는 새로운 의미가 추가

될 가능성을 보여 준다.

3) 주제적 의미

주제적 의미는 화자의 의도 표출과 관련되는 의미인데, 화자는 자신의 의도를 드러내기 위해 문장 구성 요소를 다양한 방식으로 조작한다. 문장에서 화자가 의도를 표출하는 대표적인 방식은 '초점'과 '강조'이다. 한국어는 문장 어순이 비교적 자유로운 편이어서 화자는 '초점'을 부여하고 싶은 말을 문두에 놓는 방식을 사용한다.

  (14) 가. 내가 그녀에게 어제 꽃을 보냈지.
        나. 그녀에게 내가 어제 꽃을 보냈지.
        다. 어제 내가 그녀에게 꽃을 보냈지.
        라. 꽃을 내가 그녀에게 어제 보냈지.
  (15) 가. 경찰이 도둑을 잡았다.
        나. 도둑이 경찰에게 잡혔다.

(14나)~(14라)처럼 초점을 부여하기 위해 어순을 바꿀 수 있고, (14가)와 같이 일반적인 어순에 따른 문장에서도 강조하고 싶은 말에 강세를 주는 방식으로 의도를 나타낼 수 있다. 또 능동문인 (15가)와 피동문인 (15나)는 문장 전체의 명제적 의미가 동일하지만 화자의 의도가 다르기 때문에 다른 의미를 가진다. (15가)에서는 화자의 발화 초점이 '경찰'에 있고, (15나)에서는 초점이 '도둑'에 있다.

주제적 의미는 위의 예처럼 명시적 표현으로 나타나기도 하지만 암시적으로 제시되기도 한다. 다음은 정지용의 시 「유리창 1」이다.

(16) 유리(琉璃)에 차고 슬픈 것이 어른거린다.

　　　열없이 붙어 서서 입김을 흐리우니

　　　길들은 양 언 날개를 파닥거린다.

　　　지우고 보고 지우고 보아도

　　　새까만 밤이 밀려나가고 밀려와 부딪히고

　　　물먹은 별이, 반짝 보석처럼 박힌다.

　　　밤에 홀로 유리를 닦는 것은

　　　외로운 황홀한 심사이어니,

　　　고운 폐혈관(肺血管)이 찢어진 채로

　　　아아, 늬는 산새처럼 날아갔구나!

더 알아보기

크루즈의 의미 유형

리치의 의미 분류와 달리 크루즈(Cruse, 1990: 148-149)는 발화를 구성하는 '문장의 명제적 의미, 화자의 감정, 청자의 반응'을 중심으로 의미를 유형화하였다.

기술적 의미는 특정한 상황에서 어떤 문장의 참과 거짓을 결정하는 명제적 의미로서 문장 간의 논리적 관계를 나타낸다. 명제적 의미(propositional meaning)뿐만 아니라 관념적 의미(ideational meaning), 인지적 의미(cognitive meaning), 내포적 의미(denotative meaning)까지 포함한다.

표현적 의미(expressive meaning)는 화자가 표현하는 감정과 태도에 관한 의미로서, 발화가 이루어진 특정 상황(시간과 장소)에서 분석되는 의미이다. 예를 들어 ① '나는 울음을 터뜨리고야 말았다.'라는 문장은 나의 감정을 기술한 것인데 반해 ② '엉엉'은 나의 감정을 표현하는 것이라 보고, ②와 같은 경우를 표현적 의미로 다룬다.

환기적 의미(evocative meaning)는 청자에게 어떤 영상과 느낌을 불러일으키는 의미로서, 리치가 분류한 반사적 의미와 유사하다. 광고 등에서 흔히 발견할 수 있으며 이미지로도 표현된다. 오른쪽 그림과 같이 위험을 표시하기 위한 이미지나 표식들은 청자에게 공포심을 불러일으킨다.

이 시에서는 '죽음'이 명시적으로 등장하지 않는다. 그러나 화자는 단어와 어구, 문장 이미지의 연결을 통해 '죽음'을 암시하고 있다. 이러한 의미 표출 방식은 초점이나 강조처럼 언중들에게 공인받은 것은 아니지만, 시 전체 구성 요소들의 상호 연결을 통해 새로운 주제를 만들어 낸다는 점에서 담화 단위의 주제적 의미라고 할 수 있다.

주제적 의미는 화자의 발화에서 특정한 문장 구성단위를 명시적으로 강조하거나 드러내는 방식으로 나타나기도 하며, 담화 차원에서 암시적으로 표현되기도 한다. 이러한 주제적 의미는 발화나 담화 상황마다 달라질 수 있다는 점에서 임시적이고 비고정적인 특성이 있다.

1 의미의 정의를 한 가지로 규정하면 좋을 텐데 왜 언어학자들은 여섯 가지나 되는 관점에서 의미를 정의했는지 생각해 보고, 앞에서 제시한 여섯 가지 의미 정의로도 불충분하다면 본인이 생각하는 의미의 정의는 어떤 것이 있는지 제시해 보시오.

2 리치의 일곱 가지 의미 유형 가운데 다음 밑줄 친 부분을 설명하기에 적절한 의미 유형을 제시하고, 그 이유를 밝히시오.

> ㄱ. 그 사람은 일처리 방식이 공무원 같아.
> ㄴ. 성실하게, 정말 성실하게 나는 매일 일했습니다.
> ㄷ. 삼가 고인의 명복을 빕니다.
> ㄹ. 법원에서 우편이 왔는데, '각하'와 '기각'은 어떤 차이가 있지?
> ㅁ. 주변 사람은 그를 다정한 늑대라고 불러요.
> ㅂ. 나에게 손이 크다고 말하니 낭비한다는 말처럼 들려요.
> ㅅ. (사나운 어조로) 여보세요?

• 에번스와 그린(Evans & Green, 2006 / 2008)에서는 인지 언어학의 관점에서 본 의미의 본질을 다음과 같이 소개하고 있다. 인지(cognitive)란 외부 세계의 정보를 수용하고 사용하는 일련의 신체화된 정신 활동을 의미한다. 인지 언어학에서는 언어의 기능과 본질적 구조가 필연적으로 인간의 일반적인 인지 능력을 반영한다고 본다. 이에 따르면 언어는 정신 활동의 소산물이며 언어적 상징과 연상되는 의미는 개념이라고 부르는 특별한 정신적 표상과 연결된다. 이때 개념은 다시 지각 대상(percept)으로부터 도출된다. 예컨대 배와 같은 과일을 떠올려 보라. 배의 모양, 색채, 감촉, 맛, 냄새 등을 지각하는 뇌 부위는 서로 다르다. '바깥' 세계로부터 도출되는 이런 다양한 지각 정보는 단 하나의 정신적 영

상(mental image, 의식 가능한 표상)으로 통합되며, 정신적 영상은 '배'라는 개념을 발생시킨다. 언어를 사용하여 형태 '배'를 발화할 때 이 상징은 관습적 의미와 대응하며, 따라서 외부 세계의 물리적 사물에 직접 연결된다기보다는 개념에 연결된다. 다음은 표상의 층위를 도식화한 그림이다.

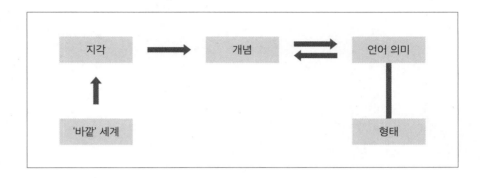

2부

어휘와
의미

3장

의미 영역과 의미 분절

[문] '박쥐'는 '새'일까, '쥐'일까?

[답] 둘 다 아니다.

　　　박쥐는 조류가 아니고, 포유류이지만 설치류에 속하지는 않는다.

[답]의 첫 번째 문장에 고개를 갸웃했던 사람도 두 번째 문장을 읽으면 고개를 끄덕일 것이다. 자칫 동문서답처럼 보이는 이 답을 사람들은 왜 자연스럽게 받아들이는 걸까? 동물의 분류명을 통해 해당 동물의 특징을 이해했기 때문이다.

(ㄱ) 파충류, 포유류, 조류, 양서류…

(ㄴ) 거북이, 호랑이, 비둘기, 뱀, 개구리, 늑대, 타조, 도롱뇽…

(ㄱ)은 '동물의 분류명'이고 (ㄴ)은 '동물명'이다. 그럼 동물의 분류명을 동물명과 연결 지어 보자.

[답] 파충류: 거북이, 뱀 / 포유류: 호랑이, 늑대 / 조류: 비둘기, 타조
/ 양서류: 개구리, 도롱뇽

우리는 어떻게 위와 같은 [답]을 쓸 수 있는 것일까? (ㄴ)에 제시된 동물의 특성을 파악한 후 공통 특성을 지닌 동물들을 분류해 그에 맞는 분류명과 연결할 수 있기 때문이다.

위의 문답 과정은 우리에게 두 가지 점을 말해 준다. 첫째, 사물의 특성을 분석하기 위해서는 사물을 영역별로 분류해 보아야 한다. 둘째, 사물을 영역별로 분류하기 위해서는 사물의 특성을 분석해 보아야 한다. 결국 사물을 영역별로 분류하는 과정이 곧 사물의 특성을 분석하는 과정이고, 사물의 특성을 분석하는 과정이 곧 사물을 영역별로 분류하는 과정인 것이다.

어휘 의미를 이해하는 과정도 이와 마찬가지이다. 첫째, 어휘 의미를 분석하기 위해서는 어휘를 의미 영역별로 분류해 보아야 한다. 둘째, 어휘를 의미 영역별로 분류하기 위해서는 어휘 의미를 분석해 보아야 한다. 결국 어휘를 의미 영역별로 분류하는 과정이 곧 어휘 의미를 분석하는 과정이고, 어휘 의미를 분석하는 과정이 곧 어휘를 의미 영역별로 분류하는 과정인 것이다.

1

어휘로 세상을 이해하는 방법

1) 무지개의 색깔, 다섯 색깔인가? 일곱 색깔인가?

(1) 가. 강원 강릉시 상공에 오색 무지개가 떠 장관을 연출하고 있다.
(『연합뉴스』, 2021.11.02.)

나. 소나기 뒤 파란 하늘에 우리를 위로하듯 일곱 색깔 무지개가
뜹니다. (『연합뉴스』, 2021.07.19.)

비 온 뒤 하늘에 뜨는 무지개는 언제 어디서나 같을 텐데 무지개의 색깔에 대한 인식은 제각각이다. (1)에서 볼 수 있듯이, 사람들은 '오색 무지개'라고도 하고 '칠색(일곱 색깔) 무지개'라고도 한다. 흥미로운 것은 두 표현 모두 자연스럽다는 점이다. 그럼 한국어 화자들은 어떤 연유로 무지개의 색깔을 이처럼 달리 말하게 된 것일까?

이에 대한 그럴듯한 설명은 '오색'과 '칠색'의 인식 차이를 동양적 세계관과 서양적 세계관의 차이로 보는 것이다.[1] 이 설명에 따른다면 (1)의

- (가) 고유 색채어

빨강	노랑	파랑

- (나) 한자 차용어가 포함된 색채어

빨강	주황(朱黃)	노랑	초록(草綠)	파랑

그림 3-1 색채어의 체계

표현을 모두 자연스럽게 받아들이는 한국어 화자의 인식체계에는 동서양 세계관이 공존하고 있다고 말할 수 있다.

그런데 무지개 색깔을 나타내는 색채어에 초점을 맞추면 무지개를 구성하는 일곱 가지 색깔, 즉 '빨강, 주황, 노랑, 초록, 파랑, 남색, 보라' 중 고유어는 '빨강, 노랑, 파랑'뿐이고 나머지는 차용어라는 사실에 주목하게 된다. 이때 고유어의 기본 색채어가 '빨강, 노랑, 파랑, 하양, 검정'인 점을 생각하면, 전통적으로 무지개의 색을 다섯 색깔로 인식한 연유를 짐작할 수 있다. '다섯 색깔 무지개'라는 인식과 '일곱 색깔 무지개'라는 인식의 차이는 결국 어휘체계의 차이이기도 했던 것이다.

그림 3-1의 색채어 체계에서 주목할 것은 어휘의 수에 따라 색채 영역의 구획이 달라지는 양상이다. 즉, (가)의 체계에서 '빨강, 노랑, 파랑'이 가리키는 색채 영역은 (나)의 체계에서 '빨강, 노랑, 파랑'이 가리키는 색채 영역보다 넓다. (가)에서 '빨강'은 (나)에서 '주황'이 가리키는 색채 영역의 일부를, (가)에서 '노랑'은 (나)에서 '주황'과 '초록'이 가리키는 색채 영역의 일부를, (가)에서 '파랑'은 (나)에서 '초록'이 가리키는 색채 영역

....

1   서양에서는 7음계, 7행성, 7요일 등에서 볼 수 있듯이 7과 관련지어 세계를 인식하고, 동양에 서는 5음계, 5행 등에서 볼 수 있듯이 5와 관련지어 세계를 인식한다.

의 일부를 포함하기 때문이다.

색채는 연속체이기 때문에 이를 어휘화할 경우 그림 3-1에서처럼 색채를 표현하는 어휘 수의 많고 적음에 따라 개별 색채어로 지시하는 색채 영역은 좁아지거나 넓어진다. 하지만 오색 무지개라고 하든 칠색 무지개라고 하든 사람들의 눈에 비친 무지개의 색깔은 다르지 않을 것이다. 다른 것은 무지개 색깔을 나타내는 어휘와 그 어휘에 따른 색깔의 구획일 뿐이다.

이는 무엇을 말해 주는가? '개별 어휘 항목의 의미는 독립적으로 규정되는 것이 아니라 일정한 의미 영역 안에서 다른 어휘 항목과의 관계에 의해 규정된다'는 것이다. 이러한 원리에 따르면 개별 어휘 항목의 의미를 파악하기 위해서는 먼저 개별 항목을 포함하는 어휘의 체계를 파악해야 한다. 이러한 방식의 의미 탐구는 '의미장' 이론과 '성분분석' 이론으로 체계화되었다.

2) 언어적 중간세계와 의미장

무지개를 나타내는 어휘에서 알 수 있듯이, 인간의 인식은 실제 세계가 아닌 언어가 만든 중간세계를 반영하는 것이라고 할 수 있다. 빌헬름 폰 훔볼트(Wilhelm von Humboldt)가 '수많은 언어들은 수많은 세계상'이라는 사실을 지적한 이후, 레오 바이스게르버(Leo Weisgerber)는 이 생각의 연장선에서 언어적 중간세계 개념을 이론적으로 체계화하였다.

바이스게르버는 어떤 사물을 지칭하는 말이 의식과 실제 대상물 사이에서 작용하는 양상을 언어적 중간세계 개념으로 설명한다. 예를 들어 '책상'이라는 말이 있다면, 이 '책상'이라는 어휘소에 의해 내가 가리키는 책상과 그 외 다른 수많은 책상이 언어적으로 '책상'이라고 각인된다. 이때 '책상'이란 어휘소는 외계에 실재하는 책상에 대한 중간세계에서의 사고

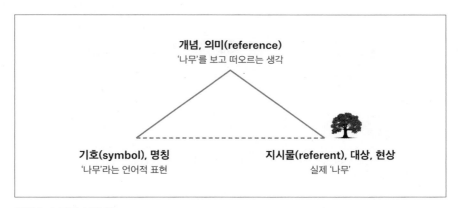

그림 3-2 의미 삼각형

상(思考像)이며, 인간은 이러한 사고상을 모어(母語)로부터 습득한다. 따라서 언어적 중간세계는 모어 공동체가 공유하는 세계이고, 그런 점에서 민족어는 해당 민족의 정신과 세계관을 나타내게 된다.

언어적 중간세계 개념은 구조주의 기호론에 영향을 끼쳤다. 그림 3-2는 앞서 2장에서 살펴봤던 '의미 삼각형'이다. 이는 언어적 중간세계라는 개념이 어휘 의미에 대한 일반론적 설명과 연동되어 있음을 보여 준다.

의미 삼각형에서 '기호'는 어휘소와 같은 언어 요소를, '지시물'은 실세계의 사물을, '개념'은 정신세계를 가리킨다. 이러한 의미 삼각형은 실세계의 지시 대상이 언어 기호와 직접적으로 연결되지 않고 개념을 통해 연결된다는 점을 나타낸다. 이는 사물과 언어 기호의 연결에 '언어적 중간세계'를 가정하는 것이다. 이때 언어적 중간세계는 의미장(意味場)을 통해 구체화할 수 있다.

의미장은 상위 개념 아래에 의미적으로 연관된 어휘들로 이루어지는데, 이는 언어적 중간세계의 사고상, 즉 모어 화자의 '세계상'을 나타낸다. 이런 관점에서 볼 때, '상(床)'이라는 개념 아래에 연관된 어휘가 '책상'뿐일 때의 사고상과 연관 어휘가 '책상'과 '탁자'일 때의 사고상은 차이가 있을 수밖에 없다. 이는 앞서 무지개 색깔에 대한 인식과 색채어 체계의 관계

그림 3-3 '나무'의 의미장

양상을 통해 확인한 것이기도 하다. 따라서 언어마다 특정 의미장의 어휘가 다른 것은 모국어 화자의 세계상이 다르기 때문이라고 설명할 수 있다.

그림 3-3을 보며 한국어, 영어, 스페인어에서의 '나무' 의미장을 비교해보자. 스페인어의 경우 '나무'의 의미장이 '식물로서의 나무'(árbol), '목재로서의 나무'(madera), '땔감으로서의 나무'(leña) 등 세 개의 어휘 항목으로 구성되어 있다. 영어는 '식물로서의 나무'(tree)와 '목재 및 땔감으로서의 나무'(wood) 등 두 개의 어휘 항목으로 구성되어 있다. 반면 한국어의 경우 '나무'의 의미장이 '나무' 하나로만 이루어져 있다. 이러한 의미장의 차이는 각 언어 화자의 세계상의 차이를 보여 준다고 할 수 있으며, 이와 같은 차이를 근거로 하여 각 언어 화자의 세계상이 형성된 맥락에 대해 다양한 해석이 이루어질 수 있다.

2

의미 부류와 의미 관계

1) 어휘를 묶고 가르는 언어적 근거

'옷'과 '신발'과 '모자'는 다른 물건이지만 우리는 이를 하나의 부류로 묶어 생각한다. 다음 예문은 그 근거를 보여 준다.

> (2) 가. 그는 회의에 참석할 때면 항상 양복을 (   )한다.
>   나. 그는 양복을 입을 때면 항상 구두를 (   )한다.
>   다. 그는 바바리코트를 입을 때면 항상 중절모를 (   )한다.

위에서 (   ) 안에 공통적으로 들어갈 말은 무엇일까? 답은 '착용(着用)' 이다. 문어 표현에 한정되기는 하지만, '양복, 구두, 중절모'는 서술어 '착용하다'와 어울려 쓰인다. 이러한 쓰임은 '양복, 구두, 중절모'가 '착용물' 이라는 공통 특성을 지니고 있음을 말해 준다. 이러한 공통점에 주목하면, '양복, 구두, 중절모'와 그 상위어인 '옷, 신발, 모자'를 모두 '착용물'의 부류에 포함할 수 있다. 그러나 이 세 물건의 변별적 특성에 주목하면, 이들을 각기 다른 하위 부류로 구분할 수 있을 것이다. '양복, 구두, 중절모' 간의 변별적 특성은 그와 특별히 호응하는 서술어를 통해 파악할 수 있다.

(3) 가. 그는 회의에 참석할 때면 항상 양복을 (   ).

　　　나. 그는 양복을 입을 때면 항상 구두를 (   ).

　　　다. 그는 바바리코트를 입을 때면 항상 중절모를 (   ).

'착용하다'를 쓰지 않는다면, 위의 (   ) 안에 들어갈 수 있는 서술어는 문장마다 달라진다. (3가)에서는 '입는다', (3나)에서는 '신는다', (3다)에서는 '쓴다'가 적합하다. 이처럼 문장마다 서술어를 달리 쓰는 것은 각 문장의 목적어인 세 가지 물건(양복, 구두, 중절모)의 변별적 특성 때문이다. '양복, 구두, 중절모'의 착용 부위가 다르다는 점이 서술어의 차이로 나타난 것이다. 지금까지의 설명을 정리하면 다음과 같다.

첫째, '양복', '구두', '중절모'는 각각 '옷', '신발', '모자'의 부류에 속하고, '옷', '신발', '모자'는 모두 '착용물'의 부류에 속하는데, 이러한 분류적 관계는 지시 대상의 속성에 따른 관계이다. 어휘 의미론에서는 이러한 의미 관계를 계열 관계로 설명한다.

둘째, '양복', '구두', '중절모' 등은 '착용물'의 부류로서 '착용하다'라는 서술어와 결합하지만, '옷'의 부류로서 '양복'은 '입다'와, '신발'의 부류로서 '구두'는 '신다'와, '모자'의 부류로서 '중절모'는 '쓰다'와 결합한다. 이러한 관계는 어휘의 문맥적 사용 양상을 보여 주는 것이지만, 지시 대상의 속성에 대한 인식이 반영된 결과라 할 수 있다. 어휘 의미론에서는 이러한 의미 관계를 결합 관계로 설명한다.

2) 계열 관계와 결합 관계

언어를 계열축과 결합축으로 구분하는 것은 구조주의적 관점의 기본 전제이다. 구조주의적 어휘 의미론에서는 계열축과 결합축에서 확인되는 관계로 어휘 의미의 존재 양상을 설명하였다.

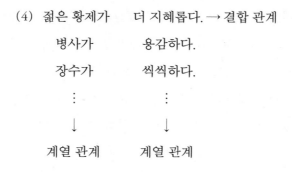

(4) 젊은 황제가   더 지혜롭다. → 결합 관계
　　　병사가 　　　　용감하다.
　　　장수가 　　　　씩씩하다.
　　　　⋮　 　　　　　⋮
　　　　↓　 　　　　　↓
　　　계열 관계 　　계열 관계

(4)의 문장에서 '황제'는 '병사, 장수' 등의 다른 말로 교체할 수 있고, '지혜롭다'는 '용감하다, 씩씩하다' 등의 다른 말로 교체할 수 있다. 이처럼 교체할 수 있는 말들 간의 관계는 계열 관계이다. 한편 '황제'는 수식어 '젊은', 서술어 '지혜롭다'와 결합할 수 있으며, '지혜롭다'는 수식어 '더'와 결합할 수 있다. 이처럼 결합할 수 있는 말들 간의 관계는 결합 관계이다.

계열 관계의 어휘들은 특정 문맥에서 상호 교체가 가능한 어휘라는 공통점이 있다. 계열적 의미 관계의 대표적인 예로 유의, 반의, 상하의 관계를 제시하는 것은 이러한 관계의 어휘들이 특정 문맥에서 상호 교체가 가능한 전형적인 예들이기 때문이다.

그런데 계열 관계에 있는 어휘의 의미 영역은 문맥에서의 결합 관계에 의해 결정된다고 할 수 있다. 물론 계열 관계를 맺는 어휘들 간의 관계는 문맥과 상관없이 어휘가 가리키는 대상의 본질적 속성에 따른 의미 관계로 볼 수 있는 측면이 있지만, 이러한 속성을 어휘 의미로 인식하는 것은 문맥 내에서의 사용을 전제하기 때문이다. 즉, (4)에서 '황제, 병사, 장수'는 문맥과 상관없이 이들이 '인간'의 속성을 지닌 어휘로서 의미 관계를 맺는다고 볼 수도 있지만, '인간'이란 속성을 어휘 의미로 인식하는 것은 문맥에서 '황제, 병사, 장수'와 '젊은'의 어울림을 통해서이다. 이런 점에서 의미장 이론이 계열적 의미장에 대한 탐구에서 결합적 의미장에 대한 탐구로 확장되고, 계열적 의미장과 결합적 의미장을 통합하는 통합적 의미장을 구성하는 단계로 나아간 것은 자연스러운 과정이라고 할 수 있다.

앞서 살펴봤던 착탈어와 착용물의 관계는 계열 관계와 결합 관계의 연관성을 잘 보여 준다. 즉, '입다, 쓰다, 신다, 두르다, 끼다, 꽂다, 차다, 매다, 걸다, 벗다, 풀다, 빼다'로 이루어진 '착탈어'의 의미장은 '착용물'의 의미장과 연동되어 있는 것이다. 아래는 착탈 어휘의 결합 관계이다.

(5)	착(着)	착용물	탈(脱)
	입다	옷	벗다
	쓰다	모자	벗다
	신다	신발	벗다
	두르다	목도리	벗다/풀다
	끼다	반지	빼다
	꽂다	비녀	빼다
	차다	시계	풀다
	매다/차다	허리띠	풀다
	걸다	목걸이	풀다

(5)에서 '착용물'의 의미장에 포함된 어휘 중 '옷, 모자, 신발'은 '벗다'와 결합할 수 있다는 점에서 하나의 부류로 묶일 수 있다. 또한 각각 '입다', '쓰다', '신다'와 결합한다는 점에서 '옷'의 부류, '모자' 부류, '신발'

부류로 나눌 수 있다.

이러한 점을 보면 어휘의 결합 관계에 대한 탐구는 계열적 의미장의 구성을 구체화하는 데 필요한 일임을 알 수 있다. 구조주의 언어학에서는 언어를 계열축과 결합축으로 구분하는 것을 기본으로 하여 언어의 구조를 탐구했으며, 의미장 이론에서는 계열적 의미장에서 결합적 의미장으로 탐구 대상을 확장하면서 의미장의 구성을 정교화하였다.

에우제니오 코세리우(Eugenio Coșeriu)는 결합적 의미장을 계열적 의미장과 통합하여 설명하는 통합적 장이론을 구축하였다. 이와 관련하여 주목해야 할 것이 어휘의 '부류'에 대한 설명인데, 여기서 '부류'는 결합적 의미장과 계열적 의미장이 연결될 수 있는 고리가 된다. 이때 '부류'의 성격은 해당 부류에 포함되는 어휘소와 다른 어휘소의 결합 관계를 통해서 분명해진다. 가령 '병사, 왕, 지도자' 등은 '늙다'와 결합할 수 있지만, '건물, 나무, 책' 등은 '늙다'와 유사한 의미의 '오래되다'와 결합할 수 있다. 이러한 결합 관계를 보면 '병사, 왕, 지도자'와 '건물, 나무, 책'이 의미적으로 서로 다른 부류라는 것을 알 수 있다. 그런데 '건물, 나무, 책'의 결합 관계를 면밀히 살펴보면, '건물, 책'은 '낡다'와 결합할 수 있지만 '나무'는 '낡다'와 결합할 수 없다. 이런 결합 양상을 통해 '건물, 책'이 동일한 부류로 묶이고, 이들은 '나무'와는 다른 부류임을 알 수 있다. 지금까지 설명한 결합 관계를 체계화하면 그림 3-4와 같은 분류 체계를 설정할 수 있다.

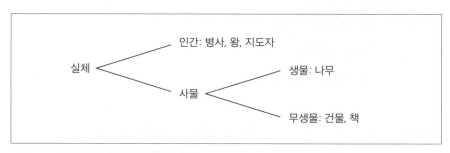

그림 3-4 결합 관계에 따른 분류 체계

3
의미 분절과 의미 분석

1) 의미의 분절과 체계성

① 의미장의 분절 원리

아래 (6)의 괄호 안에 제시된 어휘는 낮은 온도를 나타내는 말이다. 그렇다면 이들 어휘와 대립되는 말, 즉 높은 온도를 나타내는 말을 밑줄 친 부분에 적어 보자.

> (6) 가. 방 안이 (춥다 ↔ _____)
>
>   나. 방바닥이 (차갑다 ↔ _____)
>
>   다. 방 안이 (서늘하다 ↔ _____)
>
>   라. 방바닥이 (미지근하다 ↔ _____)

(6가)~(6라)의 밑줄 친 부분에 들어갈 말은 각각 '덥다', '뜨겁다', '따뜻하다', '뜨듯하다'이다. 이들은 높은 온도를 나타내는 말이라는 공통점

이 있는데, 이는 왼쪽에 제시된 말과 비교할 때 분명해진다. 이러한 양상을 의미장의 구성이라는 차원에서 설명하면 '온도'의 의미장이 '낮은 온도'의 의미장과 '높은 온도'의 의미장으로 나뉜다고 할 수 있다.

그런데 (6)에서 온도를 나타내는 말과 주어의 호응 관계에 주목해 보면 의미장을 더 세분할 수 있다. 온도의 낮고 높음에 따라 나뉜 의미장이 '신체 접촉에 따른 체감' 여부에 따라 나뉘는 것이다. 즉, (6나), (6라)의 '차갑다, 미지근하다 / 뜨겁다, 뜨듯하다'는 '접촉 감각'의 의미장에, (6가), (6다)의 '춥다, 서늘하다 / 덥다, 따뜻하다'는 '비접촉 감각'의 의미장에 포함된다.[2]

이러한 설명을 종합해 보면, 의미장은 일정한 기준에 따라 개념적으로 구획되어 있고 그 구획 기준을 파악하는 것이 의미장의 구조를 설명하는 것임을 알 수 있다. 따라서 의미장의 구획 원리, 즉 의미장의 분절(articulation) 원리를 이해하는 것은 의미장을 구성하는 어휘들의 개별적 특성을 파악하는 것과 떼려야 뗄 수 없는 관계에 있다. 분절은 총체에서 부분으로 들어가는 원리인데, 의미장의 분절 양상을 확인하는 것은 한 언어의 어휘를 분류하고 체계화하는 기준과 방법을 확인하는 것을 뜻한다. 아래 (7)은 '동기(同氣)'의 의미장인데, 이 의미장을 구성하는 어휘들의 내부 관계를 분석하기 위해서는 의미장의 구획, 즉 분절을 확인하는 과정이 이루어질 필요가 있다.

(7) 형, 오빠, 누나, 언니, 동생(남동생 / 여동생)

....

2   '접촉 감각'과 '비접촉 감각'은 '뜨거운 / 따뜻한 물'이나 '따뜻한 / 뜨거운 날씨'처럼 혼재되어 쓰이기도 하는데, 이는 문맥 내에서 의미를 확장해 쓴 결과이다. 어휘 의미의 확장은 5장에서 자세하게 다루어질 것이다.

첫 번째 단계는 이 의미장이 '남자'와 '여자'의 영역으로 분절됨을 확인하는 것이다. 이에 따라 '동기'의 의미장은 '형, 오빠, 동생'으로 구성된 '남자'의 영역과 '누나, 언니, 동생'으로 구성된 '여자'의 영역으로 구획된다. 두 번째 단계는 이 의미장이 '손위'와 '손아래'의 영역으로 분절됨을 확인하는 것이다. 이에 따라 '동기'의 의미장은 '형, 오빠, 누나, 언니'로 구성된 '손위'의 영역과 '동생(남동생/여동생)'으로 구성된 '손아래'의 영역으로 구획된다. 세 번째 단계는 '손위'의 영역이 '남자의 손위'와 '여자의 손위'로 분절됨을 확인하는 것이다. 이에 따라 '동기'의 의미장은 '형, 누나'로 구성된 '남자의 손위' 영역과 '오빠, 언니'로 구성된 '여자의 손위' 영역으로 구획된다. 이처럼 의미장을 구획하며 확인한 의미장의 분절 체계는 어휘 의미를 설명하는 근거가 될 뿐만 아니라 해당 언어권 문화와 사고방식의 특성을 설명하는 근거가 될 수 있다.

② 의미의 체계성과 어휘적 빈자리

앞에서 살펴본 한국어의 '동기' 의미장을 다른 언어의 '동기' 의미장과 비교해 보면 언어에 따라 분절 체계에 차이가 있음을 알 수 있다.

이처럼 언어별로 드러나는 의미장의 차이는 언어가 보편성과 특수성을 가진다는 차원에서 설명할 수 있다. 라이언스(Lyons, 1977 / 2011: 253)에서는 언어 보편적인 개념체계와 언어 특징적인 어휘체계를 '개념장(conceptual field)'과 '어휘장(lexical field)'으로 구분한 바 있다.[3] '개념장'은 의미적 층위에서 내용의 구조를 뜻하고, '어휘장'은 개념장을 이루는 어휘의 집합을 뜻한다. 그렇다면 '어휘장'은 이 분절 체계에 포함된 개별 언어

············

3 어휘장이 어휘의 의미가 규정되는 장으로 작용한다는 점에서, 어휘장은 의미장과 같은 개념으로 통용되기도 한다. 어휘 집합의 조직화를 강조하는 관점에서는 '어휘장'으로, 어휘장 내에서 의미의 분절을 강조하는 관점에서는 '의미장'으로 부르는 것이다.

표 3-1 동기 의미장의 비교

	남자			여자		
	한국어	한자어/중국어	영어	한국어	한자어/중국어	영어
남자의 손위	형	兄/哥哥	brother	누나	姉/姐姐	sister
여자의 손위	오빠			언니		
남자의 손아래	동생 (남동생)	弟/弟弟		동생 (여동생)	妹/妹妹	
여자의 손아래						

의 어휘 집합으로 구성된 것이라 볼 수 있다.

개념장은 언어 보편성을 띠는 만큼 논리성과 체계성을 지닌다. 예를 들어 '동기'의 개념장은 표 3-1에 제시된 '남자, 여자, 남자의 손위, 여자의 손위, 남자의 손아래, 여자의 손아래' 등의 분절 기준에 따라 구성된 것이다. 이처럼 '개념장'의 분절 체계를 적용해 보면, 개별 언어의 의미장에는 어휘적 빈자리가 생기는 경우가 많다. 대부분의 경우 개별 언어의 어휘 집합이 개념장을 다 채우지 못하기 때문이다.

그런데 이러한 어휘적 빈자리가 발생하는 경우에도 의미의 체계성을 유지하려는 특성으로 인해 그 빈자리가 채워지게 된다. 표 3-1에서 살펴본 '동기' 의미장의 경우, 의미장의 다른 어휘가 의미 폭을 확장하여 어휘적 빈자리를 채우고 있음을 알 수 있다. 경우에 따라서는 신조어나 외래어가 어휘적 빈자리를 채우기도 한다. '동기' 의미장에서 '남자'와 '남자의 손위'라는 분절의 어휘 항목인 '형(兄)'이 한자어인 점을 감안하면, 이는 고유어의 빈자리를 한자어로 채운 사례로 볼 수 있다.[4]

....

4 한자어 '형(兄)'이 의미장에 포함되기 전까지 고유어 의미장에서는 '언니'가 동성의 손위 형제를 모두 이르는 말로 쓰였다.

2) 의미 성분의 인식과 성분분석

의미 성분에 대한 인식은 의미장 이론으로부터 시작되었다. 의미장 이론에서는 의미장을 구성하는 어휘들이 의미적으로 상호 의존적이라고 본다. 이는 의미장을 구성하는 것이 곧 의미장에 포함된 어휘 항목들의 위치 가치를 파악하는 것과 연동됨을 말해 준다. 따라서 의미장을 구성할 때는 의미장 내 어휘들의 내부 관계가 상세하게 분석될 수밖에 없고, 이러한 분석 과정에서 의미 성분이 추출된다.

앞에서 설명한 '분절 기준'은 어휘들의 내부 관계를 분석하는 과정에서 드러난 것인데, 이러한 분절 기준을 파악하는 과정은 어휘 항목의 의미 성분을 파악하는 과정과 일치한다. 앞서 살펴본 '동기'의 의미장에서 '오빠'는 '남자'와 '여자의 손위'라는 분절 기준에 걸쳐 있는데, 이 분절 기준이 '동기'의 의미장에서 어휘 항목 '오빠'의 위치 가치를 나타내게 되고, 위치 가치를 나타내는 특성이 곧 '오빠'의 의미 성분이 된다. 결국 의미장 이론이나 성분분석 이론 모두 특정한 어휘소를 의미 영역에 속한 어휘 단위로 이해한다는 점에서 공통적이다.

이처럼 개별 어휘소의 의미 성분을 추출하는 과정은 그 어휘소가 속한 의미 영역 내에서 차지하는 위치 가치, 즉 해당 어휘소가 의미 영역 내의 다른 어휘들과 구별되는 특성을 파악하는 과정이라고 할 수 있다. 그렇다면 의미 성분을 추출하는 과정은 '의미 영역을 설정하고 의미 영역에 속한 어휘들을 파악하는 과정'과 '의미 영역에 속한 어휘들을 구분하는 과정'이 될 것이다.

(8) 그는 잘 들리지 않는 목소리로 계속 _____.

(8)의 밑줄에 들어갈 수 있는 말은 무엇일까? '구시렁거렸다, 중얼거렸

다, 웅얼거렸다, 속닥거렸다' 등을 들 수 있다. 이들은 '말하다'라는 의미 영역의 하위 의미 영역에 속한 어휘소들인데, 이 어휘들을 포괄하는 의미 영역은 '잘 들리지 않는 목소리로 계속 말하다'가 될 것이다. 그렇다면 이 네 개의 어휘소들은 공통적으로 [말하다], [잘 들리지 않음], [반복적임] 등의 의미 성분을 가진다고 할 수 있는데, 이러한 의미 성분은 상위 의미 영역에서의 위치 가치를 규정하는 기준이 된다.

이처럼 의미 영역의 위치 가치와 이에 속하는 어휘들을 파악한 후에는 이 어휘들, 즉 '구시렁거렸다, 중얼거렸다, 웅얼거렸다, 속닥거렸다' 등을 구분하면서 각 어휘소의 의미 성분을 추출하는 과정이 남는다. 먼저 이 어휘들은 아래 (9)와 같이 두 부류로 구분될 수 있다.

(9) 가. 구시렁거리다
나. 중얼거리다, 웅얼거리다, 속닥거리다

(9)에서 두 부류로 구분한 기준은 '불만이 있고 없음'이다. '구시렁거리다'만 불만을 나타내는 어휘소인 것이다. 그렇다면 여기서 의미 성분으로 [불만]을 추출할 수 있다. 그런데 이 어휘소는 (10)과 같이 분류할 수도 있을 것이다.

(10) 가. 속닥거리다
나. 구시렁거리다, 중얼거리다, 웅얼거리다

(10)에서 두 부류로 구분한 기준은 '비밀성이 있고 없음'이다. '속닥거리다'만 비밀성이 있는 어휘소로 분류되는 것이다. 그렇다면 이를 통해 의미 성분으로 [비밀]을 추출할 수 있다. 이러한 방식으로 분류하다 보면 이 어휘들은 (11)과 같이 분류될 수도 있다.

(11)　가.구시렁거리다, 중얼거리다, 웅얼거리다 / 속닥거리다
　　　나.구시렁거리다, 중얼거리다, 속닥거리다 / 웅얼거리다

　(11가)에서는 '혼잣말인지 아닌지'가, (11나)에서는 '입속말인지 아닌지'[5]가 분류 기준이 된다. 이러한 분류 과정을 통해서는 [혼잣말]과 [입속말]이라는 의미 성분을 추출할 수 있다.

　이러한 과정을 거쳐 추출한 의미 성분은 [불만], [비밀], [혼잣말], [입속말] 등이다. 그렇다면 이 네 개의 의미 성분은 '구시렁거렸다, 중얼거렸다, 웅얼거렸다, 속닥거렸다' 등 네 개의 어휘소가 지니고 있는 의미를 전부 보여 준 것일까? 그렇지 않다. 네 개의 어휘소는 이 네 개의 의미 성분 외에도 각각 다양한 의미 성분을 지닐 수 있다. 예를 들어 '중얼거리다'의 의미 성분에 [조리 없이 말함]을 추가할 수도 있다. 그러나 이 성분은 네 어휘소의 의미를 구별하는 데 필수적인 성분은 아니기 때문에 보충적 성분으로만 취급된다. 결국 성분분석의 목적은 하나의 의미 영역에 속한 어휘소들을 효과적으로 구별하는 데 필요한 의미 성분을 추출하는 것이다.

　그런데 각 어휘소의 차이를 체계적으로 드러내기 위해서는 의미 성분을 이원적(binary)으로 표시할 필요가 있다. 의미 성분에 '+/-'를 표시하여 해당 의미 성분을 함의하고 있느냐 없느냐를 대조적으로 보임으로써 어휘소 간의 차이점과 공통점을 분명히 드러낼 수 있기 때문이다. 의미 성분을 이원적으로 표시하면 '구시렁거리다'와 '중얼거리다'의 의미적 공통점을 [-비밀], [+혼잣말], [-입속말] 등의 의미 성분으로 나타내고, 의미적 차이점을 [+불만]과 [-불만]의 대립으로 나타낼 수 있다. 여기서 [불만]은 '구시렁거리다'와 '중얼거리다'를 구분하는 변별적 자질(distinctive

――――――

5 '구시렁거리다'를 입속말로 생각할 수도 있지만, 여기서는 『표준국어대사전』의 뜻풀이에 기초하여 의미 성분을 제시하였다.

표 3-2 의미의 변별

	구시렁거리다	중얼거리다	웅얼거리다	속닥거리다
[불만]	+	-	-	-
[비밀]	-	-	-	+
[혼잣말]	+	+	+	-
[입속말]	-	-	+	-

feature)이 된다. 이러한 비교를 같은 의미 영역에 속한 어휘소들로 확대하면 표 3-2와 같은 결과를 얻을 수 있다.

이런 점을 볼 때, 의미의 제반 양상을 설명하는 데 성분분석 방법론을 폭넓게 활용할 수 있다. 먼저 의미 성분의 비교를 통해 반의, 유의, 상하의 관계 등 어휘의 의미 관계를 명확히 밝히는 데 활용할 수 있다. 또한 문장 성분들 사이의 의미적 호응 양상도 의미 성분의 비교를 통해 원리적으로 설명할 수 있다. 그러나 어휘소의 선택에 화자와 청자의 심리나 태도와 같은 화용적 요소가 개입될 수 있으므로, 의미 성분의 역할은 제한적일 수밖에 없을 것이다.

나아가 문장의 의미 해석에 어휘소의 성분분석 결과를 이용할 수도 있다. 즉, 문장의 의미가 문장 성분의 의미로부터 얻어진다고 한다면, 문장의 의미는 문장을 구성하는 어휘소의 의미 성분이 투영된 결과로 볼 수 있다. 다만 어휘소의 의미에서 문장 의미로의 확대 과정을 의미 성분의 합성으로 설명하는 것은 쉽지 않은 일이다. 이런 점에서 '성분분석'은 어휘소의 개념적 의미를 체계화해 보여 주는 하나의 방법일 뿐임을 이해할 필요가 있다.

1 다음 어휘 묶음의 의미장을 구성해 보시오.

구두, 샌들, 운동화, 실내화, 장화, 단화, 짚신, 고무신, 꽃신, 고까신, 방한화, 등산화

2 다음은 한국어와 영어의 조리 관련 어휘들이다. 이 어휘 묶음의 의미장을 구성한 후 한국어와 영어의 의미장 구성의 차이를 설명해 보시오.

한국어: 끓이다/쑤다/삶다/찌다/고다/조리다/달이다/데치다/튀기다/지지다/볶다/굽다/그슬리다
영　어: broil/saute/roast/fry/grill/barbecue/bake/sear/boil/steam/simmer/poach/stew

3 다음 도형을 비교하면서 도형을 구별하는 데 필요한 성분을 추출해 보시오.

△ ○ □ ▭

4 아래 어휘들이 속한 의미 영역을 파악하고, 각 어휘소들의 의미 성분을 분석해 보시오.

ㄱ. 섬뜩, 멈칫, 깜짝, 움찔
ㄴ. 기르다, 치다, 키우다, 가꾸다
ㄷ. 구입하다, 매입하다, 수매하다, 매수하다
ㄹ. 베다, 썰다, 깎다, 찍다
ㅁ. 송편, 빈대떡, 가래떡, 백설기, 인절미, 호떡

- 훔볼트의 언어철학과 바이스게르버의 의미장 이론에 대한 자세한 설명과 평가는 허발(2013)을 보라. 이 책을 통해 훔볼트에서 바이스게르버로 이어지는 언어 연구의 문제의식과 의미장과 관련한 연구 방법론의 형성 과정을 파악할 수 있다.
- 통합적 장이론의 내용과 실제에 대해서는 코세리우의 논문을 편역한 허발 편역(1985)을 보라. 이 책을 통해 구조 의미론의 고유한 대상을 명확히 하면서 구조 의미론의 나아갈 방향을 제시하고자 했던 코세리우의 문제의식을 확인할 수 있다.
- 기술주의적 관점에서 이루어진 성분분석 방법론에 대해서는 나이다(Nida, 1975/1990)를 보라. 이 책에서는 성분분석의 절차와 방법을 세밀하게 보임과 더불어 그 드러난 의미를 체계화하는 방식을 다각도로 제시하고 있다.
- 의미장 이론과 성분분석 이론의 연구사적 의의와 함께 그 중심 원리를 파악하기 위해서는 기어랫츠(Geeraerts, 2010/2013)를 보라. 이 책을 통해 역사 의미론, 구조 의미론, 생성 의미론, 신구조 의미론, 인지 의미론 등의 중심 원리와 이론 간 영향 관계를 살펴볼 수 있다.

4장

의미 구분과 의미 관계

한 드라마 제작발표회에서 있었던 일이다. 취재진이 드라마의 주연인 아이유와 강하늘에게 다정한 모습의 포즈를 취해 달라며 "팔짱 좀 껴 주세요."라고 부탁을 했다. 아이유가 취재진의 요청에 따라 팔짱을 끼려고 강하늘의 팔에 손을 옮기던 순간 아이유는 머쓱해질 수밖에 없었다. 강하늘이 혼자 두 팔을 양 겨드랑이 밑으로 넣어 '팔짱'을 꼈기 때문이다. 이후에 강하늘은 딱딱한 분위기를 깨고 싶어서 한 행동이었다고 해명했지만 그 장면은 두고두고 회자되었다.

이 사례에는 '다의어'의 의미 구분 문제가 담겨 있다. '팔짱'이라는 말이 "두 팔을 마주 끼어 손을 두 겨드랑이 밑으로 각각 두는 일"과 "나란히 있는 두 사람 중 한 사람이 옆 사람의 팔에 자신의 팔을 끼는 일"을 모두 의미하여 생긴 오해이기 때문이다.

하나의 단어가 여러 의미를 표상할 수 있는 것은 어휘가 가진 주요한 특성 중 하나이다. 그래서 단어가 가진 의미를 잘 '구분'해서 사용해야 원활한 의사소통이 가능하다. 우리는 어떻게 단어가 가진 의미들을 잘 구분하여 사용할 수 있는 것일까? 하나의 단어에 여러 의미가 담겨 있다면 그 의미들은 어떤 모습을 가지고 있을까? 언어와 문법이 구조와 체계를 가진 것처럼 단어에 담긴 의미들도 구조와 체계를 가진 것은 아닐까? 이러한 질문과 관련하여 의미론에서는 어떤 논의들이 있었는지 어휘의 의미 구분과 의미 관계를 중심으로 살펴보도록 하자.

1

의미 구분: 단의어, 다의어, 동음이의어

1) 우리는 왜, 어떻게 단어의 의미를 구분하는가

세계는 시공간적으로 무한하므로 유한한 언어로 세상을 온전히 표상하는 것에는 한계가 있다. 그렇기에 유한한 어휘를 재료로 무한한 문장을 만들 수 있는 문법이 존재하며, 이를 대개 언어의 '창조성(creativity)'이라고 한다. 창조성은 어휘의 경우에도 상정할 수 있다. 즉, 하나의 단어가 하나의 의미만을 제한적으로 표상하는 것이 아니다. 의미의 경계가 모호해 열린 지시가 가능할 뿐만 아니라, 여러 의미가 하나의 단어 안에 존재하기도 한다. 지시하고 표현해야 할 대상이 변화하고 증가함에 따라 새로운 단어가 생성되기도 하지만, 기존의 단어가 표상할 수 있는 의미가 확대되기도 한다. 이처럼 언어가 가진 특성상 하나의 단어가 여러 의미를 표상할 수 있기에 우리는 단어 안에 존재하는 여러 의미를 구분하여 사용해야 한다.

(1) 정말 손이 많다.

아무런 맥락이 없는 상태에서 (1)을 보았을 때 밑줄 친 단어의 의미로 어떤 것이 떠오르는가? '손'이라는 단어를 보고 자동적으로 '신체 부위'를 떠올린 사람도 있을 것이고, 맥락과 관련하여 '일을 하는 사람'의 의미를 떠올린 사람도 있을 것이다. 하지만 (1)에서의 '손'은 그런 의미만을 표상할 수 있는 것이 아니다.

(2) 가. (다른 불상과는 비교가 불가능할 만큼) 천수관음불상은 정말 손이 많다.
나. (그 집은 김장을 워낙 많이 해서) 김장 때 정말 손이 많다.
다. (유명인이라서 그런지) 결혼식에 정말 손이 많다.
라. (할머니가 워낙 자식을 많이 둬서) 다른 집에 비해 정말 손이 많다.

(2가)는 '신체 부위'를, (2나)는 '일을 하는 사람'을, (2다)는 '손님'을, (2라)는 '자손'의 의미를 각각 나타낸다. 동일한 형태의 단어이지만 그 단어가 실현된 문장과 맥락이 달라지면서 다른 의미를 표상하게 되는 것이다. 문장 혹은 발화의 의미를 제대로 이해하려면 동일한 형태의 단어가 갖는 의미를 구분할 수 있어야 한다.[1]
(2가)의 '신체 부위로서의 손'과 (2나)의 '일하는 사람'은 의미적인 유연성이 있다고 하여 하나의 단어로 보고 '다의 관계'에 있다고 한다. 반면

....

1 머피(Murphy, 2010: 83)와 임지룡(2018)에서는 '의미 변이(meaning variation)'라는 용어로 이 현상을 설명한다. 용어에 따라 관점과 중점이 달라진다고 볼 수 있는데, '의미 변이'라는 용어의 주체는 '단어'인 반면 '의미 구분'이라는 용어의 주체는 '인간'이다. 우리는 언어의 사용이라는 관점에서 '의미 변이'보다는 '의미 구분'이라는 용어로 이 현상을 설명하고자 한다.

(2가, 나), (2다), (2라)의 '손'은 소리와 형태는 같지만 의미적인 관련성이 적어서 각각을 다른 단어라고 보고 '동음이의(同音異義) 관계'에 있다고 한다. 다의 관계는 하나의 단어가 갖고 있는 의의(意義) 간의 의미 관계를 말한다. 다의 관계 역시 의미 관계라는 점에서 2절에서 살필 어휘의 의미 관계, 즉 동의, 반의, 상하 관계와 같은 범주 안에서 다룰 수도 있다. 하지만 어휘의 의미 관계가 어휘 간의 의미 관계인 것과 달리, 다의 관계는 하나의 단어 안에 있는 의의들의 관계를 나타낸다. 따라서 이를 의미 관계와 분리하여 '의미 구분'이라는 주제로 이 절에서 다루고자 한다. 특히 동일한 형태의 단어가 어떠한 방식으로 의미 구분이 되는지, 구분되는 방식과 특성에 따라 어떻게 유형이 나뉘고 분류될 수 있는지 등을 중심으로 살펴볼 것이다.

2) 다의어의 특성과 의미 구분의 방법

다의어는 "두 개 이상의 관련 의의(related sense)가 단일한 언어 형태에 연계"되어 있는 단어를 말한다(Taylor, 1999: 99). 『한국어기초사전』의 통계에 따르면 사전에 실린 51,957개의 단어 중 약 23%, 11,883개가 다의어라고 한다.[2] 다의어라고는 하지만 두 개의 의미를 가진 단어가 8,295개로 가장 많고, 의미의 수가 늘어날수록 해당하는 단어의 수는 줄어든다. 『한국어기초사전』에 등재된 단어 중 가장 의미가 많은 다의어는 동사 '가다'로, 33개의 의미를 가진 것으로 되어 있다.

....

2 『한국어기초사전』은 외국인들을 위한 한국어 학습용 사전이다. 한국어 학습에 꼭 필요한 단어 5만 여개를 선정하여 소개하고 있는데, 말 그대로 가장 기본적이고 빈도가 높은 단어를 수록했다고 할 수 있다. 주요 통계 정보는 다음에서 볼 수 있다. https://krdict.korean.go.kr/statistic/dicStat

이처럼 단어들은 여러 의미를 포함하고 있는데, 다의적 의미들은 서로 어떻게 구분되는 것일까? 앞서 언급한 것처럼 하나의 단어가 표상하는 의미의 경계는 모호하여 열린 지시가 가능하며, 따라서 그 의미의 수는 무한하게 늘어날 수 있다. 그렇기에 사전에서 보듯이 셀 수 있을 만큼 의미를 구분하고 제한하려면 분명한 기준이 필요하다. 아래에서는 다의어가 갖는 주요 특성을 중심으로 의미가 어떻게 구분될 수 있는지 알아보고, 이러한 의미 구분 방식에 따라 어떻게 단의어, 다의어, 동음이의어 등으로 구분될 수 있는지 살펴본다.

① 중의성

하나의 단어, 구, 혹은 문장 등이 둘 이상의 의미로 해석될 수 있을 때 '중의성(重義性, ambiguity)'이 있다고 한다. 중의성은 하나의 대상에 대해 둘 이상의 의미를 만들어 내는 것이므로 중의성을 통해 우리가 어떻게 의미를 구분하는지 엿볼 수 있다. 중의성은 다의어의 판정에서도 아주 중요하게 작용한다.

(3) 가. 아인이가 코뿔소를 아주 무서워한다.
　　　나. 아무리 찾아봐도 길이 없다.

(3가)에서 '코뿔소'는 특정한 동물의 이름을 말하며 그와 구분되는 다른 의미를 상정하기 어렵다. 즉, 하나의 의미만을 가진 '단의어'이다.[3] 반면 (3나)에서 '길'은 사람이나 자동차가 다니는 일정한 '공간'의 의미뿐만 아니라 '방법'이나 '수단'의 의미로도 해석할 수 있다. (3나)의 중의성은

....

3　『표준국어대사전』에 따르면 '코뿔소'는 오로지 하나의 의미만을 가지며 동음이의어도 존재하지 않는 단어이다.

'길'이라는 단어가 여러 의미를 가짐으로써 생기는 것이다.

그런데 (3가)도 중의성이 있는 문장으로 해석 가능하다. '코뿔소'는 특정한 대상, 즉 아인이가 지금 동물원에서 보고 있는 한 마리의 동물을 지시할 수도 있고, 해당 종 전체를 뜻할 수도 있다.[4] 이에 따르면 미세하지만 문장의 의미가 달라진다. 그뿐만 아니라 맥락에 따라 단어가 갖는 의미가 얼마든지 달라질 수 있다. 예를 들어 '코뿔소'는 만화 속 특정 캐릭터를 의미할 수도 있고, 누군가의 별명일 수도 있다. 단어가 갖는 열린 지시의 특성과 무한하게 확장 가능한 맥락으로 인해 '코뿔소'가 의미하는 바가 무한하게 달라질 수 있는 것이다. 이 때문에 해당 의미가 단어의 내재적 의미인지 아닌지를 판정하기 위해서는, 다시 말해 다의어 여부를 가리기 위해서는 하나의 단어가 가질 수 있는 구분된 의미가 무엇인지 판정할 수 있는 기준이 필요하다.

단어가 갖는 중의성에 대해 크루즈(Cruse, 1986: 54-62)는 다음과 같은 기준을 세웠다. 첫째, 중의성을 갖는 단어는 맥락의 영향을 받지 않고도 독립적으로 복수의 의미를 상정할 수 있다. 앞서 (3가)에서 '코뿔소'를 특정한 개체 지시와 종의 의미로 구분하는 것은 문맥을 통해서 드러나거나 조정되는 의미라고 볼 수 있다. 반면 (3나)에서 '길'의 경우는 문맥을 동원하지 않더라도 '교통'과 관련된 의미로서의 '길'과 '방법'으로서의 '길'을 각각 구분하여 상정할 수 있다.

둘째, 다의어가 가진, 구분된 의미들이 동시에 공존하여 쓰이는 것은 자연스럽지 않다.

(4) ?아침부터 유승이와 풀이 잘 먹는다.

....
4   전자를 '토큰(token) 용법', 후자를 '타입(type) 용법'이라는 용어로 구분하기도 한다.

'먹다'는 '음식물을 섭취하다'는 의미와 '바르는 물질이 배어들다'의 의미가 모두 있는 다의어인데, (4)처럼 해당 의미를 동시에 표상하는 경우에는 그 쓰임이 어색하다. 수사적 차원에서 '액어법(zeugma)'으로 특별하게 사용될 때만 용인될 뿐, 대부분의 일상적인 용법 안에서는 허용되지 않는다.

그 밖에도 유의 관계, 반의 관계와 같은 어휘의 의미 관계를 통해서도 다의어가 가진 중의성을 간접적으로 확인할 수 있다.

(5) 가. 그 마을에는 버스가 들어갈 수 있는 {길 ⇆ 도로 / *방법}이 / 가 나 있지 않다.

나. 그 문제를 무난히 해결할 수 있는 {길 ⇆ *도로 / 방법}이 / 가 없다.

(6) 가. 저 방은 조명이 밝은데 이 방은 조명이 {어둡다 / *없다}.

나. 형은 인사성이 밝은데 동생은 인사성이 {*어둡다 / 없다}.

(5)를 보면 '길'의 의미에 따라 대체할 수 있는 유의어가 다르다. (6)의 경우도 대조적인 의미를 나타내기 위해 쓰인 반의어가 각각 '어둡다'와 '없다'로 구별된다. 다의어가 가진 의미에 따라 대응하는 유의어와 반의어가 달라진다는 것은 단의어와 달리 다의어의 의미가 어휘 내적으로 구분될 수 있는 의미라는 것을 보여 준다.

이를 구별하기 위해 크루즈(Cruse, 1986: 52)는 단의어에서 발생할 수 있는 중의성이 문맥 의존적인, 즉 문맥과 관련하여 '조정(modulation)'된 의미라면, 다의어에서 생기는 중의성은 맥락에 영향을 받지만 해당 단어에 존재하는 의미 중의 하나가 '선택(selection)'된 것이라고 설명하였다. 그래서 진정한 의미의 어휘적 중의성은 '다의어'로부터 나온다고 볼 수 있다.

② 유연성

어휘로 인해 생기는 중의성은 '다의어'의 경우에만 있는 것이 아니다. '다의어'가 아닌 경우에도 중의성이 발생한다.

(7) 동네에 진짜 여우가 나타났다!
(8) 이웃에게 사과를 받았다.

(7)의 '여우'는 야생에서 볼 수 있는 '동물'을 의미할 수도 있지만 '사람'을 나타낼 수도 있다. (8)의 '사과'도 '과일의 한 종류'를 가리킬 수도 있지만 '용서를 비는 행위'를 의미할 수도 있다. 두 경우 모두 '여우'와 '사과'가 복수의 의미를 갖기 때문에 중의성이 생긴다. 하지만 두 어휘가 갖는 중의성의 양상은 다르게 느껴진다. '여우'의 경우 두 의미는 의미적 상관성이 있다. '여우'가 '교활한 사람'이라는 의미를 갖게 된 것은 동물 '여우'가 갖는 어떤 특성으로부터 확장된 것이라고 볼 수 있다. 반면 과일의 한 종류인 '사과'와 용서를 의미하는 '사과' 간에는 어떠한 의미적 상관성도 찾을 수 없다. 이 때문에 '여우'가 의미하는 바는 다의 관계로 보고 '사과'의 두 의미는 동음이의 관계에 있다고 본다. 즉, 다의어는 그 단어의 여러 의미들 간에 '유연성(有緣性)'이 존재하는 경우를 말하고, 동음이의어는 그런 유연성을 찾기 어려운 단어 간의 관계를 말한다.

③ 다면성

앞서 '중의성', '유연성'이라는 특성을 적용하여 단의어, 동음이의어, 다의어를 구별할 수 있었다. 그러나 의미의 경계는 흐릿해서 실제 언어 현상은 우리가 정의하는 것처럼 분명하게 나뉘지 않는다. 그런 점에서 논의의 필요성이 있는 특성이 '다면성(多面性)'이다.

(9) 가. 이 책은 가벼워서 들고 다니기에 좋다.

　　나. 이 책은 다른 개론서와 달리 정말 재밌다.

(9가)의 '책'은 물리적 실체로서의 의미를, (9나)의 '책'은 내용적 측면에서 의미를 가진다. 각 문장에서 '책'이 의미하는 바를 분명하게 구분할 수 있다는 점에서 '책'은 다의어의 특성을 가졌다고 볼 수 있다. 그런데 이러한 의미 구분은 같은 계열의 어휘들에서 체계적으로 나타난다.

(10) 가.{책 / 잡지 / 신문 / 전단지…}에 지저분하게 뭐가 묻어 있다.

　　나.{책 / 잡지 / 신문 / 전단지…}이 / 가 흥미롭게 구성되어 있다.

(10가)에서 '책, 잡지, 신문, 전단지' 등은 물리적 대상 차원에서 의미를 가지는 반면, (10나)에서는 내용 차원으로 의미가 구분된다. 이처럼 의미 부류에 따라 의미를 체계적으로 예측할 수 있는 어휘들을 '규칙적 다의어 (regular polysemy)'라고 부르는데(Apresjan, 1974),[5] 이와 같은 규칙적 다의어는 여러 어휘 부류에서 다양하게 나타난다(정유진, 2020: 671).

(11) 가. 장소 — 사람(예: 서울, 한국, 영국, 도시…)

　　나. 건물 — 기관(예: 학교, 은행…)

　　다. 회사 — 제품(예: 애플, 삼성, LG…)

즉, (11)에 제시된 어휘들은 두 가지 차원의 의미를 맥락에 따라 체계

....
5　이를 푸스테욥스키(Pustejovsky, 1995 / 2002)에서는 '논리적 다의어(logical polysemy)', 크루즈(Cruse, 2000 / 2002)에서는 '체계적 다의어(systematic polysemy)' 등으로 달리 이름하고 있다.

적으로 표상한다. 그런데 이들 어휘는 일반적으로 다의어의 여러 의미가 한 문장 안에서 동시에 표상될 수 없다는 제약이 있는 것과 달리 그러한 제약에서 자유롭다. (12)의 예문은 이를 잘 보여 준다.

(12) 이 책은 재미있을 뿐만 아니라 아주 가벼워서 잘 팔린다.

이러한 어휘들이 갖는 고유한 특성을 인정하여 단의어와 다의어의 중간 범주로서 '다면어'를 설정하기도 한다(임지룡, 2011).

3) 사전과 의미 구분

어휘의 의미 구분 문제가 가장 실질적으로 적용되는 영역 중 하나가 사전이다. 단의어와 다의어 중 무엇으로 처리할지, 다의어의 의미를 얼마나 구분할지에 따라 해당 항목의 사전 기술, 즉 뜻풀이 개수가 달라진다. 다의어와 동음이의어를 구별하는 문제 또한 표제항 처리 문제, 즉 단일 항목의 의미로 기술할지, 표제항을 달리하여 기술할지를 결정해야 하는 문제를 낳는다.

아래에서는 사전에 따라 단의어, 다면어, 다의어, 동음이의어 등이 어떻게 달리 처리되고 있는지를 살펴보고자 한다. 우선 단의어와 다의어의 구별 문제로서 '벼'의 사례를 보자. (13)에 제시된 '벼'의 뜻풀이를 보면『연세한국어사전』에서는 단의어로 처리하고 있는 반면,『표준국어대사전』에서는 다의어로 처리하고 있다. 이와 같은 차이는 '다면어' 처리의 문제와 밀접한 상관성을 갖는다.

(13) 가. 봄에 논에 심어 가을에 거두는, 쌀을 열매로 맺는 농작물, 또

는 껍질을 벗기지 않은 그 열매. (『연세한국어사전』)

나. 「1」『식물』 볏과의 한해살이풀. 「2」 '1'의 열매. 가을에 영
과(穎果)로 익는 것을 이르며, 이것을 찧은 것을 '쌀'이라고
한다. (『표준국어대사전』)

'벼'라는 단어에서 주목할 부분은 이 단어가 다면어의 특성을 가지고
있다는 것이다. 즉, '벼'는 '풀'의 한 종류를 의미하는 동시에 그것의 '열
매'도 의미한다. 이 단어뿐만 아니라 '보리, 옥수수, 콩' 등 같은 부류에 속
하는 어휘들도 체계적으로 동일한 양상을 가진다는 점에서 다면어의 특성
을 확인할 수 있다. 그런데 『연세한국어사전』은 이와 같은 다면어를 단의
어로 처리한 반면 『표준국어대사전』은 다의어로 처리해 뜻풀이 항목을 구
분하여 기술하고 있다.

다의어와 동음이의어에 대한 구별은 사전마다 차이가 더 크다. 이희자
(2000: 113)에 따르면 형태가 동일하면서 빈도가 높은 용언 300개를 뽑아
『표준국어대사전』과 『연세한국어사전』을 비교·검토한 결과 다의어, 동음
이의어에 대한 구분 양상이 절반 이상 일치하지 않았다고 한다. 예를 들어
『표준국어대사전』에서는 동일한 형태를 가진 본 용언과 보조 용언을 다의
관계에 있다고 보고 하나의 표제항 아래 기술한 반면, 『연세한국어사전』
에서는 다른 표제항으로, 즉 동일한 형태에 어깨번호를 달리하여 사전에
싣고 있다.[6]

다의어 안에 있는 여러 의미를 어떻게 나누고 배열할 것인지도 어려운
문제 중 하나이다. 『표준국어대사전』은 뜻풀이의 기본 갈래를 아래와 같

....

6 이와 같은 사전 간 차이가 발생하는 이유에는 여러 가지가 있겠지만 가장 큰 이유는 사전의
   목적, 용도 등이라고 할 수 있다. 『연세한국어사전』은 일종의 학습 사전으로서 말을 배우는
   데 도움을 주는 것이 목적이며, 이에 따라 뜻풀이를 쉽게 하는 것을 기본적인 기술 전략으로
   삼고 있다.

이 나누고 있다.

> 다의어의 뜻풀이는
> 1) 품사별로 [I], [II] …와 같이 나누고
> 2) 문형 정보별로 **1**, **2** …와 같이 나누며
> 3) 의미별로 「1」, 「2」 …와 같이 나누었다.

우선 품사가 다르면 다른 항목으로 기술하고([I], [II]…), 그 안에서 문형이 다른 경우 다른 항목으로 기술한다(**1**, **2**…). 마지막으로 의미에 따라 뜻풀이를 구분하여 제시한다(「1」, 「2」…). 그런데 대부분의 사전은 의미에 따른 배열 순서의 원칙을 구체적으로 밝히지 않는 경향이 있다.

큰 틀에서는 많은 사전이 기본 의미부터 기술하는 것을 원칙으로 삼는다. 이 밖에도 다음과 같은 기준을 세울 수 있다.[7]

- 사용 빈도가 높은 의미를 앞에 배열한다.
- 개념 영역의 은유적 전이 방향, 즉 '사람 > 대상 > 행위 > 공간 > 시간…'의 순서로 배열한다.
- 다면 구조를 이루는 다의 관계는 '형태 > 구성 > 기능…'의 순서로 배열한다.

....

7 이에 대한 자세한 논의는 조남신(1994ㄱ, 1994ㄴ), 배도영(2002) 등을 참고할 수 있다.

2

의미 관계

[문] '의사'라는 단어를 들었을 때 머릿속에 가장 먼저 떠오르는 단어
는 무엇인가?

[답] 환자? 간호사? 수술? 청진기?

이런 문답(단어 연상 실험)을 하다 보면 어휘가 고립적으로 존재하기보
다는 다른 어휘들과 연결되어 있다는 것을 느낄 수 있다. '망치'라는 단어
를 들으면 '못'이, '꽃'이라는 말을 들으면 '장미, 국화, 튤립'이, '해'를 들
으면 '달'이나 '별'이 떠오른다. 또한 '트집'을 들으면 '잡다', '어이'를 들
으면 '없다', '욕'이란 말을 들으면 '먹다'라는 서술어가 떠오르기도 한다.
이와 같이 어휘들은 의미적으로 다른 어휘들과 관계를 맺는다.

3장에서 우리는 어휘를 계열 관계와 결합 관계로 나누어서 접근할 수
있음을 살펴보았다. 이 절에서는 둘 이상의 어휘가 의미적으로 관계를 맺
는 방식을 계열 관계와 결합 관계를 중심으로 좀 더 자세히 살펴보고자 한
다. 같은 범주의 어휘 사이에 맺어지는 계열 관계로는 유의 관계, 반의 관

계, 상하 관계, 부분-전체 관계 등이 있고, 다른 범주의 어휘 사이에 맺어지는 결합 관계로는 연어, 관용어 등을 들 수 있다.

1) 유의 관계

강 하구에 흙이 모여 퇴적층을 이루듯이, 어휘도 시간의 흐름에 따라 다양한 필요와 이유에 의해 끊임없이 만들어지고 쌓인다. 그런데 이렇게 모이는 어휘들 중에는 의미가 비슷한 단어들이 다수 포진해 있다. 유의 관계(synonymy)는 비슷한 의미를 가지는 서로 다른 단어들의 쌍이다. 누구는 '양복'이라고 하는데 누구는 '슈트'라고 한다. '사람'과 '인간'은 뜻이 같아 보인다. '손목'과 '팔목'은 의미가 같은가? '반팔'과 '반소매'는 다른 옷인가?

> (14) 가. 양복―슈트(suit), 사람―인간, 손목―팔목, 경험―체험, 수
>   영―헤엄, 메아리―산울림, 기차―열차, 몸―신체, 진짜―
>   정말, 사이―틈―겨를―짬, 구멍―펑크―빵꾸, 소젖―우
>   유―밀크(milk)―라테(latte), 흠집―기스(傷, きず)―스크
>   래치(scratch)
>   나. 감사하다―고맙다, 찧다―빻다, 붓다―쏟다, 놓다―두다,
>   잡다―쥐다

(14)에서 보듯이 의미가 비슷한데도 굳이 여러 형태의 단어를 쓰는 이유는 무엇일까? 같은 뜻을 나타내기 위해 여러 단어를 쓰는 것은 기억하기 힘들기만 할 뿐 경제적이지 않아 보인다. 하지만 의미가 겹치는 부분이 있음에도 우리는 비슷한 단어의 수를 줄이지 않으며, 이들 중에서 문맥에 맞

게 적당한 단어를 골라 쓰는 데도 별다른 문제를 느끼지 않는다. 일상어에서는 아무리 비슷한 의미를 갖더라도 개념적 의미와 내포적·연상적·문체적 의미까지 동일하고 모든 문맥에서 치환될 수 있는 절대적 동의어란 존재하기 어렵다. 언어 형식이 다르면 어떻게든 의미도 다르다. 두 단어의 의미가 완전히 같다면, 다른 형태의 단어가 여러 개 있을 이유가 없기 때문이다.

유의어(synonym)가 만들어지는 이유는 다양하다. 대표적으로는 지리적 차이에서 오는 유의어가 있을 수 있다. '부엌—정지', '부추—정구지(경상, 전라, 충청)', '돼지—도새기(제주)', '나무—낭(제주)'처럼 지역 간 방언 차이에서 유의 관계가 성립한다. 다른 지역을 여행할 때 "여기서 ○○는 뭐라고 해요?"라고 묻거나, 모르는 말을 듣고 "△△가 뭔데요?"라는 식으로 물어서 알게 된다면 자신이 이미 알고 있는 단어와 새로 알게 된 방언은 유의 관계가 성립하게 된다.

친한 사이인지 그렇지 않은 사이인지, 공식적인 자리인지 비공식적인 자리인지, 쉽게 써야 하는지 어렵게 써야 하는지 등 관계, 세대, 상황, 격식, 문체적 필요성 등에 따라 유의어를 다르게 선택해야 하는 경우도 있다. '나이—연세', '술—약주', '이—치아—이빨', '탈옥하다—도망가다—토끼다', '죽다—사망하다—뒈지다', '양복—슈트', '유모차—유아차', '식모—가정부—가사 도우미', '승인/허락—컨펌', '구멍—펑크—빵꾸', '속옷—러닝—내의—난닝구', '화나다—빡치다' 등은 상황과 관계에 따라 다르게 선택된다.

여기에는 말하는 사람의 전문성의 차이에 따라 유의 관계가 발생하기도 한다. '암—캔서(cancer)', '심정지(心停止)—카디악 어레스트(cardiac arrest)', '심폐 소생술—시피아르(CPR)', '독감—인플루엔자', '구조대상자—요구조자(要救助者)', '짙은 연기—농연(濃煙)', '(사이렌을) 울리다—취명(吹鳴)하다'처럼 전문어가 일반어와 달라 유의 관계를 맺기도 한다.

또한 일반적으로 사람들은 죽음, 질병, 배설, 성과 관련된 말을 금기시하여 직설적인 표현이 아닌 완곡 표현을 사용하는데, 이에 따라 유의 관계가 생기기도 한다. 예를 들어 '죽다―돌아가시다―숟가락을 놓다―숨을 거두다', '자살―극단적 선택', '강간―성폭행', '변소―화장실', '월경―생리―달거리'와 같은 말들이 유의 관계를 이룬다.

이처럼 유의 관계를 이루는 유의어는 외연적 의미가 같거나 비슷하더라도 내포적 의미가 다르기 때문에 어떤 단어를 선택하느냐에 따라 대상을 보는 화자의 관점이나 심리적 태도에 차이가 드러난다. 유의어는 어떤 문맥에서는 바꾸어 써도 의미 차이가 느껴지지 않지만 어떤 문맥에서는 그렇지 않다. 따라서 의미론에서는 유의어의 의미 차이를 어떻게 확인하느냐가 중요한 과제이다. 유의어를 검증하는 방법에는 교체 검증법, 반의어 검증법, 복합어 검증법 등이 있다.

① 교체 검증법

교체 검증법(substitution test)은 동일한 문맥을 제시하고 유의 관계를 이루는 단어를 바꾸어서 그 문장이 성립하는지를 확인하는 방법이다. 어떤 문장에서 문장의 의미를 바꾸지 않고 두 단어를 바꿀 수 있다면, 그 두 단어는 유의 관계를 이룬다고 말할 수 있다. 유의어에 따라서는 어떤 문맥에서는 치환이 가능하지만 특정 문맥에서는 불가능할 수 있어서, 이런 경우는 상대적인 동의성을 갖는다고 할 수 있다. 이러한 문맥의 차이를 확인하기 위해서는 다양한 문맥을 열거하면서 검증 절차를 밟아야 한다. 예컨대 유의 관계를 갖는 '씨'와 '씨앗'을 교체 검증법으로 확인해 보자.

(15) 가. {씨 / 씨앗}을 / 를 {뿌리다 / 심다}.
    나. {희망 / 불신 / 분쟁}의 {씨 / 씨앗}
    다. 참외 {씨 / *씨앗}을 / 를 {뱉다 / 발라내다}.

라. {씨 / *씨앗} 없는 수박

마. 폐수가 민물고기의 {씨 / *씨앗}을 / 를 말렸다.

바. 그 사람 말은 {씨 / *씨앗}도 안 먹힌다.

'씨'와 '씨앗'은 모두 열매 속에 있는 단단한 물질을 말한다. 비유적으로 어떤 근원을 뜻하기도 한다. 다만 '씨앗'은 '씨' 중에서도 농사를 짓기 위해 특별히 골라낸 것을 지칭할 수 있다. 따라서 농사를 짓기 위한 특별한 맥락이 들어가지 않은 경우에 '씨앗'을 사용하면 어색해진다. (15다), (15라)가 그런 경우이다. 또 (15마), (15바)처럼 비유적 표현으로 쓰일 때도 '씨앗'보다는 '씨'가 쓰인다. 이렇게 보면 '씨'보다 '씨앗'이 쓰이는 문맥이 제한적임을 알 수 있다.

교체 검증법은 동사의 의미 차이를 확인하는 데도 유용하게 쓰일 수 있다. '달리다'와 '뛰다'도 '운동장을 세 바퀴 {달리다 / 뛰다}', '우리 차는 30만 킬로나 {달렸어 / 뛰었어}'에서는 교체 가능한데, '자동차가 {달린다 / *뛴다}', '물 위로 물고기들이 {*달린다 / 뛴다}', '버스에서 {*달려서 내렸다 / 뛰어서 내렸다}', {물건값 / 물가 / 주가}가 {*달렸다 / 뛰었다}' 등에서는 교체 여부가 달라진다. 이를 통해 '달리다'는 빠른 수평 이동을, '뛰다'는 수평 이동과 함께 수직 운동의 의미를 갖고 있다는 것을 알 수 있다.

② 반의어 검증법

반의어 검증법(antonym test)은 유의어를 이루는 두 단어의 반의어를 대응시켜서 의미의 차이를 발견하는 방법이다. 예컨대 '후원금이 {적어 / 작아} 미안합니다.'라거나 '{적은 / 작은} 돈이 만든 큰 기적'에서처럼 '적다 / 작다'가 같이 쓰이는 경우가 있다. '적다'의 반의어는 '많다', '작다'의 반의어는 '크다'라는 것을 알면, '적다'는 '수량'을 나타내고 '작다'는 '크기'를 나타낸다는 것을 구분할 수 있다. 마찬가지로 '육지, 땅, 뭍'은 서로 비슷한 의미를 나타내지만, 반의어를 통해 이들의 차이가 확인된다. 즉 '육지↔바다', '땅↔하늘', '뭍↔섬/바다'와 같은 반의 관계를 이용하여 같은 대상을 보는 기준의 차이를 확인할 수 있다.

다만 두 단어의 반의어도 동일할 경우에는 교체 검증법이나 복합어 검증법 등을 사용하여 의미 차이를 확인할 필요가 있다. 가령 '아래'와 '밑'의 반의어는 모두 '위'라고 할 수 있어 반의어 검증법으로도 의미 차이를 확인하기 어렵다. 이런 경우 다음과 같이 교체 검증법을 동원해 보는 것이 좋다.

(16) 가. 아래에서 다섯째 줄. — 밑에서 다섯째 줄.

    나. 산 아래로 내려가시오. — 산 밑으로 내려가시오.

    다. 바다 {*아래 / 밑}에 사는 물고기

    라. 자세한 사항은 아래와 같다. — *자세한 사항은 밑과 같다.

③ 복합어 검증법

한 단어는 다른 단어나 접사와 결합하여 복합어를 이룰 수 있다. 이런 복합어 결합을 활용해서도 유의 관계에 있는 단어의 의미를 검증할 수 있다. 예컨대 빈 곳 또는 빈 공간을 뜻하는 '공중'과 '허공'은 문맥에 따라 다른 양상을 보이기도 하지만(예: 연기가 {허공/공중}에 흩어졌다, 아이들이 {허공/공중}에 대고 삿대질을 했다, 그는 {허공/?공중}만 바라보았다), 복합어 형성에서도 다른 양상을 보인다. 즉, '허공'이 포함된 복합어는 '허공중, 허공계' 등 극히 드문 반면, '공중'은 '공중그네, 공중누각, 공중분해, 공중비행, 공중전, 공중제비, 공중 부양, 공중 폭격, 공중회전' 등 다양한 복합어를 생산한다.

그러나 다양한 검증법을 사용하여 유의어의 분포적 차이를 확인한다고 해서 유의어의 의미 차이를 곧바로 알 수 있는 것은 아니다. 분포의 차이를 관찰한 다음에는 이러한 차이가 무엇 때문에 발생했는지를 의미론적으로 설명할 수 있는 통찰력이 필요하다.

2) 반의 관계

인간은 자아와 타아, 안과 밖, 위와 아래, 선과 악, 음과 양, 삶과 죽음처럼 이 세계가 이분법적으로 대립하고 있다고 보는 경향이 있다. 물론 이 세계는 이분법적이지 않고 연속적이다. 인간의 인식이 그렇다는 것이다. 이러한 인식의 경향성은 어휘가 어떻게 조직되어 있는지를 가늠할 때도 비슷한 양상을 띤다. 계열 관계를 이루는 어휘들 중에는 반의 관계를 이루는 것들이 많다. 반의 관계(antonymy)는 그 의미가 서로 반대되거나 대립되는 의미 관계를 이루는 단어들의 쌍이다.

그런데 어휘의 의미가 서로 반대된다는 말의 뜻은 뭘까? '나무'와 '고양이'는 반의어가 아닐까? '나무'는 무생물이고 식물이고 움직이지도 않고 잠을 자거나 음식을 먹거나 새끼를 낳지도 않는다. 고양이는 생물이고 동물이며 움직이고 자고 먹고 새끼를 낳는다. 어떤 대상이 '나무'면 '고양이'일 수 없고, '고양이'이면 '나무'일 수 없다. 둘은 양립할 수 없는 것이다. 그런데도 왜 '나무'와 '고양이'는 반의 관계를 이룬다고 말하기 어려운가? 반면에 '선생'과 '학생'은 어떠한가? 두 단어는 모두 인간이면서 학교나 배움의 장에서 만난다는 점에서 같은 의미를 갖는다. 한쪽은 가르치고, 다른 한쪽은 배운다는 점에서 다르다. 다시 말해 '선생'과 '학생'은 다른 것은 모두 같고 '배움의 방향성' 면에서만 다르다. '늘이다'와 '줄이다'도 반의 관계인데, 이 두 단어는 '형태의 변화+길이의 변화+1차원'과 같은 의미 자질을 공유한다. 그러면서 '늘이다'는 1차원 길이를 길게 하고, '줄이다'는 짧게 한다는 점에서 차이를 갖는다. '나무'와 '고양이'는 비록 양립

할 수 없다는 점에서 '선생—학생', '늘이다—줄이다'와 비슷하지만, 두 단어를 대립적으로 가르는 공통 특성을 찾기 어렵다.

요컨대 반의 관계는 대부분 같은 의미를 갖되 하나의 기준이나 의미 특성의 차이로 대립되는 관계이다. 초등학교 국어 시간에 '반대말'을 '비슷한말'과 대립되는 개념으로 배웠을 수 있으나, 실제로 반의 관계는 유의 관계(유사성)를 바탕으로 성립된다. 이러한 반의 관계를 이루는 단어 쌍은 공유하는 특성이 무엇인가를 기준으로 상보 반의어, 정도 반의어, 관계 반의어, 방향 반의어, 다중 반의어 등의 하위 유형으로 나눌 수 있다.

① 상보 반의어

반의 관계에서 가장 원형적인 유형이 상보 반의어(complementary antonym, binary antonym)이다. 상보 반의어는 두 어휘가 특정 의미 영역을 상호 배타적으로 양분하는 경우를 말한다. 상보 반의어는 중간 지대를 가정할 수 없다. 예를 들어 '홀수'와 '짝수'는 자연수라는 의미 영역을 상호 배타적으로 양분한다. 어떤 자연수가 '짝수'이면 그 수는 반드시 홀수가 아니다. 어떤 자연수가 '짝수'가 아니면 그 수는 반드시 홀수이다. 다음 (17)은 상보 반의어의 예이다.

> (17) 출석/결석, 홀수/짝수, 참/거짓, 합격/불합격, 남자/여자, 미혼/기혼, 살다/죽다, (촛불을) 켜다/끄다, 옳다/그르다, 성공하다/실패하다, 열다/닫다

상보 반의어는 몇 가지 특성을 갖는다. 첫째, 상보 반의어는 한쪽 항이 긍정이면 다른 쪽 항의 부정도 참이다. 또한 한쪽 항의 부정이 참이면 다른 쪽 항의 긍정도 참이다(이를 '단언과 부정의 상호 함의'라고 한다). 아래 예에서 (18가)가 참이면 (18라)도 참이다. 동시에 (18라)가 참이면 (18가)도

당연히 참이다. 즉, 철수가 결석했다면(p) 철수는 출석하지 않은 것(~q)이고, 철수가 출석하지 않았다면(~p) 철수는 결석한 것(p)이다.

    (18)   가. 철수가 결석했다. (p)

             나. 철수가 출석했다. (q)

             다. 철수가 결석하지 않았다. (~p)

             라. 철수가 출석하지 않았다. (~q)

둘째, 상보 반의어는 두 단어를 동시에 긍정하거나 동시에 부정할 수 없다. 논리학적 추론 중에는 모순율이라는 것이 있다. 모순율은 '~(p & ~p)'로 표시하는데, 어떤 명제(p)와 그 명제의 부정(~p)이 동시에 참이거나 거짓일 수 없다는 원리이다. '어떤 것이 살아 있으면서 동시에 죽어 있는 것은 불가능하다'와 같은 판단은 '살다'와 '죽다'가 동시에 참이거나 동시에 거짓일 수 없기 때문이다. 상보 반의어는 논리학의 모순율에 해당하는 예이다.

    (19)   가. *이 자연수는 홀수이기도 하고 짝수이기도 하다.

             나. *이 자연수는 홀수도 아니고 짝수도 아니다.

셋째, 상보 반의어는 정도 부사의 수식을 받을 수 없으며, 비교 표현도 쓸 수 없다. 반의 관계가 절대적이기 때문이다.

    (20)   가. *영희는 대학에 {약간 / 조금 / 엄청} {합격했다 / 불합격했다}.

             나. *영희는 철수보다 대학에 더 {합격했다 / 불합격했다}.

넷째, 반의 관계를 평가하는 기준은 시공간을 초월하는 절대적인 성격을 갖는다. 예컨대 철수가 한국에서 '남자'라면 중국에서도 '남자'이고, 조선시대에 살더라도 변함없이 '남자'라고 판단된다.

(21) *철수는 한국에서는 남자인데 중국에서는 여자이다.

② 정도 반의어

특정 의미 영역을 양분하는 상보 반의어와 달리, 정도 반의어(gradable antonym)는 저울의 양 끝처럼 대립하는 두 단어 쌍 사이에 중간 지대가 있는 반의 관계를 말한다. 양극단 사이에 있는 중간 지대는 보통 어휘로 표현되지 않는다. 정도 반의어의 예는 형용사에서 많이 찾을 수 있다. 정도의 차이를 표현하는 어휘 범주가 주로 형용사이기 때문이다.

(22) 길다 / 짧다, 많다 / 적다, 넓다 / 좁다, 깊다 / 얕다, 높다 / 낮다, 크다 / 작다, 젊다 / 늙다, 춥다 / 덥다, 뜨겁다 / 차갑다, 가볍다 / 무겁다

정도 반의어는 상보 반의어와 비교해 보면 그 특성을 쉽게 파악할 수 있다. 첫째, 정도 반의어는 한쪽 항이 긍정이면 다른 쪽 항의 부정도 참이지만, 한쪽 항의 부정이 참이라고 해서 다른 쪽 항이 반드시 참이 되는 것은 아니다(이를 '단언과 부정의 일방 함의'라고 한다). 예를 들어 '철수 머리가 길다'(p)가 참이면 '철수 머리가 짧지 않다'(~q)도 참이지만, '철수 머리가 짧지 않다'(~p)가 반드시 '철수 머리가 길다'(p)를 함의하는 것은 아니다. 왜 그럴까? '짧지도 않고 길지도 않은 머리'가 있을 수 있으므로 '머리가 짧지 않다'는 말이 반드시 '머리가 길다'를 뜻하는 것은 아니기 때문이다.

(23) 가. 철수 머리가 길다. (p)

나. 철수 머리가 짧다. (q)

다. 철수 머리가 길지 않다. (~p)

라. 철수 머리가 짧지 않다. (~q)

둘째, 정도 반의어는 의미적인 중간 지대가 있기 때문에 반의 관계를 이루는 두 단어를 동시에 부정할 수 있다. "내 친구는 키가 크지도 않고 작지도 않아.", "모인 사람이 많지도 적지도 않아."라고 충분히 말할 수 있다.

셋째, 정도 반의어는 정도 부사의 수식을 받을 수 있으며, 비교 표현도 가능하다. 반의 관계가 상대적이기 때문이다.

(24)　가. 방이 엄청 넓다.

　　　　나. 친구 방이 내 방보다 더 넓다.

넷째, 정도 반의어는 반의 관계를 평가하는 기준이 화자나 대상에 따라 달라질 수 있는 상대적인 성격을 갖는다. 1미터 깊이의 수영장이 깊은지 얕은지는 키에 따라 판단이 다를 것이다. 어리거나 키가 작은 사람에게는 1미터도 깊을 것이고, 키가 큰 사람에게는 얕을 것이다. '크다/작다'는 그 자체로 결정되지 않고 대상에 따라 판단이 달라진다. 그래서 다음과 같은 말도 충분히 성립한다.

(25)　이 세상에서 가장 큰 개미는 이 세상에서 가장 작은 코끼리보다 작다.

(25)의 문장이 성립할 수 있는 이유는 '개미'의 크기를 재는 척도와 '코끼리'의 크기를 재는 척도가 다르기 때문이다. '작은' 방에도 '큰' 그릇이 들어갈 수 있고, 아무리 '굵은' 머리카락도 '가는' 통나무보다는 가늘

것이다.

　다섯째, 정도 반의어 중에서 척도를 나타내는 단어들은 두 단어 중에서 어느 한 단어가 중립적이고 대표적인 용법으로 쓰인다. 예컨대 (26)과 같은 단어 쌍에서 대상의 척도가 어떻게 되는지 궁금해서 질문할 때 쓰이는 단어의 경우 (27)과 같이 어느 한쪽으로만 선택된다.

(26)　길다 / 짧다, 높다 / 낮다, 넓다 / 좁다, 깊다 / 얕다

(27)　가. 줄이 얼마나 길어? ― 짧아.

　　　나. 산이 얼마나 높아? ― 안 높아. 낮아.

　　　다. 운동장은 넓어? ― 약간 좁더군.

　　　라. 호수는 얼마나 깊어? ― 얕아.

(28)　길이 / *짧이, 높이 / *낮이, 넓이 / *좁이, 깊이 / *얕이, 두께 / *얇이, 무게 / *가베

　(27)의 예는 화자가 대상의 척도를 정확히 모를 때 하는 질문들이다. 반면에 "줄이 얼마나 짧아?"라거나 "산이 얼마나 낮아?"라는 질문은 화자가 이미 줄이 어느 정도 짧고 산이 낮다는 것을 알고 있는 상태에서 구체적으로 얼마나 짧고 낮은지를 알고 싶을 때 하는 질문이다. 이러한 경향은 척도 형용사에서 파생된 척도 명사를 보여 주는 (28)에서도 나타난다. 이렇게 반의 관계를 이루는 단어 쌍 중에서 대표적으로 쓰이는 단어를 무표항이라고 하거나 반의 관계가 '중화(neutralization)'되었다고 한다.

　이러한 중화 현상은 다른 언어에서도 공통적으로 발견된다. 영어에서 어린아이의 나이를 물을 때 "How young are you?"라고 하지 않고 "How old are you?"라고 하거나, 척도 명사로 'length(long), height(high), width(wide), depth(deep), thickness(thick), weight(weigh)'만 쓰이는 것을 보면 알 수 있다.

③ 관계 반의어

관계 반의어(relative antonym)는 두 단어 중에서 하나가 성립하면 반대편의 단어도 반드시 존재하는 상호적 관계를 갖는 단어 쌍을 가리킨다. 그래서 관계 반의어를 상호 반의어(reciprocal antonym) 또는 역의어(converse)라고도 부른다. 관계 반의어는 어떤 상황이나 관계를 보는 관점의 차이에 따라 성립한다.

예컨대 '사다'라는 사건이 성립하면 반드시 '팔다'라는 사건도 동시에 성립한다. '사다 / 팔다'는 상거래 행위에서 동시에 일어나는 사건이다. 물론 '사다'는 구매자 입장에서 사건을 표상하는 것이고, '팔다'는 판매자 입장에서 사건을 표상하는 것이다. 사는 행위가 일어났는데 파는 행위가 일어나지 않았을 수는 없다. 또한 부부는 '아내'와 '남편'을 전제한다. 어떤 사람을 '아내'라고 부른다면, 대응하는 '남편'의 존재를 암묵적으로 가정하고 있는 것이다. 이는 앞서 살펴본 상보 반의어의 예인 '여자 / 남자'와 비슷해 보인다. 그러나 어떤 사람을 '여자'라고 부른다고 해서 '남자'의 존재를 가정하고 있는 것은 아니라는 점에서 관계 반의어와 구별된다.

아래 (29가)는 사람 사이의 관계, (29나)는 특정 행위, (29다)는 공간적 위치에서 성립하는 관계 반의어의 예들이다.

(29) 가. 아내 / 남편, 부모 / 자식, 고용주 / 피고용인, 임대인 / 임차인

　　　나. 사다 / 팔다, 주다 / 받다, 빌리다 / 빌려주다, 가르치다 / 배우다,
　　　　때리다 / 맞다, 앞서다 / 따르다

　　　다. 위 / 아래, 앞 / 뒤, 오른쪽 / 왼쪽, 안 / 밖, 남 / 북

④ 방향 반의어

방향 반의어(directional antonym, reverse)는 어떤 사건이나 행위의 과정이나 방향이 반대될 때 생기는 반의 관계를 가리킨다. 한 지점을 향해 가

는 것과 내 쪽으로 오는 것은 운동의 방향이 반대이다. 산을 올라가는 것과 내려오는 것도 운동의 방향이 반대이다. (30)은 방향 반의어의 예들이다.

(30) 오다 / 가다, 올라가다 / 내려가다, 붙다 / 떨어지다, (우산을) 펴다 / 접다, (옷을) 입다 / 벗다, (문을) 열다 / 닫다, (현관문을) 밀다 / 당기다, (잔을) 채우다 / 비우다

방향 반의어는 관계 반의어와 비슷해 보이지만, 운동의 측면에서 살펴보면 두 유형의 차이를 이해할 수 있다. 한 단어가 어떤 운동(움직임)을 한다는 것이 다른 단어의 운동을 하지 않음을 뜻하는 것은 아니다. 달리 말해 하나의 행위가 있다고 해서 반드시 반대 방향의 행위가 있어야 하는 것은 아니다. 예를 들어 우산을 폈다고 해서 반드시 접어야 하는 것은 아니다. 옷을 입었다고 해서 반드시 벗어야 하는 것은 아니다. 어디를 향해 간 사람이 다시 오지 않아도 되는 것이다. 산에 올라가는 운동은 내려가는 운동을 하지 않는 것이다. 이처럼 방향 반의어는 해당 반의어 쌍이 표상하는 사건이 동시에 성립하지 않아도 된다.

반면 관계 반의어의 경우 해당 단어가 성립하기 위해서는 동시에 반대편의 단어가 성립되어야 한다. 공간적 위치를 나타내는 관계 반의어 '위 / 아래', '안 / 밖'을 예로 들어 보자. '사과가 책상 위에 있다'고 하면, 이 말은 동시에 '책상은 사과 아래에 있다'는 것을 의미한다. '사과가 상자 안에 있다'는 말은 '상자'를 경계로 '안'과 '밖'이 구분된다는 것을 전제한다.

⑤ 다중 반의어

지금까지의 반의 관계가 두 단어 사이의 의미 관계라고 한다면, 다중 반의어(multiple incompatibility)는 특정 의미 영역에 포함된 양립 불가능한 어휘가 세 개 이상인 경우를 가리킨다. 다중 반의어는 동시에 다른 단어

의 의미를 가질 수 없다는 점에서 상보 반의어와 비슷하다. 예를 들어 트럼프 카드는 '클로버(♣)—스페이드(♠)—하트(♥)—다이아몬드(◆)'로 나뉘어 있는데, 어떤 카드가 '클로버'이면 그 카드는 '스페이드, 하트, 다이아몬드'가 아니다. 반대로 어떤 카드가 '스페이드'도 '하트'도 '다이아몬드'도 아니면, 반드시 '클로버'이다. 물질의 상태는 '고체—액체—기체'로 나뉜다. 어떤 물질이 '고체' 상태에 있다면, 그 물질은 '액체'나 '기체' 상태이지 않다.

(31) 가. 봄—여름—가을—겨울, 일—월—화—수—목—금—토,
　　　　일월—이월—삼월 … 십일월—십이월
　　　나. 이병—일병—상병—병장, 수—우—미—양—가, 가—
　　　　나—다—라 … 카—타—파—하, 과거—현재—미래

(31가)에 제시된 예들은 순환적(cyclical) 집합이다. 즉, '봄 → 여름 → 가을 → 겨울'이 지나면 다시 '봄'이 된다. 1주일이나 1년도 마찬가지이다. 반면에 (31나)는 순차적(serial) 집합이다. 사병의 계급인 '이병 → 일병 → 상병 → 병장'의 체계는 '병장' 다음에 다시 '이병'으로 돌아가지 않는다.

학자에 따라 다중 반의어를 반의 관계에서 배제하기도 한다. 다중 반의어를 반의 관계에 포함한다면 하나의 개념을 공유하는 의미장에서 동일 층위에 포함된 어휘들(동위어)을 모두 반의 관계로 보아야 하기 때문이다. 예를 들어 '개'의 하위어에는 '진돗개, 삽살개, 풍산개, 리트리버, 불독, 달마시안, 시추, 몰티즈, 푸들, 닥스훈트, 치와와' 등 200여 가지가 있다. 이들 어휘들이 모두 반의 관계를 이룬다고 하는 것은 별다른 설명력을 갖지 못한다고 보는 것이다.

3) 상하위 관계

어휘들 중에는 계층구조를 갖는 것들이 있다. 어떤 어휘는 다른 어휘보다 더 구체적이거나 더 추상적일 수 있다. 이처럼 어휘들 사이에 상하 계층구조를 이루면서 서로 포함(inclusion)의 관계가 성립하는 경우 상하위 관계(hyponymy)라고 한다. 예를 들어 '독수리'는 '새'의 일종이고, '국화'는 '꽃'의 일종이다. 의미적으로 '새'와 '꽃'은 '독수리'와 '국화'에 비해 더 일반적이고 포괄적이다. '새'에는 '독수리' 외에도 '제비, 참새, 비둘기' 등 다른 새들도 포함된다. 이를 벤다이어그램으로 나타내면 그림 4-1과 같다.

그림 4-1의 (가)에서 상위어(hypernym) A는 하위어(hyponym) B보다 외연이 더 넓어서 B의 모든 원소들이 A에 포함되고, B가 아닌 것들도 A에 포함되어 있다. (나)에 적용해 보면 '새'는 '독수리'보다 외연이 넓어서 모든 '독수리'는 '새'에 포함되며, '독수리'가 아닌 '제비, 참새, 비둘기, 솔개' 등도 '새'에 포함된다. 그렇다면 상위어는 하위어보다 더 일반적이고 포괄적인 의미를 갖는 단어이고, 하위어는 상위어보다 더 구체적인 의미를 갖는 단어라고 말할 수 있다. 같은 층위에서 동일한 상위어를 갖는 하위어들을 공하위어(co-hyponym)라고 한다. '독수리, 제비, 참새, 솔개' 등은 '새'의 공하위어들이다.

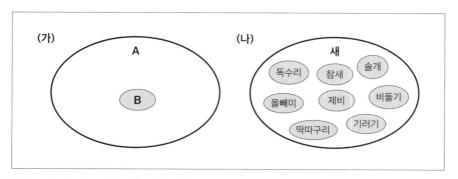

그림 4-1 상위어와 하위어의 포함 관계

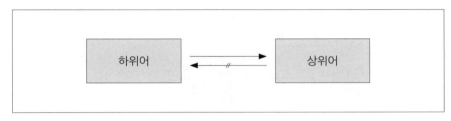

그림 4-2 상위어와 하위어의 함의 관계

　상하위 관계의 특징은 첫째, 하위어는 상위어를 함의하지만, 상위어는 하위어를 함의하지 못한다는 점이다(일방 함의).

　예를 들어 다음 (32)에서 (32가)가 참이면 (32나)는 항상 참이지만, (32나)가 참이더라도 (32가)가 항상 참인 것은 아니다. 새가 하늘을 난다고 해서 그것이 반드시 독수리인 것은 아니기 때문이다. (33가)와 (33나)의 예문도 마찬가지이다.

　　(32)　가. 독수리가 하늘을 날아간다.

　　　　　나. 새가 하늘을 날아간다.

　　(33)　가. 여기, 물잔 하나만 더 주세요.

　　　　　나. 여기, 잔 하나만 더 주세요.

　둘째, 상위어의 의미 속성은 바로 아래의 직접 하위어가 아닌 간접 하위어의 경우에도 그대로 전달되는 이행성(transitivity)을 갖는다는 점이다. 예를 들어 '독수리'의 상위어는 '새'이지만, '새'의 상위어는 '동물'이다. 또한 '동물'의 상의어는 '생물'이라 할 수 있다. '독수리'의 입장에서 보면 '새'는 직접 상위어이지만, '동물'이나 '생물'은 간접 상위어라 할 수 있다. 그런데 간접 상위어의 의미 속성은 하위어에도 그대로 전달된다.

　　(34)　동물―척추동물―새―독수리―참수리

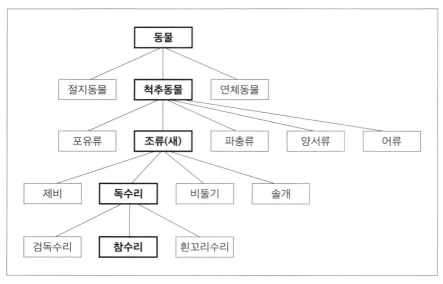

그림 4-3 독수리의 상하위 관계

(35) 가. 참수리는 독수리다. → 독수리는 새다. → 새는 척추동물이다.
        → 척추동물은 동물이다.

    나. 참수리는 ~~독수리다. → 독수리는 새다. → 새는 척추동물이다.~~
        ~~→ 척추동물은~~ 동물이다.

    다. 참수리는 동물이다. (동물 → 척추동물 → 새 → 독수리 → 참수리)

상하위 관계는 이 세계를 분류하는 방식과 관련이 있다. 그런데 이러한 분류는 '동물, 식물' 등 과학적 분류뿐만 아니라 '반려동물, 무기, 선물' 등 기능이나 문화에 따라 유동적인 분류도 있을 수 있다.

(36) 가. 반려동물: 개, 고양이, 앵무새, 햄스터, 고슴도치, 거북이 등
    나. 무기: 가위, 칼, 망치, 각목, 당구봉(큐), 야구방망이 등

이런 예들은 전형적인 상하위어와 다소 다른 의미 관계를 갖는다.

(37) 가. 미용사가 가위로 머리를 자른다.

　　　나. ?미용사가 무기로 머리를 자른다.

　'가위'도 '무기'의 일종일 수는 있지만, 그것이 본질적으로 무기인 것
은 아니기 때문에 (37가)가 성립한다고 해서 '가위'를 포함한 단어인 '무
기'로 바꾼 (37나)가 반드시 성립하는 것은 아니다.

　또한 전형적인 상하위어는 엄밀한 포함 관계를 갖기 때문에 (38가)-
(38가'), (38나)-(38나')와 같이 같은 틀 속에서 순서를 바꾸면 성립/불성
립에서 차이를 보이지만, 그것보다 느슨한 관계인 (39)의 예들은 이와는
다른 양상을 보인다.

(38) 가.　독수리와 다른 새

　　　가'. ?새와 다른 독수리

　　　나.　독수리를 제외한 새

　　　나'. *새를 제외한 독수리

　　　다.　아까 새를 보던데, 그게 독수리였어?

　　　다'. *아까 독수리를 보던데, 그게 새였어?

　　　라.　독수리는 새의 일종이다.

　　　라'. *새는 독수리의 일종이다.

(39) 가.　가위와 다른 무기

　　　가'.　무기와 다른 가위

　　　나.　가위를 제외한 무기

　　　나'.　무기를 제외한 가위

　　　다.　아까 무기를 만지던데, 그게 가위였어?

　　　다'.　아까 가위를 만지던데, 그게 무기였어?

　　　라.　가위는 무기의 일종이다.

라. *무기는 가위의 일종이다.

4) 부분-전체 관계

'내 손은 내 몸의 일부분이다', '강원도는 한국의 일부분이다', '단어는 문장을 구성하는 부분이다'와 같이 부분-전체 관계는 한 단어가 다른 단어의 부분이 되는 관계를 가리킨다. 문장으로 표현하자면 'X는 Y의 일부분이다'(X is a part of Y) 또는 'Y는 X를 가지고 있다'(Y has X)와 같은 방식이다. 상하위 관계가 개념적으로 유사한 의미 특성을 갖는 어휘들 간의 관계라고 한다면, 부분-전체 관계는 시공간에 함께 존재하는 일련의 대상들을 조립하는 것이라고 말할 수 있다. 예컨대 전체어(holonym)로서 '집'을 생각해 보면, '집'을 구성하는 '방, 거실, 부엌, 화장실' 같은 것을 부분어(meronym)로 떠올릴 수 있다. '엔진, 바퀴, 핸들, 브레이크, 의자' 등이 모여 전체어인 '자동차'를 이루고, '시침, 분침, 초침, 문자판, 줄, 태엽(또는 전지)' 등이 모여 전체어 '시계'를 구성하는 것과 같은 식이다. 부분-전체 관계는 시간의 흐름이 반영되는 사건이나 행동에도 성립한다. 예를 들어 '장보기'는 '가게 가기, 물건 고르기, 흥정하기, 지불하기'와 같은 일련의 하위 사건들이 모여서 이루어진다. '졸업식' 행사에도 '국민의례, 축사, 졸업장 수여, 답사, 교가 제창' 등의 하위 순서들로 이루어진다.

하위어가 성립하면 반드시 상위어도 성립하는 상하위 관계에 비해(예: X가 장미이면 X는 반드시 꽃이다), 부분-전체 관계는 선택적으로 맺어지는 관계이다. 예를 들어 '날개'와 '새'의 경우, '날개'가 없더라도 여전히 '새'이다. 또한 부분을 나타내는 특정한 한 단어가 여러 개의 다른 전체어와 연관될 수도 있다. '손잡이'는 항상 무언가의 부분어인데, 상황에 따라 '문', '버스', '망치', '컵', '주전자' 등 다양한 전체어를 가진다.

상하위 관계와 달리, 부분-전체 관계는 일방 함의가 반드시 성립되는 것은 아니다. 다음 (40)과 (41)을 비교해 보자.

(40) 가. 철수는 진섭의 손목을 잡았다.
　　　나. 철수는 진섭의 팔을 잡았다.
(41) 가. 영희는 모니터를 샀다.
　　　나. 영희는 컴퓨터를 샀다.

'손목—팔'의 경우 (40)처럼 일방 함의가 성립한다(손목을 잡았다면 팔을 잡은 것). 하지만 (41) '모니터—컴퓨터'의 경우에는 일방 함의가 성립하지 않는다(모니터를 샀다고 컴퓨터를 샀다는 의미는 아님). 이는 부분-전체 관계가 서로 필수적으로 상대를 요구하는 것이 아니라, 대상에 따라 유동적으로 연결되어 있기 때문에 발생하는 현상이다.

또한 일반적인 상하위 관계와 달리, 부분-전체 관계는 이행성(transitivity)을 갖지 않는다. 상하위 관계인 '동물—새—독수리—참수리'의 경우, 다음 (42가)와 (42나)처럼 '이다' 조건('is a' condition)을 지킨다.

(42) 가. 참수리는 독수리다.(○) → 독수리는 새다.(○) → 새는 동물이다.(○)
　　　나. 참수리는 새다.(○) 참수리는 동물이다.(○)

하지만 부분-전체 관계인 '손톱—손가락—손—팔—몸'은 (43)에서 보듯이 '이다' 조건을 지키지 않는다.

(43) 가. 손톱은 손가락이다.(×), 손가락은 손이다.(×), 손은 팔이다.(×), 팔은 몸이다.(×)

나. 손톱은 손이다.(×), 손톱은 팔이다.(×), 손톱은 몸이다.(×)

상하위 관계와 달리, 부분-전체 관계는 전체어의 의미 속성이 부분어에 전이되는 것이 아니기 때문이다. '장미'는 '꽃'의 의미 속성이 그대로 전이된다. 그래서 '장미'는 한 송이만 있어도 '꽃'이고, 이 세상 모든 '장미'를 모아 놓아도 '꽃'이다. 이에 비해 부분-전체 관계인 '시침—시계'는 '시침' 한 개로도 '시계'가 아니며, 이 세상 '시침'을 모두 모아 놓아도 '시계'가 될 수 없다.

5) 연어와 관용어

앞에서 살펴본 유의 관계, 반의 관계, 상하위 관계 등이 비슷한 범주를 갖는 계열 관계 속에서의 의미 관계라고 한다면, 이제 살펴볼 연어와 관용어는 결합 관계에서 성립하는 의미 관계이다.

① 연어

연어(連語, collocation)란 두 개 이상의 단어가 습관적으로 자주 결합하는 구성이다. 대부분의 단어들은 문장에서 아무런 관련 없이 자유롭게 출현하는 것이 아니라, 결합 강도의 차이는 있지만 자신과 자주 결합하는 단어들을 갖고 있다. '신경'이라는 단어를 생각해 보자. '신경'과 자주 결합하는 서술어로 어떤 것이 떠오르는가? 아마 '신경이 {쓰이다/마비되다/무디다/날카롭다/곤두서다/예민하다…}'라거나 '신경을 {쓰다/자극하다/곤두세우다/(한곳에) 모으다…}', '신경에 {거슬리다…}' 같은 예들이 떠오를 것이다. 반면에 '신경을 {주다/받다/보다/발휘하다/기울이다…}' 같은 예들은 쓰지 않거나 이상하다고 판단할 것이다. '박수를 보내다—박수를 받다', '은혜를 베풀다—은혜를 입다' 같은 예들 또한 '능동/피동'이라는 비슷한 의미 기능을 가짐에도 결합하는 서술어가 달라진다. 독립된 단어 쌍으로 있을 때는 반의 관계를 이루는 '주다—받다'도 연어 구성에 쓰일 때는 달라진다. '겁을 주다—겁을 먹다(*받다)', '박수갈채를 보내다(*주다)—박수갈채를 받다' 등에서 이를 알 수 있다.

한 언어를 유창하게 구사한다는 것은 적절한 연어를 쓸 줄 안다는 뜻이다. 연어는 언어가 규칙 기반의 창조성을 지니고 있지만, 이와 동시에 익숙한 단어 결합을 재사용하는 관습적 특성도 있음을 잘 보여 준다. 연어는 단어 자체의 의미 특성에 기인하는 예도 없지 않지만, 습관적으로 자주 쓰는 경우가 대부분이다. 한국어 학습자에게 "왜 '새빨간 거짓말'만 되고, '빨간 거짓말'은 안 쓰냐?"라고 질문한다면 어떻게 대답할 수 있을까? '새빨간'과 '빨간' 사이에 모종의 본질적인 의미 차이가 있기 때문에 '거짓말'을 수식할 수 있을지 여부가 결정된다고 말하기는 어렵다.

연어는 언어 간에도 차이를 보인다. 영어에서 "Happy New Year!"와 "Merry Christmas!"에 쓰인 'merry'와 'happy'는 비슷한 뜻을 가진 단어이지만, 그것이 수식하는 명사에 제약이 있다. "Merry New Year!"라거나 "Happy Christmas!'라고 잘 쓰지 않는 것이다. 이는 해당 단어의 본질적인 의미 때문이라기보다는 특정한 결합을 습관적으로 써 왔기 때문이다. '소리를 지르다'와 비슷한 의미로 영어에서는 'let out a cry'(소리를 흘리다), 불어에서는 'pousser un cri'(소리를 밀다)가 쓰이는 것도 연어가 언어마다 다른 양상을 갖는다는 것을 보여 준다.

(44)~(50)은 연어의 몇 가지 유형으로, 그것과 결합하는 단어들을 쉽게 떠올릴 수 있는 예들이다.

(44) 가. (   )을 누다, (   )을 뜨다/감다, (   )을 다물다, (   )을 뱉다, (   )를 꾸다.

나. ( )이 마렵다, ( )가 짖다

(45)　가. 감명을 ( ), 게으름을 ( ), 고집을 ( ), 궁상을 ( ), 깍지를 ( ), 눈총을 ( ), 도망을 ( ), 뒷북을 ( ), 뜬구름을 ( ), 면박을 ( ), 몸부림을 ( ), 물구나무를 ( ), 안간힘을 ( ), 이야기꽃을 ( ), 장난을 ( ), 트집을 ( ), 한눈을 ( ), 한턱을 ( ), 행패를 ( )

　　　나. 똥품을 ( ), 스트레스를 ( ), 액션을 ( ), 폼을 ( )

(46)　{귀 / 가는귀}가 ( ), 거덜이 ( ), 결론이 ( ), 귀추가 ( ), 승부가 ( )

(47)　고려에 ( ), 염두에 ( ), 매너리즘에 ( ), 스타덤에 ( )

(48)　가. 갈기갈기 ( ), 곤히 ( ), {골똘히 / 곰곰이} ( ), 데굴데굴 ( ), {싱글벙글 / 빙그레} ( ), 보글보글 ( ), 부르르 ( ), 엉금엉금 ( ), 시름시름 ( )

　　　나. 목이 빠지게 ( ), 불타나게 ( ), 뼈빠지게 ( ), 배터지게 ( ), 코가 삐뚤어지게 ( ), 귀가 따갑게 ( ), 눈코 뜰 새 없이 ( )

　　　다. ( )가 멍멍 ( ), ( )이 휘영청 ( ), ( )이 {토실토실 / 뒤룩뒤룩} ( )

(49)　새까만 ( ), 뜨거운 ( ), 혁혁한 ( )

(50)　가. 각고의 ( ), 불후의 ( ), 양심의 ( ), 절호의 ( ), 초미의 ( ), 혼신의 ( )

　　　나. ( )의 구렁텅이, ( )의 도가니

② 관용어

연어가 두 개 이상의 단어가 습관적으로 자주 결합하는 구성이라고 한다면, 관용어(idiom)는 습관적 결합 중에서 구성 요소의 의미 합으로는 산출할 수 없는 새로운 제3의 의미를 갖는 구성을 말한다. 그 결과 대부분의 관용어는 직설 의미와 관용 의미가 동음이의적으로 공존한다.

(51) 가. 내가 선을 넘는 사람들 제일 싫어하는데. (영화「기생충」에서)
　　　 나. 철수가 이번에 또 미역국을 먹었대.
　　　 다. 우리 엄마는 손이 커.

　(51)의 예들은 직설적인 의미로도 해석할 수 있지만, 각각 '어떤 한계를 넘다', '시험에서 낙방하다', '씀씀이가 후하다'라는 전혀 다른 의미로 해석할 수도 있다.
　관용어는 구성은 구(句) 구성이지만, 단어처럼 하나의 의미 단위를 형성하기 때문에 통사적인 제약이 있을 수도 있다.

(52) 가. *철수가 이번에 또 식은 미역국을 먹었대.
　　　 나. *철수가 이번에 미역국을 맛있게 먹었대.
　　　 다. *철수가 식당에서 미역국을 먹었대.
　　　 라. *철수가 이번 시험에서 먹은 것은 미역국이래.
　　　 마. *철수가 미역국을 먹으니, 영희도 그것을 먹었어.

　(52)는 '미역국을 먹다'에 대해 구성 요소 중에서 일부분만 수식하거나(52가), 부사어를 쓰거나(52나), 장소 부가어를 쓰거나(52다), 분열문을 형성하거나(52라), 대명사화한(52마) 예들이다. 직설 의미로 쓰이면 이런 변형을 하더라도 모두 자연스럽지만, 관용어로 쓰이면 성립하기가 어렵다는 점에서 관용어가 통사적인 제약이 있음을 알 수 있다.

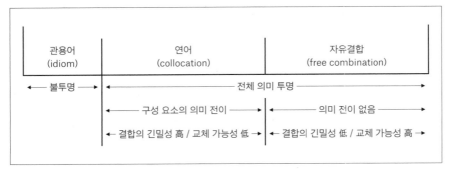

그림 4-4 단어 결합의 하위유형

이상에서 단어들 간의 결합 중 일정한 제약을 갖는 '연어'와 '관용어'를 살펴보았다. 연어는 구성 요소의 의미가 바뀌기는 하지만 전체적인 의미가 전혀 달라지는 것은 아닌 구성을 말한다. 이에 비해 관용어는 구성 요소의 의미만으로 전체 관용 의미를 예상할 수 없는 구성을 말한다. 따라서 연어와 관용어는 머릿속 사전에 별도로 기억해야 한다. 반면에 '철수가 학교에 가다, 영희가 라면을 먹다'처럼 규칙에 따라 생성되는 문장은 의미 전이가 크지 않고 결합의 긴밀성도 떨어지며 구성 요소의 교체도 쉽게 가능하다. 이를 통해 어휘의 결합 관계는 결합력의 차이나 의미의 투명성 등을 기준으로 '자유결합—연어—관용어'가 연속적으로 이어진다고 할 수 있다. 이를 정리하면 그림 4-4와 같다.

1 동일한 형태를 가진 단어가 여러 의미를 갖는 것, 그리고 우리가 그런 의미를 구분하여 사용하는 것은 유한한 언어를 가지고 무한한 세계를 표상하기 위해 반드시 존재해야 하는 언어 특성이다. 하지만 한편으로는 그것이 오해와 싸움을 낳는 씨앗이 되기도 한다. 실제로 많은 정치적인 논쟁이 하나의 단어가 갖는 의미를 달리 해석하면서 발생하는 것을 보면 쉽게 공감할 수 있을 것이다. 여러분의 삶에서, 혹은 정치를 포함한 세상사에서 다의어와 동음이의어로 인해 생긴 오해와 싸움의 예가 있다면 어떤 것들이 있는지 이야기해 보시오.

2 다의어가 갖는 주요한 특성으로 '중의성', '유연성', '다면성' 등을 들 수 있다. 이러한 특성을 바탕으로 아래 밑줄 친 단어가 '단일어', '다의어'('다면어' 포함), '동음이의어' 중에 어떤 것에 해당하는지 이야기해 보시오.

> ㄱ. 한강에 있는 <u>다리</u>가 무려 서른두 개라고 한다.
> ㄱ′. 안경에 있는 <u>다리</u>가 하나 부러지고 나서야 싸움이 끝났다.
> ㄴ. 요즘 <u>경비</u>가 허술해진 틈을 타 군사 분계선을 넘는 사람들이 생기고 있다.
> ㄴ′. 술 취한 주민들이 밤늦게 찾아와 <u>경비</u>를 귀찮게 하는 경우가 많다고 한다.
> ㄷ. 새해부터는 <u>절대로</u> 담배를 피우지 않겠다고 다짐했다.
> ㄷ′. 이 사실은 <u>절대로</u> 비밀에 부쳐주시기를 바랍니다.

3 다음 유의 관계에 있는 단어들의 의미 차이를 설명해 보시오.

> ㄱ. 잡다—쥐다   ㄴ. 붓다—쏟다
> ㄷ. 손목—팔목   ㄹ. 사이—틈—겨를—짬
> ㅁ. 줄—선—금   ㅂ. 사건—사고
> ㅅ. 진짜—정말

4 수강생을 두 그룹으로 나누어 20명 이상의 사람들에게 다음 단어의 반의어가 무엇인지 조사해 보고, 그 결과를 해석해 보시오.

> 1조: 엄마, 이모, 삼촌, 고모부
> 2조: 아들, 고모, 이모부, 조카

5 다음 예문에 밑줄 친 두 단어가 반의 관계인지 반의 관계가 아닌지 설명해 보시오.

> ㄱ. "빵이 아니면 죽음을 달라." (프랑스혁명 시위대)
> ㄴ. "내가 세상에 평화를 주러 온 줄로 생각하지 마라. 평화가 아니라 칼을 주러 왔다." (마태복음 10:34)

6 상보 반의어는 정도를 나타내는 부사나 관형어의 수식이 불가능하다. 그런데 다음 예문의 밑줄 친 단어는 이러한 정도어의 수식이 가능하다. 이러한 사례에 대해 어떻게 설명할 수 있을지 생각해 보시오.

> ㄱ. 문이 {활짝/조금} 열렸다.
> ㄴ. 고기가 {반쯤/거의/완전히} 죽었다.
> ㄷ. 군대를 갔다 와야 진정한 남자가 된다.

읽을거리

- 의미 구분의 문제에 대해 전반적으로, 그러면서 더 깊이 있게 읽고자 한다면 크루즈(Cruse, 1986)의 3장, 최경봉(2015)의 10장, 임채훈(2014)과 그에 대한 반론이 담긴 김진해(2021) 등을 권한다.
- 보다 세부적인 문제와 관련하여 다의어의 특성과 변별 기준과 관해서는 이민우(2009), 임지룡(2009, 2011) 등을, 다의어와 사전 문제와 관해서는 조남신(1994ㄱ, 1994ㄴ), 배도영(2002) 등을 참고할 수 있다.
- 의미 관계에 대한 다양한 논의는 이광호(2008), 최경봉(2010), 김진해(2013), 남경완(2019), 이민우(2019) 등을 참고할 수 있다.

5장

의미의 확장

　당신이 만약 대학교에서 의미론 수업을 들으며 이 책을 공부하고 있다면, 이 장을 읽을 때쯤 '벌써 중간고사가 몇 주 앞이네', 또는 '벌써 중간고사가 몇 주 뒤네' 하고 생각할 것이다. '앞'과 '뒤'는 본래 공간을 가리키는 말로서 각각 내가 향하고 있는 쪽과 그 반대쪽을 뜻한다. 그런데 여기서는 '앞'과 '뒤'가 시간을 나타내고 있으며, 특히 둘 다 똑같이 '미래 시간'을 가리키고 있다.

　이처럼 공간 어휘가 시간을 가리키게 되는 것이나 '앞', '뒤'가 둘 다 미래를 가리킬 수 있는 것은 인간의 공간 경험 양상에 의해 정해진다. 우리가 길을 걸으며 이동하는 경험을 할 때 우리의 '앞'에 있는 것은 미래에 마주하게 된다는 점에서 '앞'과 미래는 관련을 맺는다. 또한 두 개체가 같은 경로를 따라 이동할 때 '뒤'에 위치한 것이 더 미래(즉, 나중)에 특정 지점에 도착하게 된다는 점에서 '뒤'와 미래도 관련을 맺는다. 이러한 관련성에 따라 '앞'과 '뒤'는 공간 의미에 더해 '미래 시간'의 의미를 추가적으로 갖게 된다.

이 예가 보여 주듯이 단어 의미의 확장은 인간의 체험과 밀접한 관계를 맺고 있다. 인간의 몸과 마음, 문화적 배경을 바탕으로 한 체험이 언어에 반영되는 양상을 규명하려 하고, 인간이 세계를 체험할 때 사용하는 일반적인 인지 능력이 언어 지식을 구성할 때도 동일하게 작용한다고 생각하는 언어 이론을 '인지 언어학'이라 한다. 인지 언어학의 관점에서 의미를 탐구하는 이론을 '인지 의미론'이라 하는데, 이 장에서는 인지 의미론의 관점에서 단어 의미의 확장 현상을 이해해 보고자 한다.

1

다의어와 의미 확장

1) 다의어의 중심 의미와 주변 의미

우리는 4장에서 다의어에 대해 공부했다. 한 언어 표현이 여러 의미를 가지는 성질을 '다의성'이라고 하고 그러한 성질이 있는 단어를 '다의어'라고 하며, 어떤 한 다의어의 각 의미, 즉 의의들은 서로 의미적으로 연관되어 있다. 이때 다의어가 지니는 여러 의의를 대표하는 의미를 '중심 의미'(기본 의미, 원형 의미), 그 나머지를 '주변 의미'(파생 의미, 확장 의미)라고 한다. 아래 (1)은 『표준국어대사전』에서 가져온 '먹다'의 의미 정보 일부이다.

> (1) 가. 음식 따위를 입을 통하여 배 속에 들여보내다.
>   예: 밥을 먹다.
>   나. 담배나 아편 따위를 피우다.
>   예: 담배를 먹다.

다. 연기나 가스 따위를 들이마시다.

　예: 연탄가스를 먹다.

라. 어떤 마음이나 감정을 품다.

　예: 앙심을 먹고 투서를 하다.

마. 일정한 나이에 이르거나 나이를 더하다.

　예: 네 살 먹은 아이.

바. 겁, 충격 따위를 느끼게 되다.

　예: 겁을 먹다.

사. 욕, 핀잔 따위를 듣거나 당하다.

　예: 하루 종일 욕만 되게 먹었네.

아. (속되게) 뇌물을 받아 가지다.

　예: 뇌물을 먹다.

자. 수익이나 이문을 차지하여 가지다.

　예: 남은 이익은 모두 네가 먹어라.

차. 물이나 습기 따위를 빨아들이다.

　예: 기름 먹은 종이.

　(1)에 제시된 의의 중 (1가)는 '먹다'의 중심 의미로서 음식이라는 구체적인 대상을 입에서 배로 들여보내는 행위를 나타낸다. 이에 비해 (1나)~(1차)는 '먹다'의 주변 의미로서 보다 추상적인 대상이 가상적인 통로를 통해 이동하여 들어오는 의미를 가지며, '먹다'의 중심 의미가 확장되어 있는 양상을 보여 준다. 이렇게 한 단어가 가진 중심 의미를 기준으로 다양한 주변 의미가 모여 다의어를 형성하며, 다의어의 각 의의들은 의미적으로 연관성(유연성)을 갖는다.

2) 다의어가 지니는 의의들 간의 연관성에 대한 서로 다른 관점

앞서 언급했듯이 다의어가 지니는 여러 의의들은 연관성을 갖는다. 그렇다면 다의어의 의의들은 구체적으로 어떤 방식으로 관련을 맺고 있을까? 단어의 의미에 대한 고전적 접근법에서는 한 범주에 속하는 모든 구성원이 동일한 자질(속성)을 공유한다고 보는 고전 범주 이론을 채택한다. 고전 범주 이론의 특징은 아래와 같이 정리된다(Taylor, 1989 / 1995: 23-24).

- 하나의 범주는 그 범주 구성원 모두가 공유하는 본질적 자질에 의해 정의될 수 있다.
- 본질적 자질 집합을 전부 소유하지 않는다면 해당 범주의 구성원이 아니며, 본질적 자질 집합을 모두 소유하면 그것은 해당 범주의 구성원이 될 수 있다.
- 범주의 모든 구성원이 동일한 본질적 자질을 통해 정의되므로, 모든 범주 구성원의 위상은 동등하다.
- 본질적 자질의 유무를 통해 한 범주의 경계를 분명하고 엄격하게 파악할 수 있다.

이러한 입장에서는 하나의 단어가 갖는 의의들이 공통적인 의미를 공유하고 있다고 여긴다. 즉, 다의어의 의의들은 변별적인 의미 자질에 더해 다른 의의들과 공통되는 중심 의미 자질을 공유함으로써 서로 동등하게 하나의 범주를 이룬다고 본다(임지룡, 1996: 243). 범주에 대한 이러한 시각은 고대 그리스까지 거슬러 올라가는 가장 전통적인 생각을 반영하기 때문에 '고전 모형'이라고 불린다.

이러한 입장에 대한 철학적 도전은 두 가지 측면에서 이루어졌다. 하나는 어떤 범주를 더 전형적으로 대변하는 구성원이 있는가 하면, 해당 범주에 속하는지가 불분명한 구성원이 있다는 주장이다. 이는 범주의 모든 구성원이 범주의 구성원으로서 동등하다고 보는 고전 범주 이론에 반하는 것이다. 예컨대 '대머리'라는 범주는 '머리카락이 몇 올 남았을 때부터'라고 정의할 수 없는 한편, 보다 분명히 대머리인 경우와 그렇지 않은 경우를 구분할 수 있다.[1] 범주 구성원들이 범주를 대표하는 정도에서 차이가 날 수 있다는 철학적 가설은 심리학자인 엘리너 로시(Eleanor Rosch)에 의해 실험적으로 유효성이 입증되었다. 범주의 이러한 특성을 범주의 '원형성(prototypicality)'이라고 부른다.

다른 하나는 범주 구성원이 모두 공유하는 본질적 자질이 없을 수도 있다는 주장이다. 이 역시 고전 범주 이론에 반하는 주장이다. '게임'이라는 범주에 대해 생각해 보자. 게임에는 보통 경쟁이 있고, 전략이 존재하며, 육체적 기술이 필요하고, 즐거움을 목적으로 한다는 특성들이 존재한다.

새 범주의 원형성

로시의 '원형 이론'은 다양한 인지 범주에서 확인된다. 그중에서도 오른쪽 그림과 같이 새 범주를 시각화한 '새다움의 순위(birdiness rankings)' 그림이 유명하다. 이 그림의 새들은 울새(robin)를 중심으로 동심원을 그리며 분포하는데, 가운데 있는 것이 가장 원형적인 새이고 중심에서 멀어질수록 새다움의 정도가 낮아진다.

출처: Aitchison, 2012: 54
©2012, John Wiley and Sons

....
1 러셀(Russell, 1923)은 범주 경계의 모호성에 대해 논하면서 '대머리가 아닌 사람의 머리카락이 조금씩 빠져 결국 대머리가 되니 대머리가 아닌 사람이 대머리가 되는 것을 정하는 결정적 한 올이 있다'라는 시중의 말장난에 대해 난센스라고 평가하며 대머리성(baldness)의 모호성을 언급하였다.

하지만 경쟁이 없는 게임, 전략이 필요하지 않은 게임, 육체적 기술이 필요하지 않은 게임, 즐거움을 목적으로 하지 않는 게임도 분명히 존재한다. 즉, 한 범주의 모든 구성원이 공유하는 어떤 공통 자질이 존재하지 않아도 하나의 범주로 인지될 수 있는 것이다. 비트겐슈타인(Wittgenstein, 1953)은 게임 범주에 대해 이러한 논의를 펼치며, 범주 구성원 모두에 공유되는 특질 없이 구성원 간의 부분적 유사성만을 매개로 해서도 범주가 구성될 수 있다는 '가족 유사성(family resemblence)' 이론을 주창하였다. 부모와 자녀들로 구성된 어떤 한 가족의 얼굴을 보면 서로 닮은 구석이 있어 같은 가족임을 알 수 있지만, 애초에 아버지와 어머니는 서로 남남이기 때문에 가족 모두가 공유하는 공통 자질이 없을 가능성도 늘 존재한다는 데서 착안한 명명이다.

범주의 원형성과 가족 유사성은 양립 가능하다. 인간은 세계에 존재하는 것들을 여러 범주로 구분하며 살아간다. 이때 범주화의 기반은 자신의 생활 경험이다. 인간은 새롭게 경험한 대상의 정체를 파악하기 위해 이것이 자신이 이미 경험한 대상과 얼마나 같거나 다른지를 생각하고, 이를 바탕으로 어느 하나의 범주에 그 새로운 대상을 포함한다. 어떤 범주에 새로운 구성원을 추가할 때 중요한 것은 '그 대상이 범주의 본질적 자질을 모두 갖추고 있는가'라기보다는 '그 대상이 기존에 경험한 개별 구성원들과 어떤 측면에서 얼마나 유사한가' 하는 것이다.[2] 이러한 원리로부터 모든 구성원이 공유하는 본질적 자질이 존재하지 않는 범주화가 가능해지고, 또 이러한 과정은 다른 구성원과 더 많은 속성을 공유하는 구성원 및 그렇지 않은 구성원이 존재하도록 만든다.

....

2 예컨대 타조와 비슷하게 생긴 '에뮤(Emu)'라는 동물이 있는데, 이 동물은 덩치가 크고 날지 못하기 때문에 '새'의 전형적인 특징을 갖추지 못했다. 하지만 우리는 이 동물이 '새'임을 쉽게 판단할 수 있다. 그것은 우리가 이 동물을 볼 때, 이미 새 범주에 속하는 것으로 받아들인 '타조'와의 유사성을 바탕으로 이 동물의 범주를 결정하기 때문이다(Bybee, 2010: 19).

아래는 인지적 범주 이론의 특징을 가족 유사성과 원형성을 중심으로 설명한 것이다.

- 범주의 구성원들을 함께 묶는 자질들의 집합이 존재하지만, 모든 구성원이 모든 자질을 가질 필요는 없다.
- 범주의 구성원들은 가족 유사성 관계에 의해 결합된다. 즉, 몇몇 구성원과만 어떤 자질을 공유함으로써 동일한 가족의 구성원이 된다.
- 범주의 어떤 구성원은 다른 구성원보다 해당 범주의 더 좋은 보기로 간주된다. 그 범주를 대표할 만한 가장 전형적이고 적절하며 중심적이고 이상적인 보기를 '원형(prototype)'이라 한다.
- 특정 범주의 구성원 자격을 갖는 항목들의 경계가 어디까지인지가 분명하지 않은 범주들이 있다.

요컨대 '원형 범주'의 구성원들은 가족 유사성 관계에 의해 결합되어 있다. 어떤 한 단어의 의의들도 이러한 방식으로 하나의 범주를 이룬다. 즉, 어떤 단어의 한 의의로부터 새로운 의의가 파생된 후 그 파생 의미로부터 다시 새로운 의의가 파생될 수 있고, 결과적으로 한 단어의 모든 의의들에 공통되는 의미 자질이 없을 수도 있다. 아래 (2)의 예를 보자.

(2) 가. 촛불을 켰다.
　　 나. 전등을 켰다.
　　 다. 텔레비전을 켰다.
　　 라. 드라마를 켰다.

(2가)에서 '켜다'는 어두운 공간을 밝히기 위해 '불을 일으키다'라는 의미를 갖는다. 그런데 어두운 공간을 밝힌다는 연관성에 따라 (2나)에서

볼 수 있듯이 전기 조명 기구를 통해 어둠을 밝힐 때도 '켜다'를 사용하게 되었다. 또 전기 조명 기구를 작동시킬 때는 대개 조명 기구의 작동 버튼을 눌러야 하기 때문에, 이러한 연관성에 따라 (2다)에서 볼 수 있는 '전자 기기의 작동 버튼을 누르다'라는 의미가 '켜다'의 의의로 새롭게 생겨났다. 그리고 전자 기기 중 텔레비전을 작동시킬 때는 특정 방송 채널이나 프로그램을 보려는 목적이 있는 경우가 많아서 (2라)에서 볼 수 있는 '전자 기기에 콘텐츠를 띄우다'라는 의미가 '켜다'의 새로운 의의로 자리 잡게 되었다(김현주, 2018). 이처럼 (2가)와의 연관성을 바탕으로 (2나)의 의미가, (2나)와의 연관성을 바탕으로 (2다)의 의미가, (2다)와의 연관성을 바탕으로 (2라)의 의미가 등장했기 때문에, 결과적으로 (2가)의 '불을 일으키다'와 (2라)의 '전자 기기에 콘텐츠를 띄우다' 사이에 공통점을 찾기란 매우 어렵다. 즉, '켜다'의 의의들은 가족 유사성의 양상을 띠면서 하나의 범주를 이루고 있는 것이다.

이를 염두에 두면서, 이 장에서는 다의어의 의미 확장 과정을 인지적 접근법에 입각하여 살펴보고자 한다. 이어지는 2절에서는 인지 의미론적 관점에서 단어의 의미가 어떻게 규정될 수 있는지 살펴보고 '틀 의미론'에 대해 설명할 것이다. 그리고 3절에서는 '틀 의미론'을 배경으로 하여 은유와 환유의 기제를 통한 의미 확장 과정에 대해 설명할 것이다.

2

의미 확장에 대한 인지 의미론적 관점

1) 틀 의미론

범주에 대한 고전적 접근법에 따르면, 하나의 범주는 범주 구성원 모두가 공유하는 본질적 자질에 의해 정의된다. 이와 마찬가지로 단어의 의미에 대한 고전적 접근법에서는 필요충분조건, 즉 본질적 자질에 의해 의미가 정의된다. 예를 들어 'bachelor(독신남)'의 의미는 '성인, 남성, 미혼'과 같은 필요충분조건에 의해 정의된다고 보는 것이다. 이처럼 구조 의미론 등의 고전적 접근법에서는 어떤 단어에 대해 우리가 알고 있는 지식의 작은 부분만을 그 단어의 의미로 나타내면 된다고 보았으며, 이러한 견해를 의미에 대한 '사전적 견해'라 부른다(Croft and Cruse, 2004: 30).

하지만 '성인, 남성, 미혼'이라는 조건을 만족하는데도 'bachelor'라 부를 수 없는 경우가 있다. 예컨대 결혼 제도와 무관한 삶을 사는 교황을 'bachelor'라 지칭하는 것은 어색하다. 필요충분조건에 의해 단어의 의미를 규정하려는 입장에서는 이러한 현상을 설명하기가 쉽지 않다.

인지 의미론에서는 사람들이 단어의 의미를 이해할 때, 세상사에 대한 경험을 바탕으로 구축한 백과사전적 지식이 중요하게 작용한다고 본다. 사람들이 지니고 있는 일관성 있는 지식의 덩어리 또는 언어를 처리할 때 사용하는 지식의 구조를 '틀(frame)'이라 하는데(Croft & Cruse, 2004: 17; Dancygier & Sweetser, 2014: 15), 각각의 단어는 특정한 틀과 관련을 맺고 있어서 하나의 단어를 통해 특정한 틀 전체가 환기되며, 전체 틀 속에서 해당 단어가 이해된다고 보는 것이다. 의미에 대한 이러한 시각이 바로 '틀 의미론(frame semantics)'이다. 틀 의미론에 의하면 'bachelor'는 '평균적인 남성의 생활사'라는 지식, 즉 남성으로 태어나고 성장하여 결혼 적령기에 여성과 결혼하여 살아간다는 지식과 관련을 맺고 있는 단어이기 때문에, 평균적인 남성의 생활사 틀과 무관한 교황에게는 'bachelor'라는 표현이 적용되지 않는다고 설명할 수 있다(Fillmore, 1975; Kövecses, 2006: 68).

이 사례는 단어의 의미를 이해하고 사용하는 데 있어 필요충분조건에 대한 지식만으로는 충분하지 않으며 폭넓은 세상사에 대한 이해, 문화에 대한 이해가 필요함을 잘 보여 준다. 이러한 생각을 바탕으로 인지 의미론에서는 세상사에 대한 인간 경험을 구조화한 정신적 표상을 틀이라 하고, 의미가 그러한 틀에 의존하여 이해되고 정의된다고 보는 틀 의미론의 입장을 취한다. 이는 의미에 대한 사전적 견해와 대비되는 관점이라고 할 수 있다.

틀 의미론에 입각하면 특정 단어의 의미는 그 단어와 관련된 틀 안에서 어떤 부분이 전경(윤곽)이 되고 어떤 부분이 배경이 되는지를 바탕으로 기술될 수 있다. 전경은 그 단어가 나타내거나 단언하는 것을 말하고, 배경은 그 단어가 당연시하거나 전제하는 것을 말한다. 즉, 틀 안에서 단어 의미의 전경이 되는 부분과 틀의 나머지 부분(배경)을 구별할 수 있는데, 전경과 배경을 모두 기술함으로써 단어의 의미를 나타낼 수 있다는 것이다(Croft & Cruse, 2004: 15). 가령 '지름'이라는 단어의 전경은 지름이 가리키는 선이고, 배경(이 단어를 사용하고 이해할 때 당연시되고 전제된 것)은 원이다(Langacker, 1987: 185). 또 '이혼'이라는 단어의 전경은 결혼의 법적인 파탄이고, 배경에는 이전에 결혼 사건이 있었다는 사실 등이 포함된다(Goldberg, 2010). 이때 배경에는 우리가 세상사에 대한 경험을 바탕으로 구축한 풍부하고 자세한 사실들이 포함된다.

틀과 전경, 배경의 개념으로 단어들의 의미 차이를 기술할 수도 있다. 우선 단어들 중에는 동일한 전경을 공유하지만 배경에 포함된 자세한 사실들에서 차이가 나타나 의미가 구별될 수 있는 것이 있다. 예를 들어 '생선'과 '물고기'는 동일한 전경(어류의 척추동물)을 공유하지만, 배경에 다른 식재료들이 있는가, 다른 생물들이 있는가에 따라 구분된다. 즉, '생선'은 식재료의 일종으로서 '음식'의 틀 속에서 이해되지만, '물고기'는 여러 생물 중 물속에 살고 있는 어류의 척추동물을 가리키는 것으로서 '생물'의

더 알아보기

조지 레이코프의 프레임 이론

특정 단어에 의해 특정 틀 전체가 환기될 수 있다는 사실은 세상사를 특정한 틀의 관점에서 바라보게 하는 데 이용되기도 한다. 가령 언어학자 조지 레이코프(George Lakoff)는 『코끼리는 생각하지 마(Don't Think of an Elephant!)』 등의 저서를 통해 정치에서 프레임(frame, 틀) 형성이 중요함을 강조하였다. 일례로 미국 대통령이었던 조지 W. 부시(George W. Bush)는 선거 유세와 국정 연설에서 '세금 인하'를 '세금 구제(tax relief)'로 표현하곤 했는데, 이는 듣는 이로 하여금 '구제'와 관련된 틀(고통이 존재하고 고통에서 구제해 주는 사람은 영웅이며 영웅을 방해하는 세력은 악당이라는 틀) 속에서 세금의 개념을 이해하도록 하여, '세금 내는 일은 고통이고 세금을 줄여 주는 보수주의자는 영웅이며 세금 인하에 반대하는 진보주의자는 악당'이라는 인상을 심는 데 성공할 수 있었다. 어떤 틀을 바탕으로 세상사를 이해하는가에 따라 세상사가 지닌 여러 측면 중 그 틀에 부합하는 특정 측면은 부각되지만 틀에 맞지 않는 측면은 감추어지게 되므로, 이러한 틀의 효과가 정치에서 전략적으로 활용되기도 하는 것이다.

틀 속에서 이해되는 것이다. 한편 단어들 중에는 같은 배경을 공유하지만 전경이 달라 구별될 수 있는 것도 있다. 가령 '선생님'과 '학생'은 '교육'이라는 틀 속에서 서로 다른 구성 요소를 전경으로 삼는다.

2) 틀과 은유·환유의 관련성

'틀'은 은유나 환유 현상을 설명하는 데도 유용하다. 우선 은유는 서로 다른 틀 사이의 유사성과 상관성을 바탕으로 하여 한 종류의 사물을 다른 종류의 사물의 관점에서 이해하고 경험하는 것을 말한다. 예컨대 우리는 '음식 섭취' 틀과 '지식 학습' 틀 사이의 유사성(외부에서 내부로 들어오는 것을 받아들인다는 것)을 바탕으로 하여 지식 학습을 음식 섭취의 관점에서 이해하고 아래와 같이 표현한다.

(3) 가. 공부한 내용을 곱씹어 보았다.
　　나. 읽은 내용을 모두 소화했다.
　　다. 다 떠먹여 주었는데도 이해를 못하겠니?

이러한 은유의 과정을 통해 동사 '곱씹다'는 '말이나 생각 따위를 곰곰이 되풀이하다'라는 의의를, 동사 '소화하다'는 '배운 지식이나 기술 따위를 충분히 익혀 자기 것으로 만들다'라는 의의를 추가로 갖게 된다. 또한 '떠먹이다'는 '정보를 이해하기 쉽게 하여 제공하다'라는 의미로 쓰인다.

환유는 동일한 틀 속의 한 개념적 요소나 실체를 통해 다른 개념적 실체에 접근하는 것을 말한다. 하나의 틀은 많은 요소들로 구성되어 있고, 틀을 구성하는 한 요소가 그 틀의 다른 요소를 대표할 수 있는 것이다. 예컨대 '사람' 틀에는 인체를 구성하는 두뇌, 머리, 얼굴, 팔, 손 등의 구성 요소가 있는

데, 우리는 아래와 같이 '두뇌'나 '얼굴'로 '사람'을 대표하여 표현한다.

(4) 가. 철수는 한국 제일의 두뇌이다.

　　나. 학계에 새 얼굴이 등장했다.

이러한 환유의 과정을 통해 명사 '두뇌'는 '지식 수준이 높은 사람'이라는 의의를 추가로 갖게 되고, '얼굴'은 '어떤 분야에서 활동하는 사람'이라는 의의를 추가로 갖게 된다. 이제부터는 은유와 환유에 의한 단어의 의미 확장에 대해 보다 구체적으로 살펴보자.

3

은유와 환유에 의한 의미 확장

1) 개념적 은유의 양상

① 개념적 은유란 무엇인가

은유는 한 종류의 사물을 다른 종류의 사물의 관점에서 이해하고 경험하는 것을 말한다(Lakoff & Johnson, 1980: 5). 전통적으로 은유는 문학의 표현 기법으로 여겨져 왔지만, 우리가 사고하는 방식 자체가 본질적으로 은유적인 성격을 띠고 있으며 우리의 일상 언어에도 은유에 의한 표현이 많이 포함되어 있다는 점을 발견하면서 '개념적 은유(conceptual metaphor)'라는 용어가 등장하게 되었다. 개념적 은유는 우리가 사고하는 방식 자체가 은유에 의존하고 있음을 뜻하며, 특히 추상적인 개념에 대해 사고하기 위해서는 언제나 은유를 통해야 한다는 점을 강조한다.

예컨대 우리 머릿속에는 '시간'이라는 추상적 개념을 보다 구체적인 '돈'에 빗대어 이해하는 개념적 은유가 있다. 우리가 흔히 사용하는 (5)와 같은 표현은 모두 [시간은 돈이다]라는 개념적 은유에 근거를 두고 있다.

(5) 가. 쓸데없는 일을 하며 시간을 낭비했다.

나. 그 일을 하는 데 시간이 많이 들었다.

다. 네가 도와준 덕분에 시간을 벌었어.

라. 자기 계발을 위해 시간을 투자했다.

은유는 근원 영역과 목표 영역으로 구성되는데, 이 경우 이해해야 할 대상인 '시간'을 '목표 영역'이라 하고, 목표 영역을 이해하기 위한 바탕을 제공하는 '돈'을 '근원 영역'이라 한다. 두 영역은 유사성을 지니거나 우리의 경험 속에서 상관성을 맺기 때문에 서로 연결될 수 있다. '시간'은 목적을 달성하기 위해 사용되는 한정된 자원이며, 귀중하다는 점에서 '돈'과 유사하다. 또한 근로자는 1시간 또는 1개월 등 시간 단위로 일을 하고 돈을 받는데, 이 점에서도 '시간'과 '돈'은 경험적 상관성을 맺고 있다. 이를 바탕으로 우리는 [시간은 돈이다]라는 개념을 갖게 되고, 그러한 사고방식에 기반을 둔 언어 표현을 만들어 낸다(Lakoff & Johnson, 1980: 8).

[행복은 위이다], [불행은 아래이다]와 같은 은유 역시 경험에 존재하는 상관성을 바탕으로 목표 영역과 근원 영역이 연결되는 예를 보여 준다. 행복한 사람은 똑바로 서고 힘이 넘치는 반면에 불행한 사람은 무기력하고 자세가 구부정하거나 위축되어 있다. 행복과 위의 상관성, 불행과 아래의 상관성에 따라 [행복은 위이다], [불행은 아래이다]라는 은유가 존재하게 되고, (6)과 같은 표현으로 행복이나 불행의 상태를 나타내게 된다(Lakoff & Johnson, 1980: 15).

(6) 가. 기분이 업됐다.

나. 사기가 올랐다. (일종의 행복의 상태)

다. 기분이 다운됐다.

라. 사기가 떨어졌다. (일종의 불행의 상태)

근원 영역은 물리적인 특성을 지니는 경우가 많고 목표 영역은 추상적인 특성을 지니는 경우가 많다(Lakoff & Johnson, 1980: 59). [시간은 돈이다], [행복은 위이다], [불행은 아래이다]라는 은유 모두에서 근원 영역인 '돈, 위, 아래'는 물리적인 특성을 지니고, 목표 영역인 '시간, 행복, 불행'은 추상적인 특성을 지닌다. 이는 쉽게 이해하기 어려운 것(목표 영역)을 보다 쉽게 이해할 수 있는 것(근원 영역)에 비추어 이해하려는 시도가 그 반대의 경우보다 자연스럽기 때문이다. 물리적으로 지각할 수 있는 것은 화자와 청자 모두가 쉽게 접근할 수 있지만, 인지적 상태나 감정처럼 추상적인 것은 가시적이지 않아 그것을 직접 경험하는 사람만이 그 실체에 접근할 수 있다. 청자와 쉽게 공유할 수 있다는 확신이 들지 않는 것(목표 영역)을 표현하기 위해 청자와 쉽게 공유할 수 있는 것(근원 영역)을 사용하는 것은 효율적인 방법인 동시에, 그 외에는 방법이 없는 불가피한 방편이기도 하다(Dancygier & Sweetser, 2014: 61).

하나의 근원 영역이 다수의 목표 영역을 위해 적용되거나, 반대로 하나의 목표 영역이 다수의 근원 영역을 바탕으로 이해되는 경우도 있다. 예컨대 '식물의 생명 주기'라는 근원 영역은 '인간의 일생'뿐 아니라 '애정 관계의 전개'라는 목표 영역을 이해하는 데 바탕이 될 수 있다.

(7) 가. 시에서는 <u>자라나는 새싹들을</u> 보호하기 위한 교통안전 교육을 실시했다.
　　나. <u>푸르른</u> 청춘을 헛되이 보낼쏘냐?
(8) 가. 사랑이 <u>싹텄다.</u>
　　나. 사랑이 <u>결실을</u> 맺었다.
　　다. 사랑이 <u>시들어</u> 갔다.

(7가)와 같이 어린이를 '자라나는 새싹'이라 표현하는 것은 식물의 생

명 주기를 근원 영역으로 하여 인간의 일생이라는 목표 영역을 이해하는 것을 보여 준다. (7나)도 젊은이를 시들지 않은 식물에 빗댄 것이다. 한편 (8)의 표현들은 식물의 생명 주기라는 동일한 근원 영역을 바탕으로 하여 애정 관계의 전개라는 목표 영역을 이해한 것이다.

'인간의 일생'이라는 목표 영역은 '식물의 생명 주기' 외에 '여행'이라는 근원 영역을 바탕으로 이해되기도 한다.

(9) 가. 인생의 갈림길에 서 있다.
나. 앞날이 가시밭길이다.
다. 무거운 짐을 이제 다 내려놓고 싶다.

(9)의 표현들은 여행을 근원 영역으로 하여 인생이라는 목표 영역을 이해한 것이다.

② 개념적 은유의 유형

개념적 은유에서 근원 영역과 목표 영역 간의 연결 방식이 모두 동일한 것은 아니다. 이를 고려하여 개념적 은유의 유형을 나누어 볼 수 있다. 먼저 아래 (10)의 예를 보자.

(10) 가. 저는 이제 대학 생활이라는 새로운 여정을 시작합니다.
나. 그는 전공 선택의 갈림길에 서 있다.
다. 무거운 짐을 이제 다 내려놓고 싶다.
라. 앞날이 가시밭길이다.

(10)은 [인생은 여행이다]라는 개념적 은유에 입각하여 인생에 대해 표현한 사례들을 보인 것이다. (10)에서 근원 영역이 되는 '여행'은 여행자

표 5-1 '여행'과 '인생' 사이의 구조적 대응 관계

'여행'		'인생'		은유 표현
여행자	→	삶을 살아가는 사람	⇐	저는 이제 대학 생활이라는 새로운 여정을 시작합니다.
경로의 선택	→	인생에서의 선택	⇐	그는 전공 선택의 갈림길에 서 있다.
이동 중의 장애물	→	삶의 어려움	⇐	무거운 짐을 이제 다 내려놓고 싶다.
여행의 경로	→	삶의 방식	⇐	앞날이 가시밭길이다.

가 시작점을 떠나 끝점을 향하여 이동해 가는 것인데, 시작점에서 끝점을 향해 가는 중간중간에 갈림길이 존재하기도 하고, 이동을 방해하는 장애물이 나타나기도 하며, 평지나 오르막길, 가시덤불이 얽힌 길 등 다양한 경로를 지나게 되기도 한다. 이러한 여행의 개념 구조가 '인생'을 이해하는 데도 이용된다. 즉 '인생'도 '여행'의 관점에서 시작점(탄생)과 끝점(죽음)이 있고, 중간중간 갈림길(선택의 순간)을 맞닥뜨리기도 하고, 여러 가지 장애물(수고로운 일)이 생기기도 하며, 인생의 과정이 평지를 걷는 것처럼 순조롭기도, 가시덤불이 얽힌 길을 걷는 것처럼 어렵고 고달프기도 한 것으로 이해하게 되는 것이다. 요컨대 [인생은 여행이다]와 같은 개념적 은유에서는 목표 영역이 근원 영역의 관점에서 은유적으로 구조화된다. '여행'과 '인생' 사이의 구조적 대응 관계를 정리하면 표 5-1과 같다.

(11)도 (10)처럼 근원 영역의 구조로써 목표 영역을 구조화하는 은유가 사용된 예이다.

(11) 가. 언어 습득 장치의 이론적 토대는 무엇입니까?

나. 그는 시간 인식에 대한 새로운 이론을 세웠다.

다. 그 이론은 너무 단순해서 정확한 예측을 할 수 없다.

라. 그 이론은 몇 번의 비판으로 금세 무너지고 말았다.

표 5-2 '건축물'과 '이론' 사이의 구조적 대응 관계

'건축물'		'이론'		은유 표현
건축물의 토대	→	이론의 바탕	⇐	언어 습득 장치의 이론적 토대는 무엇입니까?
건축물을 세움	→	이론을 구성함	⇐	그는 시간 인식에 대한 새로운 이론을 세웠다.
건축물의 물리적 구조	→	이론의 논리적 구성	⇐	그 이론은 너무 단순해서 정확한 예측을 할 수 없다.
건축물의 내구성	→	이론의 정합성	⇐	그 이론은 몇 번의 비판으로 금세 무너지고 말았다.

(11)은 [이론은 건축물이다]라는 개념적 은유에 입각하여 이론에 대해 표현한 사례들이다. 이로써 건축물의 개념 구조가 이론에 덧입혀진다. 이론의 바탕은 건축물의 토대에(가), 이론 구성하기는 건축물 세우기에(나), 이론의 논리적 구조는 건축물의 물리적 구조에(다), 이론의 정합성은 건축물의 내구성에(라) 대응하는 등 전체적으로 이론을 구성하는 주요 요소를 건축물을 구성하는 주요 요소의 관점에서 기술하고 있음을 확인할 수 있다. 이러한 '건축물'과 '이론' 사이의 구조적 대응 관계를 정리하면 표 5-2와 같다.

이들과 달리, 아래에 제시한 (12)에서는 근원 영역과 목표 영역 간에 '구조적 유사성'이라고 할 만한 것을 찾기가 어렵다.

(12)　가. 그 사람은 내 아랫사람 / 윗사람이다.
　　　나. 그 사람은 높은 위치에 있다.

(12)에서는 [힘은 위이다]라는 개념적 은유를 볼 수 있다. 이 은유의 근원 영역은 '위' 또는 '아래'라는 방위이고, 목표 영역은 '행사할 수 있는 권력의 정도'라는 사회적 관계이다. '상하'라는 수직선상의 상대적 공간 차

이를 근원으로 하여 '권력'이라는 사회적 힘의 상대적 크기를 목표로서 개념화한 것이다. 둘 사이에는 상대적 차이라는 것 외에는 구조적인 공통점이 없다. 다만 우리의 일반적 경험에서 상하와 권력의 정도가 상관성을 이루는 경우가 빈번하여 이 둘이 근원과 목표로서 연합되어 쓰이는 것이다. 예컨대 어린이들을 통제하는 성인은 어린이보다 키와 몸집이 더 큰 경향이 있다. 이에 물리적으로 더 낮은 어린이의 위치는 통제나 권위의 결핍과 상관성을 이루고, 물리적으로 더 높은 성인의 위치는 통제나 권위의 존재와 상관성을 이룬다(Dancygier & Sweetser 2014: 24).

(13)도 (12)처럼 상대성이 있는 물리적 개념(예: 방위, 깊이, 거리)을 근원으로 하여 목표를 개념화한 은유가 사용된 예이다.

(13) 가. <u>가라앉아</u> 있던 마음이 합격 소식에 한껏 <u>들떠 올랐다</u>.
      나. 이 분야에 대한 이해가 <u>깊은 / 얕은</u> 사람이 회장이 됐다.
      다. <u>핵심</u> 관계자의 증언과 <u>주변</u>인의 증언은 무게가 다르다.

(13가)는 [행복은 위이다 / 불행은 아래이다]라는 개념적 은유가 쓰인 예이다. 상하와 행복·불행은 개념상 상대적이라는 것 외에는 유사성이 없다. 다만 행복한 사람은 똑바로 서고 힘이 넘치는 반면에 불행한 사람은 무기력하고 똑바로 서지 못한다는 일상의 공통 경험에 뿌리를 두고 상하와 행복·불행이 근원과 목표로서 연합되어 쓰인 것이다. (13나)는 '깊이'라는 상대적 개념을 근원으로 하여 '조예'라는 상대적 개념을 목표로서 표현한 것이다. (13다)는 어떤 기준점으로부터의 상대적 거리 차이를 근원으로 하여 인물과 대상 간 관계의 정도를 목표로서 표현한 것이다.

다음으로 예문 (14)를 보자. (14)는 앞서 본 두 유형과 또 다른 특성을 갖는다.

(14) 가. 나는 그에게 마음을 주었다.

　　　나. 그는 착한 마음을 가졌다.

이 예에서는 '마음'이라는 추상적인 개념을 마치 주고받거나 소유할 수 있는 물건, 즉 개체처럼 개념화해 인식하고 있다. 근원인 '개체'에는 개념 구조라고 할 만한 것도 없을뿐더러 방위 같은 상대성도 없다. '마음'과 같이 손에 잡히지 않는 추상적인 개념이 포함된 사고와 논리를 말로 펼칠 때 이러한 추상적 개념을 구체적인 개체처럼 다루어 쉽게 이해하고자 한 것이다. 요컨대 [마음은 개체이다]와 같은 개념적 은유는 추상적 대상을 구체적인 개체로 개념화하는 유형에 해당한다.

(14)에서 본 [마음은 개체이다]라는 개념적 은유는 [마음은 기계이다], [마음은 부서지기 쉬운 물건이다] 등으로 더 구체화될 수도 있다(Lakoff & Johnson, 1980: 27-28). 아래의 (15)와 같은 표현은 [마음은 기계이다]를 바탕으로 하며, (16)과 같은 표현은 [마음은 부서지기 쉬운 물건이다]를 바탕으로 한다.

(15) 가. 마음이 고장 난 채로 방치해 두었다.

　　　나. 그는 오랜 학대로 망가진 마음을 고쳤다.

(16) 가. 마음이 산산조각 났다.

　　　나. 마음에 금이 갔다.

그런데 [마음은 기계이다]나 [마음은 부서지기 쉬운 물건이다]는 추상적인 개념을 구체적인 개체로 인식하는 은유인 동시에, '마음'을 '기계'나 '부서지기 쉬운 물건'의 관점에서 구조화한 은유라고도 할 수 있다. 가령 '기계'는 특정 기능을 수행하기 위해 존재하며 정교하고 복잡한 방식으로 작동한다. 또 어떤 이유로 고장이 날 수 있고 고장이 나면 수리를 해야 할 수도 있다. 이러한 개념 구조가 '마음'에도 대응되어 (15)에서 볼 수 있는 '마음이 고장 났다', '마음이 망가졌다', '마음을 고쳤다' 등의 은유 표현으로 나타나는 것이다.

방금 본 것처럼, 추상적인 개념을 구체적인 개체로 인식하는 은유는 (10), (11)에서 보았던 은유, 즉 목표 영역을 근원 영역의 관점에서 구조화하는 은유의 바탕이 될 수 있다(Lakoff & Johnson, 1980: 66). [마음은 개체이다]에서 '개체'는 상당히 추상적인 개념으로서 그 자체의 내적 구조가 명세되지 않지만, '기계'나 '부서지기 쉬운 물건' 등의 구체적인 개체는 복잡한 구조를 가져 목표 영역을 개념적으로 구조화할 수 있다.

공간에 대한 인간의 일반적 경험이 (12), (13)과 같이 방향과 개념을 연합하는 은유의 기반이 되듯이, 추상적인 개념을 구체적인 개체로 인식하는 은유에서도 물리적 대상에 대한 경험이 바탕이 된다. 예컨대 사람은 자신의 몸과 외부 세계를 경계 짓는 표면을 지니고, 그 표면의 안(신체 내부)과 밖(신체 외부)을 지니는 일종의 용기(container)로서 스스로의 존재를 경험한다. 자신에 대한 이러한 경험을 바탕으로 하여, 우리는 다른 대상도 역시 용기로 간주한다(Lakoff & Johnson, 1980: 29). (17)과 같은 표현은 '절망'이나 '최면 상태'와 같은 추상적인 '상태'가 안과 밖을 가진 용기로 개념화되고 있음을 보여 준다.

(17)　가. 그는 절망에 빠졌다.
　　　　나. 그는 최면 상태에 들어갔다.

요컨대 개념적 은유에는 '목표 영역을 근원 영역의 관점에서 구조화한 것, 목표에 방위·깊이·거리 등의 구체적이면서도 상대적인 근원을 대응한 것, 추상적인 개념을 구체적인 개체로 인식한 것' 등의 최소 세 가지 유형이 있다고 할 수 있다. 이 세 유형의 개념적 은유에 대해 개념적 은유 이론의 기틀을 닦은 레이코프와 존슨(Lakoff & Johnson, 1980 / 1995)은 각각 '구조적 은유(structural metaphor), 방향적 은유(orientational metaphor), 존재론적 은유(ontological metaphor)'라는 이름을 붙였다.

③ 개념적 은유를 통한 다의 생성

개념적 은유는 서로 다른 틀 사이의 유사성과 상관성을 바탕으로 하여 어떤 대상을 다른 대상의 관점에서 이해하고 경험하는 것이다. 이러한 과정을 바탕으로 하여 하나의 틀에서 사용하는 단어를 다른 틀에 대해 언급하는 데도 적용하면 은유에 의한 단어의 의미 확장이 일어난다. 예컨대 동사 '벌다'는 아래 『표준국어대사전』의 뜻풀이에서도 볼 수 있듯이 '일을 하여 돈 따위를 얻거나 모으다'라는 의의 외에 '시간이나 돈을 안 쓰게 되어 여유가 생기다'라는 의의도 갖는다. 이때 '시간의 여유가 생기다'라는 의의는 [시간은 돈이다]라는 개념적 은유를 바탕으로 하여 등장한 것이다.

> 벌다2 「동사」
> 【…을】
> 「1」 일을 하여 돈 따위를 얻거나 모으다.
>   예: 그는 방학 때마다 아르바이트를 하여 학비를 벌었다.
> 「2」 시간이나 돈을 안 쓰게 되어 여유가 생기다.
>   예: 그는 공부할 시간을 벌기 위해 학교 바로 옆에 방을 얻었다.
> (하략)

2) 개념적 환유의 양상

① 개념적 환유란 무엇인가

인지 의미론에서는 환유 역시 단순히 언어의 문제가 아니라 개념화의 문제라고 본다. '개념적 환유(conceptual metonymy)'는 동일한 틀 속의 한 개념적 요소나 실체를 통해 다른 개념적 실체에 접근하는 것을 말하고 (Kövecses & Radden, 1998), 이를 바탕으로 해서 '두뇌'나 '얼굴' 등으로 '사람'을 가리키는 환유적 표현이 나타나게 된다.

환유는 언어의 문제이기에 앞서 개념화의 문제이기 때문에, 언어뿐 아니라 우리의 사고방식과 행동에서도 환유적 양상이 나타난다. 가령 친구가 새로 생긴 연인의 사진을 보여 달라고 부탁했을 때 우리는 보통 얼굴 사진을 보여 주며, 친구 역시 그것으로 만족할 것이다. 반면 얼굴 없이 몸만 있는 사진을 보여 주지는 않을 것이며, 그렇게 했을 때 친구도 만족하지 않을 것이다. 이는 [얼굴은 사람을 대신한다]라는 환유가 '그 부서에도 새로운 얼굴이 필요해' 같은 언어 표현뿐 아니라, 우리의 사고방식과 행동에도 영향을 미치고 있음을 보여 준다(Lakoff & Johnson, 1980: 37).

개념적 환유에는 '매체'와 '목표'가 있다. '목표'는 궁극적으로 나타내고자 하는 대상을 말하고, '매체'는 목표에 접근하기 위한 수단이 되는 대상을 말한다. 예컨대 [얼굴은 사람을 대신한다]라는 환유에서 '얼굴'은 매체, '사람'은 목표에 해당한다. 매체와 목표는 하나의 틀 안에서 관계를 맺고 있다. 다시 말해 매체와 목표는 개념적 인접성에 의해 연결되어 있다. 이는 서로 다른 틀 사이의 유사성을 바탕으로 하는 개념적 은유와 대비된다. 이때 매체가 되는 개체는 목표가 되는 개체보다 인지적으로 더 현저하다 (Langacker, 1993: 30).

  (18) <u>4번 테이블</u>이 맥주를 주문했어.

(18)에서는 '4번 테이블에 앉은 사람'이라는 목표를 '4번 테이블'이라는 매체를 통해 가리킨다. 식당 종업원의 관점에서는 식당을 방문한 사람 자체보다 그 사람이 앉은 테이블이 인지적으로 더 접근하기 쉽고 서빙을 위해서도 중요하기 때문에, 테이블을 매체로 삼아 거기에 앉은 사람을 가리킬 수 있는 것이다. 즉, 환유는 목표에 정신적 접근을 하려고 할 때 목표와 관련되면서 목표보다 더 현저한 개체를 참조점으로 삼는 것이라고 할 수 있다.

환유는 때로 부분–전체 관계에 관한 것으로 설명되나, 더 일반적으로는 상관성의 관계에 관한 것이다. 즉 어떤 대상들이 우리의 경험에서 함께 경험되기 때문에, 그중 한 대상을 나타내는 단어를 사용해 다른 대상을 환기할 수 있는 것이다(Dancygier & Sweetser, 2014: 5). '4번 테이블'과 '4번 테이블에 앉은 사람' 사이의 관계는 부분–전체 관계가 아니라 특정한 상황에서 함께 경험되는 대상들 간의 관계이다. 물론 어떤 대상의 현저한 부분이 대상 전체를 환기할 수도 있고, 현저한 하위 범주가 더 큰 범주를 환기할 수도 있으며, 그 역의 관계도 가능하다. 앞서 살핀 '얼굴'과 '사람' 사이의 관계는 대상의 현저한 부분이 대상 전체를 떠오르게 하는 예에 해당한다. 또 '포스트잇(Post-it)'이라는 특정 상품 명칭이 '쉽게 붙였다가 떼어 낼 수 있는 메모지' 전체를 대신해서 쓰일 때 이 둘의 관계는 현저한 하위 범주가 더 큰 범주를 떠오르게 하는 예에 해당한다.

② 개념적 환유의 유형

환유의 유형은 여러 가지 기준을 바탕으로 분류할 수 있는데, 크게 전체–부분 관계에서 나타나는 환유와 부분–부분 관계에서 나타나는 환유로 구분해 볼 수 있다. 우선 '전체–부분 환유'에는 [부분은 전체를 대표한다], [척도의 끝은 전체 척도를 대표한다], [재료는 사물을 대표한다], [하위 사건은 사건 전체를 대표한다], [현저한 특성은 범주를 대표한다], [구성원은 범주를 대표한다] 등이 있다. 역으로 [전체는 부분을 대표한다], [범주는 현저한 특성을 대표한다], [범주는 구성원을 대표한다] 등의 환유도 있다(Radden & Kövecses, 1999). (19)는 이러한 전체-부분 환유의 예를 보여 준다.

(19) 가. 사진 속에 있는 <u>노랑머리</u>가 내 친구야. [부분은 전체를 대표한다]
  매체: 노랑머리(사람의 일부분), 목표: 노랑머리를 한 사람

나. 그 사건이 일어났을 때는 <u>시계</u>가 자정을 가리킬 무렵이었다. [전체는 부분을 대표한다]
  매체: 시계, 목표: 시곗바늘(시계의 일부분)

다. 지금 사는 집은 얼마나 <u>넓어요</u>? [척도의 끝은 전체 척도를 대표한다]
  매체: 넓음('좁다-넓다'가 이루는 척도의 상위 끝점), 목표: 규모('좁다-넓다'가 이루는 척도 전체)

라. <u>스텐</u>에 식초를 장시간 담아 두면 안 된다. [재료는 사물을 대표한다]
  매체: 스텐(그릇의 재료), 목표: 스텐 그릇

마. 철수는 열심히 공부해서 대학교에 <u>갔다</u>. [하위 사건은 사건 전체를 대표한다]
  매체: 대학교로 이동함, 목표: 대학교로 이동하여 입학하고 수학하는 전체 사건

바. 나 거기 있는 <u>검정</u> 좀 줘. (의미: 검정 크레파스 좀 줘.) [현저한 특성은 범주를 대표한다]
  매체: 검정(크레파스의 특성), 목표: 검정 크레파스

사. 우리 선생님은 아주 <u>장군</u>이셔.[3] [범주는 현저한 특성을 대표한다]

....

3 '장군'과 '선생님'이 '씩씩하고 굳세며 진취적임'이라는 유사성을 바탕으로 하여 은유적 관

매체: 장군, 목표: 씩씩하고 굳세며 진취적임(장군의 속성)

아. 아스피린 있어? (의미: 두통약 있어?) [구성원은 범주를 대표한다]

매체: 아스피린(두통약 범주의 특정 구성원), 목표: 두통약

전체-부분 환유 중에는 매체와 목표가 '언어 표현'에서 부분-전체 관계를 갖는 경우도 있다. 즉 언어 표현의 현저한 부분을 사용하여 언어 표현 전체를 대표하는 것이다(Radden & Kövecses 1999: 36).

(20) 가. 너 프사 바꿨네?

매체: 프사('프로필 사진'이라는 언어 표현의 일부분), 목표: 프로필 사진

나. 그 가게는 완전 바가지야.

매체: 바가지('바가지를 씌우다'라는 관용 표현의 일부분), 목표: 바가지를 씌우다[4]

다음으로 '부분-부분 환유'에는 [생산자는 생산품을 대표한다], [통제자는 통제물을 대표한다], [대상은 사용자를 대표한다], [장소는 그 장소에 머무는 사람을 대표한다], [그릇은 내용물을 대표한다], [시간은 행동을 대표한

....

계를 맺고 있다고 분석한다면 이 문장은 은유 표현의 예가 될 수 있을 것이다. 하지만 여기서는 '장군'을 매체로 하여 '씩씩하고 굳세며 진취적임'이라는 장군의 속성을 나타내고 있다는 점에 주목하여 환유 표현의 예로 제시하였다.

4 박진호(2007)에서는 둘 이상의 단어로 이루어진 복합 표현 전체가 지니던 의미를 그 구성 내의 특정 단어 혼자서 지니게 되는 현상을 '의미의 쏠림 현상'으로 정의하고, '바가지를 긁다'의 의미를 지닌 '바가지', '오리발을 내밀다'의 의미를 지닌 '오리발' 등을 그 예로 들었다. '바가지'가 '바가지를 씌우다'의 의미를 지니는 것도 이러한 현상에 속한다. 의미의 쏠림 현상은 둘 이상의 단어가 모여 의미적 관습성을 지니는 표현에서 현저한 일부분을 이용하여 전체 관용 표현을 가리키는 현상에 해당하므로, 환유 현상의 일종으로 볼 수 있다.

다], [맥락상 가장 적절한 사물이나 특성이 그것과 연결되는 사물을 대표한다] 등이 있다(Radden & Kövecses, 1999; Kövecses, 2006: 100-106). (21)은 이와 관련된 예를 보여 준다.

(21) 가. 너 셰익스피어 읽었어? [생산자는 생산품을 대표한다]
　　　매체: 셰익스피어(생산자), 목표: 셰익스피어의 작품(생산품)
　　나. 닉슨이 그 도시에 폭탄을 투하했다. [통제자는 통제물을 대표한다]
　　　매체: 닉슨(통제자), 목표: 닉슨이 지휘하는 군대(통제물)
　　다. 지하철이 파업 중이라 버스를 탔어요. [대상은 사용자를 대표한다]
　　　매체: 지하철(대상), 목표: 지하철을 운행하는 사람들(사용자)
　　라. 선수들뿐 아니라 벤치 역시 매우 흥분한 상태였다. [장소는 그 장소에 머무는 사람을 대표한다]
　　　매체: 벤치(장소), 목표: 코칭스태프(장소에 머무는 사람)
　　마. 부엌 한쪽 구석에서는 냄비가 끓고 있었다. [그릇은 내용물을 대표한다]
　　　매체: 냄비(그릇), 목표: 냄비 안의 음식(그릇 안의 내용물)
　　바. 우리는 6.25를 잊어서는 안 된다. [시간은 행동을 대표한다]
　　　매체: 6.25(사건이 일어난 시간), 목표: 6.25 전쟁
　　사. 바이올린이 공연 중에 재채기를 했다. [맥락상 가장 적절한 사물이나 특성이 그것과 연결되는 사물을 대표한다]
　　　매체: 바이올린(콘서트 맥락에서 음악가를 특징짓는 가장 적절한 사물은 악기임), 목표: 바이올린을 연주하는 음악가

③ 개념적 환유를 통한 다의 생성

환유는 동일한 틀 속의 한 개념적 요소나 실체를 통해 다른 개념적 실체에 접근하는 것이다. 이러한 과정을 바탕으로 하여 하나의 틀에서 사용하는 단어를 그 틀의 다른 요소에 대해 언급하는 데도 적용하면 환유에 의한 단어의 의미 확장이 일어날 수 있다. 예컨대 명사 '얼굴'은 아래『표준국어대사전』의 뜻풀이에서도 볼 수 있듯이 '눈, 코, 입이 있는 머리의 앞면'이라는 의의 외에 '어떤 분야에 활동하는 사람'이라는 의의도 갖는다. 이때 '어떤 분야에 활동하는 사람'이라는 의의는 [부분이 전체를 대표한다]라는 개념적 환유를 바탕으로 하여 등장한 것이다.

> 얼굴「명사」
> 「1」눈, 코, 입이 있는 머리의 앞면. ≒안면, 용안.
> 　　예: 얼굴을 씻다.
> (중략)
> 「5」어떤 분야에 활동하는 사람.
> 　　예: 문단의 새 얼굴.
> 　　예: 이제는 무슨 일을 하든지 묵은 얼굴로는 안 된다.
> 　　예: 새로운 얼굴을 회장으로 선출하기로 하였다.
> (하략)

　　명사 '수작(酬酌)' 역시 환유에 의해 확장된 의미를 갖는다. 한자 '수(酬)'와 '작(酌)'은 모두 술을 권하고 마시는 것과 관련된 의미를 지니며, 이 두 한자가 합쳐진 '수작'은 '술잔을 서로 주고받음'이라는 의미를 갖는다. 그런데 술자리에서 술잔을 서로 주고받을 때는 그러한 행동과 함께 말을 주고받는 행위를 하고, 때로는 술잔을 주고받으면서 은밀하게 음모를 꾸미는 등 부정적인 말을 하거나 계획을 세우는 행위를 하기도 한다. 이로 인해 '술잔을 서로 주고받음'이라는 의미를 지니는 '수작'은 아래『표준

국어대사전』 뜻풀이에서 보듯이 그러한 행위와 인접한 행위인 '서로 말을
주고받음', '남의 부정적인 말이나 행동, 계획'도 뜻하게 된다. 이 역시 환
유에 의한 의미 확장의 사례이다.

수작5(酬酌) 「명사」
「1」술잔을 서로 주고받음.
　　예: 내가 여기 나온 것은 너와 수작이라도 해 보자고 왔지.
「2」서로 말을 주고받음. 또는 그 말.
　　예: 수작을 떨다. / 수작을 부리다. / 수작을 붙이다. / 수작을 건네다.
　　예: 앞뒤에서 주고받는 사내들의 수작이 노골적으로 수상해졌을 때, 근처에는
　　높이서 떨어지는 폭포라도 있는지 물소리가 시원하게 들려왔다.≪유주현, 대
　　한 제국≫
「3」남의 말이나 행동, 계획을 낮잡아 이르는 말.
　　예: 엉뚱한 수작. / 뻔한 수작. / 수작을 꾸미다. / 수작에 말려들다. / 속이 빤히
　　보이는 수작에 넘어가다.
　　예: 네놈이 나를 속이려고 수작을 부리는구나.
　　예: 네가 지금 하는 수작을 보니 기가 차다 못해 부아통이 치미는구나.≪홍성
　　원, 육이오≫

1 오늘날에는 '교육 서비스, 교육 소비자, 교육 공급자, 교육 상품'과 같은 표현이 자주 쓰이고 있다. 이 표현들이 어떤 틀 속에서 교육을 이해하도록 만드는지 생각해 보고, 이러한 틀 속에서 교육을 이해할 때 교육의 어떤 측면이 부각되고 어떤 측면이 감추어지는지에 대해 이야기해 보시오.

2 인간관계에 대한 다음의 표현들이 어떤 은유에 바탕을 두고 있는지 생각해 보고, 같은 은유에 바탕을 둔 것끼리 묶어 보시오.

> ㄱ. 인간관계를 쌓는 것은 중요하다.
> ㄴ. 관계가 시들해졌다.
> ㄷ. 그와 나는 주파수가 잘 맞는다.
> ㄹ. 나는 그와의 관계를 끊었다.
> ㅁ. 우리는 좋은 관계를 가꾸어 왔다.
> ㅂ. 우리의 관계에 균열이 생겼다.
> ㅅ. 잘못하면 관계가 무너지고 만다.

3 다음 표현에는 모두 환유가 포함되어 있다. 매체와 목표가 무엇인지 찾아보시오.

> ㄱ. A: 어제 집에 어떻게 갔어?
>   B: 시간이 너무 늦어서 그냥 택시 잡았어.
> ㄴ. 우리가 일어서자마자 종업원은 다음 손님을 위해 재빨리 식탁을 치웠다.
> ㄷ. 2002년 월드컵 준결승전에서 독일이 한국을 이겼다.
> ㄹ. 손님이 줄어들자 그 가게는 결국 문을 닫았다.
> ㅁ. 옆 사무실은 이사 준비로 바쁘다.
> ㅂ. 제발 진득하게 책상에 앉아 있어 봐라.

• 임지룡(2017)에서는 인지 의미론의 개념 및 원형 이론, 범주화, 인지 모형, 영

상 도식, 은유, 환유 등 인지 의미론의 주요 개념을 다루고 있다.

- 레이코프와 존슨(Lakoff & Johnson, 1980 / 1995)는 개념적 은유에 대한 대표 저서이다. 일상에서 흔히 접할 수 있는 은유 표현의 풍부한 사례와 함께, 은유가 우리의 언어와 개념 체계를 해명하는 데 기본이 되며 은유가 구조화되는 것은 근본적으로 우리 몸의 활동으로부터 비롯된다는 점을 설명하고 있다.
- 박재연(2014)에서는 오그던과 리처즈(Ogden & Richards, 1923 / 1986)의 의미 삼각형 모형에 입각하여 환유 표현이 기반하는 인접성의 유형을 '지시 대상에서 발생하는 인접성, 개념적 인접성, 언어 표현에서 발생하는 인접성'으로 나누어 살폈으며, 각 유형에 해당하는 한국어 환유 표현의 사례를 풍부하게 제시하고 있다.

6장

의미 변화

어휘의 의미는 시간이 흐르면서 변할 수 있다. 다음은 음성 형태가 과거와 달라지기는 했으나 현재까지 쓰이고 있는 어휘들인데, 이들의 의미는 변화했다.

- 두런ᄒ다 〉 뚜렷하다
  "ᄃᆞ리 두런ᄒ거늘"『금강경삼가해』(1482) ― "달이 둥글거늘"
- 고쵸 〉 고추
  "고쵸를 ᄀᆞ라"『구급간이방』(1489) ― "후추를 갈아"
- 쓸불견 〉 꼴불견
  쓸불견 "One who does his work well though unprepossessing in
  appearance."『한영자전』(1897) ― "외모가 별로지만 일을 잘하는
  사람."
  꼴불견 ① 거죽은 볼 만한 것이 없으나 실질이 충분한 것을 가리치는
  말. ② 꼴이 우수워서 볼 수가 없는 것.『조선어사전』(1938)

'두렫ㅎ다'는 원래 '둥글다'는 의미였으나 지금은 '엉클어지거나 흐리지 않고 아주 분명하다'는 의미의 '뚜렷하다'로 변했다. '고쵸'는 원래 '후추'를 가리키는 말이었으나 17세기 이후 고추가 수입되면서 '고추'를 가리키는 어휘로 변했다. '쇌불견'에서 음성 형태가 변한 '꼴불견'은 지금은 부정적인 의미로만 쓰이지만, 19세기 말~20세기 초의 사전에서는 긍정적인 의미도 확인할 수 있다.

이 장에서는 이러한 어휘의 의미 변화에 초점을 두어 살펴보기로 한다. 우선 어휘의 의미 변화 유형과 변화 원인을 살펴보고, 어휘의 의미 변화 과정을 어떻게 이해해야 하는지에 대해 알아본다.

1

의미 변화의 유형

의미 변화는 다양한 유형으로 분류할 수 있는데, 여기서는 전통적으로 사용되어 온 분류 방법을 기준으로 의미 변화의 유형들을 살펴보기로 한다. 이와 관련하여 두 가지 지점에 유의할 필요가 있다. 첫째, 의미 변화의 유형들은 서로 다른 특성을 가진 분류 기준일 수 있다. 예를 들어 의미 확대나 축소는 지시 범위의 확대나 축소와 관련된 것이지만, 은유나 환유는 의미 변화를 일으키는 기제와 관련된 것이다. 또 의미 상승이나 하락, 완곡 어법 등은 의미에 대한 주관적 평가와 관련된다. 둘째, 의미 변화의 유형들은 서로 배타적인 것은 아니다. 따라서 어떤 어휘가 보여 주는 의미 변화는 둘 이상의 유형으로 분류될 수 있다.

1) 의미 확대와 축소

의미 확대(extension, widening, broadening)는 지시 대상의 적용 범위

가 넓어지는 것을 말하며, 의미의 일반화(generalization)라고도 한다. 아래 (1)은 의미 확대의 예이다.

    (1) 너무(〈 너모), 감투(〈 감토), 아주머니(〈 아주미)

'너무'는 동사 '넘다'에서 파생된 '너모'에서 형태가 변한 것이다. 이렇듯 원래는 과도하거나 지나치다는 의미를 함축했기 때문에, '너무 나쁘다'처럼 부정적 의미의 형용사를 수식하는 경우에만 쓰였다. 그러나 지금은 수식하는 형용사가 긍정적 의미를 가지는지 부정적 의미를 가지는지와 관계없이 모든 형용사의 정도를 강조하는 부사로 쓰인다. '감투'는 '감토'에서 형태가 변한 것으로, 남자가 쓰는 특정 모자를 가리키는 것이었다. 그러나 의복 문화가 달라져 점차 감투 같은 모자를 쓰지 않게 되면서 원래의 의미는 매우 제한적인 사용역에서만 쓰인다. 대신 벼슬이나 직위를 속되게 이르는 비유적 의미가 더 자주 사용된다. '아주머니'는 '아주미'에서 형태가 변한 것인데, 원래 친족 관계에서 아주머니를 가리키거나 부르는 어휘였다. 지금도 이러한 의미는 유지되지만, 여기에 더하여 나이가 어느 정도 든 여자를 가리킬 때도 쓰이게 되었다.

    의미 축소(narrowing, restriction)는 의미 확대와 반대로 지시 대상의 적용 범위가 줄어드는 것을 말하며, 의미의 특수화(specialization)라고도 한다. 아래 (2)는 의미 축소의 예이다.

    (2) 마음(〈 ᄆᆞᅀᆞᆷ), 치다, 여의다(〈 여희다)

'마음'은 'ᄆᆞᅀᆞᆷ'에서 형태가 변화한 것인데, 원래 'ᄆᆞᅀᆞᆷ'은 내장 기관인 심장과 추상적인 대상인 마음을 모두 지시하는 것이었다. 그러나 여기서 변한 '마음'은 추상적인 대상인 '마음'만을 지시하는 것으로 의미가 축소되었다. '치다'는 원래 부모를 봉양하거나 아이를 기른다는 의미를 모두 나타냈다. 그러나 지금은 가축을 기른다는 의미로만 쓰인다. '여의다'는 '여희다'에서 형태가 변한 것이다. 원래 어떤 장소를 떠나거나 어떤 대상을 없어지게 하거나 어떤 대상과 이별하는 등 어떤 대상과의 거리가 멀어진다는 의미를 공통적으로 나타내는 것이었는데, 지금은 부모와 사별했을 때나 자식을 결혼시킬 때만을 가리키는 것으로 의미가 축소되었다.

더 알아보기

의미 이동

의미 확대나 의미 축소와 관련하여 의미 이동(shift)의 문제도 제기된다. 의미 이동은 은유 도식을 설명할 때 근원 영역에서 목표 영역으로 개념이 이동하는 경우를 가리키기도 하지만, 의미 확대나 의미 축소와 함께 의미 변화의 한 유형으로 설정되기도 한다. 의미 이동을 의미 변화의 유형으로 보는 입장에서는 원 의미와 새로운 의미 간의 유연성을 의미 이동의 기준으로 삼는다. 즉, 원 의미와 새로운 의미 간에 어떤 의미·화용론적 추론이 성립한다면 혹은 이런 추론을 명시적으로 보여 주는 중간 단계가 확인된다면 이러한 의미 변화 유형은 의미 확대나 의미 축소로 보고, 그렇지 않다면 의미 이동으로 보는 것이다.

예를 들어 '싁싁ᄒ다'에서 형태가 변한 '씩씩하다'를 생각해 보자. 원래 '싁싁ᄒ다'는 어떤 대상의 모습이 장엄하다는 의미를 가지는 것이어서, 건축물의 위용 또는 어떤 대상의 태도나 모습을 서술하는 데 쓰였다. 그러나 현재 '씩씩하다'는 굳세고 당당하다는 의미로서 유정물, 특히 사람의 태도나 모습을 서술하는 데 쓰인다. 의미 이동을 의미 변화 유형으로 설명하는 입장에서는 원 의미인 '장엄하다'와 새로운 의미인 '굳세고 당당하다' 간에 어떤 의미·화용론적 추론이 명시적으로 성립한다고 보기에 모호한 지점이 있으므로, 이 예를 의미 이동의 사례로 본다.

그러나 어휘의 의미 변화를 다의어 단계가 중간 단계로 존재하는 하나의 과정으로 이해한다고 할 때, 원 의미와 새로운 의미 간에 유연성이 전혀 없는 상황은 생각하기 어렵다. 오히려 어휘의 의미 변화에서 보이는 의미·화용론적 추론이 어휘에 따라 그 자연스러움의 정도가 다른 것일 수 있으며, 또 이러한 추론을 명시적으로 보여 주는 중간 단계가 문헌에서 확인되지 않는 것일 수도 있다. 이런 점을 고려하면 의미 이동을 의미 변화의 유형으로 보는 입장은 표면적인 이해에 그칠 가능성도 있다.

한편 의미 확대나 의미 축소와 관련하여 '의의(sense)가 증가해서 다의어가 되는 어휘들을 의미 확대의 예로 볼 수 있을 것인가' 하는 문제를 생각해 볼 필요가 있다. 예를 들어 '너무'는 부정적 의미를 가지는 형용사의 정도를 강조하는 의미에서 모든 형용사의 정도를 강조하는 의미로 변했기 때문에, 그 지시 대상이 가리키는 범위가 확대된 것으로 볼 수 있으나 새로운 의의가 추가된 것은 아니다. 반면 '감투'는 원 의미의 위상이 달라지기는 했어도 여전히 유지된 채로 새로운 의의가 추가된 것이며, '아주머니'는 원 의미의 위상도 유지한 채 새로운 의의가 추가된 것이다. 만일 지시 대상의 범위가 확대되는 것과 새로운 의의가 증가하는 것을 구분하려는 엄밀한 태도를 취한다면, '너무'는 의미 확대의 예지만 '감투'나 '아주머니'는 의미 확대의 예가 아니라고 볼 수도 있을 것이다. 그러나 어휘의 의미가 확대된다는 것을 의의의 증가를 포함한 포괄적인 수준에서의 의미(meaning) 확대로 본다면, '감투'나 '아주머니'처럼 새로운 의의가 증가하는 경우도 의미 확대의 예로 볼 수 있다.

2) 은유와 환유

은유와 환유는 전통적으로 수사학적 기법으로 인식되어 왔다. 그러나 지금은 은유와 환유를 인간 인지 영역의 중요한 기제로 인식하는 인지 언어학적 관점이 널리 받아들여지면서, 어휘의 의미 변화에 중요한 역할을 하는 것으로 이해되고 있다. 은유와 환유에 대한 자세한 내용은 5장에서 다루었으므로, 여기서는 의미 변화와 관련된 내용에 초점을 맞추어 설명하고자 한다.

은유는 두 대상의 유사성에 기반하여 어떤 대상을 개념화하는 방식이다. 은유는 근원 영역과 목표 영역, 그리고 이 두 영역 간의 대응으로 이루어진다. 흔히 근원 영역은 친숙하거나 구체적인 경향이 있으며, 목표 영역은 이에 비해 덜 친숙하거나 덜 구체적인 경향이 있다고 본다. 또한 근원 영역과 목표 영역의 대응은 부분적이어서 근원 영역의 모든 특징이 목표 영역에서 발견되는 것은 아니다.

(3) 가. 시간은 돈이다.

　　나. 인생은 여행이다.

　　다. 논쟁은 전쟁이다.

(3)에 제시된 예들은 각각 '돈', '여행', '전쟁'(근원 영역)에서 끌어온 개념을 사용하여 '시간', '인생', '논쟁'(목표 영역)을 묘사하는 은유 표현이다. (3가)에서 '돈'과 '시간'은 '소중한 것', '아껴야 하는 것', (3나)에서 '여행'과 '인생'은 '시간에 따라 진행되는 과정', '예상하지 못한 뜻밖의 사건을 만날 가능성이 있음', (3다)에서 '전쟁'과 '논쟁'은 '싸워 이기는 것', '상대방의 약점을 찾는 것'과 같은 점에서 서로 유사성을 지닌다. 그러나 목표 영역인 '시간', '인생', '논쟁'에서 '상품 교환의 매개 수단', '비행기 표 예약', '야전 병원'과 같은 점을 발견하기는 어렵다. 이들은 '돈', '여행', '전쟁'이라는 근원 영역에만 속할 뿐이다. 이러한 은유는 우리가 일상적으로 쓰는 표현에서도 흔히 볼 수 있다.

(4) 가. 김 박사는 양자역학 분야에서 가장 선두에 서 있다.

　　나. 떠나야 할 시간이 점점 다가온다.

　　다. 영수의 행동은 간혹 우리를 곤경에 몰아넣곤 했다.

(4가)에서는 김 박사의 뛰어난 능력이 '경로'의 관점에서 표현되고 있다. 이는 어떤 경로에서 가장 앞의 위치를 차지하는 것을 그 경로, 다시 말

해 해당 분야에서 가장 뛰어난 것으로 간주하는 것이다. (4나)에서 시간은 화자를 향해 이동하는 구체적인 유정물로 표현되었다. (4다)는 영수의 행동으로 인해 발생한 상태라는 인과 관계를, 사람을 몰아서 어떤 장소 혹은 위치로 가게 하는 행위로 표현하였다.

은유는 특정한 수사학적 기능을 넘어 어휘의 의미 변화에서도 중요한 역할을 하는 것으로 이해된다. 예를 들어 (5)의 예들은 모양의 유사성에 기인하여 의미가 확대된 경우이다.

(5) 골뱅이, 절구통, 목

'골뱅이'는 수염고둥과의 생물인데, 그 모양이 '@' 기호와 유사하여 아이디(ID)와 도메인(domain) 사이에 쓰는 '@' 기호를 가리키는 의미도 가지게 되었다. '절구통'은 곡식을 빻거나 찧는 전통적인 기구로, 볼록한 모양이 마치 뚱뚱한 사람의 모습과 유사하여 뚱뚱한 사람을 가리키는 의미도 가지게 되었다. 머리와 몸통이 잇닿아 있는 잘록한 부분을 뜻하는 '목' 역시 잘록한 모양을 가진 다른 대상을 가리키는 의미로 확대되었다. 이에 따라 '손목, 발목, 팔목'처럼 '목'이 아닌 신체의 다른 잘록한 부분들을 가리키는 의미와, '병목(현상), 길목'처럼 신체가 아닌 대상의 잘록한 부분들을 가리키는 의미도 나타내게 되었다.

은유가 어휘의 의미 변화에 작용할 때, 변화의 방향은 인지 언어학에서 일반적으로 가정하는 방향과 일치하는 경우가 많다. 예를 들어 아래 (6)의 예들은 변화 이전의 의미와 이후의 의미가 유사성에 기반하여 확대된 것으로서, 구체적인 의미에서 추상적인 의미로, 공간적인 의미에서 시간적인 의미로 변화한 것이다.

(6) 가. 새기다(< 사기다): "어떤 모양을 파다" → "(마음속에) 깊이 기

억하다"

나. 애: "창자" → "초조한 마음속"

다. 틈: "어떤 물건의 벌어진 부분" → "사람 간에 생긴 심리적 거리" → "시간적 여유"

원래 '사기다'였던 '새기다'는 어떤 대상에 모양을 파는 구체적 행위를 뜻하는데, 이것으로부터 무언가를 마음에 깊이 기억하는 추상적 행위를 가리키는 의미로 확대되었다. '애'의 경우도 이와 유사하다. 내장 기관인 창자를 가리키는 '애'는 '닳다(〉 뚫다)'나 '긋다(〉 끊다)'와 함께 쓰인 '애닳다, 애긋다' 같은 표현에서 창자를 뚫거나 끊는 듯한 고통이라는 추상적인 의미를 비유적으로 가리키게 되었다. 현재 '애'라는 어휘는 대부분 '애타다, 애끓다'처럼 추상적인 의미로만 쓰이며, 구체적인 의미는 생선의 창자를 가리킬 때 드물게 쓰인다. '틈'은 어떤 물건의 벌어진 부분을 가리키는 구체적이며 공간적인 의미이다. 여기서 '친한 친구 사이에 틈이 벌어졌다'처럼 사람과 사람 사이에 생긴 심리적인 거리를 가리키는 의미로 확대되고, 다시 '쉴 틈이 없다'처럼 앞선 상황과 뒤따르는 상황 사이의 시간적 여유라는 의미로까지 확대되었다.

다음으로, 환유는 두 대상의 인접성에 기반하여 어떤 대상을 개념화하는 방식이다. 은유가 서로 다른 두 영역에 속한 대상들의 유사성에 기댄 것이라면, 환유는 같은 영역에 속한 대상들의 인접성에 기반한 것이라는 점에서 차이가 있다. 환유의 사례들 중에서 두 대상이 전체-부분의 관계를 가지는 경우를 '제유(synecdoche)'라 하여 구분하기도 한다. 환유의 예들은 우리 일상생활에서 흔히 들을 수 있다.

(7) 가. 야, 냄비 탄다. 불 꺼라.

나. 김영수 씨는 대기자 명단에 없습니다.

다. 시계가 벌써 5시를 가리키고 있었다.

(7가)에서 '냄비'는 냄비 안에 들어 있는 식재료를 가리키고, (7나)에서 '김영수 씨'는 김영수라는 사람의 이름을 가리키며, (7다)에서 '시계'는 시계의 바늘을 가리킨다. 이들은 담겨 있는 내용물을 용기로써 지시하고, 속성 혹은 소유물을 소유주로써 지시하고, 부분을 전체로써 지시하는 환유의 사례이다. 이러한 환유의 예들은 경제성이라는 측면에서 이해되기도 한다. 앞의 사례를 예로 들어 보면 '냄비에 들어 있는 무언가(식재료)가', '김영수 씨의 이름은', '시계의 바늘이'라는 표현보다 (7)처럼 표현하는 것이 언어적인 면에서 경제적이라는 것이다.

한편 환유에 의해 발생한 의미가 굳어지면 사전에 다의어로 등재되기도 한다.

(8) 가. 손이 모자라서 일을 끝내기가 힘들었어.
     나. 감기가 들었는지 자꾸 코가 나와.
     다. 우리를 대표할 새로운 얼굴이 필요한 시점이야.

(8)은 신체 부위를 가리키는 어휘인 '손, 코, 얼굴'이 환유에 의해 새로운 의미를 나타내는 사례를 보여 준다. (8가)의 '손'은 일을 하는 사람을, (8나)의 '코'는 콧물을, (8다)의 '얼굴'은 어떤 분야에서 활동하는 사람을 가리키는데, 이들 의미는 사전에 등재되어 있다.

3) 그 외의 유형들

어휘의 의미는 언어 사용자의 감정적인 평가에 따라 변하기도 한다. 이런 경우, 변화는 흔히 두 가지 방향으로 일어난다. 첫째는 이전에는 긍정적인 가치를 가졌거나 긍정/부정과 관련한 특별한 함축이 없던 어휘가 부정적인 가치를 가지게 되는 경우이고, 둘째는 부정적인 가치를 가졌던 어휘가 긍정적인 가치를 가지거나 긍정/부정과 관련한 특별한 함축이 없게 되는 경우이다. 전자의 경우를 의미 하락(degeneration, pejoration)이라 하고, 후자의 경우를 의미 상승(elevation, amelioration)이라 한다.

(9) 가. 놈: '남자' → '남자에 대한 비어'

　　나. 마노라 〉 마누라: '신분이 높은 사람'(남녀 모두 포함) → '노부인'(경칭) → '자기 부인'(비어)

　　다. 어엿브다 〉 예쁘다: '딱하다, 불쌍하다' → '예쁘다'

　　라. 빋쓰다 〉 비싸다: '어느 정도의 값에 해당한다' → '값이 보통 수준보다 높다'

　(9가)의 '놈'은 원래 남자를 가리키는 말이었지만, 지금은 남자를 낮추어 가리킬 때 쓰인다. (9나)의 '마누라'는 '마노라'에서 형태가 변한 것인데, 원래 남녀를 구분하지 않고 자신보다 신분이 높은 사람을 가리키는 어휘였다. 이후 나이가 많은 부인을 높여 부르는 말로 쓰이다가 지금은 자기 부인을 낮추어 가리키는 경우에 쓰인다. (9다)의 '예쁘다'는 '어엿브다'에서 형태가 변한 것이다. 원래 '딱하다, 불쌍하다'라는 부정적 의미를 함축한 어휘였지만, 지금은 긍정적 의미를 함축하는 '예쁘다'의 의미로 쓰인다. (9라)의 '비싸다'는 '빋쓰다'에서 형태가 변한 것이다. '빋쓰다'의 '빋'은 '값'의 의미를 가지는 것으로, '빋쓰다'는 어떤 물건이 어느 정도의 값에 해당하는지를 서술하는 의미였다. 그러나 지금의 '비싸다'는 어떤 물건의 가치가 보통보다 높다는 의미로 쓰인다.

　또한 민감한 대상을 지시하거나 연상시키는 것은 문화적 혹은 심리적으로 꺼리거나 금기시되는 경향이 있다. 이런 경우 그 대상을 직접 지시하는 어휘가 아니라 다른 어휘로 그 대상을 지시하기도 하는데, 이를 완곡어법(euphemism)이라고 한다. 이런 완곡어법에 의해서도 어휘의 의미가 변화될 수 있다. 흔히 성(性), 죽음, 혹은 깨끗하지 못한 것으로 인식되는 생리 작용 등을 지시하는 어휘는 완곡어법에 의해 다른 어휘로 대치되는 경우가 많다. (10)은 이러한 완곡어법의 예이다.

(10) 가. 죽다: 영면하다, 잠들다, 돌아가다
　　　나. 변소: 뒷간, 화장실
　　　다. 용변: 볼일

2

의미 변화의 원인

어휘의 의미가 변하는 원인으로는 흔히 언어적 원인, 심리적 원인, 역사적 혹은 사회적 원인 등이 언급된다. 아래에서는 이 세 가지 원인을 차례로 살펴본다.

1) 언어적 원인

(11)은 언어적 원인으로 인한 어휘의 의미 변화 사례이다.

    (11) 가. 아침은 먹고 다니니?

             나. 그건 전혀 예상치 못한 일인데?

'아침'은 시간을 가리키는 어휘이지만, (11가)의 맥락에서는 '아침 식사'라는 의미로 쓰였다. '아침'과 '식사' 혹은 '밥'이 긴밀한 관계를 이루면서 '아침'만으로 '아침 식사'의 의미를 가지게 된 것이다. 영어에서 차용된 '껌'의 경우도 이와 유사하다. 'gum'은 원래 'chewing gum'이었는데, 'chewing'이 생략되고 'gum'만으로 'chewing gum'의 의미를 나타낸다. 한편 '전혀'는 원래 긍정적 맥락과 부정적 맥락에 모두 쓰이는 어휘였으나, 현재는 '전혀 새로운 일에 도전하려고 한다'와 같은 긍정적인 맥락보다는 (11나)처럼 부정 표현과 함께 부정적 맥락에 쓰이는 일이 더 많다. 부정 표현과 쓰이는 일이 잦다 보니 '전혀'가 마치 부정 극성어처럼 이해되어 버린 셈이다.

함께 쓰이는 어휘 때문에 어휘의 의미가 변화하여 쓰이는 예들 중에는 규범에 맞지 않지만 일상적으로 흔히 들을 수 있는 사례도 있다.

(12) 가. 애들처럼 칠칠맞게 얼굴에 뭘 그리 묻히고 다니니?
　　　나. 허벅지가 두꺼워서 맞는 바지를 찾기가 어려워.

(12가)의 '칠칠맞다'는 '칠칠하다'의 속어로, '단정하고 깨끗하다, 야무지고 반듯하다'라는 의미를 가진다. 따라서 '칠칠맞지 못하게'처럼 부정 표현과 같이 쓰여야 규범에 맞지만, 일상생활에서는 (12가)처럼 부정 표현 없이도 쓰인다. (12나)의 '두껍다'는 두께가 보통의 정도보다 큰 것을 가리키므로 2차원 평면형 물체에 대해 쓰여야 한다(예: 두꺼운 책, 두꺼운 이불). 이와 달리 원통형 물체의 지름이 보통의 정도보다 긴 것을 가리킬 때는 '굵다'를 써야 한다(예: 굵은 손가락, 굵은 팔뚝). 따라서 (12나)는 '허벅지가 굵어서'라고 해야 규범에 맞는 표현이 된다. 이것은 '굵다'와 '두껍다'의 의미가 매우 가까워서 '굵다'의 의미가 '두껍다'의 의미에 영향을 끼친 것으로 볼 수 있다. (12가)처럼 어떤 어휘의 의미가 문맥에서 공기하는 성분의 영향으로 변하는 현상을 '맥락 의미의 흡수(absorption of contextual meaning)'라고 하고, (12나)처럼 어휘부에서 서로 밀접한 관계

를 맺고 있는 단어 사이에 의미가 전이되는 것을 '전염(contagion)'이라고 하여 구분하기도 한다.

　　언어적 원인에 의한 의미 변화의 사례는 이 외에도 많지만, 그중 새로운 어휘의 등장이나 어휘 간의 경쟁으로 인해 의미 변화가 일어난 사례를 들어 보면 다음과 같다.

　　　(13)　설, 늙다, 노릇(< 노릇)

　　'설'은 원래 '나이를 세는 단위'라는 의미였는데, 이 의미로 쓰이는 '살'이라는 어휘가 새로 생기면서 '설'은 '새해의 첫날'이라는 의미로 바뀌었다. '늙다'는 원래 '낡다'와 '늙다'의 의미를 모두 가진 어휘로, '낡다'의 의미를 가지는 '늙다'와 모음 교체 짝을 이루고 있었다. 이후 '늙다'가 '늙다'의 의미만을 가지게 되고, '낡다(< 늙다)'는 '낡다'의 의미만을 가지게 되었다. '노릇'은 '놀다'에서 파생된 '노릇'에서 형태가 변한 것으로, '노릇'은 원래 '놀이, 장난'의 의미를 가지는 어휘였다. 그러나 지금의 '노릇'은 의미가 변하여 '아들 노릇, 사람 노릇'처럼 '맡은 바 구실'의 의미로 쓰이거나 '공무원 노릇, 선생 노릇'처럼 어떤 직책이나 직업을 낮잡아 이르는 말로 쓰인다.

2) 심리적 원인

　　어휘의 의미는 심리적인 이유로 변하기도 한다. 사회적으로 꺼려지거나 금기시되는 대상일 때 이를 직접적으로 표현하는 대신 다른 어휘를 사용하기도 하며, 이런 경우 해당 어휘에는 새로운 의미가 추가된다.

(14)   손님, 마마, 밤손님

　'손님'과 '마마'는 원 의미 외에도 '천연두'를 가리키는 의미를 추가적으로 가지게 되었으며, '밤손님'은 '도둑'을 가리키는 의미로 쓰이게 되었다.
　심리적 원인에 의한 의미 변화는 사회적 인식 변화와 관련된 예들에서 흔히 볼 수 있다. 어떤 어휘에 차별적 인식이 담겨 있다고 여겨지거나 긍정적 의미를 더 드러낼 필요가 있다고 생각될 때, 새로운 어휘가 예전의 어휘를 대치하게 된다. 이때 예전의 어휘는 차별적이거나 부정적 의미를 가진 어휘로 느껴지게 된다.

(15)   가. 청소부 → 미화원, 간호부 → 간호원 → 간호사
　　　　나. 불구자 → 장애자 → 장애인

　(15가)는 사회적 인식 변화에 따라 특정 직업을 가리키는 어휘가 변화한 예들이다. '청소부(清掃夫/清掃婦)'는 청소를 하는 직업을 가진 사람을 통칭하는 어휘였으나 직업에 대한 차별적 인식을 드러낸다는 생각이 널리 퍼지면서 '미화원(美化員)'이라는 어휘가 새로 만들어지게 되었다. 병원에서 의사와 함께 환자를 돌보는 직업을 가진 사람을 가리키는 어휘는 원래 '간호부(看護婦)'였다. 그런데 '-부(婦)'라는 접미사가 이 직업을 여성만의 직업으로 한정한다는 생각이 퍼지게 되어, 성별과 직업의 관련성이 드러나지 않도록 '간호원(看護員)'이라는 어휘로 대치되었다. 이후 '간호원'은 병원에서 함께 일하는 '의사(醫師)'에 비해 중요하지 않은 업무를 수행하거나 직급이 낮은 사람으로 오해하게 만든다는 생각이 확산되면서 '간호사(看護師)'라는 어휘가 쓰이게 되었다. (15나)는 사회적 인식 변화에 따라 신체에 장애가 있는 사람을 가리키는 어휘가 변화한 예이다. '불구자(不具者)'는 글자 그대로 보면 정상적인 것을 갖추지 못한 사람이라는 의

미이다. 이것이 적절하지 못하다는 인식이 확산되면서 '장애자(障礙者)'라는 어휘를 사용하게 되었다. 이후 접미사 '-자(者)'보다는 접미사 '-인(人)'이 차별적 인식이 덜하다는 생각이 퍼지면서 '장애인(障礙人)'이라는 어휘가 쓰이게 되었다. (15가)와 (15나)처럼 차별적 인식 혹은 잘못된 인식을 불러일으킬 수 있다는 점 때문에 '미화원, 간호사, 장애인' 등의 어휘를 새로 만들어서 사용하게 되면, 예전에 쓰이던 '청소부, 간호부, 간호원, 불구자, 장애자' 등에는 부정적 의미가 추가되는 셈이다.

3) 역사적 혹은 사회적 원인

언어 구조적 측면이나 심리적 원인에서 비롯되지 않은 의미 변화는 대부분 역사적 혹은 사회적 원인에 의한 것이다. 흔히 시간이 흐르면서 지시 대상 자체가 변했기 때문에 어휘의 의미가 변한 경우를 역사적 원인에 의한 변화, 사회 제도나 구조가 변하면서 어휘의 의미가 변한 경우를 사회적 원인에 의한 변화라고 하여 구분하기도 한다. 그러나 이러한 변화들은 모두 어휘를 사용하는 인간을 둘러싼 물리적·추상적 환경의 변화와 관련된다는 점에서 함께 고려될 수 있다. 우선, 지시 대상이 변하여 어휘가 지시하는 의미가 달라진 예들을 살펴보자.

(16) 펜, 칠판, 지하철

'펜'은 영어 'pen'을 차용한 것인데, 영어 'pen'은 '(글씨를 쓰는) 깃털'의 의미를 가진 프랑스어 'penne'을 차용한 것이다(프랑스어 'penne'은 '깃털'을 뜻하는 라틴어 'penna'에서 유래했다). 따라서 펜은 원래 깃털을 이용해 잉크를 찍어서 쓰도록 만든 필기구를 지시하는 어휘였지만, 지금은 '붓펜, 전자펜'처럼 잉크나 깃털과는 관계없이 필기구를 통틀어 이르는 말로 쓰인다. '칠판(漆板)'은 분필로 글을 쓰기 위해 검은색이나 초록색 칠을 한 판을 가리키는 말이었지만, 지금은 이 외에도 '전자 칠판'처럼 필기구의 종류나 칠의 유무와 관계없이 판서를 할 수 있는 판을 지시하게 되었다. '지하철(地下鐵)'은 글자의 뜻으로 보면 지하를 다니는 전동차라는 뜻이지만, 지금은 지상이든 지하든 상관없이 도심을 다니는 전동차를 가리킨다.

역사가 진행되면서 과학과 기술이 발전하고 사회 제도가 변화한다. 이에 따라 새로운 지시 대상이 생기면 이를 지시할 어휘가 필요해진다. 이때 인간은 새로운 어휘를 만들기도 하지만, 원래 있던 어휘의 의미를 확대하여 사용하기도 한다. 후자의 경우는 어휘의 의미 변화와 관련될 수 있다.

(17)　가. 활용, 교체
　　　나. 딱풀, 포스트잇
　　　다. 무리수, 수술

(17가)의 '활용(活用)'과 '교체(交替)'는 각각 '충분히 잘 이용함', '어떤 대상을 다른 대상으로 대신함'이라는 의미를 가진다. 그런데 이들 어휘는 언어학 분야에서 그 의미가 특수화되어 각각 '용언의 어간에 어미가 결합하는 현상', '형태소가 결합 환경에 따라 음상을 달리하는 현상'이라는 새로운 의미의 전문 용어로 쓰인다. (17나)의 '딱풀'과 '포스트잇(Post-it)'은 원래 특정 회사에서 출시한 제품명을 가리키는 고유명사였으나, 현재는 이러한 방식으로 만들어진 제품을 통칭하는 일반 명사로 쓰인다. 이는 어휘 의미의 일반화 사례라고 할 수 있다. (17다)도 특정 분야의 용어가 일상용어로 일반화된 경우이다. '무리수(無理數)'는 '과욕을 부려 두는 수'를 가리키는 바둑 분야의 전문 용어이고, '수술(手術)'은 '피부나 점막, 기타

의 조직을 의료 기계를 사용하여 자르거나 째거나 조작을 가하여 병을 고치는 일'을 뜻하는 의학 분야의 전문 용어이다. 그러나 이들 어휘는 각각 '도리나 이치에 맞지 않거나 정도에서 지나치게 벗어나는 방식', '어떤 결함 등을 근본적으로 고치는 일'을 비유적으로 가리키는 데 일상적으로 쓰이고 있다.

3

의미 변화의 과정

언어 변화가 그러하듯 어휘 의미의 변화도 한순간에 일어나는 것이 아니라 어떤 과정을 거쳐 이루어진다. 어휘의 의미 변화가 과정으로 이해된다는 것은 다의어가 변화 과정의 중간 단계로서 존재한다는 것을 의미한다. 예를 들어 A라는 어휘의 의미가 변화하는 과정을 다음과 같이 매우 단순한 방식으로 생각해 볼 수 있다.

단계 I: 어휘 A는 의미 a만 가진다.
① 어휘 A는 의미 a를 가진다.
② 누군가가 매우 창조적인 방식으로 어휘 A를 새로운 의미 b로 사용한다.
단계 II: 어휘 A는 의미 a와 의미 b를 가진다.
③ 의미 b가 유행하면서 언어 공동체에 속한 다른 화자들도 의미 b를 사용하게 된다. 이때 어휘 A는 다의어로 인식된다.
④ 의미 a가 쇠퇴하기 시작한다. 이때 의미 b가 기본 의미로 인식

된다.

단계 III: 어휘 A는 의미 b만 가진다.

⑤ 의미 a가 소멸한다. 어휘 A는 의미 b만을 가진다.

단계 II는 중간 단계로서 어휘 A가 다의어로 존재하는 단계이다. 이때 의미 a와 의미 b가 처음부터 동등한 지위를 가지지는 않는다. 새로운 의미 b는 처음에는 일부 화자 혹은 한정된 사용역에서만 쓰이는 수준일 것이고, 점차 언어 공동체에서 인정받게 되면서 모든 화자가 인정하는 의미로 확립될 것이다.

어떤 어휘의 새로운 의미가 언어 공동체에서 인정받았는가 하는 것은 흔히 사전 등재 여부로 판단된다. 예를 들어 아래 (18)의 예에서 '착하다' 는 '가격이 품질이나 성능에 비해 싸다'라는 의미로 쓰였고, '구리다'는 '품질이 좋지 않다, 유행에 뒤떨어져 있다'라는 의미로 쓰였다. 이들 의미는 '착하다'와 '구리다'의 원 의미와는 다른, 새로운 의미이다. 흥미롭게도 『표준국어대사전』은 '착하다'와 '구리다'의 새로운 의미를 모두 등재하지 않았지만, 『고려대한국어대사전』에서는 '착하다'의 새로운 의미는 등재하고 '구리다'의 새로운 의미는 등재하지 않았다. 사전 처리가 이렇게 다른 것은 '착하다'와 '구리다'의 새로운 의미에 대한 언어 공동체의 공인 정도가 다르다는 것을 시사한다. 이들 예는 단계 II의 과정 ③의 사례로 보아도 좋을 것이다.

(18) 가. 이 식당은 가격이 착한 데다 맛도 좋아.

나. 이 가방은 너무 구려. 사지 마.

단계 II의 과정 ④는 기본 의미 a와 새로운 의미 b의 세력이 역전되는 상황이다. 어떤 어휘의 기본 의미는 다양한 기준에서 판단될 수 있는데, 흔히 역사적 연원이 오래된 의미, 빈도가 높은 의미, 맥락이 없는 상황에서 떠오르는 첫 번째 의미, 의미 변화의 일반적인 경로를 고려할 때 시작점이 될 만한 의미 등이 언급된다(Cruse, 2000: 199-201). 현재 우리가 이용할 수 있는 사전 중에서 기본 의미에 대한 정보를 제공하는 사전은『고려대한국어대사전』인데, 이 사전에서 '접다'와 '겨레'의 의미 기술 중 우리가 관심을 두고자 하는 의미만을 보이면 (19)와 같다.

(19) 가. 접다 (〈 졉다)

　　　㉠ (사람이 천이나 종이를) 휘거나 꺾어서 겹치다.〈기본 의미〉

　　　㉡ (사람이 다른 사람을) 자기보다 못하게 여겨 너그럽게 대하여 주다.

　　나. 겨레

　　　㉠ 혈통상으로 가까운 민족.〈기본 의미〉

　　　㉡ 혈연관계가 있는 사람.

이 사전에서는 '접다'와 '겨레'의 기본 의미를 모두 ㉠으로 기술하고 있지만, 역사적으로 보았을 때 더 오랜 연원을 가지고 있는 것은 ㉡의 의미이다. 우리가 역사적 연원을 중시한다면 '접다'와 '겨레'는 원래 기본 의미가 ㉡이었는데 새로운 의미인 ㉠이 생긴 것이라고 볼 수 있다. 현재 (19)와 같이 ㉠이 기본 의미로 기술된다는 것은 ㉡의 의미가 쇠퇴하고 있음을 시사한다.

물론 개별 어휘의 의미 변화에서 앞에서 제시한 모든 단계가 실증되는 것은 아니다. 이것은 대개 자료의 한계라 일컬어지는데, 바로 이러한 점 때문에 어휘의 의미 변화 과정을 추적하는 일은 상당히 어려운 측면이 있다. 그러나 어휘의 의미 변화는 예전에도, 그리고 지금도 계속 진행되고 있는 과정이며, 기록으로 남아 있지 않은 부분이 있다고 하더라도 인간의 인지

과정에 부합하는 의미론적 추론은 어휘의 의미 변화 과정을 기술하는 데
상당히 기여하고 있다.

1 다음 예들의 의미 변화가 어떤 의미 변화 유형으로 분류될 수 있는지 생각해 보시오(하나의 예가 둘 이상의 의미 변화 유형으로 분류될 수도 있다는 점을 고려하라).

> ㄱ. 힘(근육, 힘) > 힘(힘)
> ㄴ. 바디(솜을 두어 지은 바지) > 핫바지(솜을 두어 지은 바지, 시골 사람 또는 무식하고 어리석은 사람을 낮잡아 이르는 말)
> ㄷ. 삐(때) > 끼(아침, 점심, 저녁과 같이 날마다 일정한 시간에 먹는 밥. 또는 그렇게 먹는 일)
> ㄹ. 어리니(나이가 어린 사람) > 어린이('어린아이'를 대접하거나 격식을 갖추어 이르는 말)
> ㅁ. 골(모양) > 꼴(모양·모양새·행태·형편·처지 등을 낮잡아 이르는 말)

2 다음은 사전에 제시된 '폭탄'의 의미 기술이다. '폭탄'이라는 어휘가 사용된 사례(예: 폭탄 세일, 폭탄 발언, 세금 폭탄, 폭탄선언, 폭탄 돌리기)를 고려하여, 의미 변화의 관점에서 사전 편찬자가 '폭탄'의 의미를 이해한 방식을 생각해 보시오.

> ㄱ. 인명 살상이나 구조물 파괴를 위하여 금속 용기에 폭약을 채워서 던지거나 쏘거나 떨어뜨려서 터뜨리는 폭발물. (『표준국어대사전』)
> ㄴ. 1. 폭발성의 물질을 장치하여 던지거나 투하하거나 쏘도록 만들어진 병기.
>   2. 많은 사람들에게 갑자기 중대한 영향이나 충격을 불러일으키는 것을 비유적으로 이르는 말. (『고려대한국어대사전』)

3 아래의 공익광고가 전달하려는 메시지와 이 광고가 나오게 된 사회적 배경을 생각해 보고, '살색'이라는 어휘가 겪은 변화를 매체 등에서 찾아보시오.

- 한국어의 어휘 변화 역사와 구체적인 사례에 대해 더 알고 싶다면 남광우(1990), 이기문(1991, 1998)을 읽어 보기를 권한다.
- 현대국어에서 은유 및 환유와 관련된 어휘들에 대해서는 박재연(2019)을, 전염과 관련된 어휘들에 대해서는 박진호(2015)를 읽어 보기를 권한다.
- 크루즈(Cruse, 2000), 싱글턴(Singleton, 2000 / 2008), 캠벨(Campbell, 2013), 어반(Urban, 2015), 코흐(Koch, 2016) 등은 어휘 의미 변화에 대해 설명하는 비교적 최근의 논저들이다. 이 논저들은 유럽어의 의미 변화 사례들을 다루기는 하지만, 여기서 활용된 개념은 한국어에도 공통되는 것이 적지 않으므로 읽어 보기를 권한다.

3부

문장과
의미

7장

문장 의미의 연구 방법

'얼굴이 동그란 인형을 안은 아이'라는 표현에는 몇 가지 의미가 있겠는가? 먼저 해석되어야 할 단위끼리 묶어 보면 다음과 같은 구별이 가능해 보인다.

[[[[얼굴이 동그란] 인형을] 안은] 아이]
– 아이가 인형을 안았는데 그 인형의 얼굴이 동그랗다.

[[얼굴이 동그란] [[인형을 안은] 아이]]
– 인형을 안은 아이가 있는데 그 인형의 얼굴이 동그랗다.

[[얼굴이 [[동그란 인형을] 안은]] 아이]
- 아이의 얼굴이 인형을 안았는데 그 인형이 동그랗다.

[얼굴이 [[[동그란 인형을] 안은] 아이]]
- 어떤 존재가 있는데 그것의 얼굴이 동그란 인형을 안은 아이 모양이다.

[얼굴이 [동그란 [[인형을 안은] 아이]]]
- 어떤 존재가 있는데 그것의 얼굴이 동그랗고 인형을 안은 아이 모양
  이다.

　　단어보다 큰 단위의 의미 형성에는 어떤 원리가 작용하는 것 같은가?
'얼굴이 동그란 인형을 안은 아이가 있다'의 의미는 무엇인가? 이 장에서
는 낱낱의 단어가 가진 의미로부터 구, 절, 문장의 의미가 형성되는 방식에
대해 생각해 볼 것이다.

1

문장 의미의 특성

1) 문장 의미 판단의 기준

(1가)와 (1나), (2가)와 (2나)의 문장들이 서로 의미가 같은지 다른지에 대해서 말해 보자.

  (1) 가. 경찰이 도둑을 잡았다.
       나. 도둑이 경찰에게 잡혔다.
  (2) 가. 어제는 비가 많이 내렸다.
       나. 어제는 비가 많이 왔습니다.

서로 다른 표현은 무엇이 달라도 다르기 때문에 그 의미가 완전히 같기는 어렵다. 그러나 우리는 (1가)와 (1나), (2가)와 (2나)의 의미에 대해 다른 점뿐 아니라 같은 점도 말할 수 있다. 다른 점을 먼저 살펴보자. (1가)와 (1나)는 누구를 주어로 말하는가가 다르고, 그에 따라 서술의 중심이 달라진다. (2가)와 (2나)는 화자가 청자를 의식하는가 아닌가, 그리고 청자를 의식할 경우 그 청자를 어떻게 대우하고 있는가에 차이가 있다.

다른 한편으로 (1)의 두 문장과 (2)의 두 문장은 각각 서로 같다고도 말할 수 있다. 이는 (1가)와 (1나), (2가)와 (2나)가 각각 동일한 사태를 가리키고 있기 때문이다. (1가)가 사실이면 (1나)도 사실이고, (1나)가 사실이면 (1가)도 사실이다. 이러한 단정에 대해 도둑이 불편한 마음을 가질 수 있을까? 만약 도둑이 "아닙니다. 제가 실수로 잡힌 거지, 절대로 경찰이 저를 잡은 것이 아니에요. 제가 도망치다가 돌부리에 걸려 넘어지지만 않았어도 경찰이 저를 잡을 수 없었을 거라고요."라며 항변한다 해도 (1가)가 거짓이 될 수는 없다.

마찬가지로 (2가)가 사실이면 (2나)도 사실이고, (2나)가 사실이면 (2가)도 사실이다. 물론 (2가)와 (2나)의 화자와 청자가 같을 수 있느냐는 지적이 가능하기 때문에 (2)는 (1)보다 논란의 여지가 있다고 할 수 있다. 그러나 맥락에 따른 변수를 도입한다면 완전히 같은 형식으로 표현된 문장이라 하더라도 서로 다른 화자와 청자 사이에서 사용될 수 있으므로 일단 문자적으로 표현되지 않은 의미는 논외로 두고 살펴보겠다. 이와 같이 사용역을 차치하면,[1] (2가)와 (2나)에 나타난 '내리다'와 '오다'의 차이, '-다'와 '-습니다'의 차이에 의해 두 문장의 사실성이 달라진다고 보기는 어렵다.

이렇듯 두 문장의 의미가 동일하다는 것은 그 두 문장이 하나의 사실을 가리킨다는 것이다. 이때 사실(fact)은 참인 명제를 말한다. 하나의 사실을 달리 표현한 문장들 사이에는 환언 또는 바꿔 말하기(paraphrase)의 관계가 성립하고, 그에 따라 우리는 한 문장을 다른 문장으로 환언하거나 바꿔

....

1   사용역(register)이란 동일한 화자(저자)가 자신 및 청자(독자)의 연령, 지위, 지역, 문체 등에 따라 다르게 드러내는 표현 방식을 가리킨다.

말할 수 있다. 이와 같이 문장의 의미는 그 문장이 표현하는 명제의 사실성과 관련된 명제적 의미를 중심으로 파악된다.

2) 문장 의미의 중의성

문장은 표면적으로 같은 표현이라도 둘 이상의 의미를 가질 수 있다. 한 가지 표현이 둘 이상의 의미를 가질 때 우리는 그 표현이 중의성이 있다고 한다.

(3) 제가 차를 준비하겠습니다.
(4) 나는 형과 동생에게 자전거를 사 주었다.

(3)은 화자가 마시는 차(tea)를 준비하겠다는 의미일 수도 있고, 이동 수단인 차(car)를 준비하겠다는 의미일 수도 있다. 이는 어휘적 중의성을 지닌 동음이의어가 문장에 사용되면서 해당 문장이 중의성을 띄게 된 사례이다. 즉, 문장에 포함된 단어가 동음이의어일 경우 문맥 속에 상충되는 요인이 없다면 문장도 중의성을 가지게 됨을 알 수 있다. 한편 (4)는 화자가 형과 함께 (돈을 내서 또는 매장에 가서) 동생에게 자전거를 사 주었다는 의미일 수도 있고, 화자가 형에게도 자전거를 사 주고 동생에게도 자전거를 사 주었다는 의미일 수도 있다. 이러한 중의성을 흔히 구조적 중의성이라고 한다. 구조적 중의성은 그 표현을 구성하는 요소들 간 결합 방식의 차이에 의해 발생하는 중의성이며, 통사적 중의성이라고도 불린다. (4)의 결합 방식의 차이는 다음과 같이 구별될 수 있다.

(5) 가. [나는 [형과 [동생에게 [자전거를 사 주었다]]]]

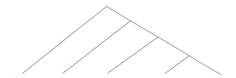

나는　형과　동생에게　자전거를　사 주었다

나. [나는 [[형과 동생에게] [자전거를 사 주었다]]]

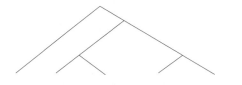

나는　형과　동생에게　자전거를　사 주었다

　　어휘 의미의 중의성이 문장 의미의 중의성으로 이어지는 것은 자연스럽게 이해된다. 문장에 포함된 표현 가운데 어떤 것이 둘 이상의 의미를 가진다면, 그것을 포함한 문장도 둘 이상의 의미를 나타낼 수밖에 없기 때문이다. 그러나 문장 의미의 형성에는 그 이상의 요인이 관여한다. 즉 문장을 구성하는 표현들, 곧 구성 요소들을 결합하는 통사 규칙이 존재하며 그 통사

더 알아보기

모호성

중의성과 혼동하기 쉬운 개념으로 '모호성(vagueness)'이 있다. 중의성은 어떤 표현이 둘 이상의 의미를 가짐을 뜻한다. 반면 모호성은 어떤 표현 속에 드러나 있지 않음, 즉 그 표현 속에 없음을 뜻하는 개념이다. 예컨대 "내가 형에게 자전거를 사 주었다."라는 말에는 나에게 형이 몇 명 있는지, 형이 여럿이라면 그 형이 첫째 형인지 아니면 둘째나 셋째 형인지, 사 준 자전거는 얼마짜리인지, 어디에서 사 주었는지 등 드러나지 않은 부분이 많다. 좀 더 정확히 표현해 주는 것이 기대될 때 그런 부분을 언급되지 않는다면 그 표현은 모호하게 느껴진다.

규칙에 따라 복합 표현의 의미를 구성하는 의미 규칙도 달라지는 것이다.

　이러한 구조적 중의성은 문장 의미와 관련하여 합성성의 원리(princi-ple of compositionality)라는 가설을 상정하게 한다.[2] 합성성의 원리란 '문장의 의미는 그 문장을 구성하는 표현들과 그것들의 결합 방식에 의해 결정된다'는 것이다. 이는 문장 의미에 대한 연구가 그 구성 요소들을 통합하는 통사 규칙과의 대응을 전제하고 있음을 보여 준다.

3) 문장 의미의 형성

　문장 의미는 '한 문장을 구성하는 표현들이 가진 의미들의 결합체'라고 할 수 있다. 여기서 '표현'은 하나의 의미 단위와 대응하는 형식 단위를 가리키는데, '표현들'이라고 한 것은 작게는 형태소부터 단어, 크게는 숙어 등 구 이상의 단위까지를 아울러 이르기 위함이다. 또한 문장 의미를 이루는 데는 '한 문장을 구성하는 표현들이 가진 의미들'도 중요하지만, 그것들의 '결합체'라는 것이 보다 결정적이라고 하겠다. 일차적으로는 표현과 표현, 즉 형식 단위들끼리의 결합이 이루어지고, 이때 결합된 형식 단위와 형식 단위는 각각이 자체적 의미를 가질 것이므로 통사적 확장 방식이 복합 표현의 의미를 결정하는 의미 규칙과 대응을 보일 것으로 추리할 수 있다.

　　(6) 가. 개가 사람을 물었다.
　　　　나. 사람이 개를 물었다.

....

2　합성성의 원리는 '프레게의 원리'라고도 알려져 있으며, 문장 의미론의 대전제로 받아들여지고 있다.

'이/가', '을/를'이 한 형태소의 이형태라는 점을 고려하면 (6가)와 (6나)는 동일하게 '개, 사람, 물-, 이, 를, -었-, -다'라는 일곱 개의 표현으로 이루어져 있다. 그렇다고 해서 (6가)와 (6나)의 의미가 동일한가 하면 전혀 그렇지 않다. (6가)와 (6나)는 어떻게 서로 다른 의미를 가지게 되는 것일까?

국어의 복합 표현 형성 방식은 인접과 어순에 의해 결정되는 방식과 표지에 의해 결정되는 방식이 있다. 인접과 어순에 의해서 결정된다 함은 특별한 표지 없이 복합 표현이 형성되는 경우를 말한다. 이는 '엄마 아빠'와 '가을 하늘'의 예를 통해 확인할 수 있는데, 두 개의 명사가 인접하여 나타날 때 그 둘의 어순을 바꿀 수 있으면 접속의 관계이며('엄마 아빠'='아빠 엄마'), 어순을 바꿀 수 없으면 수식의 관계이다('가을 하늘'≠'??하늘 가을'). 이에 반해 표지에 의한 방식은 (6)의 예들이 보여 주듯이 '사람―을 물었다'에서 '사람'과 '물었다'가 '을'의 관계, 즉 목적어―서술어 관계로 결합되거나, '사람―이 [개를 물었다]'에서 '사람'과 [개를 물었다]가 '이'의 관계, 즉 주어―서술어(구)의 관계로 결합되어 복합 표현이 형성되는 경우를 말한다. 표지에 의한 방식은 '개를 사람이 물었다', '사람이 물었다, 개를'처럼 표준 어순에서 벗어나도 표지에 의해 그 관계가 확인된다. 아래 (7가, 나)는 (6가, 나)가 구성 요소들 간 결합에서의 우선순위가 만들어 내는 구조적 차이에 의해 그 의미가 서로 달라짐을 보여 준다.

    (7) 가. [개가 [사람을 물었다]]
            나. [사람이 [개를 물었다]]

문장의 구조는 어미 부분까지 분석적으로 고려한다면 크게 명제적 의미에 상응하는 절 단위와 그것의 양태를 결정하는 서법 어미들로 구성된다고도 볼 수 있다. 여기서 양태(modality)는 문장에 대한 화자의 태도나 인식 양상을 넓은 의미에서 포괄적으로 가리키는 것이지만, 세분하면 높임, 시제, 양태, 화행 등으로 구별할 수 있다.[3] 그리고 서법(mood)은 양태가 형식적으로(굴절 등) 실현되어 범주화된 것을 가리킨다.

(8)
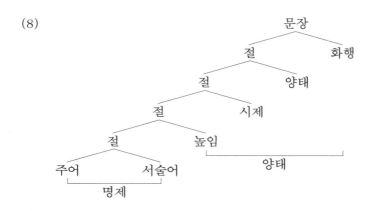

(8)에서 주술 관계로 이루어진 절은 의미 면에서 명제 단위에 대응하고, 절 단위에 서법 어미가 결합되면 명제의 양태(높임, 시제, 양태, 화행)까지를 아우르는 문장 전체에 상응하는 의미가 형성된다고 보는 것이다.

(9)
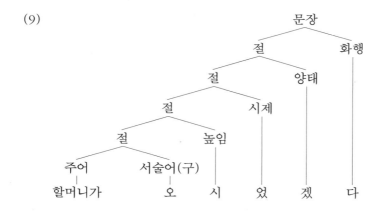

············
3 '양태'라는 용어와 관련해서는, 넓은 의미로도 사용되고 또한 그 안에서 보다 좁은 의미로 한정되어 사용되기도 하는 점에 유의하기 바란다. 10장에서는 좁은 의미의 양태를 다루고 있으며, 양태의 범위에 대해서도 10장을 참조하기 바란다.

(9)에서 명사와 동사 사이의 관계, 곧 '할머니'와 '오-'는 '가'에 의해 그 관계가 규정되고 있지만, 절 단위, 곧 '[할머니가 오-]'는 다른 단위와의 관계가 아닌 그 자체의 성격 변화를 서법 어미('-시-', '-었-', '-겠-', '-다')가 표시해 주고 있다.

지금까지 문장 단위의 구성 요소들과 그것의 결합, 즉 통사적 확장에 대해 살펴보았다. 문장 의미론은 이제 이러한 통사적 확장을 어떻게 의미 규칙으로 표상할 수 있을 것인가에 대한 탐구를 시작해야 한다. 이를 위해 참 조건 의미론을 중심으로 문장 의미론의 기본적 방법론에 대해 살펴보기로 하자.

2

참 조건 의미론

1) 참 조건

참 조건 의미론은 데이비드슨(Davidson, 1967)이 논리학적 의미론자인 타르스키(Tarski, 1935)의 참 이론(theory of truth)을 자연 언어에 적용하면서 시작되었다고 할 수 있다. 타르스키의 참 이론과 그 예는 다음과 같다.

(10) 가. 'P' is true iff p. (iff = if and only if)

　　　나. 'Snow is white' is true iff snow is white.

(10)은 어찌 보면 동어반복인 것 같지만, 실제로는 주절의 대상 언어(object language)와 종속절의 상위 언어(meta language)가 구별되어야 한다. 주절에 있는 대문자 'P', 즉 'Snow is white'는 대상 언어(분석의 대상이 되는 언어)이고, 조건절(iff) 속에 있는 소문자 p, 즉 snow is white는 상위 언어이다. (10가)는 실제로 세상에서 p가 사실일 때만 'P'가 참이 된

다는 뜻이며, (10나)의 'Snow is white'도 실제로 세상에서 눈이 하얄 때만 참이라는 뜻이다. 후자의 설명과 같이 상위 언어를 한국어로 바꾸면 대상 언어와 상위 언어의 구별이 명확해진다. 대상 언어도 마저 한국어로 바꿔보자면, "'눈이 하얗다'는 (세상에서 실제로) 눈이 하얄 때만 참이다."라는 내용이다.

이러한 참 이론을 자연 언어에 적용하면 우리가 분석하고자 하는 대상 언어 문장 'P'의 의미는 바로 'P'가 참이 될 수 있는 조건, 즉 어떤 사태들에 대한 참 조건(truth condition)이라 할 수 있다. 예를 들어 앞의 (6가)의 문장 "개가 사람을 물었다."의 의미는 그것이 특정 사태들과 관련하여 그 문장이 참이라는 결과를 낳을 수 있는 조건이다. 실제로 개가 사람을 무는 상황은 매우 다양할 것이다. 덩치가 크거나 매우 사나운 개가 아이를 무는 것처럼 위험한 경우도 있고, 갓 이빨이 난 작은 강아지가 어른의 손가락을 무는 것처럼 대수롭지 않은 경우도 있다. 이처럼 실제 사례는 매우 다양하겠지만, 일련의 사태들은 "개가 사람을 물었다."라는 말이 참이 될 수 있는 범위 내에 포함된다.

참 조건 개념을 활용하여 문장의 의미를 파악하려 할 때, 어떤 문장의 참 조건을 아는 것과 실제 그 문장이 참인지 아닌지를 아는 것은 같지 않다는 점을 이해하는 것이 중요하다.

(11) 남대문이 불타고 있다.

우리는 (11)이 참이 될 수 있는 조건을 알고 있지만 실제로 (11)이 참인지를 알려면 직접 남대문에 가서 확인해 보아야 한다. 참과 거짓을 아울러 참값이라고 하는데, 문장의 참값은 '참 조건들'과 '세상에서 얻어진 사실들'이라는 두 가지에 의해 결정된다.

(12) 참 조건들 + 세상에 관한 사실들 → 참값

(12)의 공식은 문장 일반에 적용될 수 있다. 문장은 참 조건을 가지며, 또한 참값을 가지기 때문이다.

또한 문장이 아닌 표현이 세상의 사실들과 연결될 때는, 참값을 바로 얻지는 못하지만 참값과는 구별되는 다른 실체 유형(types of entities)을 얻는다. (13)은 그러한 실체 유형의 예이다. 표현이 나타내는 실체 유형은 그 표현의 외연(extension)이라고 불리며, 특정 표현의 외연은 세상에 관한 사실에 따른 그 표현의 의미에 의해 결정된다.

(13) 가. 이순신 ─ 개체(individual: 조선 중기 무신, 수군 제독)
      나. 개 ─ (실체들의) 집합(set of entities: 세상의 모든 개)
      다. 형 ─ (실체들 사이의) 관계(relation: 독립운동가 이회영이 이
          시영에 대해)

(12)와 (13)을 아울러 (14)와 같이 정리할 수 있다.

(14) 어휘 의미 + 세상에 관한 사실 → 외연
      외연 + 통사 규칙 → 참값

문장의 참값은 그 문장을 구성하는 단어들의 외연과 그 문장의 통사 구조에 의해 주로 결정된다. 이에 따르면, 문장 의미론은 단어의 외연으로부터 통사 구조를 거쳐 그 문장의 참값에 이르는 의미 규칙을 찾아내는 학문 분야이다. 이때 참 조건이 중요한 것은 문장의 참값이 참 조건의 충족 여부에 의해 결정되기 때문이다. 문장의 참 조건이 충족되면 그 문장은 참이 되고, 그렇지 못하면 그 문장은 거짓이 된다.

2) 함의와 동의성

다음 두 문장 사이의 관계를 생각해 보자.

(15) 가. 지난 토요일에 지호가 빨간 망치로 벽에 굵은 못을 박았다.

나. 지난 토요일에 지호가 벽에 못을 박았다.

(15가)가 참이 되는 다양한 상황이 있을 수 있다. 빨간 망치로 벽에 굵은 못을 박는 일은 지호의 집, 친구의 집, 학교 등 어디서든 일어날 수 있으며, 지호는 그 일을 친구와 이야기를 나누면서 했을 수도 있고 음악을 들으면서 했을 수도 있다. 어떤 상황이었든 (15가)가 참이라면 (15나)도 참이 된다. 이 경우 (15가)가 (15나)를 함의한다고 말한다. 함의(entailment)란 A 문장이 참일 때 B 문장이 반드시 참이 되는 경우에 A 문장이 B 문장에 대해 가지는 관계를 뜻하며, 'A 문장이 B 문장을 함의한다'고 표현한다. 단, A 문장이 B 문장을 함의한다고 해서 그 반대 방향인 역도 성립하는 것은 아니다. 즉, (15나)가 참이 된다고 해서 (15가)가 반드시 참이 되지는 않는다. 지호가 벽에 못을 박았더라도 빨간 망치가 아닌 파란 망치로 못을 박았을 수도 있고, 굵은 못이 아니라 가는 못을 박았을 수도 있기 때문이다. 다시 말해 (15나)는 (15가)를 함의할 수 없다.

(16) 가. 행복 부동산 오른편에 김 약국이 있다.

나. 김 약국 왼편에 행복 부동산이 있다.

반면 (16)은 이와는 다르다. (16가)가 참이면 (16나)도 반드시 참이 되고 (16나)가 참이면 (16가)도 반드시 참이 되므로, (16가)는 (16나)를 함의하며 (16나)는 (16가)를 함의한다. 이를 상호 함의(mutual entailment)

라고 한다. 또한 상호 함의 관계에 있는 두 문장은 표현 형식은 다르지만 그 의미는 동일한데, 이를 동의성(synonymy)이 있다고 한다.

함의와 동의성은 문장들 사이에 성립하는 관계로서, 해당 문장들의 참 조건 덕분에 성립한다. 이러한 함의와 동의성은 문법 규칙의 타당성을 검증할 수 있는 기준이 되어 주기도 한다. 화자는 보통 (15가)가 (15나)를 함의한다는 데 대한 직관이 있다. 만일 우리의 문법 규칙이 우리의 직관을 정확히 포착한다면, 그 문법은 (15가)에 참을 부여하는 모든 상황에서 (15나)에도 참을 부여할 것이기 때문이다. 문법이 이를 보장하지 않는다면 그 문법은 재고되어야 한다.

3

의미 규칙의 표상 방법

우리가 일상적으로 사용하는 말 그대로의 언어, 즉 자연 언어에는 맥락에 의해 달리 해석되어야 할 중의성과 모호성이 그대로 담겨 있다. 따라서 문장의 객관적 의미를 명확하게 표상하기 위해 인공 언어를 사용하곤 한다. 자연 언어로 환언해도 되지만 인공 언어는 약속된 엄정한 규약이 있어서 자연 언어가 가진 맥락적 요인과 함축을 허용하지 않기 때문이다.[4] 하지만 인공 언어를 활용할 때는 사용자나 독자 모두 그 인공 언어가 고안된

....

4   예를 들어 술어논리는 술어(서술어)와 그것의 논항 사이에 성립하는 의미 관계를 보이려는 기호논리학적 인공 언어이다. '순이는 착하다'라는 예를 '착하다(순이)'라는 술어논리로 표현했을 때 '는'은 제거되었고 '착하다'에는 '-다'와 같은 종결 어미가 포함되어 있지만, '착하다(순이)'는 그 문장이 순이와 착함 사이의 관계, 즉 순이가 착한 것들의 집합에 포함되어 있는지 여부로 해석될 수 있는지만 고려한다. 이러한 측면이 자연 언어의 의미론적 분석을 온전히 보여 주지 못하는 것으로 여겨질 수 있으나, 기호논리에 의한 접근 방법에서는 일차적으로 참 조건에 기여할 수 있는 의미를 표상하는 데 목적이 있으며, 술어논리에 의해 포착되지 못한 의미를 표상할 필요가 생기면 그 이상의 논리(양화논리, 양태논리 등)나 해석 방식(가능세계 모형 등)을 활용하거나 개발한다.

목적 내에서만 유효하다는 점을 유념해야 한다. 여기서는 집합론과 기호 논리를 중심으로 의미 규칙을 설명하는 데 유용한 인공 언어들을 살펴보면서 문장 의미의 표상 방법에 대해 알아본다.

1) 집합론

집합(set)은 구성원(member)을 가진다. 구성원은 원소(element)라고도 한다. 가령 수원은 '한국에 있는 모든 도시의 집합'의 한 원소이고, 7은 '3보다 큰 모든 수의 집합'의 원소이다. 한 집합의 원소가 되는 데는 특별한 제약이 없어서, '1', '태양', '수원' 등이 포함된 집합도 상정할 수 있다. 집합은 때로 부류(class)와 동의적으로 사용된다.

집합은 전적으로 그 집합에 속한 원소들에 의해 정의된다. 따라서 만일 어떤 집합에서 하나의 원소를 제거한다면 그 집합은 처음의 집합과는 다른 집합이 된다. 어떤 집합에 다른 원소 하나를 추가해도 마찬가지이다. 이런 점에서 집합은 집단(group)과 구별된다. 어떤 위원회가 두 번의 회의를 했을 때, 각 회의에 출석한 위원의 구성이 조금 달랐다고 해서 서로 다른 두 위원회가 각각의 회의를 진행했다고 보지는 않는다. 또 우리 가족이 시간이 흐르면서 어떤 구성원을 떠나보내고 어떤 구성원을 새로 맞이했다고 해서 원래와 다른 가족이 되는 것은 아니다. 위원회나 가족은 집단이며 집합과는 구별된다.[5]

어떤 집합의 원소가 됨은 기호 '∈'로 표시된다. 예를 들어 'E'를 '모든 짝수의 집합'이라고 정의한다면 (17가)는 참이 되고 (17나)는 거짓이 된

....

5 '가족'은 집단 명사로 쓰일 때도 있고 집합 명사로 쓰일 때도 있다. "우리 가족들은 다 자기 일로 바쁘다."에서처럼 '들'이 붙는 경우에는 집합 명사로 쓰인 것이다(8장 참조).

다. 반대로, 기호 '∉'는 어떤 집합의 원소가 되지 않음을 뜻한다. 그러면 (18가)는 거짓이 되고 (18나)는 참이 된다.

(17) 가. 2∈E (참)
      나. 7∈E (거짓)
(18) 가. 2∉E (거짓)
      나. 7∉E (참)

집합은 몇 가지 방법으로 기술될 수 있다. 하나는 원소를 나열하는 방법으로, 원소 나열법(list notation)이라고 불린다. 이 방법은 원소들을 중괄호로 에워싸는 것이다. 예를 들면 {1, 2, 3, 5, 7}과 같이 말이다. 이때 {3, 1, 7, 5, 2}와 같이 원소의 순서가 바뀌어도 포함된 원소가 동일하면 같은 집합이 된다. 로마자로 나타낼 때는 (19)의 예시처럼 집합 이름에 대문자를 쓰고 원소 이름에 소문자를 쓴다. 이 중 D와 같이 원소가 하나밖에 없는 집합을 한원소집합(singleton set)이라 한다.

(19) A={a, j, m, v}, L={d, f}, D={b}

어떤 집합은 원소가 상당히 많거나 무한할 수 있다. 이런 경우에는 모든 원소를 나열하기가 어렵거나 불가능하기 때문에 조건 제시법(predi-cate notation, definition by condition)이라는 집합 기술 방법을 사용한다. 조건 제시법은 중괄호 속에 변항을 표시하는 문자를 먼저 쓰고 그 옆에 쌍점(:)을 붙인 뒤, 그 옆에 해당 집합의 구성원 자격을 규정하는 조건을 제시하는 방식이다. 예를 들면 {x: x가 수원 시민}과 같다. 이는 "x가 수원 시민인, 모든 x의 집합"이라 읽는다. 이에 따르면 다음 (20)의 진술은 참이 된다.[6]

(20)   c가 수원에 살 때, 그리고 그럴 때만(iff) c∈{x: x가 수원 시민}

'~일 때, 그리고 그럴 때만'은 영어의 'if and only if'(iff)를 옮긴 것이다.[7] 이것은 단순히 한쪽이 다른 한쪽의 조건이 되기만 하는 것이 아니라 쌍방향의 조건이 되어야 한다는 것으로, 결국 양쪽이 같음을 의미한다.

한편, 어떤 집합은 두 집합의 결합일 수 있다. 두 집합을 결합하는 방식에는 두 가지 표준이 있는데, 하나는 합집합(union)이고 다른 하나는 교집합(intersection)이다. 합집합은 두 집합의 모든 원소들을 결합하는 것으로 (21)과 같이 기호 '∪'로 표시한다. 교집합은 두 집합이 공통으로 가진 원소들만을 포함하는 것으로 (22)와 같이 기호 '∩'로 표시한다.

(21)   ㄱ. ({1, 2, 3}∪{d, e, f})={1, 2, 3, d, e, f}

　　　 ㄴ. ({x: x가 수원 시민}∪{y: y가 화성 시민})={z: z가 수원이나 화성 시민}

(22)   ㄱ. ({1, 2, 3}∩{2, 3, 5})={2, 3}

　　　 ㄴ. ({x: x가 여성}∩{y: y가 수원 시민})={z: z가 여성이고 수원 시민}

또한 집합들의 관계가 다음과 같은 쌍도 있다.

(23)   {d, e, f}, {d, e, f, g, h}

....

6 물론 어떤 지역에 거주하더라도 그 지역의 시민이 아닐 수 있지만, 여기서는 그러한 가능성까지는 고려하지 않기로 한다.

7 'iff'를 사용하려면 (20)의 전건과 후건을 교체하여 "c∈{x: x가 수원 시민} iff c가 수원에 산다." 또는 "c∈{x: x가 수원 시민}, c가 수원에 살 때, 그리고 그럴 때만."과 같이 표기해야 한다. 그러나 한국어 어순에서는 오른쪽에 핵이 놓이기 때문에 상위 언어가 한국어인 경우에는 (20)처럼 표기하는 것이 자연스럽다.

(24)   {x: x가 수원 시민}, {x: x가 대한민국 국민}

(23)과 (24)에서 각각의 첫 번째 집합의 원소들은 두 번째 집합의 원소도 된다. 두 집합의 관계가 이와 같을 때 첫 번째 집합을 두 번째 집합의 부분집합(subset)이라고 하며, 기호 '⊆'으로 표시한다.[8]

(25)   임의의 집합 A, B에 대해 A의 모든 원소가 B의 원소도 될 때, 그리고 그럴 때만(iff) A ⊆ B
(26)   {d, e, f}⊆{d, e, f, g, h}
(27)   {x: x가 수원 시민}⊆{x: x가 대한민국 국민}

때로 집합의 원소들이 쌍을 이루고 그것들의 순서가 유의미한 경우가 있다. 가령 영한사전의 표제어와 한국어 대역어의 쌍의 순서는 임의로 바꿀 수 없는데, 이러한 쌍을 순서쌍(ordered pair)이라 한다. 순서쌍 ⟨a, b⟩는 두 원소로 이루어지는데, a는 그 쌍의 첫 번째 원소, b는 두 번째 원소가 된다. ⟨a, b⟩는 ⟨b, a⟩와 구별되며 두 순서쌍은 서로 같지 않다.

순서쌍은 F(⋯) 표기법으로 나타낼 수 있다. F(⋯) 표기법이란 'F가 쌍들로 이루어진 집합이고 a가 F에 속하는 쌍들 가운데 정확히 하나의 첫 번째 원소일 때, F(a)는 그 첫 번째 원소가 속하는 쌍의 두 번째 원소이다'라고 정의된다.[9] F(⋯) 표기법으로부터 다음이 성립한다.

....

8   엄밀히 구분하자면 '⊆'는 첫 번째 집합과 두 번째 집합이 동일할 가능성을 열어 놓은 경우에 사용된다. 그럴 가능성이 없이 온전히 포함된다면 '⊂' 기호를 사용하고, 이때는 첫 번째 집합이 두 번째 집합의 진부분집합이 된다.
9   F(⋯) 표기법의 정의는 수학의 함수 이론에 기반을 둔 것이다. 함수의 정의는 다음과 같다. "임의의 함수는 쌍들의 집합이다. 그 쌍들의 첫 번째 원소는 그 함수의 정의역(domain)을 이루고, 그 정의역 속의 각 원소는 모두 그 쌍들의 집합 가운데 정확히 한 쌍의 첫 번째 원소이다."

(28) F(x)=y이면, ⟨x, y⟩∈F

예를 들어 영한사전(EK)을 순서쌍이라 하면 (29)의 진술들은 참이 될 것이다.

(29) ㄱ. ⟨salt, 소금⟩∈EK
       ㄴ. ⟨sea, 바다⟩∈EK
       ㄷ. ⟨salt, 바다⟩∉EK
       ㄹ. ⟨sea, 소금⟩∉EK

지금까지 우리는 의미론에서 표현의 외연을 기술하기 위해 도입되곤 하는 집합론의 기본 개념들을 익혔다. 아래에서는 문장 단위의 외연을 기술하는 데 도입되곤 하는 기호논리의 기본 개념들을 살펴보기로 하자.

2) 기호논리

① 원자문과 그 부분

기호논리는 자연 언어와 달리 처음부터 고안된 언어이며, 논리학자들이 오랜 시간에 걸쳐 개발한 언어이다. 이와 같은 언어의 특징은 그 언어의 모든 문장에 대한 기술 방법 및 해석 제시 방법이 이해될 수 있어야 한다는 것이다. 이 절에서는 기호논리 중에서도 술어논리(predicate logic)를 위주로 살펴볼 것이다.

기호논리의 가장 단순한 문장을 원자문(atomic sentence)이라 한다. 원자문은 그보다 작은 두 부분으로 구성되는데, 하나는 개체상항(individual constant)이고 다른 하나는 서술어(predicate)다. 개체상항에는 일반 언어의 고유명칭(proper name)이 해당되며, 이 언어의 사전은 각 개체상항을 세상에 존재하는 개체와 짝지어진 쌍으로 수록하고 있다. 서술어는 개체상항과 결합하여 원자문을 이루며, 그것들이 결합하는 개체상항의 수에 따라 한 자리 서술어(one-place predicate), 두 자리 서술어(two-place predicate) 등으로 나뉜다.[10] 이 언어의 사전은 한 자리 서술어 각각을 집합과 짝지어진 쌍으로 수록하고 있으며, 두 자리 서술어 각각을 관계와 짝지어진 쌍으로 수록하고 있다. 원자문의 참값은 그 문장 속의 개체상항이 무엇을 나타내는가와 더불어, 그 속의 집합이나 관계에 의해 결정된다.

한 자리 서술어를 포함한 원자문에서 서술어는 괄호로 에워싸인 개체상항을 선행한다. 예를 들어 한국어에서 '착하다'가 착한 개체들의 집합을 나타내고 '순이'가 순이라는 개체를 나타낸다면, '착하다(순이)'는 기호논리로 된 문장이며 한국어 문장 '순이가 착하다'에 대응한다.[11]

또한 두 자리 서술어를 포함한 원자문에서도 서술어는 괄호로 에워싸인 두 개의 개체상항을 선행한다. '좋아하다'가 좋아함의 관계를 나타내고 '민희'와 '수아'가 각각 개체를 나타낸다면, '좋아하다(수아)(민희)'는 한국어 문장 '민희가 수아를 좋아한다'에 대응하는 기호논리 문장이다. 한국어는 대체로 주어―목적어―동사(SOV) 언어지만, 기호논리는 주로 동사―목적어―주어 언어(VOS)로 쓰인다. 그러나 '좋아하다(민희, 수아)'와 같이 동사―주어―목적어(VSO) 방식으로 표기하기도 한다.

이제 기호논리에서 가장 간단한 원자문의 해석에 대해 살펴보자. '똑똑하다'가 똑똑한 개체들의 집합이고 '영수'가 영수를 나타낸다면, 그 해석은 다음과 같아야 한다.

....

<hr />

10 일항 술어(一項述語), 이항 술어(二項述語) 등의 용어도 함께 쓰인다.
11 여기서 '-다'는 어휘소 단위로 나타내기 위해 편의적으로 사용된 것으로 보면 된다.

(30) 영수가 똑똑할 때, 그리고 그럴 때만(iff) '똑똑하다(영수)'가 참이다.

(30)은 '똑똑하다(영수)' 전체 명제에 대한 참 조건이 무엇인지는 말해 주지만 '똑똑하다'와 '영수'에 할당되는 의미에 대해서는 말해 주는 것이 없으므로, (31)과 같이 집합론의 방식으로 표현하는 것이 더 유용할 수 있다.

(31) 가. 영수가 똑똑한 개체들의 집합의 한 원소일 때, 그리고 그럴 때만(iff) 영수가 똑똑하다.
나. 영수가 똑똑하다의 한 원소일 때, 그리고 그럴 때만(iff) '똑똑하다(영수)'가 참이다.

이를 집합론의 기호까지 활용하여 (32)와 같이 나타낸다면 더 명확해진다.

(32) 영수∈똑똑하다일 때, 그리고 그럴 때만(iff), '똑똑하다(영수)'가 참이다.

(30)~(32)를 보면 하나의 표현을 등치(동치)인 다른 표현으로 치환하고 나머지는 그대로 남겨두었다. 이와 같은 추론 방식을 치환(replace) 규칙을 통해 명시적으로 도입할 수 있다. 이때 그리스 문자 'φ'(phi, 피)와 'ψ'(psi, 프시)를 주로 이용한다.

치환의 첫 번째 규칙은 (30)에서 (31가)를 얻기까지의 과정에, 두 번째 규칙은 (31가)에서 (31나)를 얻기까지의 과정에 적용되었다. 이러한 추론의 결과로 (32)에 도달하게 된 것이다.

(32)는 '똑똑하다(영수)'의 참 조건을 그 부분들의 의미 면에서 진술한 것으로, 곧 합성성의 원리가 구현된 것이다. 이를 일반화하기 위해 서술어를 π(pi, 파이)로, 개체상항을 α(alpha, 알파)로 나타내어 (33)과 같은 규칙으로 표상할 수 있다.

(33)   α∈π일 때, 그리고 그럴 때만(iff) 'π(α)'는 참이다.

단순한 한 자리 서술어일 때는 (33)만으로 충분하지만, 복합적인 한 자리 서술어도 있다. 그런 경우를 위해 겹대괄호를 도입하기도 한다.

또한 다음과 같이 기호논리의 어휘 항목들을 해석하는 방법을 알려 주는 기본 어휘 규칙을 도입할 수 있다.

어휘[의미 규칙]
• α가 개체상항이면, ⟦α⟧=α
• π가 단순 서술어이면, ⟦π⟧=π

그리고 한 자리 서술어로 이루어진 원자문을 위한 규칙을 공식화하자면 다음과 같다.

원자문 규칙 1[의미 규칙]
• π가 한 자리 서술어이면, ⟦α⟧∈⟦π⟧일 때, 그리고 그럴 때만(iff) 'π(α)'는 참이다.

이 원자문 규칙 1은 한 자리 서술어로 이루어진 모든 문장에서 어느 개체상항에나 적용될 수 있다. 그 이유는 이 규칙이 상위변항, π와 α에 관해 진술되어 있기 때문이다. 상위변항(metavariable)이란 상위 언어로 되어 있고 대상 언어의 원소들을 가리키는 기호 또는 기호 연쇄를 가리킨다. 통사론에서는 'VP'와 'NP'를 동사구나 명사구에 대한 상위변항으로 사용하고, 음운론에서는 'V'와 'C'를 모음과 자음에 대한 상위변항으로 사용한다. 상위변항을 실제 표현으로 치환함으로써 규칙의 실례를 얻을 수 있으며, 이를 예시화(instantiation)라고 부른다. 예시화의 정확한 정의는 다음과 같다.

예시화[추론 규칙]
• 상위변항에 관해 진술된 규칙으로부터 같은 표현을 가진 주어진 변항의 모든 발생을 대체하도록 유의하면서, 상위변항을 바른 종류의 대상 언어 표현으로 치환한 결과를 추론하라.

이 규칙은 대상 언어라는 표현을 사용하고 있다. 대상 언어란 현재 살펴보고 있는 언어이고, 상위 언어는 이론을 진술하는 언어이다. 가령 이 절에서 상위 언어는 기호논리이고 대상 언어는 한국어이며, 'NP'는 통사론의 상위 언어이고 'C'는 음운론의 상위 언어이다.

치환과 마찬가지로, 예시화는 기호논리의 문법 규칙이 아니라 문법에 관한 사실들을 연역할 수 있게 해 주는 일반적인 논리 원칙이다. 이 추론 규칙 이면에 있는 추리는 우리가 법칙들을 적용할 때 이용하는 추리와 매우 유사하다. 다음과 같은 법칙이 있다고 가정해 보자.

(34) 만일 어떤 사람이 개를 소유한다면, 그는 그가 살고 있는 시도의 허가증을 취득해야 한다.

(34)은 일반 규칙이다. 이제 '코코'와 '보리'라는 개가 있다고 가정해 보면 (35)의 진술들은 (34)의 일반 규칙을 예시화한 것이 된다.

(35) ㄱ. 만일 이준이가 코코를 소유한다면, 이준이는 이준이가 살고 있는 시도의 허가증을 취득해야 한다.
      ㄴ. 만일 서아가 보리를 소유한다면, 서아는 서아가 살고 있는 시도의 허가증을 취득해야 한다.

이제 두 자리 서술어를 가진 문장으로 넘어가 보자. 이를 위해서는 새 의미 규칙이 필요하다. 표준적인 방식은 '좋아하다', '수아', '민준'에 할당되는 의미에 관하여 '좋아하다(민준)(수아)'와 같은 문장이 참이 되는 경우를 말해 주는 규칙을 가지는 것이다. 이러한 의미 규칙은 두 단계로 나누어 마련할 수 있다. 첫 단계는 두 자리 서술어로부터 한 자리 서술어('좋아하다(민준)')와 하나의 개체상항('수아')를 형성하는 것이다. 그러면 다음 단계로 이 조합에 대한 의미 규칙이 필요하다. 그것을 '원자문 규칙 2'라고 부르기로 한다. 이 규칙이 준비되면 한 자리 서술어 '좋아하다(민준)'에 대한 의미를 얻을 수 있을 것이고, 이를 원자문 규칙 1과 함께 '좋아하다(민준)(수아)' 연쇄를 해석하기 위해 사용할 수 있다.

원자문 규칙 2가 어떤 형태여야 하는지를 이해하기 위해서는 역방향으로, 먼저 원자문이 무엇을 의미하기를 바라는지에 대해 연구하고 그다음에 복합적인 한 자리 서술어가 무엇을 의미하기를 바라는지의 문제로 넘어가야 할 것이다.

(36) 수아가 민준을 좋아할 때, 그리고 그럴 때만(iff) '좋아하다(민준)(수아)'는 참이다.

(36)에서 '좋아하다(민준)'을 한 자리 서술어로 간주하고 원자문 규칙 1을 '좋아하다(민준)(수아)'에 적용하여 '좋아하다(민준)'으로 π(서술어)를 예시화한다면 (37)과 같이 나타낼 수 있다.

(37) ⟦수아⟧∈⟦좋아하다(민준)⟧일 때, 그리고 그럴 때만(iff) '좋아하다(민준)(수아)'는 참이다.

(36)과 (37)을 연결하기 위해서는 다음 관찰이 필요하다.

(38) 수아가 민준을 좋아하는 개체들의 집합의 원소일 때, 그리고 그럴 때만(iff) 수아는 민준을 좋아한다.

치환 규칙을 사용하여 (36)을 (38)로 치환하면 (39)가 된다.

(39)   수아가 민준을 좋아하는 개체들의 집합의 원소일 때, 그리고 그 럴 때만(iff) '좋아하다(민준)(수아)'는 참이다.

이제 (37), (39), 그리고 ⟦수아⟧가 수아라는 사실로부터 (40)을 연역할 수 있다.

(40)   ⟦좋아하다(민준)⟧=민준을 좋아하는 개체들의 집합

다음 목표는 개체 민준과 '좋아하다'의 의미를 사용하여 (40)의 결과를 얻는 방식을 이해하는 것이다.

(41) ⟦좋아하다⟧={⟨x, Y⟩: Y는 x를 좋아하는 개체들의 집합}

(41)에 따라 '좋아하다'는 쌍들의 집합을 선택하며, 각 쌍의 첫 번째 원소는 두 번째 원소 중 오직 하나와만 짝을 이룬다.[12] (40)과 (41)을 비교해 보면 첫 번째 원소가 민준인 쌍의 두 번째 원소를 찾아냄으로써 '좋아하다(민준)'의 해석에 도달할 수 있음을 알 수 있다. 이는 우리가 원자문 2 규칙을 형식화하기 위해 F(⋯) 표기법을 사용할 수 있음을 의미한다.

원자문 규칙 2[의미 규칙]
• π가 두 자리 서술어이면, ⟦$\pi(\alpha)$⟧=⟦π⟧(⟦α⟧)이다.

이 원자문 규칙 2와 (41)의 의미를 이용하면 (40)을 얻을 수 있다. ⟦좋

....
12 여기서 쌍은 순서쌍이다.

아하다]]는 쌍들의 집합이고, [[좋아하다]]([[민준]])은 '좋아하다'의 쌍이면서 첫 번째 원소가 민준인 두 번째 원소를 제공한다. (41)로 돌아가 보면 (40)이 요구하는 것과 동일하게, 그 두 번째 원소는 민준을 좋아하는 개체들의 집합이 된다. 이를 일반화하여 π가 두 자리 서술어이면 π는 쌍들의 집합, ⟨x, Y⟩이고, 이때 Y는 실체들의 집합이라 할 수 있다. 이 표상에 대해 사전은 모든 x가 그 x에 'π—관계'를 가지는 개체들의 집합 Y와 짝지어진 쌍들의 집합을 할당할 것이다.

(42) 알다={⟨x, Y⟩: Y는 x를 아는 개체들의 집합}

이제 π가 속한 서술어의 종류와 그것의 의미를 연결해 주는 어휘 규칙을 다음과 같이 수정할 수 있다.

어휘[의미 규칙]
• α가 개체상항이면, [[α]]=α, α는 실체
• π가 단순 한 자리 서술어이면, [[π]]=π, π는 실체들의 집합
• π가 두 자리 서술어이면, [[π]]=π, π는 쌍들의 집합, 각 쌍의 첫 원소는 실체, 두 번째 원소는 실체들의 집합

② 연결사

여기서는 하나의 원자문을 넘어서는 합성문의 통사·의미론을 도입한다. 합성문은 하나 이상의 문장을 부분으로 가지는 문장을 말한다. 합성문을 형성하는 방법 중 하나는 두 문장을 연결사 '&'로 결합하고 그 전체를 괄호로 에워싸는 것이다. 아래의 예를 보자.

(43) 가. (똑똑하다(영수) & 친절하다(경호))

나. (좋아하다(민준)(수아) & 똑똑하다(영수))

다. (똑똑하다(영수) & 친절하다(경호) & 재미있다(동주))

합성문의 통사·의미론을 설명하기 위해서는 문장들에 대한 상위변항이 필요하므로 'φ'와 'ψ'를 사용하여 나타내기로 한다. (44)는 '&'를 위한 통사 규칙의 일반적 진술이다.

(44) φ와 ψ가 문장이면 '(φ & ψ)'는 문장이다

이렇게 형성된 문장을 해석하는 일반 규칙으로 연언(conjunction) 규칙이 있다.

연언[의미 규칙]
• φ가 참이고 ψ가 참일 때, 그리고 그럴 때만 '(φ & ψ)'가 참이다.

이 규칙을 문장 '현명하다(은미) & 행복하다(현구)'의 참 조건을 계산하기 위해 사용해 보자. 이를 위해 우선 연언 규칙을 예시화해야 한다.

(45) '현명하다(은미)'가 참이고 '행복하다(현구)'가 참일 때, 그리고 그럴 때만(iff) '현명하다(은미) & 행복하다(현구)'가 참이다.

(46)은 '현명하다(은미)'와 '행복하다(현구)'의 참 조건에 관한 앞절의 논의로부터 온 것이다.

(46) ㄱ. 은미가 현명할 때, 그리고 그럴 때만(iff) '현명하다(은미)'가
　　　 참이다.

　　 ㄴ. 현구가 행복할 때, 그리고 그럴 때만(iff) '행복하다(현구)'가
　　　 참이다.

여기에 치환을 두 번 사용하여 (47)을 얻을 수 있다.

(47) 은미가 현명하고 현구가 행복할 때, 그리고 그럴 때만 '현명하다
　　　 (은미) & 행복하다(현구)'가 참이다.

이 계산으로부터 '현명하다(은미) & 행복하다(현구)'가 '은미가 현명
하고 현구가 행복하다'라는 문장과 동일한 참 조건을 가진다고 연역할 수
있다.

합성문을 만드는 두 번째 방법은 문장을 괄호로 에워싸고 그 앞에 기호
'┐'를 붙이는 것이다. '┐'는 '(-ㄴ 것)이 아니다' 또는 '-지 않다'로 읽기
도 하고, 무엇의 '부정'이라고 말하기도 한다. 다음의 예를 보자.

(48) 가. ┐(똑똑하다(영수))

　　 나. ┐(좋아하다(민준)(수아))

　　 다. ┐(현명하다(은미) & 행복하다(현구))

'┐'로 형성된 문장의 해석 규칙을 부정(negation) 규칙이라 한다.

부정[의미 규칙]
• 'φ'이 참이 아닐 때, 그리고 그럴 때만 '┐(φ)'이 참이다.

문장 'ㄱ(똑똑하다(영수))'의 참 조건을 계산하기 위해 이 규칙을 사용해 보자. 먼저 부정 규칙을 예시화하면 다음과 같다.

(49) '(똑똑하다(영수))'가 참이 아닐 때, 그리고 그럴 때만 ㄱ(똑똑하다(영수))가 참이다.

그리고 다음 (50)이 주어졌다고 하자.

(50) 영수가 똑똑할 때, 그리고 그럴 때만 '(똑똑하다(영수))'가 참이다.

치환 규칙에 의해 아래의 (51)을 얻을 수 있고, 이를 통해 'ㄱ(똑똑하다(영수))'가 '영수가 똑똑하지 않다'의 좋은 번역이라고 결론지을 수 있다.

(51) 영수가 똑똑하지 않을 때, 그리고 그럴 때만 ㄱ(똑똑하다(영수))가 참이다.

지금까지 우리는 기호논리의 기본 개념들을 술어논리를 중심으로 살펴보았다. 자연 언어의 문장 의미가 항상 집합론과 기호논리로 번역되어야 하는 것은 아니지만, 이러한 형식적 표상 수단들은 문장 의미의 근간인 명제적 의미를 언어 기호로부터 분리하여 제시하는 데 유용하다. 2장에서 살펴보았듯이 의미에는 개념적 의미 외에 연상적 의미나 주제적 의미가 섞여 있을 수 있고, 화용론 분야에서 살펴보게 될 화행, 함축 등의 표현 의미 속에 공존하는 것처럼 보일 수 있다. 명제적 의미와 양태적 의미는 의미론과 화용론의 경계면을 보여 주기도 한다. 이 장에서 제시된 연구 방법은 통사 규칙에 의한 의미 확장 방식 가운데 객관적 의미를 추출하는 방법, 또는 객관적 의미의 해석 방식에 관한 것이다.

1 구조적 중의성을 가지는 문장을 세 개 이상 만들어 보시오. 그리고 이들 문장에서 같은 단어들이 의미의 차이를 만들어 내는 기제에 대해 설명하고, 그 기제의 기능에 대해 말해 보시오.

2 함의는 기호 '⊨'로 나타낸다. 예를 들어 (ㄱ)이 (ㄴ)을 함의하면 '(ㄱ)⊨(ㄴ)'과 같이 나타낸다. '(ㄱ)⊨(ㄴ)'이 참인 문장을 셋 이상 만들어 보시오.

3 연언과 부정 이외에 합성문을 만드는 연결사가 더 있을 수 있는가? 그러한 예를 찾아 그 연결사의 의미 규칙을 제시해 보시오.

- 윤평현(2020)의 13장은 기호논리 가운데 명제논리, 술어논리, 양화논리를 개괄적으로 소개하고 있다.
- 프레게(Frege, 1948)는 문장이 참값을 지시하지만 문장의 뜻은 문장이 표현하는 생각이라고 규정하여 지시와 뜻을 구분한다. 그에 따라 어떤 고유 명칭은 지시를 가지지 못하지만 뜻은 가질 수 있다고 본다. 참값에 기반을 둔 의미론에 대해 보다 깊이 생각해 볼 수 있는 철학적 에세이다.
- 포트너(Portner, 2005)는 참 조건 의미론의 기초를 알기 쉽게 설명하고 있는 입문서이면서, 복합적인 문제에 대해서도 생각해 볼 거리들을 제공해 준다.
- 하임과 크라처(Heim & Kratzer, 1998)는 생성문법 이론 내에서의 의미론을 개관하고 있는 심화 수준의 개설서라 할 수 있으며, 의미론의 핵심 주제들과 통사·의미론의 경계면에 있는 현상들에 대한 쉽고 명료한 해설을 담고 있다.
- 키에르키아와 매코널-지넷(Chierchia & McConnell-Ginet, 1990)은 형식 의미론적인 방법론과 그로부터 응용된 방법을 통해 자연 언어 의미론의 주제들을

매우 폭넓게 다루고 있으며, 맥락과 사용과 의미의 상호작용까지도 아우르는
포괄적인 형식 의미론 입문서다.

8장

지시와 양화

일상적으로 어떤 단어의 의미를 묻고 대답할 때 우리는 "오카리나가 뭐야?", "이런 게 오카리나야."와 같이 말한다. 이처럼 단어의 의미를 떠올릴 때 일차적으로 생각하는 것이 '가리킴', 즉 '지시'이다. 또 우리는 "언니가 장미를 열 송이나 사 왔어."처럼 문장에서 수량을 표시하는 말도 매우 흔하게 사용한다. 이와 같이 수량과 관련된 표현을 사용하는 것을 '양화'라고 한다.

지시의 개념은 2장의 '의미의 정의'에서 다룬 지시설과 관련이 있다. 그러나 이 장에서는 의미의 정의라는 측면이 아니라, 어떠한 대상을 어떻게 가리키는가에 초점을 맞추어 지시의 개념과 의미 특성을 살펴볼 것이다. 지시하는 대상을 화자와 청자가 인지하는 방식과 관련된 한정성과 특정성, 그리고 지시와 밀접한 관련이 있다고 판단되는 화시를 주요한 내용으로 삼고자 한다. 또한 어떤 대상을 수량화하는 양화의 개념을 바탕으로 보편 양화와 존재 양화, 일반 양화사, 총칭성, 복수성 등을 알아볼 것이다. 지시나 양화와 관련된 특징들은 명사구에 대해서는 물론 동사구나 문장에 대해서도 실현된다. 명사구에는 주로 관형어에 의해 실현되어 개체의 정체나 수량에 대한 의미 특성을 나타내며, 동사구나 문장에 대해서는 양화 부사와 같은 부사어에 의해 주로 사건의 지시나 양화와 같은 의미 특성을 나타낸다. 그런데 지시나 양화 등의 의미 속성은 주로 명사구에서 두드러지므로, 여기서는 명사구를 중심으로 그 특징을 제시하도록 하겠다.

1

지시

1) 지시의 개념

'지시(指示, reference)'는 언어 표현이 외부 세계의 대상을 가리키는 것이다. 이때 외부 세계의 대상은 구체적인 개체일 수도 있고 추상적인 개념일 수도 있다. 이것은 2장에서 말한 의미 지시설의 개념과 상통한다. 일반적으로 어떤 대상을 지시한다는 것은 지시 대상으로서의 개체 또는 개체의 집합을 가리키는 것이거나, 어떤 대상이 가지는 속성들의 집합을 가리키는 것일 수 있다.

예를 들어 '참새'가 지시하는 것은 주변에서 볼 수 있는 참새이거나 참새들의 집합일 것이다. 또한 어떤 대상이 '참새'라고 불리기 위해서는 깃털과 날개, 부리가 있고 둥지에 살며 알을 낳고 알에서 태어나서 하늘을 날아다녀야 한다. 이렇듯 어떤 언어 표현은 전자와 같이 구체적인 대상을 가리킬 수도 있고, 후자와 같이 언어 표현에 대응하는 대상이 갖는 속성을 가리킬 수도 있다.[1]

개체와 속성이라는 두 측면에서 파악될 수 있다는 '지시'의 특성은 명사뿐 아니라 동사에도 적용된다. 예를 들어 자동사 '뛰다'는 구체적인 동작 자체를 가리킬 수도 있고, 뛰는 동작을 구성하는 속성으로 정의될 수도 있다. 타동사 '사랑하다' 역시 사랑하는 주체를 지시하기도 하고, 사랑하는 대상의 관계를 지시하기도 한다.

일반적으로 명사, 동사, 형용사와 같이 실질적인 의미를 가진 언어 표현은 개체와 속성을 모두 지시할 수 있다. 그러나 어휘적 의미를 가지지 않는 한국어의 조사나 어미, 영어의 전치사, 관사 등은 구체적인 개체 지시는 불가능하고 속성 지시만 가능하다.

2) 한정성

명사구의 의미를 다룰 때 '한정적' 또는 '비한정적'이라는 말이 많이 사용된다. 『표준국어대사전』에 따르면 '한정하다'의 의미는 '수량이나 범위 따위를 제한하여 정하다'이다. 따라서 어떤 명사구가 한정적이라면 지시하는 대상의 수량이나 범위가 정해져 있음을 의미한다. 그렇다면 '정해져 있다는 것', 즉 '한정성(definiteness)'이라는 말은 의미론적으로 무엇을 뜻하는 것일까? 이를 알아보기 위해서 아래 (1)의 예에서 밑줄 친 명사구를 살펴보자.

(1) 가. 저 학생은 이 반에서 키가 제일 크다.

나. 청바지를 입은 학생은 이 반에서 키가 제일 크다.

....

1 일반적으로 형식 의미론에서는 구체적인 대상을 지시하는 것을 '외연(extension)'이라고 하고, 속성을 지시하는 것을 '내포(intension)'라고 한다.

(1가)의 '저 학생', (1나)의 '청바지를 입은 학생'은 모두 보조사 '은/는'과 결합해 있다. 또 보조사에 선행하는 명사구에는 '이, 그, 저'와 같은 지시 표현이 사용되거나 수식어구가 수반되어 있다. 이때 화자와 청자는 이 명사구들이 지시하는 대상의 정체를 알고 있다. 만약 청자가 그 정체를 모른다면, 대화가 이어지지 못하거나 확인하는 질문이 반복되는 등 의사소통의 어려움을 겪게 될 것이다. 따라서 '한정성'이란 대화 참여자인 화자와 청자가 모두 지시하는 바를 알고 있을 때 명사구가 가지는 의미 특성을 말한다.

반면, 아래 (2)의 밑줄 친 부분은 화자와 청자가 모두 지시 대상의 정체를 확인하지 못하는, 비한정적인 명사구이다.

(2) 가. 어떤 학생이 내게 말을 걸었다.

나. 옛날에 한 임금님이 살았습니다.

(2가)의 '어떤 학생이', 그리고 (2나)의 '한 임금님이'는 모두 격조사 '이/가'와 함께 나타나며, 그 앞에 미지칭인 '어떤'이나 '한'이라는 관형어를 동반하고 있다. 이러한 문장들이 사용되는 주된 맥락은 화자와 청자모두가 지시하는 대상을 모르는 경우이며, 이 문장을 발화함으로써 비로소 그 대상을 담화의 장에 도입하게 되는 것이다.[2] (2나)는 동화책의 첫머리에 나오는 전형적인 문장인데, 작가가 이야기를 시작하면서 독자에게 등장인물을 처음 소개하는 것이다. 이때 등장인물인 '임금님'은 적어도 독자가 모르므로 작가와 독자가 모두 지시 대상을 알아야 하는 한정성을 갖지 못한다.

....

2 (2가)의 '어떤 학생이'의 경우 화자가 그 존재를 알고 있을 수도 있는데, 이렇게 되면 '특정성'을 갖게 된다. 이는 '3) 특정성'에서 자세히 알아보도록 한다.

영어와 같은 인도 유럽 언어는 관사 체계와 같은 '한정성'을 나타내는 문법 범주를 갖추고 있어 명사구의 한정성이 분명히 드러난다. 앞의 (1), (2)에 대응하는 영어 문장은 다음과 같다.

(3) 가. <u>That student</u> is the tallest in this class.

나. <u>The student in jeans</u> is the tallest in this class.

(4) 가. <u>A student</u> talked to me.

나. Once upon a time there lived <u>a king</u>.

(3), (4)에서 볼 수 있는 것처럼 한정적 명사구에는 'that'과 같은 지시사나 정관사 'the'가 붙고 비한정적 명사구에는 부정관사 'a / an'이 붙는다. 그래서 한국어 모어 화자가 영어 관사 체계를 습득하기 위해서는 한정성의 차원에서 접근하는 것이 유용하다. 다음을 살펴보자.

(5) 가. Please pass me <u>the salt</u>.

나. Would you mind opening <u>the window</u>?

식탁에서 소금을 전해 달라고 할 때나 창문을 열어도 되는지를 물을 때 'the salt'나 'the window'와 같이 정관사를 붙여 말하는 것은 대화 참여자들에게 그 정체가 확인 가능한 대상이기 때문이다.

이와 같은 한정성은 언어의 정보구조와도 깊은 관련이 있다. 대체로 한정적인 명사구는 화자와 청자가 이미 알고 있는 대상을 지시하므로 구정보(old information)에 해당하는 반면, 비한정적인 명사구는 신정보(new information)에 해당한다. 다음 예를 살펴보자.

(6) <u>그 학교는</u> 100년 전에 개교했다.

(7) A: 오늘은 <u>누가</u> 일찍 학교에 왔니?

　　B: <u>철수가</u> 일찍 왔어요.

　　B′:＃<u>철수는</u> 일찍 왔어요.

　(6)의 '그 학교는'은 한정적 표현으로, 대화 참여자들이 이전의 맥락을 통해 그 정체를 충분히 알고 있는 대상을 가리킨다. 이때 '그 학교는'은 한정적 표현일 뿐만 아니라 화자가 논의하고자 하는 대상인 '화제(topic)'가 되므로, 문장의 서술부에 '그 학교'에 대한 구체적인 서술이 나타날 수 있다. 이와 달리 (7)의 A의 질문에서 미지칭인 의문사 '누가'는 화자와 청자가 모두 알지 못하는 대상에 해당한다. 그에 대한 답으로는 B의 발화가 적절하다. '철수가'에 격조사 '이/가'가 사용된 것은 화자와 청자가 함께 아는 정보가 아닌 신정보를 나타내며 문장의 초점이 되기 때문이다.

　이처럼 한정성은 명사구가 지시하는 대상에 대한 대화 참여자들의 인식 양상과 관련된다. 앞서 언급한 바와 같이 영어는 관사 체계에 이러한 인식이 반영되어 있지만, 한국어는 그러한 인식이 분명하게 드러나지 않는

더 알아보기

한정 명사구

영어에서는 정관사를 동반한 명사구를 '한정 명사구'라고 한다. 한정 명사구는 그 명칭에서 알 수 있듯이 대화 참여자가 모두 아는 대상이어야 하므로, 한정 명사구가 지시하는 대상은 그 존재를 전제(presupposition)한다고 본다. 그런데 이러한 한정 명사구가 가지는 '존재 전제'는 오래전부터 철학 분야에서 제기된 논쟁의 주제였다. 그것은 바로 이러한 한정 표현이 지시하는 대상이 존재하지 않을 경우, 과연 이 문장이 참이냐 거짓이냐 하는 것이다. 한정성의 문제는 화자와 청자의 앎의 문제이고 적어도 화자의 앎이 요구되는 것이므로 반드시 전제의 문제와 연결된다. 따라서 한정 명사구를 언급하는 경우에는 그 지시 대상의 존재가 반드시 전제되어야 한다고 할 수 있다. 전제에 대한 자세한 내용은 11장의 '더 알아보기: 함의와 전제'를 참조하기 바란다.

언어이다. 그러나 대체로 보조사 '은/는'은 한정성을, 격조사 '이/가'나 '을/를'은 비한정성을 나타내는 경향을 보인다. 사실상 한국어에서는 한정성이 문법적 장치만으로 표시되지 못하므로 한정성 해석을 위해서는 맥락이 매우 중요하다. 맥락상 드러나 있으며 화자와 청자가 모두 알고 있는 대상은 한정성을 가진다고 해석된다.

3) 특정성

한정성과 관련이 있으면서도 명사구가 갖는 또 다른 차원의 의미 특성이 있다. 한정성이 대화 참여자 모두에게 연관된 의미 특성이라면, '특정성(specificity)'은 화자가 해당 명사구의 지시 대상을 자기 마음속에 정해진 대상으로 가지고 있는 경우에 나타나는 명사구의 의미 특성이다. 다음 예를 살펴보자.

(8) 가. 그 책은 어제 내가 산 것이다.
　　나. 어제 산 책이 요즘 베스트셀러다.
　　다. 철수는 재미있는 책을 좋아한다.

(8가)의 '그 책'은 지시사의 수식을 받고 보조사 '은'을 동반한 한정적 명사구이다. 대화 참여자가 모두 지시 대상의 정체를 파악하고 있으므로 화자는 어떤 대상을 분명히 염두에 두게 되어 한정성뿐만 아니라 특정성을 갖게 된다. 반면 (8나)의 '어제 산 책'과 (8다)의 '재미있는 책'은 모두 비한정적이라는 공통점이 있으나 특정성에서는 차이가 있다. (8나)의 '어제 산 책'의 경우 화자는 이것이 가리키는 대상을 분명히 알지만 청자는 그렇지 않으므로 특정성을 가진다고 할 수 있다. 그러나 (8다)의 '재미있

는 책'은 비한정적이므로 청자가 지시 대상의 정체를 파악하지 못하는 것은 당연하지만, 화자의 경우 특별히 염두에 둔 대상이 있을 수도 있고 없을 수도 있다. 따라서 (8다)와 같은 문장은 특정성의 측면에서 중의적이다. 이러한 이유로 비한정적 명사구의 특정성은 실제로 결정하기 어려운 것이 일반적이다.

특정성에서의 중의성은 의문사가 사용된 전형적인 비한정 명사구가 있는 문장에서 더 분명히 나타난다. 다음의 예를 살펴보자.

(9) 가. 우리 학년의 학생들은 모두 <u>어떤</u> 친구를 좋아한다.
나. <u>누가</u> 집에 있다.

(9가)의 '어떤 친구'는 의문사인 관형어 '어떤'을 포함하는 비한정 명사구이며, (9나)의 '누가'도 의문사인 대명사 '누구'와 주격 조사 '가'의 축약된 결합형으로 역시 비한정적이다. 그러나 (9)에 나타난 이 두 명사구가 특정적인가 아닌가는 판정하기가 매우 어렵고 대체로 맥락에 따라 중의적이다. 이 두 문장을 발화한 화자는 특정 인물을 염두에 두고 말한 것일 수도 있고, 막연한 친구나 사람을 언급한 것일 수도 있기 때문이다.

이처럼 화자의 마음속에 어떠한 대상을 염두에 두느냐 여부와 관련된 특정성은 문장에 드러난 것만으로는 확정하기가 어려우며, 따라서 지극히 주관적이고 추상적인 개념이라고 할 수 있다. 덧붙여, 특정성은 화자의 앎의 문제와 관련이 있기 때문에 화자와 청자가 모두 지시 대상을 인지하고 있는 한정적 명사구에서는 논의할 필요가 없고 비한정 명사구에서 따져볼 만한 요소이다.

4) 지시와 화시

지금까지 살펴본 지시는 언어 표현과 개념, 그리고 실제 세계와의 연결 속에서 결정된다. 이는 오그던과 리처즈(Ogden & Richards, 1923 / 1986)의 의미 삼각형으로 대표되는 개념설과 관련이 있다. 이처럼 지시는 실제 세계와 연결되어 있고 그 세계에는 화자와 청자가 포함되어 있기 때문에, 지시의 양상은 모두 동일하게 나타나지 않는다. 즉, 언어 표현 중에는 맥락과 관계없이 지시 대상이 고정되어 있는 것들도 있고, 맥락에 따라 지시 대상이 결정되는 것들도 있다. 이 중 맥락에 따라 지시 대상이 결정되는 언어 현상을 '화시(話示, deixis)'라고 한다.[3] 화시를 나타내는 대표적인 언어 표현으로는 대명사와 '이, 그, 저'와 관련된 명사구가 있다.

화시 표현에서 지시 대상을 결정하는 맥락의 기준점을 '화시의 중심'이라고 한다. 이 화시의 중심을 참조하여 인칭, 시간, 장소 등의 지시 대상이 결정되는 것이다. 화시의 중심은 일반적으로 '나(I)-지금(now)-여기(here)'이다. 아래 (10)의 대화를 살펴보자.

(10) A: 너 지금 거기서 뭐 하니?
       B: 나 여기서 공부하지.

(10)이 한국에 있는 A와 외국에 있는 B가 오랜만에 통화하는 상황에서 이루어진 대화라고 가정하자. A가 말하는 '너'와 B가 말하는 '나'는 같은

....

3   'deixis'를 '직시(直示)'라고 하거나 '지시'라고 하는 경우도 있다. 박철우(2011: 2-3)는 '지시'는 너무 광범위하고 다른 개념과 혼동된다는 점을 지적하면서, '직시'가 통용되고 있기는 하지만 '발화 상황 속에서의 보여 줌'과 '(언어 기호를 통해서가 아니라) 직접 보여 줌'의 의미라는 측면에서 '화시'가 비교 우위에 있다고 주장하였다. 여기서는 이를 따라 'deixis'를 '화시'라고 부르기로 한다.

사람인 B를 지시한다. A의 '거기'와 B의 '여기'도 같은 장소로, 대화 당시 B가 거주하는 곳이다. 화시의 중심이 A와 B 각각의 입장에서 적용된 결과, 서로 다른 언어 표현이 동일한 대상을 가리키게 된 것이다. 이처럼 화시는 다른 언어 표현이 특정 담화 상황에서 특정한 기준인 화시의 중심을 기준으로 지시 대상을 결정하는 것이므로 일반적인 지시와는 다르다.

화시의 지시 관계는 특정한 맥락의 대화 참여자들 사이에서는 자연스럽게 수용되지만 그렇지 않으면 이해하기 어려운 경우가 많다. 특히 다음 (11)과 같이 화시 표현을 많이 포함하는 경우에는 대화 참여자가 같은 시간과 공간에 존재하지 않으면 그 뜻을 이해하기 어렵다.

(11) 그거 거기서 저기로 좀 치워.

(11)은 화자에게 가까운 개체인 '그거'를 청자에게 가까운 장소인 '거기'로부터 화자와 청자에게서 모두 먼 장소인 '저기'로 옮겨 달라는 뜻이므로 구체적인 장소는 대화 참여자들만이 알 수 있다. 즉, 화자와 청자는 화시의 중심을 비롯한 시·공간적 정보를 공유하고 있는 것이고, 이러한 측면에서 화시는 한정성을 가진다고 할 수 있다.

다음으로 화시의 유형에 대해 살펴보자. 화시는 인칭 화시, 공간 화시, 시간 화시 등으로 나눌 수 있다. 먼저 인칭 화시는 인칭 대명사와 관련된 것으로, 화자는 1인칭 '나', 청자는 2인칭 '너'로 표현된다. 또 화자와 청자가 아닌 제3자는 '그 사람'과 같은 3인칭으로 표현된다. 이러한 인칭 화시는 앞의 (10)에서 다룬 바와 같이 화시의 중심과 밀접한 관련이 있다. 그러면 공간 화시와 시간 화시에 대해 좀 더 자세히 알아보자.

공간 화시의 경우 한국어에서는 화자와 청자가 모두 기준점이 되어 화자에게 가까운 것은 '여기', 청자에게 가까운 것은 '거기', 화자와 청자 모두에게 먼 것은 '저기'로 표현된다. 이것은 지시 관형사 '이, 그, 저'의 표현과 동일하게 나타난다. 단, 대부분의 언어에서 공간 화시는 화자를 중심으로 결정된다. 화자 중심으로 공간 화시를 나타내는 대표적인 언어가 영어이다. 영어에서는 화자에게 가까운 대상이나 장소는 'this, here', 화자에게 먼 대상이나 장소는 'that, there'로 표현한다. 그러나 한국어와 일본어는 화자와 청자를 모두 고려해서 그 지시 대상이 결정된다. 즉, 한국어의 공간 화시는 '이, 그, 저'와 관련된 3원 대립을 이루고,[4] 영어는 'this/here, that/there'의 2원 대립을 이룬다고 요약할 수 있다.

또한 '가다, 오다' 같은 이동 동사도 공간 화시에 속한다. 화시의 중심인 화자에게 가까워지면 '오다'를, 멀어지면 '가다'를 사용한다. 그런데 화시의 중심이 화자가 아닌 다른 대상으로 바뀌는 경우가 있는데 이를 화시의 '투사(projection)'라고 한다.

(12)　가. 오늘 우리 아들 녀석이 학교에 <u>가지</u> 않았나 봐요.
　　　　나. 오늘 우리 아들 녀석이 학교에 <u>오지</u> 않았나 봐요.
(13)　가. I will <u>go</u> to you.
　　　　나. I will <u>come</u> to you.

(12가)와 (13가)는 화시의 중심이 화자인 경우이고, (12나)와 (13나)는 화시의 중심이 화자가 아닌 경우이다. 한국어에서는 (12나)와 같이 '학교'라는 위치를 일종의 기준이 되는 표준적인 위치로 생각하는 경우 화시의 중심이 옮겨진다. 반면 영어에서는 (13나)처럼 화시의 중심이 화자에서

....
4　스페인어나 라틴어도 3원 대립을 이룬다고 한다. 그러나 이 언어들은 화자만을 중심으로 화시의 체계를 나누고 있다. 화자에게 가까운 경우 'esto', 화자에게서 먼 경우 'eso', 화자에게서 가장 먼 경우 'aquello'를 사용하는데 이로부터 나온 개념이 '근칭(近稱), 중칭(中稱), 원칭(遠稱)'이다. 이는 한국어 지시 표현과 관련된 화시를 지칭할 때 사용되기도 하나 편의상의 용법이라 판단된다.

청자로 보다 자유롭게 이동하는 것으로 보인다. 이때 화자는 청자의 입장에서 상황을 기술하는 것으로 판단된다.

시간 화시는 대표적으로 시제를 들 수 있는데, 이는 발화 시점인 '지금'을 기준으로 과거, 현재, 미래의 시제가 결정되기 때문이다. 시제 형태소 '-었-, -겠-'이나 시간을 나타내는 명사 '지금, 어제, 오늘, 내일, 작년, 금년, 내년' 등이 대표적인 시간 화시에 속한다.

인칭 화시, 공간 화시, 시간 화시는 모두 상황 맥락에 의해 지시 대상이 결정된다. 이와 달리 바로 앞선 담화에서 언급된 언어 표현을 지시하는 경우도 있는데, 이러한 언어 현상을 담화 화시라고 한다.

> (14) 그는 <u>항상 최선을 다했다</u>고 했지만 <u>그것</u>은 단지 책임을 회피하는 수단이었다.

(14)에서 '그것'은 앞에 언급된 "항상 최선을 다했다"라는 담화의 일부를 다시 지시하는 것이다. 이러한 담화 화시는 대표적인 상위 언어적 용법이다.

한편 담화 화시와 구별해야 하는 언어 현상으로 '조응(anaphora)'이 있다.[5] 조응은 앞선 담화에서 언급된 대상을 지시하는 현상이다. 다음은 조응 현상의 예이다.

> (15) 가. 철수$_i$는 늘 자기$_i$ 동생을 챙긴다.
> 나. 나한테는 <u>오래된 빨간 자전거$_i$</u>가 있다. <u>그것$_i$</u>을 보면 늘 옛 추억이 생각난다.

....

5 '조응' 대신에 '대용(代用)'이라는 용어를 사용하기도 한다. 또는 '대용'을 조응과 화시를 모두 포함하는 개념으로 사용하는 경우도 있다.

(15가)의 '자기'는 문장의 3인칭 주어를 다시 나타내는 재귀 대명사로, 전형적인 조응 현상을 보인다. 또한 (15나)의 '그것'은 앞 문장의 '오래된 빨간 자전거'와 동일한 지시 대상을 가리키는데, 이 역시 전형적인 조응 현상이다. 이처럼 조응 표현과 담화상의 앞선 표현인 선행사는 서로 지시하는 바가 동일하여 공지시적(co-referential)이라고 한다. 단, 조응이 앞선 담화의 일부와 관련이 있는 것은 분명하나 언어 표현 자체를 지시하는 것은 아니므로 조응과 담화 화시는 구별되어야 한다.

2

양화

1) 양화의 개념

언어 표현을 통해 수량을 표현하는 것을 '양화(量化, quantification)'라고 한다. 그리고 수량을 표현하는 양화 표현을 '양화사(quantifier)'라고한다. 흔히 양화사를 동반하는 것만을 양화라고 생각하기 쉬우나, 강범모(2018: 86)가 언급한 대로 넓게 보면 모든 일반적 진술이 양화와 관련된다고 볼 수 있다. 다음 문장을 살펴보자.

(16) 가. 아이가 뛰어간다.

나. <u>모든</u> 친구들이 웃었다.

다. 학생 <u>셋</u>이 모여 있다.

(16나)와 (16다)는 밑줄 친 부분과 같이 양화사를 수반하고 있지만, (16가)에는 명확한 양화사가 사용되지 않았다. 그러나 (16가)에도 최소 한

명의 아이가 존재함은 분명히 전제되어 있다. 그렇기에 (16가)는 '한 아이가 뛰어간다' 또는 '어떤 아이가 뛰어간다'로 환언할 수 있다. 따라서 자연 언어의 모든 일반 진술은 양화 현상을 수반한다고 볼 수 있다.

이러한 양화 현상은 논리학에서 주로 다루어져 왔고, 수량이 하나인 개체에 대한 '존재 양화(existential quantification)'와 모든 수량의 개체에 대한 '보편 양화(universal quantification)'가 양화 기호로 표상되었다.[6] 전자는 '존재 양화사'라 하고 양화 기호 '∃'로 표상하며, 후자는 '보편 양화사'라 하고 양화 기호 '∀'로 표상한다. (16가)와 (16나)를 양화 기호를 포함한 논리식으로 표상하면 다음과 같다.

(17) 가. $\exists x[\text{KID}(x) \wedge \text{RUN}(x)]$
    나. $\forall x[\text{FRIEND}(x) \rightarrow \text{LAUGH}(x)]$

존재 양화가 사용된 (17가)는 '어떤 개체 x에 대해서 그 개체가 아이이고 그 아이는 뛰어간다'로 풀이된다. 보편 양화가 사용된 (17나)는 '모든 개체 x에 대해서 그 개체가 친구이면 그 개체는 웃는다'로 풀이된다.[7]

자연 언어에 나타나는 양화 현상을 (17)과 같이 논리적인 방식으로 접근한 최초의 학자는 리처드 몬터규(Richard Montague)였다(강범모, 2018: 87). 몬터규는 자연 언어의 의미를 생성 통사론에 맞추어 합성성의 원리에 따라 조합되는 과정을 제시하였다.

....
6   '보편 양화'는 '전칭 양화'로, '존재 양화'는 '특칭 양화'로 불리기도 한다.
7   강범모(2018: 87)에서 밝힌 바와 같이 이러한 논리 형식의 단점은 양화 표현 그 자체를 표상하지 못한다는 것이다. (17가)와 (17나)는 문장 전체의 의미를 표상하기는 하지만, '어떤 아이'나 '모든 친구'를 표상하는 논리적 기호는 없다. 다시 말해 논리식은 언어 표현의 의미 전체를 전달할 수는 있으나, 그 표현이 갖는 형식을 그대로 옮기지 못한다는 한계가 있다. 이후 형식 의미론에서는 람다(lambda) 연산자를 사용하여 이를 극복하였다.

국어 의미론에서의 양화 표현에 관한 연구는 주로 양화 표현의 위치 이동 등을 다루는 정도에서 이루어졌다. 이는 의미에 관한 연구이기도 하지만 양화 표현의 통사적 특성을 밝히는 것이므로 의미론 연구의 맥락에서는 약간 벗어난 것이기도 하다. 그러나 다음과 같은 '양화사 영향권 중의성'의 문제는 순수한 의미의 문제이므로 양화사의 속성에 대한 연구가 반드시 필요하다고 할 수 있다.

(18) 가. 모든 사람은 어떤 사람을 사랑한다.
      나. 모든 사람이 좋아하는 사람이 한 명씩 있다. $\forall x \exists y [\text{LOVE}(x, y)]$
      다. 모든 사람이 특정한 사람 한 명을 좋아한다. $\exists y \forall x [\text{LOVE}(x, y)]$

(18가)의 문장은 (18나)로도 (18다)로도 해석 가능하다. 이는 결코 양화사의 표면적 위치 변화의 문제가 아니라 보편 양화사인 '모든'과 존재 양화사인 '어떤'의 의미 영향권(scope) 차이로 인해 발생하는 것이다. 이때 '영향권'이란 양화사가 영향을 미치는 범위를 말한다. (18나)와 같이 해석될 경우에는 보편 양화사의 영향권 범위가 존재 양화사보다 큰 것이고, (18다)와 같이 해석될 경우에는 존재 양화사의 영향권 범위가 보편 양화사보다 큰 것이다. 그 차이는 논리식에서 양화사의 위치로 나타나고 있다. (18다)와 같은 해석에서는 맥락에 따라 '어떤 사람을'이 특정성을 가질 가능성이 매우 높다.[8]

....
8 (18다)에 대해 이러한 의미로 해석하기가 어렵다고 느껴질 수도 있으나, '어떤 사람을'이 특정한 강세를 받는 경우에는 분명히 실현되는 의미이다.

2) 일반 양화사

앞에서 언급한 바와 같이 일반 진술이 모두 양화 현상과 관련되어 있고 엄연히 (16다)와 같은 문장이 빈번하게 사용되기 때문에, 양화사에 보편 양화사와 존재 양화사만 있는 것은 아니다. 그렇다면 이 두 양화사를 제외한 다른 양화사는 어떻게 표상해야 할 것인지가 양화와 관련된 연구에서 또 다른 과제가 되었다. 또한 명사구에 대한 양화뿐만 아니라 부사, 보조 용언, 조사나 어미 등에 의한 양화도 나타난다.

(19) 가. 철수는 항상 아침 6시에 일어난다.
     나. 나는 날마다 책을 30분씩 읽는다.
     다. 영희는 동네 공원을 산책하곤 한다.

(19가)는 모든 시간 범위에서 '철수가 아침 6시에 일어나는 일'이 발생한다는 것을 의미하고, (19나)는 '내가 책을 30분씩 읽는 일'이 매일 발생한다는 것을 나타낸다. 반면 (19다)는 모든 시간 범위에서 '영희가 동네 공원을 산책하는 일'이 가끔 발생하는 것을 나타낸다. (19)에서 나타나는 양화는 개별적인 개체에 대한 양화가 아니라 발생하는 일, 즉 사건에 대한 양화가 된다. (19가)와 (19나)는 보편 양화적인 특성을 보이며 (19다)는 존재 양화적인 특징을 보인다.

앞에서 살펴본 개체에 대한 양화나 사건에 대한 양화, 그리고 보편 양화와 존재 양화에 속하지 않는 양화의 경우도 모두 수량에 대한 언어 표현임에 틀림없다. 이렇게 되면 보편 양화사와 존재 양화사만으로는 자연 언어의 양화 표현을 충분히 표상할 수 없게 된다. 이러한 단점을 보완하기 위해 양화 표현을 모두 '일반 양화사(generalized quantifier)'에 포함하고 표 8-1과 같은 삼부 구조(tripartite structure)로 표상할 수 있다.[9]

표 8-1 양화의 삼부 구조의 예(강범모, 2018: 91)

연산자	제약부	영향권
모든(∀), 어떤(ᴣ)	보통 명사	서술부
언제나	조건절('-면')	주절
대개	전제	단언
일반적으로	주제	평언
반드시	배경	초점
항상	⋮	⋮
⋮		

연산자(operator)는 존재 양화사나 보편 양화사 등의 양화사를 말하고, 제약부(restrictor)는 명사와 같은 양화의 제한 영역을 나타내며, 영향권(nuclear scope)은 서술부 등의 양화 작용 범위를 말한다.[10] 제약부는 연산자인 양화사가 적용되는 제한 영역을 제시하는 것으로, 양화사가 명사구에 수식을 하는 경우를 일반 양화사로 본다면 양화 현상이 나타나는 영역은 실제로 수식을 받는 명사가 지시하는 집합이 된다. 이것을 바와이즈와 쿠퍼(Barwise & Cooper, 1981: 170)에서는 "양화사가 수식하는 명사구의 의미는 수식받는 명사를 근거로 존재한다."[11]라고 언급하고 있다.

(20) 가. 많은 학생이 시험을 쳤다.

　　　나. 어떤 아이가 영리하다.

....

9　이러한 연구 결과는 자연 언어에 적용되는 술어논리를 발전시키는 과정에서 도출되었다. 일반 양화사 이론의 대표적인 연구로는 바와이즈와 쿠퍼(Barwise & Cooper, 1981) 등이 있다.

10　강범모(2018: 91)에서는 '영향권'이 아닌 '작용역'이라는 용어를 사용하였다. 여기서는 앞 용어와의 통일성을 유지하기 위해 '영향권'이라는 용어를 사용한다.

11　원문은 "If D is a non-logical determiner symbol then $\parallel D \parallel$ assigns to each set A some family of sets that lives on A."이다.

(20가)는 학생의 집합에 속한 개체들 중에서 시험을 치른 개체의 수를 따져서 그 수가 '많다'라는 양화 표현에 맞다는 것을 의미한다. (20나)도 아이의 집합에 속한 개체들 가운데 영리한 개체가 최소 한 명 존재한다는 것을 의미한다. 양화 표현의 이러한 의미 속성은 (20′)와 같은 벤다이어그램으로 표상할 수 있다.

(20′)   가.   나.

(20′가)를 보면 '학생의 집합'과 '시험 치는 사람의 집합'의 교집합인 회색 부분에 의해 '많다'의 정도가 결정됨을 알 수 있다. 이는 결국 학생의 집합만 고려하면 된다는 말이다. (20′나)는 '아이의 집합', '영리한 개체의 집합'의 교집합인 빗금 부분이 최소 한 명에 해당함을 의미한다. 이 역시 '아이의 집합' 안에서 영리한 개체의 수를 헤아리면 된다는 것을 말한다.

이러한 양화사의 해석 방식은 다음과 같은 명사구에서도 확인된다.

(21)   가. 작은 고래
       나. 큰 새우

(21)에서 '작다'과 '크다'의 의미는 어떻게 결정되는 것일까? 아마 (21가)의 '작은 고래'가 (21나)의 '큰 새우'보다 클 것이다. 이렇게 생각하면 '작다'와 '크다'의 의미가 모순되는 것처럼 느껴진다. 그러나 이러한 크고 작음의 의미가, 수식을 받는 명사가 나타내는 집합 내에서 결정된다고 본다면 모순이 아니다. (21가)의 '작은 고래'는 고래 중에서 작은 것들을 말하는 것이고, (21나)의 '큰 새우'는 새우 중에서 큰 것들을 말하는 것이므

로 피수식 명사의 집합 내에서 그 상대적 크기에 의해 가려진다고 할 수 있다.

마지막으로 일반 양화사의 관점에서 짚어 둘 것은 영어나 독일어 등의 양화 표현과 한국어의 양화 표현 간 차이점이다. 영어나 독일어 등은 연산자인 양화사가 명사 앞에서 한정사로 실현되는 경우가 많다. 즉, 한국어의 관형어와 유사한 형식으로 실현되는 것이다. 그러나 한국어는 관형어처럼 명사구의 한정사로 나타나는 경우보다는 부사나 조사, 또는 보조 용언 구문으로 실현되는 경우가 많다.

> (22) 가. <u>No</u> student came.
>
> 나. 학생들이 아무도 안 왔다.
>
> (23) 가. <u>Every</u> student came.
>
> 나. 학생들이 모두 왔다.
>
> 나′. 모든 학생들이 왔다.

영어의 예인 (22가)에서는 한정사 자체가 부정을 의미하므로 별도로 동사를 부정할 필요가 없다. 그러나 이에 대응하는 한국어 예인 (22나)에서는 부정 극어(negative polarity item: NPI)[12]인 '아무도'가 있음에도 부정소를 사용하여 서술어를 부정해야만 한다. 그리고 (23가)는 (23나)와 (23나′)에 모두 대응한다. 영어 한정사 'every'가 한국어에서는 부사 '모두'와 관형

....

12 부정 극어는 부정의 맥락에서 사용되어 문장의 의미를 강조하는 언어 표현으로 척도상의 극한값을 나타낸다. 한국어의 극어는 '전혀, 절대'와 같은 부사로도 실현되지만, '아무도, 누구도, 하나도'와 같이 '명사(구)+도'의 형태로 실현되는 경우가 많다. (22나) 외에 부정 극어가 사용된 예를 살펴보면 다음과 같다.
(a) 그 부자는 자식들에게 유산을 하나도 남기지 않았다.
(b) 철수는 그곳에 가 본 적이 전혀 없다.

사 '모든'으로 번역이 가능하기 때문이다. 이 또한 한국어의 양화 표현은 동사를 수식하는 구조가 두드러지게 나타난다는 방증이라고 할 수 있다.

3) 총칭성

우리가 명사구나 문장들을 사용하는 경우는, 앞서 본 보편 양화적인 진술보다 그 범주의 개체나 어떤 일반적인 상황을 진술하기 위한 것이 대부분이다. 이러한 명사구나 문장들을 '총칭성(genericity)'을 가졌다고 하고, 총칭성을 가진 문장을 '총칭문', 그리고 총칭성을 가진 명사구를 '총칭 명사구'라고 한다. 다음을 살펴보자.

(24) 가. 새는 난다.
나. 이 연필은 잘 써진다.

(24가)는 '새'라고 하는 종류의 속성에 대한 일반적인 진술로, 전형적인 총칭문이다. 또한 이때 사용된 주어 명사 '새'도 조류라는 종에 대해 언급하고 있다. 이 문장은 전형적인 새의 일반적인 속성에 대한 진술이므로 조류에 속하는 모든 개체가 다 날지 못해도 총칭문은 수용 가능하다. 다시 말해 '닭, 타조, 펭귄'처럼 조류이지만 날지 못하는 개체가 존재한다고 해도 (24가)는 성립한다.

그런데 (24나)는 (24가)와는 조금 다른 양상을 보인다. 일단 '이 연필'이라는 주어가 일반적인 종류에 대한 진술이 아니며 한정적인 대상을 가리키는 것으로 보인다. 즉, 이 문장은 '이 연필'이 필기감이 좋다든지 성능이 좋다는 일반적인 속성에 대한 진술이다. 대체로 이때 속성적인 의미로 나타나는 것은 개체 층위 서술어(individual-level predicate)로, 어떤 대상의 영속적인 속성을 나타낸다.[13] 이는 명사구는 총칭성이 없으나 문장 전체가 총칭문이 되는 경우이다.

총칭성은 양화의 특수한 경우로 볼 수도 있지만 예외를 허용한다는 점에서 매우 다르다. 다만 앞에서 언급한 '항상, 늘'과 같은 부사, '마다'와 같은 보조사, 그리고 '-곤 하다'와 같은 반복의 보조 용언이 사용되면 그 문장을 총칭문으로 볼 수 있다.

(25)　가. 우리 할아버지는 늘 아침 8시에 식사를 하신다.

나. 사람들은 주말마다 등산을 한다.

다. 나는 가까운 곳으로 여행을 가곤 한다.

(25)의 문장들은 주어 명사구의 총칭성과는 상관없이 부사나, 보조사, 보조 용언을 사용하여 반복적·일반적으로 일어나는 사건을 나타냄으로써 총칭성을 획득하고 있다. 이때는 보편 양화적인 해석보다는 습관적인 행위를 나타내는 의미로 해석된다.

앞의 (24)와 (25)의 총칭문을 보면 한국어 총칭문의 일반적인 특징을 정리해 볼 수 있다. 우선 총칭문의 주어에는 주로 보조사 '은/는'이 결합하는 경향이 있다.[14] 또한 개체 층위 술어는 영속적인 속성을 나타내므로 총칭문의 서술어로 사용된다.

....

13　개체 층위 서술어에는 주로 객관성 형용사인 '크다, 작다, 무겁다, 가볍다, 높다, 낮다' 등이 속한다. 이와 대비되는 것으로서 일시적으로 나타나는 속성이나 동작에 대한 서술어는 단계 층위 서술어(stage-level predicate)라고 한다. 대체로 주관성 형용사인 '고프다, 아프다, 좋다' 등이 여기에 속한다. 아래 예들에서 볼 수 있는 것처럼 단계 층위 서술어는 현재 시점과 관련이 있는 '지금' 등의 시간 표현과 함께 나타날 수 있다.

(a) 나는 (지금) 배가 고프다.

(b) (지금) 저 아이가 위험하다.

14　전영철(2013: 145)은 '는'이 명사구와 문장 차원에서 모두 총칭성과 무관하게 실현된다고 주

4) 복수성

양화 현상은 수량에 관한 것이므로 이와 함께 고려되어야 할 것이 '복수성(plurality)'이다. 한국어에는 단수와 복수라는 수(number)의 문법 범주가 없다. 그렇지만 한국어 모어 화자에게 단수와 복수라는 개념 자체가 없는 것은 아니다. 한국어에도 {들}이라는 복수 표지가 엄연히 존재하고,[15] 필수적인 문법 범주는 아니지만 복수의 개념을 실현하고 있다. 다만 복수의 문법 장치가 규칙적으로 적용되거나 문장의 문법성에 거의 영향을 주지 않기 때문에 문법 범주가 없다고 판단하는 것이다. 특히 다음과 같이 복수를 나타내는 부사어가 사용되면 복수 표지 {들}은 사용되지 않는 경우가 많다.

(26)　가. 학생이 많이 왔다.

　　　　나. 학생들이 많이 왔다.

'많이'라는 부사어가 복수의 개념을 나타내기 때문에 (26)에서와 같이 복수 표지 {들}이 나타날 수도 있고 그렇지 않을 수도 있다. 어찌 보면 이러한 문장에서 복수 표지 {들}의 실현은 순전히 화자의 의도에 따라 결정된다고 할 수 있다.

복수성은 기본적으로 셀 수 있는 대상에 대해 성립하는 개념이므로 주

....

장한다. 이 의견은 좀 더 깊은 고찰이 필요한 문제이다. '는'이 반드시 총칭문을 구성한다고 보기는 어렵지만, 그러한 경향성은 상당하다고 판단되므로 경향성 정도로 언급하기로 한다.

15 한국어의 복수 표지 {들}은 매우 다양한 문법적 지위를 갖는다. 일반적으로 가산 명사에 붙는 경우에는 접미사 '-들', 불가산 명사나 다른 품사나 형태에 붙을 경우에는 보조사 '들', 그리고 '사과, 배, 밤 들'과 같이 나열을 할 경우에는 의존 명사 '들'로 분류된다. 따라서 여기서는 그냥 복수 표지의 형태소로 취급하여 {들}로 표기하기로 한다.

로 명사와 관련지어 나타난다. 한국어의 복수 표시는 문장의 문법성에 거의 영향을 주지 않고 수의적으로 나타나기 때문에 문장의 의미에 거의 기여하는 바가 없다고 보는 경우가 많다. 그러나 전영철(2013: 172-173)에서 밝힌 것처럼 복수 표지 {들}이 문장 의미에 차이를 가져오는 경우도 있다. 다음 문장들을 살펴보자.

(27) 가. 학생이 왔어요.
      나. 학생들이 왔어요.

(27가)는 단수의 학생일 수도 있으나, 여러 명의 학생을 하나의 집단으로 취급하여 단수로 언급하고 있다고 볼 수도 있다. 반면 (27나)는 각각의 학생들이 왔음을 복수로 언급하는 것이다.

또한 다음과 같이 무정 명사의 경우에도 단수와 복수의 의미 차이가 나타난다.

(28) 가. 이 공원에는 나무가 많다.
      나. 이 공원에는 나무들이 많다.

(28가)는 나무의 종류와 상관없이 나무가 많음을 의미하지만, (28나)와 같이 복수 표지를 붙이면 나무의 종류가 다양하다는 의미로 해석되기 쉽다.

잘 알려진 것처럼 한국어의 복수 표지 {들}은 다음과 같이 불가산 명사, 부사, 체언과 조사 결합형, 용언의 활용형 등에도 결합한다. 다음의 예를 살펴보자.

(29) 가. 어서들 안으로 들어와서 앉으세요.

나. 어서 안으로들 들어와서 앉으세요.

다. 어서 안으로 들어와서들 앉으세요.

라. 어서 안으로 들어와서 앉으세요들.

(29)에서 확인되듯이 '들'은 대부분의 문장 성분과 결합하여 생략된 주어의 복수성을 나타낼 수 있다. 반면 전영철(2013)에서는 이러한 경우를 사건의 복수성을 나타낸다고 설명한다. 주어의 복수성이란 개념도 결국 사건이 복수로 실현됨을 언급하는 것이므로 서로 관련된 주장이라고 볼 수 있다.

그런데 서술어의 유형에 따라 복수 명사구 주어가 나타나는 문장의 해석에 차이가 나기도 한다. 다음과 같이 복수 명사구 주어 문장에서 '모이다'와 같은 서술어는 집단적 해석을 유발하고, '먹다'와 같은 서술어는 배분적 해석을 유발한다.

(30)　가. 학생들이 학교에 모였다.

　　　나. 학생들이 밥을 먹는다.

(30가)에서는 '학생들'이 개별적인 존재가 아니라 전체로 인식되어 집단으로 모인 것을 의미한다. 반면 (30나)에서는 학생들이 개별적인 존재로 인식되어 별도로 밥을 먹는 것을 의미한다. 다음과 같이 '각자'라는 부사를 넣은 문장을 살펴보면 이러한 양상은 더욱 뚜렷해진다.

(31)　가. *학생들이 각자 학교에 모였다.

　　　나. 학생들이 각자 밥을 먹는다.

집단적 해석을 보이는 (31가)에서는 '각자'가 나타날 경우 비문법적 문장이 되지만, 배분적 해석을 보이는 (31나)에서는 의미가 더욱 명징해질 뿐 비문법적인 문장이 되지 않는다.

또한 명사들 가운데는 {들}을 붙여 복수로 실현되었을 때 단수와 다른 해석을 가지거나 애초에 복수의 개념을 포함하는 것들이 있다.

(32) 가. 오늘 이 자리에 가족이 와 주어 매우 기쁩니다.

나. 오늘 이 자리에 가족들이 와 주어 매우 기쁩니다.

(33) 가. 이달에 위원회가 계속 열린다.

나. 이달에 위원회들이 계속 열린다.

(32)의 '가족'과 (33)의 '위원회'는 모두 집단을 가리키지만 단수형과 복수형으로 실현될 때 그 의미가 다르다. '가족'은 (32가)와 같이 단수로 사용될 경우 가족 구성원인 개체를 나타낼 수도 있고, 집단으로서의 가족을 의미할 수도 있다. 또 (32나)와 같이 복수로 사용될 경우에도 복수의 가족 구성원과 집단인 가족의 복수를 모두 의미할 수 있다. 반면 (33)의 '위원회'는 반드시 집단만을 가리켜서 (33가)에서는 하나의 위원회가, (33나)에서는 복수의 위원회가 반복적으로 열리는 것을 의미하는 경향이 있다. 박철우(2010)에서는 '가족'과 같은 유형의 명사를 '집합 명사'로, '위원회'와 같은 유형의 명사를 '집단 명사'로 분류하고 있다.

연습 문제

1 짧은 텍스트를 정해서 명사구의 한정성과 특정성을 분석하시오.

2 다음 문장의 중의성에 대해서 논리식을 세워 설명하시오.

> 모든 학생이 오지 않았다.

3 집단 명사와 집합 명사의 특징을 찾아보고 '경찰, 국군' 등의 명사는 어디에 속하는지 설명하시오.

읽을거리

- 지시에 대해서는 오그던과 리처즈(Ogden & Richards, 1923 / 1986), 라이언스(Lyons, 1977 / 2011), 심재기 외(1984), 강범모(2018)에서 기본적인 개념을 참고할 수 있다. 나아가 한국어의 지시와 관련된 종합적인 논의는 전영철(2013)에서 찾아볼 수 있다.
- 라이언스(Lyons, 1977 / 2013)는 화시의 기본적인 개념을 잘 설명하고 있다. 한국어의 화시에 대한 초기 연구로 대표적인 것은 장석진(1972, 1984), 김일웅(1982) 등이 있고, 이후에 이루어진 연구로는 양명희(1996), 민경모(2007), 박철우(2011) 등이 있다.
- 바와이즈와 쿠퍼(Barwise & Cooper, 1981)는 양화의 기본 개념을 다루고 있으며, 특히 수학과 형식 논리학에 근거를 두고 논의를 진행하였다. 강범모(2018)에서는 이 기본 개념에 좀 더 쉽게 접근할 수 있을 것이다. 한국어 양화사에 대한 초기 연구는 김영희(1976)가 대표적이며 대체로 통사적 접근이다. 한국어 양화사의 의미에 대한 연구는 박철우(2012), 전영철(2013)을 참고할 수 있다. 복수성과 총칭성에 대해서는 박철우(2005, 2010), 전영철(2013)을 살펴볼 수 있다.

9장

의미역과 구문

다음 대화는 딸이 어머니에게 깜짝 선물을 주려는 상황이다.

> 민지: 어머니, 제가 어머니한테 선물 하나…
>
> 어머니: (민지의 말이 끝나기 전에) 아! 선물을 준다고! 무슨 일이야, 진짜 고마워.
>
> 민지: 이번에 장학금도 타고 알바비도 나와서 그냥 조그마한 거 하나 샀어요.
>
> 어머니: 야, 우리 딸 다 컸네. 엄마한테 선물도 사 주고. 근데, 뭐 바라는 거 있는 거 아니지?
>
> 민지: 아니에요, 바라는 거 없으니 걱정 마세요. 다음에 또 기대하세요.

어머니는 민지에게 선물을 받는다는 것을 전혀 모르고 있는 상태에서 민지의 말이 다 끝나기 전에 "선물을 준다고!"라고 말했다. 민지가 '선물 하나'까지만 말했음에도 어머니는 즉각적으로 '주다'를 떠올린 것이다. 우리는 'A가 B에게 C를'이라는 문장 형식을 듣는 순간 'A가 B에게 C를 보내는 상황'을 떠올리는 경우가 많다. 'A가 B에게 C를'에서 A, B, C의 어휘 의미로부터 수여의 의미를 찾을 수 없는데도 말이다. 예를 들어 식당에서 "죄송하지만 저한테 그 소금 좀…"이라는 말을 들으면 '건네다, 주다'와 같은 서술어가 쓰이지 않아도 "아, 달라고요."라는 반응을 보이거나 별다른 말을 하지 않고 소금을 건네기도 한다.

수여 행위와 관련한 문장을 찾아보면 서술어는 '주다, 맡기다, 건네다, 기증하다' 등으로 다르지만 동일한 형식이 반복되는 것을 볼 수 있다. 이렇게 우리가 어떤 것을 다른 사람에게 주거나 보낼 때 특정한 문장 형식을 반복적으로 사용하면, 그 형식이 굳어지면서 구문이 되어 그 자체가 의미를 가지게 된다. 그리고 이때 사태 참여자인 A, B, C는 수여 사건에서 각각 일정한 의미적 역할을 수행한다. 이 장에서는 문장과 사태의 연관성을 알아보고, 사태 참여자의 의미적 역할 및 구문의 개념과 유형에 대해 알아보도록 한다.

1

사태와 문장

어떤 상황을 본 화자가 다른 사람에게 그 상황과 관련된 내용을 전하기 위해 문장을 만든다면 어떻게 할까? 먼저 관련된 내용의 사태를 드러낼 수 있는 적절한 동사를 고르고, 그 동사가 요구하는 명사 등을 이용하여 문장의 기본적인 뼈대를 구성할 것이다.

좀 더 구체적으로 보면, 위 그림을 문장으로 구성할 때 한국어 화자는 대개 동사 '읽다'(또는 '보다')를 선택할 것이다. 그리고 '읽다'를 이용하

여 사태를 언어화한다면 문장 구성의 핵인 '읽다'의 특성에 따라 '읽다'와 어울리는 적정한 수의 명사와 함께 문장을 구성할 것이다. 이렇게 문장은 문장의 핵인 동사와, 동사의 의미적 특성에 따라 요구되는 명사들에 의해 구성된다.

그런데 '읽다'가 요구하는 문장의 통사 정보와 의미 정보는 일종의 자질 형태로 단어의 내부에 저장되어 있다. 문장을 만드는 데 사용되는 어휘들이 머릿속에 저장되어 있는 곳을 어휘부라고 하며, 이 어휘부의 정보들은 각 어휘의 문법적 특성을 보여 줄 뿐만 아니라 이러한 정보를 가진 각 어휘가 문법의 각 부문과 층위에 반영되어 어떠한 문법적 기능을 수행할지 대략적인 윤곽을 제시한다.

(1) 읽다: 가. [-N, +V]　　나. NP NP

(1)의 표시 방법은 '읽다'가 명사가 아니라 동사이며, 명사구 두 개를 요구한다는 정보를 담고 있다. 이처럼 동사가 문장을 구성할 때 필요한 요소를 논항(論項, argument)이라 한다. 그런데 필요한 논항만을 표기한 (1)은 통사적으로 적격한 조건을 드러내기는 하지만, 의미적으로 완전한 문장을 만들 수 있는 정보를 충분히 전달하고 있지는 않다. 그래서 아래 (2)와 같이 동사 '읽다'는 두 개의 논항을 취하며, 한 논항은 행위를 하는 주체이고 다른 논항은 행위의 대상이라는 의미 정보를 의미 자질로 추가한다. 이처럼 논항의 의미적 역할을 나타내는 행위주, 대상 등을 의미역(意味役, theta-role)이라 한다.[1]

....

1　논항과 의미역은 해게만(Haegeman, 1994)이 제시한 연극 비유로 쉽게 이해할 수 있다. 연극이 이루어지려면 대본이 필요하고, 이 대본에는 등장인물과 그 등장인물이 맡는 역할이 제시되어 있다. 마찬가지로 문장이 이루어지려면 동사가 필요한데, 이 동사에는 논항과 그 논항에 대응되는 의미역이 정해져 있다.

(2) 읽다: 가. X, Y   나. 행위주, 대상

이러한 '읽다'의 어휘 정보를 통해 "수미가 책을 읽었다."는 가능하지만, (3가)~(3다)와 같은 문장이 불가능하다는 점을 설명할 수 있다.

(3) 가. *수미가 읽는다.
　　나. *책을 읽는다.
　　다. *책이 수미를 읽는다.

　명사구가 하나만 있는 (3가)와 (3나)는 문장을 구성하는 데 필요한 논항을 모두 갖추지 않았기 때문에 비문법적이다. (3다)는 논항은 모두 있지만 '읽다'의 어휘 정보는 '행위주'와 '대상'을 요구하는데, '책'은 행위주가 될 수 없으며 '수미'는 '읽다'가 아닌 다른 동사(예: 사랑하다, 부르다)에서는 대상이 될 수 있지만 읽는 행위의 대상이 될 수는 없기 때문에 비문법적 문장이다. 이렇듯 동사의 어휘 정보에는 문장을 구성할 때 필수적인 논항의 개수와 그 논항의 의미역이 포함되어 있다. 동사의 논항 정보는 문장의 통사 구조를 결정하며, 의미 정보에 따라 논항 수를 결정한다.
　이상과 같이, 문장은 화자가 경험하는 사태(event)와 밀접한 관련을 맺고 있다.[2] 화자가 자신이 직간접으로 경험한 사태를 다른 사람에게 알리려고 문장을 구성하는 경우, 해당 사태에서 가장 주목하는 행위나 상태를 나타내는 동사를 선택한다. 문장의 핵인 동사에는 문장의 구조를 결정하

....

2　크로프트(Croft, 1998)는 인간이 경험하는 외부 세계를 개체(object)와 사태(또는 사건)로 나눌 수 있다고 하였다. 그에 따르면 개체는 명사로 언어화되고 사태는 문장으로 언어화된다. 개체는 물리적 환경에서 공간적으로 독립해 있고 조작 가능하며 시간 속에서 안정적으로 존재하기 때문에 개체화할 수 있고 파악하기 쉽다. 이에 비해 사태는 시간 속에서 흘러가며 물리적 조작이 불가능하고 복잡한 관계 양상을 보이기 때문에 개체화하거나 파악하기 어렵다.

는 논항 정보 및 의미 정보가 담겨 있는데, 화자는 그에 맞는 논항(명사구)의 수와 의미역(주어진 의미적 역할)[3]을 고려하여 적격한 문장을 구성한다. 따라서 문장을 구성하는 정보들은 '사태, 의미역, 구문'으로 개념화할 수 있다.

....

3   단어나 구가 아닌 'A가 B에게 C를'과 같은 특정한 문장 형식이 어휘 이상의 의미를 나타내는 때도 있다.

2

사태 참여자와 의미역

1) 사태 참여자의 의미 역할

동사는 문장을 구성하는 핵심적 요소로서 그 의미에 따라 적절한 논항을 요구한다. 그리고 동사는 논항의 수뿐만 아니라 논항의 의미에 대한 정보를 가진다. 즉, 논항은 문장에서 통사적 기능과 더불어 의미적 기능을 수행하며, 이에 따라 논항은 동사의 의미 정보와 대응된다. 예를 들어 '읽다'는 두 개의 논항을 요구한다는 정보와 함께, 두 논항 중 하나인 주어는 읽는 행위를 수행하며 다른 하나인 목적어는 읽는 행위의 대상이 된다는 의미 정보를 가지고 있다. 또 '주다'는 세 개의 논항을 취하며 주격 논항은 무엇인가를 건네는 행위를 수행하고, 목적격 논항은 주는 행위에 의해 영향을 받아 이동을 하는 대상이며, 여격 논항은 대상을 주는 목표라는 의미 정보를 가지고 있다.

다시 말해 동사와 형용사가 서술어로 문장을 구성할 때는 의미 특성에 따라 한 개 이상의 논항을 취하며, 이 논항들은 서술어와 연관되어 행위의 주체, 대상, 목표와 같은 일정한 의미상의 관계를 가진다. 이와 같이 논항이 서술어와 맺고 있는 일정한 의미 관계를 의미역 관계(thematic relation)라 한다. 또한 논항에 대응되는 의미역을 밝히고, 논항들 사이의 의미역 관계를 규명하려는 이론을 의미역 이론(theta(θ)-role theory)이라 한다.

의미역 이론은 우리가 문장을 이해하고 설명하는 데 어떤 도움을 줄까? 먼저 서술어의 의미역 정보는 문장 구조가 과잉 생성되는 것을 방지하는 기능을 한다. 예를 들어 서술어 '사랑하다'는 두 개의 논항을 취하고, 각각의 논항은 사랑이라는 심리적 경험을 겪는 경험주와 사랑의 대상이라는 의미역 정보를 가진다. 이러한 의미역 정보를 만족하는 문장은 문법적이지만, 그렇지 않은 문장은 비문법적이다.

    (4) 사랑하다: NP(행위주) NP(대상)

        가. 민호가 수미를 사랑한다.

        나. *수미가 사랑한다.

        다. *영수를 사랑한다.

(4가)는 서술어 '사랑하다'의 논항 구조 및 의미역에 따라 적격한 문장이 된다. 그러나 논항이 한 개만 나타난 (4나)와 (4다)는 비적격한 문장이 된다.[4]

또한 의미역 이론은 논항과 서술어의 의미 관계를 밝힘으로써 문장에 나타나는 여러 통사·의미적 현상을 설명할 수 있다(김명광, 2009).

....

4 이렇게 문법적으로 적격한 문장이 생성되기 위해서는 논항과 의미역 사이에 일대일의 관계가 성립해야 하는데, 이러한 관계를 의미역 기준(theta criterion)이라고 한다. 촘스키(Chomsky, 1981: 36)는 "각 논항은 오직 하나의 의미역을 가져야 하고, 각 의미역은 하나의 논항에만 할당되어야 한다."와 같이 설정하고 있다.

(5) 가. 그가 전등을 켰다,

　　　나. 전등이 켜졌다.

　　우선 위 예문을 보면 (5가)에서는 '전등'이 목적어로, (5나)에서는 주어로 나타난다. 문장 성분의 측면에서 본다면 (5가)의 '전등'과 (5나)의 '전등'은 각기 다른 통사적 기능을 수행하고 있다. 그러나 의미역 측면에서 보면 두 '전등'은 모두 켜는 행위의 대상이라는 점에서 동일하다. 이는 통사적으로 능동문과 피동문이 대응하며 나타나는 현상인데, 의미역 이론은 이렇게 동일한 어휘가 다른 문장 성분으로 나타날 때 상호 간의 유사성을 밝히거나, 동일한 어휘가 같은 문장 성분으로 나타날 때 상호 간의 연관성이 없음을 설명하는 데 유용하다.

　　(6) 그 돈을 받아 버렸다.

　　(7) 내가 코끼리가 좋다.

　　(6)의 '받아 버렸다'에서 '받다'와 '버리다'는 각각 본동사와 보조 동사이다. 학교문법에서는 보조 동사가 본동사를 도와 의미적으로 보조적 역할을 수행한다고 하지만, 둘의 구분이 명확하지는 않다. 이때 의미역을 통해 '받다'는 논항('돈')에 대상이라는 의미역을 할당하지만 '버리다'는 논항을 취하지 못하며 의미역 역시 할당하지 못한다는 차이를 확인함으로써 본동사와 보조 동사를 분명하게 구분할 수 있다. 또 (7)에서 '내가'와 '코끼리가'는 모두 '이 / 가' 명사구지만, '내가'는 '좋다'라는 감정을 경험하는 주체이고 '코끼리가'는 '좋다'라는 감정을 느끼는 대상이라는 점에서 구별 가능하다. 이렇게 이중주어 구문에 나타나는 동일한 격 형태의 명사구도 의미역을 통해 차이를 설명할 수 있다.

2) 의미역의 유형과 특징

의미역 이론은 동사의 하위 범주화와 관련이 있는데, 동사의 하위 범주화는 논항에 관한 정보를 부여하고,[5] 의미역은 의미 정보를 부여한다. 의미역은 주변에서 진행되고 있는 사건들에 관해 사람들이 할 수 있는 판단, 즉 누가 했고 누구에게 발생했고 무엇이 변화되었는지에 관한 판단을 확인하는 보편적인 개념들의 집합을 구성한다(Fillmore, 1968: 24-25). 따라서 의미역이란 수많은 의미 역할을 주요한 의미 역할로 분류해 놓은 것이라고 할 수 있다. 의미역의 유형은 일반적으로 표 9-1과 같이 나뉜다.

행위주(agent)는 행동을 개시하는 개체로, 의지를 가지고 행동할 수 있는 동작의 주체를 가리킨다. 수동주(patient)는 행동을 겪게 되는 개체로, 어떤 동작에 의해 효과를 받거나 상태에 변화를 겪는 개체이다. 대상(theme)은 동작에 의해 이동을 겪거나 영향을 받는 개체이고, 경험주(experiencer)는 서술어에 의해 심리적 상태를 겪는 개체이다. 수혜주(beneficiary)는 어떤 행위나 사건을 통해 무엇을 얻거나 받아 이익을 얻는 개체로, 대부분 수여 동사와 같이 소유가 변화되는 동사들과 함께 쓰인다. 도구(instrument)는 어떤 행동이 수행되도록 하는 물체나 수단을, 처소(location)는 행동이나 사건이 발생하거나 대상이 위치한 장소를 가리킨다. 목표(goal)는 어떤 개체가 이동하는 방향에 존재하거나 이동이 지향하는 실체이며, 근원(source)은 이동의 출발점이거나 어떤 개체가 이동해 나온 실체이다.

이렇듯 의미역 유형은 보편적인 체계를 가지고 있으나, 학자마다 조금

....

5 라이머(Reimer, 2005)에 따르면 서술어의 논항은 주제역(thematic role, theta-role), 참여자역(participant role) 또는 의미역(semantic role)으로 일컬어지는 소수의 유형들로 분류된다.

표 9-1 의미역의 유형과 예시

유형	예시	
행위주	<u>민수가</u> 라면을 끓인다.	
수동주	태양이 <u>얼음을</u> 녹였다.	
대상	<u>수희가</u> 공을 멀리 던졌다. 서재에 <u>책이</u> 있다.	
경험주	<u>민수는</u> 많이 아프다. <u>수희는</u> 연기를 보았다.	
수혜주	그들은 <u>나에게</u> 빵을 구워 주었다.	
도구	민수는 <u>만년필로</u> 서명했다	
처소	개가 <u>침대 밑에</u> 숨었다.	
목표	민수는 <u>경찰에게</u> 주민등록증을 주었다. 민수가 <u>수희에게</u> 농담을 했다.	
근원	버스가 <u>대전에서</u> 출발했다. 우리는 <u>잡지에서</u> 아이디어를 찾아냈다.	

씩 다르게 구분되기도 한다. 예를 들면 래드퍼드(Radford, 1988)는 의미역의 유형을 '행위주, 경험주, 주제 / 수동주, 기점, 목표, 수혜자, 처소, 도구'로 나누었으며, 박철우와 김종명(2005)은 '행위주, 영향주, 경험주, 동반주, 대상, 출발점, 도착점, 장소, 결과 상태, 도구, 기준치, 내용, 목적'으로 나누었다. 또한 카니(Carnie, 2007)는 '행위자, 경험자, 주제 / 수동자, 목표, 수령자, 근원, 처소, 도구, 수혜자'로 구분하였다. '행위주, 경험주, 처소, 목표' 등은 공통적이지만, '영향주, 동반주, 결과 상태, 기준치' 등은 주로 국내 연구에서 나타난다. 이는 의미역에 대응되는 논항들이 문장에서 명사구로 실현되는데, 한국어에서 특징적으로 실현되는 명사구의 의미역이 반영된 결과라고 말할 수 있다.

(8) 민지는 영호와 결혼할 것이다.

(9) 영호가 민지보다 학점을 덜 이수했다.

　예문 (8)에 쓰인 '결혼하다'처럼, 행위주와 어떤 동작을 함께 하는 개체가 있어야 문장의 의미가 완성되는 동사를 상호 동사라고 한다. 따라서 '결혼하다'는 두 개의 논항을 요구하고 한 논항은 행위주에, '와/과' 명사구로 실현되는 다른 한 논항은 동반주에 대응한다. 이러한 상호 동사에는 '결혼하다' 외에도 '싸우다, 대화하다' 등이 있다. 또한 (9)의 문장에서도 비교의 기준이 되는 논항이 반드시 필요하며, 이 논항에 대응되는 의미역은 '기준치'로 설정할 수 있다.

　정리하면 의미역은 논항의 의미적 기능을 표시하는 것으로, 문장을 구성하는 서술어의 의미와 깊은 연관을 맺으며 사태에서 주요한 개체와 긴밀히 대응된다. 그리고 문장을 구성하는 성분과 문장을 통해 나타나는 의미는 문장과 관련된 사태와 밀접한 관련을 맺고 있다. 의미역은 인간이 사

더 알아보기

문장의 구조

　의미역 이론은 의미역이 문장의 의미 층위에서 핵심적 역할을 수행함을 보였으며, 이는 의미역 구조와 논항 구조, 통사 구조 사이의 대응 및 상호관계를 살피는 연결 이론 등으로 발전하였다. 한 문장의 구조는 음운 구조, 통사 구조, 의미 구조, 공간 구조로 나눌 수 있다(Jackendoff, 2002: 6).

　화자가 "작은 별 옆에 큰 별이 있다."라고 발화한 문장은 언어학적 구조와 정신 세계의 공간 구조로 나뉘는데, 언어학적 구조는 다시 문장의 발음과 관련된 음운 구조, 문장 성분의 통사적 결합과 관련된 통사 구조, 문장의 의미들이 상징적 체계로 구성된 의미 구조로 나누어진다. 그리고 화자가 발화한 문장은 이 일정한 구조 속에서 체계적으로 대응된다. 이때 의미 구조는 문장 성분의 어휘적 의미를 단순하게 연결한 것이 아니다. 의미 구조는 해당 문장을 통해 발화자가 나타내거나 전달하고자 하는 의미의 구조로서 그 문장과 밀접한 관련을 맺고 있는 사태와 직간접적으로 연결되어 있다.

태를 인식·인지한 것을 언어로 구성하며 해당 사태에서 주요한 역할을 하는 대상에 특정한 의미적 기능을 부여하는 것이다. 따라서 의미역을 파악하기 위해서는 어떤 성분이 사태 속에서 어떤 역할을 하는지, 그 역할이 문장에서 어떠한 방식으로 표상되며 맥락이나 문장의 다른 요소와 어떤 상호작용을 맺는지 등을 총괄적으로 살펴야 할 것이다.

3

사태와 구문

1) 구문의 개념

　지금까지 사태와 문장의 상관성 및 사태에 참여하는 참여자의 의미 역할이 문장에 반영되는 양상을 살펴보았다. 사태를 나타내는 언어 요소인 서술어와 참여자를 나타내는 언어 요소인 논항에 대해 아는 것은 문장의 명제 의미를 이해하기 위한 기본 토대가 된다. 예를 들어 '철수가 밥을 먹는다'라는 문장이 나타내는 명제 의미는 섭취 사태를 나타내며, 섭취의 행위자와 대상이 문장에 실현될 것을 요구하는 서술어 '먹다'와 섭취의 행위자를 나타내는 논항 '철수', 섭취의 대상을 나타내는 논항 '밥'의 결합으로 쉽게 이해된다. 하지만 모든 문장이 이런 방식으로 설명될 수 있을까? 아래 (10)의 문장이 지니는 의미에 대해 생각해 보자.

　　(10)　진이가 돈 좀 빌려달라고 실실거리더라.

(10)의 서술어인 '실실거리다'는 '소리 없이 실없게 슬며시 자꾸 웃다'를 뜻하는 동사로, 웃는 행동을 하는 행위자 하나만을 논항으로 요구한다. '실실거리다'는 웃는 행동을 나타낼 뿐 '누군가에게 말하다'라는 의미를 갖지 않는다. 하지만 (10)에서는 "돈 좀 빌려달라고"라는 피인용문과 함께 쓰였고, 결과적으로 '진이가 돈 좀 빌려달라고 말하면서 실실거렸다'라는 의미를 전달한다.

이 문장에서 발견할 수 있는 문제는 두 가지이다. 첫째, 서술어 '실실거리다'는 행위자 하나만을 요구하는 자동사이고 '누군가에게 말하다'라는 의미도 갖지 않는데, 어떻게 피인용문을 동반하여 쓰일 수 있는가? 둘째, 위 문장에는 '말하다'라는 의미를 드러내는 서술어가 없는데, 어떻게 '말하면서'라는 사태 의미가 전달되는가? 이 두 문제는 사태를 나타내는 서술어와 참여자를 나타내는 논항만으로 문장의 명제 의미를 모두 이해할 수 없음을 보여 준다. 여기서는 구문 자체에 의미가 있다고 상정함으로써 이러한 문제를 해결할 수 있다고 보는 '구문문법(construction grammar)' 이론에 대해 소개한다.

구문문법 이론은 (10)에서 본 것처럼 어떤 문장의 경우 그것을 구성하는 언어 요소의 개별적 조합으로 설명되기 어려운 특징이 나타난다는 사실에 주목하면서 발전하였다. 문장을 이루는 개별 언어 요소의 특징으로 전체 문장의 특징이 해명되지 않는다면, 문장을 이루는 구조 그 자체가 특정한 형식적·의미적 특징을 가지고 있고, 우리는 그러한 구조의 형식적·의미적 특징을 이용하여 전체 문장을 이해하고 있다고 보아야 할 것이다. 구문문법 이론에서는 이처럼 언어 형식의 연쇄에 특정 의미가 직접 연결되어 있는 단위를 포함하여, 모든 종류의 형식-의미의 결합체를 '구문(構文, construction)'이라고 부른다(Goldberg, 1995: 4; Goldberg, 2006: 5).

앞의 예문 (10)은 '[주어]-이/가 [피인용문]-고 [발화 동사]'라는 언어 형식의 연쇄가 그 자체로 "주어가 피인용문이라고 말하다."라는 사태 의미를 갖는 구문이고, 여기에 '진이', '돈 좀 빌려달라', 그리고 말할 때의 태도를 나타내는 동사인 '실실거리다'가 구문 속의 비어 있는 자리(slot), 즉 [주어], [피인용문], [발화 동사]의 자리를 채우면서 전체 문장의 의미를 만들어 낸 것이다. 그 결과 '진이가 돈 좀 빌려달라고 말하면서 실실거렸다'라는 의미가 생긴다. 요컨대 '말하면서'의 의미와 피인용문은 이 문장의 서술어인 '실실거리다'에 의해 나타나는 것이 아니라, '[주어]-이/가 [피인용문]-고 [발화 동사]'라는 형식을 지니는 구문에 의해 나타나는 것이라고 설명함으로써 (10)에서 나타나는 특이성을 해명할 수 있다(정연주, 2015a / 2017).

다음 (11)의 대화에서 B가 발화한 문장에 대해서도 생각해 보자. 문장에서 쓰인 언어 요소들의 의미를 조합하는 것만으로 이 문장이 나타내는 의미를 이해할 수 있을까?

(11)   A: 아직도 이것밖에 못 먹었어?
       B: 나는 빨리 먹는다고 먹은 거야.

B가 발화한 문장은 '결과가 기대에 못 미칠지는 모르지만 나는 빨리 먹는 것을 의도한 것이다'라는 의미를 전달한다. 그런데 이런 의미는 '-는다고'의 의미만으로 예측할 수 없고, 같은 동사가 반복되는 [V-는다고 V] 구조에서 독특하게 나타난다. 이 경우에도 [V-는다고 V]라는 언어 형식의 연쇄가 그 자체로 '사태의 결과가 기대에 못 미칠지는 모르지만 본래는 어떤 사태를 의도했다'라는 의미를 지니는 '구문'으로 우리 머릿속에 기억되어 있다고 보아야 이 문장의 의미를 설명할 수 있을 것이다(강규영, 2017: 104-105).

구문은 언어 형식에 특정 의미가 직접 연결되어 있는 단위이다. 구문에는 특정한 언어 요소가 고정되어 나타나는 자리도 있을 수 있고, 여러 언어 요소에 열려 있는 자리도 있을 수 있다. 방금 보았던 [V-는다고 V] 구문에서 '-는다고'는 이 구문의 고정 요소이고, V 자리에는 다양한 동사가 나타날 수 있어 여러 언어 요소에 열려 있다. 구문문법 이론에서는 이러한 구문이 지니는 의미와 구문 속의 열린 자리에 들어가는 언어 요소의 의미가 합해지면 전체 문장의 의미를 이해할 수 있다고 본다.

2) 구문의 구성과 의미

언어 형식의 연쇄에 특정 의미가 직접 연결되어 있는 단위는 어떻게 만들어질까? 구문문법은 인지 언어학 계열에 속한 문법 이론이다. 인지 언어학에서는 인간의 모든 활동에 적용되는 인지 과정인 범주화나 의미덩어리화 등이 언어 활동에도 적용되어 머릿속 언어 표상을 만들어 낸다고 본다. 예컨대 범주화는 사물들이 지닌 유사성에 기반하여 하나의 범주로 묶어 내는 인지 과정이다. 언어 영역에서는 단어와 구 및 그 구성 요소들이 유사성을 바탕으로 범주를 이루면 '음소, 형태소, 단어, 구, 구문' 등의 단위가 도출된다. 또 의미덩어리화(chunking)는 '자전거 손잡이 잡기 → 페달에 한 발 올리기 → 페달을 돌리며 균형 잡기 → 나머지 한 발을 페달에 올리기 → 페달 돌리기'와 같은 여러 작은 동작들의 연쇄가 엉겨 붙어 '자전거 타기'라는 복합적 단위를 형성하는 것과 같은 인지 과정이다. 언어 영역에서 이는 자주 함께 사용되는 언어 요소들을 한 의미덩어리(chunk)로 묶는 것으로 나타난다.[6] 예를 들어 '어디 있-'이 '어딨-'으로 줄어들어 한 단어

....

6 'chunk'는 하나의 덩어리를 뜻한다. 언어학에서는 자주 함께 사용되어 하나의 단위처럼 취급되는 어구를 가리키며, 덩어리, 의미덩어리, 의미 단위 등으로 번역할 수 있다. 여기서는 'chunk'를 의미덩어리, 'chunking'을 의미덩어리화로 번역하였다.

와 같은 요소가 된 것은 '어디 있-'이 자주 함께 사용되어 한 덩어리가 되었기 때문이다. 이처럼 인간의 일반적인 인지 능력이 언어 영역에도 작용한다고 보는 것이 인지 언어학의 기본 관점이다.

구문문법은 인지 언어학 이론 중에서 사용 기반 이론과 연관이 깊다. 사용 기반 이론(usage-based theory)은 인간의 개별적 언어 경험이 언어 지식의 구성에 영향을 준다는 점을 강조한다.[7] 이러한 사용 기반 이론에서는 인간 경험에 대한 표본 표상 방식의 모델링이 언어와 관련된 기억에도 적용된다고 본다(Bybee, 2010). 표본 표상 모델(exemplar representation model)은 우리가 세계를 경험할 때 경험된 개별 사례들이 기억에 흔적을 남기며 기억 속의 표본이 되는데, 빈번히 경험된 사례는 기억에 보다 강하게 흔적을 남기며 경험된 사례와 관련하여 주변적인 정보까지도 풍부하게 기억된다고 본다. 예컨대 '새' 범주에 해당하는 사례들을 경험하고 기억할 때, 우리가 평소에 자주 접하는 참새나 까치, 비둘기 같은 것은 기억에 강하게 표상되기 때문에 '새' 하면 가장 먼저 떠오르는 대상이 되고, '타조'는 자주 접하는 대상이 아니기 때문에 기억에 약하게 표상되어 새 중에서 비교적 늦게 떠오르는 대상이 된다. 또한 "새가 노래한다."라고 하면 사람들은 그 새가 덩치가 큰 새이기보다는 작은 새일 것이라고 생각하는데, 이는 각종 새가 지니는 특징들에 대해 잉여적인 정보까지 풍부하게 기억하

....

7   언어 경험이 언어 구조에 영향을 주는 예를 하나 살펴보자. '물에 젖어서 부피가 커지다'를 뜻하는 동사 '붇다'는 ㄷ 불규칙 용언으로서 자음 어미 앞에서 이형태 '붇-'으로, 모음 어미와 매개모음 어미 앞에서 이형태 '불-'로 실현되는 것이 원칙이다. 그러나 현재 대다수의 한국인은 자음 어미 앞에서도 이형태 '불-'을 사용하여 "라면이 불기 전에 먹어라."와 같이 표현한다. 이처럼 이형태 '붇-'이 사라지는 이유는 이 동사가 자음 어미 앞에서 사용되는 경우(예: 붇고, 붇기)보다 모음 어미나 매개모음 어미 앞에서 사용되는 경우(예: 불어서, 불었다, 불은)의 빈도가 높아, 이러한 언어 경험에 영향을 받아 '불-'을 이 동사의 기본형으로 인식하는 사람이 많기 때문이다. 이 사례는 사람들의 언어 경험과 그 빈도가 언어 지식에 영향을 미치는 현상을 잘 보여 주며 사용 기반 이론의 입장을 취할 때 잘 설명된다.

고 있기 때문이다. 즉, 사람들은 작은 새가 대개 더 매끄럽고 청량한 고음을 내며 멜로디나 리듬이라고 할 만한 방식으로 울음소리를 낸다는 정보를 가지고 있다.

이처럼 경험된 언어 행동의 각 사례가 언어의 인지적 표상에 영향을 미치며, 이때 각 사례에 결부된 풍부한 정보들, 예컨대 발화 시의 음성적 특징, 발화 시 사용된 어휘·구문·의미, 발화 맥락으로부터 만들어진 추론, 발화 시의 사회적·물리적·언어적 맥락의 특성 등도 언어의 인지적 표상에 함께 기록된다는 것이 사용 기반 이론과 표본 표상 모델의 관점이다. 이러한 관점에서 볼 때, 어떤 형식들의 연쇄가 자주 함께 나타난다면 그것은 머릿속에 한 덩어리로 표상될 수 있다. 예를 들어 아래 (12)와 같이 '[주어] drive [목적어] [crazy / mad / up the wall 등]'이 연쇄되는 사례들을 자주 경험하면, 각 사례가 표본으로서 기억에 남는다. 그리고 형식과 의미의 유사성을 바탕으로 각 표본들의 유사한 부분이 서로 연결됨으로써 일반화되어, (13)과 같이 [drive]가 고정된 자리에 놓이고 그 외 요소들에 열린 자리를 가지는 구문이 생겨난다(Bybee, 2010: 26-27).

(12)　가. It drives me crazy.

　　　나. They drive you mad.

　　　다. That drives me mad.

　　　라. The death of his wife the following year drove him mad.

　　　마. A slow-witted girl drove him mad.

　　　바. It drove the producer mad.

　　　사. A couple of channels that used to drive her up the wall.

　　　아. This room drives me up the wall.

(13)

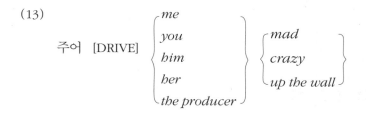

　　특히 인간은 비언어적인 의미덩어리든 언어적인 의미덩어리든 가능한 한 높은 층위에서 의미를 할당하려는 경향을 보인다(Bybee, 2010: 8, Bybee, 2013: 55). 예를 들어 아이들이 여럿 모여 한 아이는 눈을 가린 채 돌아서서 "하나, 둘" 하고 수를 세는 동안 다른 아이들은 잘 안 보이는 곳에 몸을 숨기고, 이후 눈을 가렸던 아이가 눈을 뜨고 다른 아이들을 찾으러 다니는 것을 보면, 인간은 이 일련의 행동을 의미덩어리로 이해하고 그 연쇄에 의미를 부여하여 '숨바꼭질'이라는 이름을 할당하려고 한다. 이와 마찬가지로 언어에서도 특정 언어 단위의 연쇄가 반복적으로 경험될 때 사람들은 그 전체 연쇄에 의미를 할당하려는 경향을 보인다. 예컨대 '부끄럽기 짝이 없다'에서 '-기 짝이 없다'는 '짝'의 본래 의미로부터 멀어진 채 '비할 데 없이 심함'을 나타내는데, 이는 사람들이 '-기 짝이 없다'를 이루고 있는 개별 요소들의 본래 의미를 넘어 이 전체 구성이 '비할 데 없이 심함'을 뜻하기 위해 사용되는 것으로 인식하고 의미를 부여했기 때문이다. 이러한 의미덩어리화와 이름 붙이기 현상이 (13)의 drive 구문처럼 '일부분은 특정 언어 요소로 고정되어 있고 그 외의 자리에는 여러 종류의 언어 요소가 나타날 수 있는 언어 형식의 연쇄'에 특정 의미가 결합된 단위를 도출한다.

4
구문의 유형

1) 논항 구조 구문

구문의 유형을 분류하는 다양한 방법이 있지만 여기서는 논항 구조 구문과 그 밖의 구문으로 나누어 몇 가지 예를 살펴보기로 하자.

논항 구조 구문은 서술어와 논항들로 이루어진 구조가 특정한 사태 의미를 나타내는 구문을 말한다. 대상의 위치를 변화시키는 사태, 대상의 상태를 변화시키는 사태 등 인간 생활의 장면들을 반영하는 의미가 구문과 직접 결합되어 있다고 본다(Goldberg, 1995: 39). 예를 들어 다음 (14)에 제시된 모든 예문의 서술어에는 '무언가를 이동시킨다'는 의미가 없지만, '[주어] [동사] [목적어] [사격어]'의 구조로 쓰임으로써 이동의 의미를 드러내고 있다.[8] (14가)에 제시된 영어 동사 'sneeze'(재채기하다)는 한국

....

8   이 구문에서 사격어는 전치사로 표시되어 방향을 나타내는 성분을 말한다. (14)의 예문에서는 'off the table, into the house, out of the bathtub, into the car'가 이에 해당한다.

어 '재채기하다'처럼 행위자를 주어로 취하는 한 자리 서술어이다. 하지만 (14가)에서는 동사 'sneeze'가 행위자 'Frank' 외에도 'the tissue', 'off the table'과 함께 쓰여, '프랭크는 티슈를 테이블 밖으로 재채기했다'로 직역되는 절을 만들었다(Goldberg, 1995: 152).

(14) 가. Frank sneezed the tissue off the table.

나. Mary urged Bill into the house.

다. Sue let the water out of the bathtub.

라. Sam helped him into the car.

이 경우 이동의 의미는 동사 'sneeze'가 아니라 '[주어] [동사] [목적어] [사격어]' 구조 자체에 결부되어 있는 것으로 보인다. 이처럼 서술어와 논항들로 이루어진 '[주어] [동사] [목적어] [사격어]' 구조가 '이동을 유발함(caused-motion)'이라는 의미와 연결되어 있음이 파악될 때, 이러한 구문을 논항 구조 구문이라 부른다.

앞에서 살펴본 예문 (10) "진이가 돈 좀 빌려달라고 실실거리더라."도 '주어가 피인용문이라고 말하다'라는 의미를 갖는 논항 구조 구문 '[주어]-이/가 [피인용문]-고 [발화동사]'에 동사 '실실거리다'가 결합해 '말하면서 실실거리다'라는 발화 의미를 나타내게 된다. '실실거리다'라는 행위는 말하는 행위에 동반되는 태도를 나타내는데, 이것이 발화 의미를 나타내는 구문과 결합하여 발화 의미와 발화에 동반되는 태도 의미를 동시에 전달하게 되는 것이다.

(15) 가. 들판에 유채꽃이 노랗다.

나. 창틀에 먼지가 뽀얗다.

(15)에서도 논항 구조 구문을 발견할 수 있다. (15가)에서 '들판에'라는 장소 요소는 색채 형용사인 '노랗다'가 반드시 취해야 하는 논항은 아니다. '노랗다'라는 서술어는 그러한 색을 지니는 대상과 함께 쓰이는 것으로도 충분하다. 그런데 (15가)에서는 장소 표현이 실현되었고, 결과적으로 전체 문장에서 '들판에 유채꽃이 가득하다'라는 의미가 나타난다는 점이 특이하다. 이 문장에서 '들판에'가 없으면 '가득하다'라는 의미가 드러나지 않으며, 또 (15가)와 유사한 구조를 가진 (15나)에서도 '창틀에 먼지가 가득하다'라는 의미가 나타나는 것을 보면, 이들 문장에서 읽어 낼 수 있는 '가득하다'라는 분포 의미는 이 문장들에 공통된 구조에 기인하는 것으로 볼 수 있다. 우리는 여기서 [장소]-에 [대상]-이/가 [분포 형용사]라는 특정 형식의 연쇄에 '장소에 대상이 어떤 분포로 존재하다'의 의미가 결합된 논항 구조 구문을 발견하게 된다.[9] 이 구문의 서술어로는 '가득하다' 같은 분포 형용사가 쓰이는 것이 일반적이지만, 분포 형용사 대신 '노랗다'를 사용하면 구문을 통해 '분포'의 의미가 드러나는 동시에 '노랗다'를 통해 '분포의 양상' 의미까지 더해져 '들판에 유채꽃이 가득하여 노랗다'라는 의미로 해석된다(정연주, 2015b).

(16) 경심이는 아주머니에게서 선불을 쓰고는 갚지 못했다.

(16)에서도 논항 구조 구문이 발견된다. '경심이가 아주머니에게서 선불을 쓰다'라는 절에서 '아주머니에게서'라는 출처 요소가 나타난 것은 '쓰다(用)'의 의미로는 설명되기 어렵다. 또한 이 절에서 '쓰다'가 '받아서(얻어서) 쓰다'의 뜻으로 사용되고 있다는 것도 매우 특이하다. 이때 '받

....

9 분포 형용사란 '가득하다, 득실하다, 빽빽하다, 자욱하다' 등 대상의 공간적 분포를 나타내는 형용사들을 말한다.

아서(얻어서)'의 뜻은 '[주어]-이/가 [출처]-에게서 [목적어]-을/를 [동사]'라는 논항 구조 구문이 표상하는 의미로 보이며, 문장의 의미는 논항 구조 구문의 의미를 바탕으로 하여 동사 '쓰다'의 의미를 함께 해석해야 이해된다(이동혁, 2008b).

2) 그 밖의 구문

서술어와 논항들로 이루어진 논항 구조 구문 외에도 구성 요소의 특성으로는 전체의 특성을 설명할 수 없어서 복합적인 형식에 의미가 직접 연결된 것으로 보아야 하는 구문들이 있다.

(17)   탄 고기를 먹고 암에 걸리려면 하루에 2톤씩 먹어야 해.
(18)   A: 저녁 먹었어?
       B: 응, 먹기는 먹었어.

(17)은 '[바람직하지 않은 사태]-려면 [가능성이 낮은 사태]-어야 하-' 구문의 사례이다. 연결 어미 '-려면'은 보통 바람직한 사태에 쓰이고, '-어야 하-' 역시 보통 바람직한 사태에 대한 당위를 나타내기 위해 쓰인다 (예: 시험을 잘 보려면 공부를 열심히 해야 한다). 그렇지만 (17)에서는 '-려면'과 '-어야 하-' 앞에 바람직한 사태가 결합하지 않아 독특한 양상을 보인다. 이 구문은 어떤 바람직하지 않은 사태가 일어나는 것에 대해 걱정하는 상대에게 '우려하는 사태가 일어날 가능성이 매우 낮다는 사실을 이유와 함께 전달'하는 기능을 하는데, 이러한 의미는 '의도'나 '욕망'을 나타내는 어미인 '-으려'의 특징으로 설명하기 어렵다. 구성 요소의 의미만으로는 전체 의미를 알 수 없고 '-려면'과 '-어야 하-'가 결합하는 구조에서

독특한 의미가 드러나므로 전체 형식에 의미가 결합한 구문에 해당한다 (최종원·박진호, 2019).

(18)의 B의 대답에서는 [V-기는 V] 구문을 볼 수 있다. 보조사 '는'은 '는' 앞에 오는 요소가 다른 것과 대조된다는 의미를 전달하므로, 여기서도 '는' 앞에 오는 '먹다'가 다른 행위와 대조를 이룰 것이라고 기대된다. 그런데 '먹다'와 대조를 이룰 수 있는 행위가 다양하게 상정될 수 있음에도, 여기서는 '배가 부르다, 맛이 있다' 등과 대조를 이루면서 '밥을 먹었는데 배가 부르지는 않다 / 맛이 있지는 않다'와 같은 의미를 전달한다. 즉, [V-기는 V] 구문에서 V와 대조되는 것은 '그 행위로 인해 기대되는 상태'이고, 기대되는 상태를 부정하는 의미가 이 구문에서 드러나는 것이다(이수연, 2016: 82-87). 이런 의미 역시 [V-기는 V] 구문 자체에 연결되어 있는 독특한 의미라 할 만하다.

아울러 앞서 (11)에서 살펴본 [V-는다고 V]가 '사태의 결과가 기대에 못 미칠지는 모르지만 본래는 어떤 사태를 의도했다'라는 의미와 결합해 있는 것도 구문의 사례로서 떠올려 볼 수 있다.

지금까지 살펴본 것처럼 사태 의미를 나타내는 서술어와 참여자를 나타내는 논항에 더해 '구문'을 추가로 고려하면, 문장에서 드러나는 특이한 구조와 풍부한 의미를 설명하는 데 도움이 된다.

1 다음 대화에서 '놀다'와 함께 쓰이는 '와/과'(하고, 랑) 명사구의 의미적 역할
은 행위주와 대등한 것인지, 그리고 대등한 수준에 따라 그 의미역은 무엇으로
설정해야 하는지에 대해 생각해 보시오.

> 아빠: 윤주야, 오늘 어린이집에서 재미있게 놀았어?
> 윤주: 응, 엄청 재미있게 놀았어요.
> 아빠: 혹시 혼자 놀 때도 있어?
> 윤주: 아니요, 항상 친구랑 같이 놀아요.

2 '가다'는 조사 '에'가 결합한 장소 부사어와 함께 쓰이는 것이 전형적이어서,
아래와 같이 목적어를 취한 예를 어떻게 설명할지에 대해 논란이 많았다. 구문
문법 이론의 관점에서 아래 문장의 '[주어]-이/가 [목적어]-을/를 [동사]'라
는 형식이 가지는 의미를 설명해 보시오.

> 나는 밤중에 세 시나 네 시나 해서 화장실을 갔다.

3 다음 문장의 '-으면'은 일반적으로 사용되는 조건의 연결 어미 '-으면'(예: 내
일 비가 오면 등산은 취소하겠다)과 다른 속성을 보인다. 이에 따라 '-으면 -을
수록' 구문을 설정한다고 할 때, 이 구문의 특성은 무엇일지 이야기해 보시오.

> 아버지께서 웃으시면 웃으실수록 자식들은 기뻐할 겁니다.

• 김윤신(2006)은 논항 교체 구문을 중심으로 구문의 구조와 의미의 관련성을
살폈다. 자동·타동 양용 동사 구문, 처소 교체 동사 구문, '굽다' 구문 등에 대한

연구를 통해 구문 구성 성분의 의미와 구조가 모두 구문의 전체 의미에 기여함을 밝히며, 구문의 구조와 의미는 분리할 수 없는 통합적 지식이라고 논의하였다.

- 조경순(2019)은 구문의 의미와 관련된 여러 연구 성과를 고찰하였다. 어휘와 구문의 상호작용 양상을 다룬 논의를 살피고, 구문의 의미와 통사 현상의 상관관계를 밝히는 등 구문의 의미론적 양상을 다룬 논의들을 고찰하였다.

- 최경봉(2019)은 서술어의 다의화 양상을 살피면서 구문과 어휘 의미의 상관성을 논의하였다. 상관성에 대한 합성적 관점과 프레임적 관점을 살피며 어휘와 구문을 이해하는 기반으로서 실세계에 대한 경험적 지식에 주목하였다.

- 바이비(Bybee, 2010)는 사용 기반 이론을 바탕으로 언어 현상을 설명한 대표적 저서이다. 언어 사용이 언어 구조를 만든다는 관점 및 기억에 대한 표본 표상 모델을 취할 때 언어의 공시적 현상과 통시적 변화를 자연스럽게 설명할 수 있다는 점을 논증하고 있으며, 이러한 관점이 구문문법 이론의 생각과도 자연스럽게 결합함을 보여 준다.

10장

시제·상·양태

<table>
<tr><td>한국어 ⌄ ⇌

부산은 따뜻하더라. ✕</td><td>영어 ⌄

Busan is warm.
부산 이즈 웜.</td></tr>
<tr><td>한국어 ⌄ ⇌

부산은 따뜻하다. ✕</td><td>영어 ⌄

Busan is warm.
부산 이즈 웜.</td></tr>
<tr><td>한국어 ⌄ ⇌

새들이 날고 있더라. ✕</td><td>영어 ⌄

The birds were flying.
더 버즈 워 플라이잉.</td></tr>
<tr><td>한국어 ⌄ ⇌

새들이 날고 있었다. ✕</td><td>영어 ⌄

The birds were flying.
더 버즈 워 플라이잉.</td></tr>
</table>

한·영 번역기에 "부산은 따뜻하더라."를 넣으면 "Busan is warm."이 나온다. 이는 "부산은 따뜻하다."를 넣었을 때의 결과와 같다. "새들이 날고 있더라."를 넣으면 "The birds were flying."과 같이 "새들이 날고 있었다."에 해당하는 문장으로 번역된다.

"부산은 따뜻하더라."와 "부산은 따뜻하다." 그리고 "새들이 날고 있더라."와 "새들이 날고 있었다."의 의미는 결코 같지 않지만, '-더-'에 바로 대응하는 영어 표현이 없기 때문에 번역기는 아직 '-더-'의 특성을 번역에 세심히 반영하지 못하고 있다.

위에서 '-더-'가 어떤 경우에는 현재의 일을 나타내는 문장으로 번역되고, 어떤 경우에는 과거의 일을 나타내는 문장으로 번역된 것도 흥미롭다. 이는 번역의 부정확성과도 연관이 있겠으나, '-더-'가 과거 시간과 관련한 의미를 포함하되 일반적인 과거 시간 표현은 아니라는 점과도 관련된다.

한국어에는 '-더-'와 같이 명제나 화자와 관련한 추가적인 정보를 덧붙이는 요소들이 아주 많이 발달해 있다. 이와 관련된 문법 범주가 바로 시제, 상, 양태이다. 언어 연구에서 이를 어떻게 다루고 있는지 알아보자.

1

시제

1) 시제의 개념

어느 언어에나 과거, 현재, 미래 등 시간과 관련된 표현이 있다. 한국어에는 다음과 같은 시간 표현들이 있다.

> (1) 가. 지난번, 아까, 방금
>
> 나. 지금, 현재
>
> 다. 이따가, 조만간

(1가)는 과거 시간을, (1나)는 현재 시간을, (1다)는 미래 시간을 나타낸다. 이들은 시간을 나타내는 어휘 형식(lexical form)에 해당한다.

시간을 나타내는 표현이 일정한 문법 형식(grammatical form)으로 나타나 범주를 이루면 이를 시제(tense)라고 한다. 즉 시제는 사태(state of affairs)의 시간적 위치를 표현하는 문법 범주이다.

(2) 가. 영수는 아까 라면을 먹었다.

나. 영수는 지금 라면을 먹는다.

(2가)에서 '-었-'은 과거 시간을 표현하고, (2나)에서 '-는-'은 현재 시간을 표현한다. 이들은 각각 '아까', '지금'과 같은 어휘적 시간 표현과 호응한다.

개념적 측면에서 시간을 분할하는 가장 일반적인 방법은 '과거, 현재, 미래'의 삼분법이다. 그러나 이 세 가지 시간 구별이 모든 언어에서 문법적으로 표현되는 것은 아니다. 과거, 현재, 미래를 모두 독자적인 문법 형식으로 표현하는 언어도 있지만, 현재와 미래를 구별하지 않고 과거와 비과거(non-past)로만 구별하는 언어도 있다. 과거나 미래를 '먼 과거'와 '근접 과거', '근접 미래'와 '먼 미래' 등으로 더 세분화하여 구별하는 언어도 있다.[1]

시제는 시간 명사나 시간 부사와 마찬가지로 화시적 성격을 가진다 (Cruse, 2000: 558; Saeed 2009: 126). 화시적이라는 것은 쉽게 말해 발화가 이루어지는 상황 맥락, 화자, 청자에 민감하게 의미가 해석된다는 뜻이다. 이에 따라 시제 사용에는 기준 시점이 필요하며 일반적으로는 화자가 어떤 문장을 발화하는 시점, 즉 발화시(utterance time)를 기준 시점으로 삼아 사건이 발생하는 시간, 즉 사건시(event time)의 선후 관계를 따진다.[2] 가령 (2가)가 과거의 일이라는 것은 이 말을 발화하는 시점보다 이전의 일이라는 뜻이다. 이를 그림으로 보이면 다음과 같다.

....

1 가령 반투어에 속하는 벰바어(Bemba)는 과거와 미래에 대해 각각 네 종류를 구별한다고 한다(Saeed, 2009: 128).

2 이때의 '사건'은 명제가 표상하는 세계의 어떤 모습을 가리키는 '사태'와 통하는 개념이다. '사건'은 사태의 발생 및 전개 과정에 관심을 가지는 시제, 상 논의에서 주로 쓰인다. 즉 '사건시'는 '사태시'로도 이해할 수 있지만 일반적으로는 '사건시'가 쓰인다.

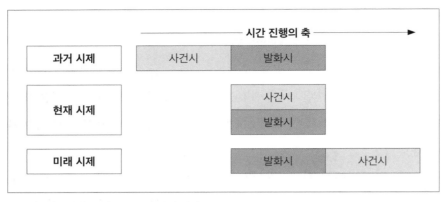

그림 10-1 시제별 사건시와 발화시의 위치

그런데 기준 시점은 발화시가 될 수도 있지만 발화시 외의 다른 시점이 될 수도 있다. 발화시를 기준으로 하는 시제를 절대 시제(absolute tense)라 하고, 발화시 외의 다른 시점을 기준으로 하는 시제를 상대 시제(relative tense)라고 한다. 다음 예에서 절대 시제와 상대 시제를 구별해 보자.

    (3) 하늘은 푸르고 공기는 맑았다.

    (3)의 선행절에는 과거 시제 형식이 결합하지 않았지만 후행절의 '-었-'의 영향으로 과거의 일로 해석된다. 기준 시점이 발화시가 아닌 후행절 사태의 시점이므로 선행절의 시제는 상대 시제로 현재라 할 수 있다. 물론 이는 발화시를 기준으로 한 절대 시제로는 과거에 해당한다.

2) 과거 시제

    과거 시제는 사건시가 발화시보다 앞서는 시제를 말한다. 한국어의 과거 시제는 '-었-'에 의한 과거와 '-었었-'에 의한 과거 두 가지가 있다.[3] 먼저 '-었-'이 쓰인 문장에 대해 살펴보자.

(4) 가. 아까 누나는 점심으로 빵을 먹었다.

나. 초등학교 때 소연이는 마음씨가 착했다.

(4가), (4나)는 모두 과거의 사태에 해당한다. 이러한 예는 과거 시제가 쓰이는 전형적인 예이다. 그러나 과거 시제는 여러 가지 확장된 용법에도 사용된다. 사태 자체가 과거에 국한된 것이 아닌데도 과거 시제가 사용되는 경우가 있다.

(5) 가. 네 이름이 {진희였지, 진희지}?

나. 상현중이 지금 네가 다니는 {학교였어, 학교야}?

(5가)는 과거에 국한된 사태에 대한 질문이 아니다. 발화시에도 여전히 청자의 이름은 '진희'일 것이기 때문이다. 따라서 '진희였지?'와 '진희지?'가 모두 쓰일 수 있다. (5나)에서도 청자는 발화시에도 여전히 상현중에 다니고 있을 것이다. (5가)의 '진희였지?'는 청자의 이름이 진희라는 사실을 화자가 안 시점이 과거였음을 표시한다. (5나)의 경우도 마찬가지로 화자가 과거의 어느 시점에서 '상현중'에 대해 들은 적이 있었고 그 특정한 과거 시간을 부각하기 위해 과거 시제를 쓴 것으로 이해할 수 있다.[4]

다음은 미래의 일에 과거 시제 형식이 사용된 예이다.

....

3   '-었-'은 '-았-, -였-' 등의 이형태를, '-었었-'은 '-았었-', '-였었-' 등의 이형태를 가진다.
4   이를 클라인(Klein, 1994)의 '주제시(topic time)' 개념과 연관 지어 설명할 수도 있다. 주제시란 화자가 단언하고자 하는(want to make a assertion) 시간을 말한다. 즉, (5가)의 화자는 과거의 특정 시점을 말하고자 하는 것이다. 이 문제에 대해서는 문숙영(2009: 131-140)에서 자세히 논의하였다.

(6) 가. 너 내일 나한테 죽었어.

　　　나. 나 이제 영화는 다 봤네.

　(6가)에 '-었-'이 사용되는 것은 '-었-'이 '확정성'과 같은 양태적 함축을 갖기 때문이라고 설명된다.[5] 즉, 미래의 일이지만 완전히 확정된 것임을 강조하기 위해 과거 시제를 쓴 것이다. (6나)는 '더 이상 영화를 볼 일이 없다'를 함축하기 위해 쓰였다고 볼 수 있다. 이러한 예는 '-었-'의 주요 기능이 과거 시제가 아니라는 주장의 근거가 되기도 했으나, 과거 시제의 화용론적 기능으로 설명할 수 있다.

　다음으로 '-었었-'이 표현하는 과거에 대해 알아보자.[6] '-었었-'의 주요 기능은 크게 두 가지이다. 첫째는 과거의 어느 기준 시점보다 더 이전의 과거를 표시하는 것이고, 둘째는 과거의 상황이 현재까지 이어지지 않음을 표시하는 것이다.

(7)　김 회장은 이번 대법원 판결에서 3년형을 선고받았습니다. 그는 2심에서는 5년형을 선고받았었습니다.

(8) 가. 어제 언니가 집에 {왔다, 왔었다}.

　　　나. 아기가 빨간 옷을 {입었다, 입었었다}.

　　　다. 동생이 그 버스를 {탔다, 탔었다}.

　(7)의 첫 번째 문장에는 '-었-'이 사용되었고 두 번째 문장에는 '-었었-'이 사용되었다. 두 번째 문장에 사용된 '-었었-'은 첫 번째 문장의 시

<hr />

5　'함축'의 개념에 대해서는 13장에서 자세히 다루고 있다.

6　'-었었-'은 '-었-'이 중복된 형식이지만 '-었-'과는 구별되는 고유의 기능을 발휘하기 때문에 독립적인 어미로 취급하는 경우가 많다. 첫 번째 '-었-'과 두 번째 '-었-'에 별도의 기능을 부여하고 두 개의 어미가 결합된 형식으로 보는 연구자도 있다.

간보다 더 이전의 과거, 이른바 대과거(pluperfect)를 표현한다. 일반적으로는 먼저 있었던 일을 앞 문장에서 말하고 나중에 있었던 일을 뒤 문장에서 말하는데, 문장을 시간 순서대로 배열하지 않을 경우 뒤 문장에 '-었었-'을 사용하여 그것이 더 이전의 일임을 표시하는 것이다.

(8가)에서 '-었-'이 사용된 문장은 어제 언니가 집에 와서 지금까지 집에 있다는 의미로 해석되기 쉽다. 하지만 '-었었-'이 사용된 문장은 어제 언니가 집에 왔으나 지금은 가고 없다는 의미로 해석되기 쉽다.[7] 즉, '-었었-'이 사용되면 과거 상황이 현재까지 계속 이어지고 있다는 해석이 배제된다. 이는 (8나), (8다)에서 더욱 확실히 알 수 있다. '입었다, 탔다'는 과거 사태를 가리키는 의미로 쓰이기도 하고 어떤 행위의 결과가 현재까지 지속되는 상태를 의미하는 용법으로 쓰일 수도 있는데, '입었었다, 탔었다'가 쓰이면 후자의 해석이 배제되기 쉽다.

그런데 실제 언어생활에서는 '-었었-'이 굳이 필요하지 않은 상황에서도 사용된다. 즉, (9)에서처럼 과거 상황을 단순히 강조하여 말할 때도 종종 사용되곤 한다. 이때 "왔어"와 "왔었어"는 의미 차이가 크지 않다.

(9) 그때 비가 정말 많이 {왔어, 왔었어}.

3) 현재 시제

현재 시제는 사건시가 발화시와 동일한 시제를 말한다. 한국어에서 현

....
7 '-었-'과 '-었었-'의 이러한 차이는 경향성으로만 구별될 뿐이다. 가령 "어제 언니가 집에 왔다."가 반드시 '언니가 지금까지 집에 있음'의 의미로 해석되는 것은 아니다. "어제 앞집에서 사람이 왔다."라는 문장 역시 앞집에서 온 사람이 지금까지 집에 있다는 의미를 가지지 않는 경우가 많다.

재 시제 형식으로 들 수 있는 것은 '-는-'이다.[8]

(10) 가. 동생이 과자를 맛있게 먹는다.

나. 지금 어디서 음악 소리가 들린다.

(11) 가. 다음 주부터 새로운 방역 지침이 시행된다.

나. 내년은 2024년이다.

다. 내일이 {수요일이야, [??]수요일이겠어}.

(10)은 현재 사태를 표시하는 전형적인 예이다. 그런데 (11)에서 보듯이 명백한 미래 사태에도 현재 시제가 사용될 수 있다. 특히 (11다)와 같은 예에서 '-겠-'이 사용되면 오히려 어색하게 느껴진다.

다른 언어와 마찬가지로 한국어에서도 불변의 사실이나 '역사적 현재' 용법에 현재 시제가 쓰인다.

(12) 가. 인간은 모두 죽는다.

나. 세종은 음운학 연구에 몰두한다.

(12가)는 불변의 사실에 해당한다. (12나)는 '역사적 현재' 용법에 해당하는데, 과거의 일을 생생하게 표현하기 위해 현재 시제를 사용한 것이다.

....

8 '-는-'은 '-ㄴ-, -느-' 등의 이형태로도 나타난다. 그러나 현재 시제 형식 '-는-'은 '-었-'과는 달리 모든 서술어에 두루 쓰이지 못한다. '-는-'은 형용사나 계사 '-이-'에 결합하지 못할 뿐 아니라, '-어, -지, -거든' 등의 해체 종결 어미에도 쓰이지 않는다. 이 경우 현재 시제는 '∅' 형식으로 표시된다고 할 수도 있다.

4) 미래 시제

미래 시제는 사건시가 발화시보다 나중인 시제를 말한다. 흔히 한국어에서는 '-겠-'이나 '-을 것이-'로 미래 시제가 표현된다고 본다.

(13) 가. 곧 비가 오겠다.

   나. 다음 출장은 제가 갈 겁니다.

(14) 가. 아무래도 오늘은 버스를 놓치겠어요.

   나. 저는 꼭 기자가 될 거예요.

(13가)의 '-겠-'과 (13나)의 '-을 것이-'는 모두 발화시보다 나중의 사건, 즉 미래 사건에 쓰였다. 그런데 이때의 '-겠-'과 '-을 것이-'를 '추측'이나 '의도'를 나타내는 것으로 볼 수도 있다. 사실 '-겠-'이나 '-을 것이-'가 쓰인 문장에서는 대부분 '추측'이나 '의도'와 같은 양태적 의미가 함께 나타난다. (14가)의 '-겠-'은 그 사태가 일어날 가능성에 대한 화자의 추측을 표현하고, (14나)의 '-을 것이-'는 화자의 의도를 표현한다. '추측'과 '의도'는 미래 사태를 대상으로 하는 경우가 많으며 다른 언어에서도 미래 시제는 양태성을 기반으로 표현되는 일이 많다. 따라서 '-겠-'과 '-을 것이-'를 양태 형식인 동시에 미래 시제 형식으로 볼 수도 있다.

그러나 한국어에서 '미래'의 의미가 시제의 하위 속성으로 온전히 확립되어 있다고 보기는 어렵다. '-겠-'과 '-을 것이-'를 미래 시제 형식으로 간주하지 않는 입장에서는 다음과 같은 근거를 든다.

첫째, '-겠-'과 '-을 것이-'는 미래 사태뿐 아니라, 현재 사태나 과거 사태에 대한 추측도 나타낼 수 있다.

(15) 가. 어제 부산에는 비가 {왔겠다, 왔을 것이다}.

나. 지금 부산에는 비가 {오겠다, 올 것이다}.

(15가)에서 보듯이 '-겠-'과 '-을 것이-'는 과거 시제 어미 '-었-'과 결합하여 과거 사태에 대한 추측을 나타낼 수도 있고, (15나)에서 보듯이 현재 사태에 대한 추측을 나타낼 수도 있다. '-겠-'과 '-을 것이-'를 미래 시제 형식으로 보면 특히 과거 시제의 '-었-'과 직접 결합하는 현상을 설명할 수 없다.

둘째, 현재 시제를 다룰 때 지적한 것처럼 '추측'이나 '의도'의 의미가 없는 순수한 미래 사태는 현재와 동일하게 표현된다.

(16) 가. 내일은 토요일이다.
      나. 내 동생이 오는 11월 18일에 대학수학능력시험을 본다.

(16가)와 (16나)는 명백한 미래 사태의 경우 '-겠-'이나 '-을 것이-' 없이 현재 시제로 표현됨을 보여 준다.

셋째, '-겠-'과 '-을 것이-'를 미래 시제 형식으로 본다면 한국어의 다른 양태 표현들 중에도 미래 시제 형식으로 보아야 하는 것이 매우 많다. '-을걸, -을 것 같-, -을 듯하-, -을 성싶-, -을 법하-, -은가 보-, -을 모양이-'와 같은 추측 표현과 '-을래, -을게, -을까' 등의 의도 표현, '-고 싶-, -었으면 하-' 등의 소망 표현도 모두 미래 사태를 대상으로 쓰이는 경우가 많기 때문이다.

이러한 점을 고려하면 한국어에서 '미래 시간 지시'를 주요 속성으로 가지는 문법 형식은 없다고 할 수 있다. 즉, 한국어의 미래 시간 의미는 현재 시제와 다양한 양태 의미에 기대어 표현된다.

2

상

1) 상의 개념

상(aspect)은 사건의 내부 구조를 바라보는 방법과 관련된 범주로 논의된다. 문법 범주로서의 상에서 가장 기본적인 구별인 완망상(perfective)과 비완망상(imperfective)을 예로 들어 상의 개념을 알아보자.[9] 완망상은 사건을 내부 구조와 상관없이 바깥에서 한 덩어리로 바라보는 것이고 비완망상은 사건의 내부 구조를 언급하는 것이다.

(17) 가. 철수는 부산에 가 버렸다.

나. 철수는 부산에 가고 있었다.

....

9 이와 관련한 개념어는 '완료상, 완결상, 외망상' 등이 고루 사용된다. 여기서는 사건을 바라보는 관점을 중시하여 '완망상'을 사용하기로 한다.

'-어 버리-'가 쓰인 (17가)는 철수가 부산에 간 사건을 한 덩어리로 파악하여 가리키는 문장인 반면, '-고 있-'이 쓰인 (17나)는 해당 사건의 내부를 언급하는 문장이라는 차이가 있다. 이에 따라 (17가)는 철수가 부산에 도착했다는 의미로 해석되지만 (17나)는 그렇지 않다.

상은 사건이 시간의 흐름 속에서 전개된다는 것을 전제로 하는 개념이므로 시제와도 관련이 깊다. 그러나 원칙적으로 이들은 별개의 범주이다.

   (18) 가. 찬미는 어제 책을 읽고 있었다.
         나. 찬미는 지금 책을 읽고 있다.

(18가)는 과거의 사태이고 (18나)는 현재의 사태이다. 이때 '-고 있-'은 비완망상을 나타내는 상 요소이며, 이 사건의 내부 구조의 일부를 가리킬 뿐 시간적 위치에 대해서는 아무것도 말하지 않는다. 시제는 발화시를 기준으로 사건시의 선후 관계를 따져 본다는 점에서 화시적 범주라고 할 수 있으나, 상은 기본적으로는 비화시적 범주이다(고영근, 2004: 21).[10] 또한 시제 요소는 보통 결합하는 서술어에 제약이 없지만, 상 요소는 일반적으로 형용사와 결합하지 않는다. '하늘은 푸르다'와 같이 형용사가 서술어인 문장의 사건은 시작, 전개, 종결 등의 내부 구조를 가지지 않기 때문이다(Comrie, 1976: 18).

한편 동사구에서 나타나는 상적 특성(aspectual character)도 사건의 전개 과정과 관련된다는 점에서 상 범주와 가깝다.

   (19) 가. 혜린이는 어제 학교 운동장을 뛰었다.

....

10 화시성을 시제와 상을 구별하는 기준으로 삼는 것에 대해 이견도 있다. 이와 관련해서는 고영근(2004: 21-22), 문숙영(2009: 119)을 참조할 수 있다.

나. 철수가 영희에게 몰래 윙크를 했다.

(19가)의 '운동장을 뛰다'는 지속성을 가지는 사건이지만 (19나)의 '윙크를 하다'는 순간적, 일회적으로 일어나는 사건이다. 이러한 특성 역시 사건의 내부 구조의 특성과 관계되는데, 이를 상황 유형(situation type)이라고 한다.[11]

앞에서 논의한 '완망상'과 '비완망상'의 구별을 문법상으로, 동사구의 상적 특성을 어휘상으로 간주할 수 있다(구본관 외, 2015: 318). 다음에서는 이러한 문법상과 어휘상이 한국어에서 어떻게 나타나는지 살펴본다.

2) 한국어의 문법상

① 완망상과 비완망상

문법상에 대한 가장 기본적인 구별은 완망상과 비완망상이다. 상 의미를 나타내는 문법 형식은 시제에 비해 문법화 정도가 낮은 것이 보통이다. 이에 따라 한국어에서도 어휘적 의미가 여전히 남아 있는 통사적 구성들이 상적인 의미를 표현하는 경우가 많다.

아래는 완망상과 관련되는 통사적 구성들의 예이다.

(20) 가. 영수는 미리 숙제를 해 버렸다.

나. 학생들은 어려운 프로젝트를 수행하고 나서 자신감을 가지게 되었다.

....

11 이를 동사의 시간적 어휘 자질로 보고 동작류(Aktionsart)로 논의하기도 한다(고영근, 2004: 22).

다. 은수가 기어이 소설을 쓰고 말았다.

라. 동생이 자꾸 집에 있는 빵을 먹어 치운다.

(21) 가. *하늘이 파래 {버렸다, 치웠다}.

나. *그 학생은 유쾌하고 {났다, 말았다}.

(20가)~(20라)의 '-어 버리-, -고 나-, -고 말-, -어 치우-' 등의 의미는 사건을 한 덩어리로 파악하여 바라보는 완망상과 관련이 있다. 이들은 (21)에서처럼 형용사와는 잘 결합하지 않는데, 앞에서 말한 바와 같이 이는 상을 나타내는 표현들의 특성이다.

다음으로 비완망상과 관련되는 예들을 보자.

(22) 가. 동생이 식탁에서 숙제를 하고 있다.

나. 학생들이 어려운 프로젝트를 수행해 나간다,

다. 은수가 소설을 거의 다 써 간다.

라. 날이 서서히 밝아 온다.

(23) 가. *동생이 점점 {착하고 있다, 착해 나간다, 착해 간다, 착해 온다}.

나. 동생은 신이 존재한다고 {믿고 있다, *믿어 나간다, *믿어 간다, *믿어 온다}.

(22가)~(22라)의 '-고 있-, -어 나가-, -어 가-, -어 오-' 등은 사건의 내부 구조의 일부를 가리킨다는 점에서 비완망상과 관련이 있다. (23가)에서 볼 수 있듯이 이들도 형용사에는 결합하지 않는다. 그런데 '-고 있-'의 의미는 비완망상 중에서도 진행상으로 흔히 다루어지지만 (23나)에서 보듯이 '믿다, 알다, 모르다' 등의 심리 동사에도 쓰인다는 점에서 다른 언어의 일반적인 진행상 형식과 다른 점이 있다.[12]

어떤 사건이 되풀이되어 일어나는 것을 뜻하는 반복상(iterative)도 비완망상 형식으로 나타나는 경우가 많다.

    (24)   가. 많은 사람들이 심근 경색으로 죽고 있다.

              나. 동물들이 병으로 죽어 나간다.

    (25)   가. 아이가 눈을 깜빡이고 있다.

              나. 한 학생이 문을 두드리고 있다.

    (26)   가. 철수는 종종 도서관에 가곤 했다.

              나. 만나기 싫은 친구가 계속 전화를 해 댄다.

              다. 언니는 항상 잔소리를 해 쌓는다.

    (27)   가. 나는 매일 아침 6시에 일어나고 있다.

              나. 영희는 요즘 동네 도서관에 다니고 있다.

    (24)와 (25)는 모두 비완망상의 '-고 있-'이나 '-어 나가-'로 표현된 반복상이다. (24)는 복수 주어의 복수의 사태를 나타내며, (25)는 단수 주어의 반복된 사태를 나타내고 있다. 이처럼 '죽다, 깜빡이다' 등이 표현하는 순간적인 상황은 비완망상 형식과 결합하면 반복 사건으로 해석된다. 반복상 역시 넓게 보면 비완망상의 일종으로 이해될 수 있다. (26)의 '-곤 하-, -어 대-, -어 쌓-' 등은 반복상에만 쓰이는 형식들이다. 이들은 아직 어휘적 의미가 많이 남아 있기는 하나 이들을 상 형식으로 보면 그 의미는 반복상에 해당한다고 할 수 있다. (27)의 '-고 있-'의 용법은 습관상(habitual)으로 따로 분류하기도 하는데, 역시 반복된 사태를 나타내므로 반복상의 일종으로도 볼 수 있다.

....

12 가령 영어에서 진행을 나타내는 'be ~ing' 형식은 심리 동사에 쓰이지 않는다(예: *I'm knowing the fact.).

② 예정상과 결과상

예정상(prospective)과 결과상(resultative)은 사건의 내부 구조 자체가 아닌 전후 단계와 관련된다는 점에서 완망상 및 비완망상과 차이가 있다. 예정상은 어떤 사건의 예비적 단계를 가리키는 것이다.

> (28) 가. 과방에 붙여 놓은 그림이 떨어지려고 한다.
> 　　　나. 3월인데 벌써 벚꽃이 피려고 한다.

(28가)와 (28나)에서 '-으려고 하-'는 각각 그림이 떨어지기 직전의 단계, 벚꽃이 피기 직전의 단계를 표현한다. '-으려고 하-'가 표현하는 것은 엄밀히는 그 사건의 일부분이 아니므로 이와 관련된 '예정' 의미는 상이 아니라고 보는 견해도 있는데, 이를 고려하면 예정상은 사건을 예비적 단계까지 확대하여 이해할 때 성립하는 상이라고 할 수 있다.

결과상은 과거의 활동에 의해 야기된 상태를 나타낸다. 한국어의 대표적인 결과상 형식은 '-어 있-'이다.

> (29) 가. 어린이가 의자에 앉아 있다.
> 　　　나. 연구실 문이 열려 있다.

(29가)와 (29나)의 '-어 있-'은 각각 앉는 사건, 열리는 사건이 끝난 후의 결과 상태가 지속됨을 표현한다.[13] 하나의 사건이 종결된 후 결과 상태가 지속되기 때문에 결과상은 완망상적 특성과 비완망상적 특성이 모두

---

13 '-어 있-'은 모든 용언에 결합하지 않고 결과 상태가 지속될 수 있는 일부 자동사에만 붙는 결합 제약을 가진다. 결과 상태가 지속될 수 있는 의미라도 "동생이 책상을 만들어 있다.", "오빠가 곰국을 끓여 있다."에서 보듯이 타동사에는 결합하지 않는다.

있다고도 볼 수 있다.

과거 시제 형식인 '-었-'이 결과상의 의미로 쓰이는 경우도 있다.

(30) 가. 마당에 꽃이 가득 {피었다, 피어 있다}.

　　　 나. 얼굴이 발갛게 {익었다, 익어 있다}.

(30가)와 (30나)의 '피었다, 익었다'는 '피어 있다, 익어 있다'처럼 모두 과거 사태가 아닌 현재 사태를 나타난다. 즉 '피는 사건, 익는 사건'이 있은 후의 현재의 상태를 나타낸다. 역사적으로 '-었-'은 '-어 있-'에서 발달한 형식이기 때문에 이러한 용법이 보이는 것으로 이해할 수 있다.

앞에서 '-고 있-'이 비완망상의 성격을 가지는 것을 보았다. 그런데 '-고 있-'이 결과상으로 해석되는 예도 있다.

(31) 가. 탈의실에서 아이는 천천히 청바지를 입고 있었다.

　　　 나. 전시회장에서 그는 검은 티셔츠에 청바지를 입고 있었다.

(32) 가. 앞문과 뒷문으로 한꺼번에 많은 사람들이 버스에 타고 있었다.

　　　 나. 사고 당시 많은 사람들이 버스에 타고 있었다.

(31가)와 (32가)의 '-고 있-'은 앞에서 본 비완망상 용법으로 쓰인 것이다. 그런데 (31나)에서는 '티셔츠와 청바지를 입은' 후의 결과 상태를 표시하기 위해 '-고 있-'이 쓰였다. (32나) 역시 학생들이 버스에 탑승한 후 상태를 나타내어 결과상 용법으로 쓰인 것으로 볼 수 있다.

3) 한국어의 어휘상

어휘상에 대한 연구는 동사의 상적 특성에 대한 연구에서 시작하였다. 그런데 이러한 연구가 엄밀히는 '동사'가 아닌 '동사구'를 대상으로 해야 한다는 주장이 힘을 얻으면서, 이를 '상황 유형'으로 다루는 연구들이 늘어났다. 상황 유형의 종류로 흔히 논의되는 것으로 '순간(semelfactive), 달성(achievement), 활동(activity), 완성(accomplishment), 상태(state)'의 분류가 있다.[14]

(33) 가. 유미가 나에게 윙크를 한다.

나. 유미는 학교에 도착한다.

다. 유미는 운동장을 뛴다.

라. 유미는 논문을 쓴다.

마. 유미는 그 사실을 안다.

(33가)의 '윙크를 하다'는 눈을 순간적으로 한 번 깜빡인다는 의미로서 '순간' 상황에 속한다. (33라)의 '학교에 도착하다'는 도착이 이루어지는 순간만을 따지면 엄밀히는 '순간' 상황이라고 할 수 있다. 그런데 도착하기 위해서는 그 전의 예비적 단계가 필요하기 때문에 일반적인 '순간' 상황과 구별하여 이를 '달성' 상황으로 구별할 수 있다. (33다)의 '운동장을 뛰다'는 뛰는 행위가 시폭을 가지고 지속됨을 의미하는 '활동' 상황이다. (33라)의 '논문을 쓰다' 역시 지속성이 있지만 '활동'과 비교하면 상황 자

---

14 이러한 다섯 가지 분류는 기본적으로 스미스(Smith, 1991: 30)에 바탕을 둔 것이다. 이 외에도 상황 유형을 분류하는 방식에는 여러 가지가 있다. 벤들러(Vendler, 1967)는 일찍이 '활동, 완성, 달성, 상태' 상황 유형을 구별하였다. 이호승(1997)은 '달성'을 '순간'의 일종으로 파악하였고, 이익환(1994)은 '심리' 상황 유형을 따로 설정하였다.

표 10-1 상황 유형의 종류와 자질 분석

상황 유형의 종류	자질 분석	동사구 예시
순간 상황 유형	[-상태성], [-지속성], [-끝점], [-예비성]	윙크를 하다
달성 상황 유형	[-상태성], [-지속성], [+끝점], [+예비성]	학교에 도착하다
활동 상황 유형	[-상태성], [+지속성], [-끝점], [-예비성]	운동장을 뛰다
완성 상황 유형	[-상태성], [+지속성], [+끝점], [-예비성]	논문을 쓰다
상태 상황 유형	[+상태성], [+지속성], [-끝점], [-예비성]	사실을 알다

체가 자연스러운 끝점(telic)을 가진다는 차이가 있다. 즉, 뛰는 행위는 의도적으로 멈추지 않으면 이론적으로 언제까지나 계속될 수 있는 반면, 논문을 쓰는 행위는 논문을 다 쓰면 자연스럽게 끝나기 마련이다. 따라서 이를 '완성' 상황 유형으로 구별한다. (33마)의 '그 사실을 알다'는 어떤 움직임이라기보다는 항상성을 가지는 '상태'를 의미한다.

이러한 상황 유형은 몇 가지 자질을 이용해 분석될 수도 있다.[15] 이와 관련해서는 여러 분석 방법이 제안되어 왔지만, 그중 [상태성], [지속성], [끝점], [예비성]의 자질을 이용한 분석의 한 예시를 보이면 표 10-1과 같다.

---

15 '자질(feature)'은 본래 음운론에서 사용되던 개념으로서 어떤 언어 형식이나 의미를 분석하는 기본 단위를 말한다.

3

양태

1) 양태의 개념

양태(modality)는 화자가 명제에 대해서 가지는 주관적 태도를 표현하는 범주라고 정의되는 일이 많다. 그런데 이러한 정의는 매우 모호하고 광범위한 대상을 가리키기 때문에 양태 범주의 정의와 범위에 대해서는 다양한 의견이 있어 왔다. 그러나 대체로 '추측, 당위, 허가, 의도, 소망' 등의 의미를 양태로 간주하는 데는 큰 반대가 없다.

시간을 나타내는 언어 표현에 어휘적인 것과 문법적인 것이 있는 것처럼, 양태 의미도 어휘적으로 나타날 수도 있고 문법적으로 나타날 수도 있다.

(34) 가. {분명히, 아마, 어쩌면} 내일은 비 온다.

　　　나. {기필코, 반드시, 꼭, 가급적} 이번 주 안에 원고를 끝낸다.

(35) 가. 아마 내일은 비가 오겠어.

나. 기필코 이번 주 안에 원고를 끝내겠어.

　　(34)의 '분명히, 아마, 기필코, 반드시'처럼 명제에 대한 화자의 주관적 태도를 나타내는 어휘를 양태 부사(modal adverb)라고 한다.[16] 이러한 양태 부사와 비슷한 의미가 문법 형식으로 일정한 계열을 이루어 나타나는 것이 문법 범주로서의 양태 범주이다. (35가)에서 '아마'가 추측의 의미를 표현하는 '-겠-'과 호응하고, (35나)에서 '기필코'가 '의도'의 의미를 표현하는 '-겠-'과 호응하는 것을 확인할 수 있다.

　　한국어는 양태와 관련한 의미를 표현하는 문법 형식이 매우 많은 언어이다. 한국어에서 양태를 나타내는 문법적 표현에는 문법화가 완료된 어미도 있지만 문법화 도중에 있는 통사적 구성도 있다.

　　(36)　가. 오늘은 날씨가 좋겠다.
　　　　　나. 내일 나도 영화 보러 갈래.
　　　　　다. 학생은 날마다 책을 읽어야 한다.
　　　　　라. 오늘은 집에 있고 싶다.

　　(36가)의 '-겠-'은 '추측'의 의미를 표현하고 (36나)의 '-을래'는 '의도'를 표현한다. (36다)의 '-어야 하-'는 '당위'를, (36라)의 '-고 싶-'은 '소망'을 표현한다. 이 중 '-겠-'과 '-을래'는 완전히 문법화된 형식인 어미이고, '-어야 하-'와 '-고 싶-'은 아직 완전히 어미화하지 않은 통사적 구성에 해당한다.

　　양태의 정의가 모호한 만큼 양태의 범위와 하위 부류에 대해서도 국내

....
16　방식 부사(manner adverb)를 양태 부사라 하는 일도 있으나, 이 책의 양태 부사와는 다른 것이다.

외를 막론하고 합의된 바가 매우 적다. 전통적으로 양태의 하위 부류로 언급된 것은 인식 양태(epistemic modality)와 의무 양태(deontic modality)이다. 이는 예스페르센(Jespersen, 1924: 329)에서 서법(mood)을 다루면서 제안했던, '의지(will)의 요소가 포함되지 않은 것'과 '의지의 요소를 포함한 것'의 구별과도 관련이 깊다. 이 구별은 파머(Palmer, 2001)에서 명제 양태(propositional modality)와 사건 양태(event modality)를 나누는 근거가 되었다. 박재연(2006)에서도 이러한 구별을 중시하여 '의지의 요소가 포함되지 않은 것'을 인식 양태로, '의지의 요소가 포함된 것'을 행위 양태(act modality)로 다루었다. 인식 양태는 정보의 성격에 대한 화자의 태도에 대한 것이고, 행위 양태는 행위의 실현에 대한 화자의 조건 부과에 대한 것이다.

그런데 최근에는 이 구별과 별도로 화자가 명제 내용에 대하여 느끼는 감정이나 주관적인 평가 등을 나타내는 표현을 감정 양태(emotive modality) 혹은 평가 양태(evaluative modality)로 다루고 있다. 인식 양태와 행

더 알아보기

양태의 범위와 하위 부류

양태의 범위와 관련해서는, 전통적으로 직설법, 명령법, 가정법 등을 따지는 '서법', 평서문, 의문문 등을 따지는 '문장 유형'과의 포함 관계 혹은 변별이 문제가 되었다. 최근에는 직접 증거, 간접 증거 등과 관련되는 '증거(evidentiality)', 새로 앎, 이미 앎과 관련되는 '의외성(mirativity)' 등이 양태 범주에 포함되는지에 대해 견해가 엇갈리고 있다.

양태의 하위 부류와 관련해서는 언어 유형론 논의를 통해 여러 언어의 다양한 양태 관련 표현이 알려졌다. 이에 따라 기존의 인식 양태와 의무 양태 외에도 명제 양태, 사건 양태, 동적 양태(dynamic modality), 증거 양태(evidential modality), 근문 양태(root modality), 동작주 지향적 양태(agent-oriented modality), 화자 지향적 양태(speaker-oriented modality), 감정 양태, 평가 양태 등 양태의 하위 부류에 대한 여러 가지 개념과 용어들이 제안되었다.

표 10-2 양태의 종류와 개념

양태의 종류	개념	의미 속성 예시
인식 양태	정보의 성격에 대한 화자의 태도	개연성 판단, 가능성 판단
행위 양태	행위의 실현에 대한 조건 부과	당위, 허가, 의도, 소망, 능력
감정 양태	명제 내용에 대해 갖는 화자의 감정 혹은 평가	긍정적 감정, 부정적 감정

위 양태의 개념을 채택하고 여기에 감정 양태를 추가하면 양태의 종류를 표 10-2와 같이 제시할 수 있다.

2) 인식 양태

인식 양태는 화자가 명제에 대해 가지고 있는 정보의 성격에 대한 화자의 태도이다. 화자는 정보를 확실한 것으로 간주할 수도 있고 불확실한 것으로 간주할 수도 있다.

(37) 가. 비가 온다.

　　　나. 확실히 비가 온다.

　　　다. 아마도 비가 {오겠다, 올 것이다}.

　　　라. 어쩌면 비가 {올 수도 있다, 올지도 모른다}.

(38) 비가 {오는 듯하다, 오는 듯싶다, 올 성싶다, 오는가 보다, 올까 싶다, 올 법하다, 올 것 같다, 오는 모양이다}.

'비가 온다'가 완전히 확실한 사실이라면 아무런 양태 형식을 사용하지 않고 (37가)와 같이 표현할 것이다. 그러나 완전히 확실한 사실이 아니라면 (37나)~(37라)처럼 '확실히, 아마도, 어쩌면' 같은 양태 부사들을 사용하거나,[17] '-겠-', '-을 것이-', '-을 수도 있-', '-을지도 모르-' 같은 어미나 통사적 구성을 사용할 수 있다. 전통적으로 인식 양태로 논의된 것은 이러한 확실성의 정도를 나타내는 표현들이다. '-겠-'과 '-을 것이-'는 그럴 개연성이 매우 높음을 나타내는 반면, '-을 수도 있-'이나 '-을지도 모르-'는 그럴 가능성이 있기는 하나 그다지 높지는 않음을 표현한다. 한국어에는 특히 (38)과 같이 화자가 명제를 불확실한 것으로 간주할 때 사용하는 통사적 구성들이 매우 다양하게 발달되어 있다.

그런데 한국어에는 화자가 가지고 있는 정보가 화자의 지식 체계에 내면화한 정보(assimilated information)인지 새로 알게 된 정보인지를 구별하는 표현도 있다.

(39) 가. 비가 오는구나.

　　　나. ??내 고향이 서울이구나.

(40) 가. 원래 수능 날마다 날씨가 춥거든.

　　　나. ??어머나, 네가 드디어 합격했거든.

(39가)의 '-구나'는 화자가 새로 알게 된 사실에 쓰인다. 따라서 아주 특수한 상황이 아니라면 (39나)와 같이 화자가 원래부터 알고 있는 것이 자연스러운 사실에는 '-구나'가 쓰이지 않는다. 반면 (40가)의 '-거든'은 화자가 원래부터 알고 있던 사실에 쓰인다. (40나)처럼 새로 알게 된 사실에 '-거든'이 쓰이는 것은 거의 불가능하다. 즉, '-구나'나 '-거든'은 화자가 정보를 자신의 지식 체계에 내면화한 정도를 표현한다.[18]

....

17 '확실히 비가 온다'가 꼭 '비가 온다'보다 확실성이 높은 것은 아니다. 눈앞에서 비가 오는 것을 보는 등 정말로 확실한 상황이라면 "확실히 비가 온다."라고 말하지 않고 "비가 온다."라고 할 것이다.

18 이러한 의미는 언어유형론에서 의외성(mirativity)으로 논의되는 것과 관련이 있다.

또한 화자가 말하는 정보를 어디에서 입수하였는가와 관련된, 정보의
출처를 나타내는 표현도 있다.

(41) 가. 부산은 밀면이 맛있더라.

      나. 지금 비 오더라.

      다. 내일 비 오더라.

(42) 과연 밀면은 맛있네.

(43) 가. 지금 비 온대.

      나. 공부를 시작하려고만 하면 꼭 친구 녀석 전화가 온다나.

(41가)의 '-더-'는 화자가 과거에 직접 경험을 통해 알게 된 사실을 표
현하는 독특한 용법을 가진다. 즉 (41가)는 밀면을 직접 먹어 본 경우에 쓰
인다. 이렇듯 '-더-'는 화자가 과거에 경험한 사실을 표현하기 때문에 과
거 사태에 쓰이는 일이 많으며, 종종 과거 시제 형식으로 간주되기도 한다.
그러나 (41나), (41다)와 같이 현재의 일이나 미래의 일을 과거에 알게 된
경우에도 쓰이기 때문에 '-더-'를 일반적인 과거 시제 형식으로 간주할
수는 없다.

(42)의 '-네'의 의미도 '-더-'와 매우 비슷하여 화자가 직접 경험한 사
실에 쓰인다. 다만 경험한 시점이 현재라는 점이 '-더-'와 다르다.[19] 이와
달리 (43가)의 '-대', (43나)의 '-다나' 등은 화자가 직접 경험한 사실이
아닌 다른 사람에게 들은 정보를 표현할 때 사용된다.

'-더-, -네, -대, -다나' 등은 모두 정보의 출처를 나타내는 요소이다.
이들은 증거(evidentiality) 범주로 논의되는데, 전통적으로 논의된 인식

....

19 '-더-'와 '-네'는 '지각'에 의한 정보를 표현하는 동시에 화자가 미처 내면화하지 못한 정보
도 표현하는데, 어느 쪽 의미가 더 주요한 의미인가에 대해서는 많은 논쟁이 있다.

양태와 구별하여 증거 양태라는 범주로 다루는 경우도 있고, 아예 양태와는 다른 범주라고 보는 경우도 있다. 정보의 내면화 정도를 표시하는 범주와 정보의 출처를 표시하는 범주는 모두 화자가 가진 정보의 성격을 세분화하여 표현한다는 점에서 인식 양태와 관련이 깊다.

3) 행위 양태

행위 양태는 명제를 어떤 행위의 내용으로 간주하고 그 실현과 관련된 조건을 부과하는 것이다. '의도, 소망, 능력, 당위, 허가' 등의 의미가 행위 양태에 해당된다. 따라서 행위 양태 형식들은 주로 동사가 서술어인 문장에 사용되며, 주어의 인칭에 민감한 경우가 많다.

> (44) 가. 나는 올해 안에 꼭 결혼을 하겠다.
>   나. *나는 올해부터 꼭 착하겠다.

'-겠-'은 앞에서 본 바와 같이 '추측'과 관련된 의미로 사용되기도 하지만, (44가)와 같이 화자의 '의도'와 관련된 의미로 쓰이기도 한다. 의도 의미는 평서문에서는 주어가 1인칭일 때, 의문문에서는 주어가 2인칭일 때만 성립한다. "{너는, 그는} 올해 안에 결혼을 하겠다."와 같이 2인칭이나 3인칭 주어가 사용되면 추측의 의미로만 해석된다. '-겠-'이 의도의 의미로 쓰일 때는 명제가 행위의 내용이 되어야 하므로 (44나)와 같이 형용사 문에는 쓰이지 않는다.

흥미로운 것은 하나의 형식이 인식 양태적 의미와 행위 양태적 의미를 모두 가지는 '인식 양태-행위 양태 다의성(polysemy)'이 세계 여러 언어에서 두루 나타난다는 점이다.

(45)　가. John should be there by now. (Cruse, 2000: 496)

　　　나. 이번 출장은 {아무래도, 꼭} 내가 가겠다.

　　　다. 내일 나는 {아마도, 꼭} 학교에 갈 것이다.

　　　라. 우리는 춘천에 가서 자전거를 탈 수(도) 있다.

　　(45가)는 '존은 지금쯤 거기 가 있어야 한다'로 해석될 수도 있고, '존은 지금쯤 거기에 가 있을 것 같다'로 해석될 수도 있다. 'should'가 당위와 강한 추측의 두 가지 의미를 가지기 때문이다. (45나), (45다)에서 제시한 한국어의 '-겠-'과 '-을 것이-'도 모두 추측의 의미와 의도의 의미를 가지는 다의 형식이어서 '아무래도, 꼭' 등의 부사가 사용되지 않으면 그 자체로는 중의성을 띤다. (45라)의 '-을 수 있-' 역시 '능력'과 '가능성(약한 확신을 가지는 추측)'을 모두 표현할 수 있다. 즉, '우리가 춘천에 가서 자전거를 탈 능력이 있다'로 해석될 수도 있고, '우리가 춘천에 가서 자전거를 탈지도 모른다'의 의미로 해석될 수도 있다.

　　한국어에는 행위 양태와 관련한 의미를 표현하는 통사적 구성이 매우 많다.

통사적 구성의 양태

행위 양태를 나타내는 통사적 구성들이 화자가 아닌 2인칭 혹은 3인칭 주어에게 존재하는 조건을 표현하는 경우도 많다. "아림이는 글을 {쓰려고 한다, 쓰고 싶었다}."에서 '-으려고 하-, -고 싶-'의 의미는 화자의 태도와는 무관하다. 또한 '-어야 하-'와 '-어도 되-' 등은 "우리 학교 학생은 성실해야 한다.", "성적은 나빠도 된다."와 같이 형용사에 결합될 수도 있다. 2인칭이나 3인칭 주어를 취하거나 서술어 제약이 강력하지 않은 것은 이들이 아직 하나의 문법 형식으로 완전히 발달하지 않고 본래 구성의 서술성을 간직하고 있는 점과 관련된다.

(46) 나는 지금 글을 {쓰려고 한다, 쓰고 싶다, 쓸 수 있다, 써야 한다, 써도 된다}.

(46)의 '-으려고 하-, -고 싶-, -을 수 있-, -어야 하-, -어도 되-'는 차례로 '의도, 소망, 능력, 당위, 허가'의 의미를 지닌다.[20] 이들은 모두 행위의 실현과 관련된 조건을 나타내는 행위 양태 형식에 속한다.

4) 감정 양태

감정 양태는 명제에 대한 화자의 느낌을 표현하는 것이다. 긍정적인 평가나 부정적인 평가가 표현된다는 점에서 평가 양태라고도 한다.

(47) 가. 다행히 오늘 비가 왔어요.
나. 안타깝게도 오늘 비가 왔어요.

화자는 '오늘 비가 오는' 사태를 바람직한 것으로 생각할 수도 있고, 부정적인 것으로 생각할 수도 있다. (47)에서는 '다행히, 안타깝게도'와 같은 부사가 이러한 화자의 감정을 표현한다. 그런데 화자의 감정은 어미나 조사와 같은 문법 형식으로도 표현될 수 있다.

(48) 가. 은수는 회의를 {한다고, 한답시고} 학교에 갔어요.
나. 언니는 달리기는 자기가 늘 {일등이었대, 일등이었다나}.
다. 너는 점심으로 {라면을, 라면이나} 먹어라.

....
20 기존의 논의에서는 '당위'를 의무 양태로 다루고 '능력, 의도, 소망'을 동적 양태로 다루었다.

라. 우리 애는 하루 종일 노래를 {부른다, 불러 쌓는다, 불러 댄다}.

(48가)에서 '-다고'가 아닌 '-답시고'를 사용하는 것은 화자가 명제에 대해 부정적인 감정을 가지고 있음을 드러낸다. (48나)에서 '-다나'도 '-대'와 비교하면 가벼운 경멸의 감정을 표현한다. 또 (48다)처럼 보조사 '이나'를 사용하면 '라면' 혹은 명제 전체에 대한 부정적인 감정이 표현된다. (48라)는 앞에서 반복상 표현으로 다룬 '-어 쌓-, -어 대-'가 사용된 문장이다. 이 역시 반복적인 행위에 대해 화자가 부정적인 감정을 가지고 있음을 더 표현한다.

1 다음 예에서 '-었-'이 일반적인 과거 의미로 쓰이지 않은 점에 유의하면서 왜 '-었-'이 쓰였는지 생각해 보시오.

> ㄱ. 언니는 엄마를 많이 닮았어.
> ㄴ. 민수가 우리 반에서 제일 잘생겼네.

2 "철수가 오른손을 들고 있다."라는 문장이 가지는 중의성에 대해 이야기해 보시오.

3 다음 두 가지 상황에서 ㉮와 ㉯ 중 어떤 문장이 좀 더 자연스러운지 판단해 보고, '-을 것이-'와 '-겠-'의 의미 차이를 생각해 보시오.

> • ㉮ 좀 이따 비 올 거야.　　㉯ 좀 이따 비 오겠어.
>
> | ㄱ. 일기예보를 통해 비가 온다는 사실을 알고 있었을 때 | ㉮, ㉯ |
> |---|---|
> | ㄴ. 하늘이 차차 어두워지는 것을 보았을 때 | ㉮, ㉯ |
>
> • ㉮ 저는 볶음밥 먹을 겁니다.　　㉯ 저는 볶음밥 먹겠습니다.
>
> | ㄱ. 볶음밥을 먹기로 미리 결정하고 식당에 갔을 때 | ㉮, ㉯ |
> |---|---|
> | ㄴ. 식당에서 메뉴판을 보고 볶음밥을 먹기로 결정했을 때 | ㉮, ㉯ |

• 고영근(2004)은 전통 문법의 토대 위에서 구조주의 문법, 생성 문법 등 여러 언어학적 성과를 반영하여 한국어의 시제, 양태, 상(이 연구의 용어로는 시제, 서법,

동작상)을 총체적으로 기술한 업적이다.

• 박진호(2011)는 시제, 상, 양태를 언어 유형론적 관점에서 개관하고 한국어의 특징을 소개한 논문이다.

• 문숙영(2009)은 시제와 관련하여, 특히 의미론적 의미와 화용론적 의미를 구별하는 문제에 대해 도움을 준다.

• 보조 용언으로 실현되는 상 범주에 대해서는 김성화(1992)를, 상황 유형에 대해서는 이호승(1997)을 참고할 수 있다.

• 장경희(1985)는 한국어 어미의 섬세한 양태 의미에 주목한 선구적인 업적이다.

• 박재연(2006)은 한국어 양태 어미 전반을 체계적으로 기술하고자 한 기초적 연구이다.

4부

발화와
의미

11장

전제

철수는 얼마 전 인터넷으로 뉴스를 보다가 우연히 아래의 기사를 읽게
되었다.

> ○○ 한 달 뒤 유료…"무제한 요금제 아니면 부담"
> 스마트폰 내비게이션 가운데 우리나라 사람들이 가장 많이 쓰는 ○○이
> 다음 달 중순 유료로 바뀝니다. 그러니까 이제 한 달 뒤부터는 ○○을
> 쓸 때마다 데이터가 차감되고, 그래서 데이터가 다 떨어지면 요금제에
> 따라서는 돈을 더 내야 할 수도 있는 것입니다. □□□ 기자 리포트 보
> 시고, 궁금한 점 더 짚어 보겠습니다.

제목과 앵커의 보도를 읽고 철수는 놀라 잠시 생각에 빠졌다. '내비게
이션 앱이 다음 달부터 유료로 바뀐다고? 그럼 지금까지는 무료였다는 거
잖아. 몰랐네.' 기사에는 많은 댓글이 달려 있었는데 그중에는 철수처럼 생
각한 사람들이 상당히 많았다.

251개의 댓글

enjo**** 뭐야 그동안 데이터 안 나가고 있던 거야?

soos**** 그런 줄 모르고 나름 아껴 썼는데

rokp**** 나도 몰랐음 ㅋㅋㅋ 완전 좋은 거였네

ettp**** 대박이었네 ㅜㅜ

철수가 읽은 기사는 내비게이션 앱이 유료로 바뀐다는 소식을 알리고자 한 것인데, 이는 지금까지 내비게이션 앱이 유료가 아니었음을 배경으로 깔고 있다. 기사의 밑줄 친 문장에는 기자가 알리고자 한 내용뿐 아니라, 그 배경이 되는 내용까지 표현되어 있었던 것이다. 이 장에서는 이와 같이 문장이 의미하는 명제 중 전경이 아닌 배경 역할을 하는 명제, 즉 '전제'에 대하여 알아보고자 한다.

1

전제의 개념과 유형

1) 전제의 개념

하나의 문장에는 하나의 명제가 아니라 여러 개의 명제가 담겨 있을 수 있다. 예를 들면 "이번 계절학기에 철수는 전공 수업을 듣고 영희는 교양 수업을 듣는다."와 같은 문장은 두 절이 연결된 접속문으로서 '이번 계절학기에 철수는 전공 수업을 듣는다', '이번 계절학기에 영희는 교양 수업을 듣는다'라는 두 개의 명제를 표현한다. 이와 같이 접속문의 절들은 개별 명제를 표현하며, 각 명제는 모두 이 문장이 나타내고자 하는 전경 (foreground) 의미에 해당한다. 즉, 두 명제 모두 화자가 이 문장을 통해 직접적으로 전달하고자 하는 의미이다.

그런데 하나의 문장에 담기는 명제에는 전경 명제가 아닌 배경(back-ground) 명제도 존재한다.

(1) 가. 이번 계절학기에 철수는 전공 수업을 듣고 영희는 교양 수업을

듣는다.

가ʹ. '철수라는 사람이 있다', '철수는 대학에서 수업을 듣는 사람
    이다'(즉, 대학생이다)

나. 철수가 이번 계절학기에 듣는 수업은 전공 수업이다.

나ʹ. '철수라는 사람이 있다', '철수는 대학에서 수업을 듣는 사람
    이다'(즉, 대학생이다), '철수는 이번 계절학기에 어떤 수업을
    듣는다'

예를 들면 (1가)의 선행 접속절에는 (1가ʹ)에 제시한 '철수라는 사람이
있다', '철수는 대학에서 수업을 듣는 사람이다'(즉, 대학생이다) 같은 명제
들이 배경에 깔려 있다. 또한 (1나)에는 (1나ʹ)에서 제시했듯이 앞의 배경
명제들을 포함하여 '철수는 이번 계절학기에 어떤 수업을 듣는다'가 배경
으로서 존재한다고 볼 수 있다. 일반적으로 (1가), (1나)와 같은 문장은 이
러한 배경 명제들을 통해 적절히 발화되고 이해된다. 이처럼 어떤 문장에
서 표현되는 명제 중에 전경을 전달하기 위한 선결 조건으로서 배경 역할
을 하는 명제를 그 문장의 '전제(presupposition)'라고 한다.

2) 전제의 유형

배경 명제로서의 전제는 그 배경 명제가 있다는 것이 어떠한 의미적·
화용적 자질을 가리키는 것인지에 따라 두 유형으로 나뉜다. 하나는 전체
문장의 사실성 여부와 관련 없이 이미 그 명제는 '참'이라는 것이 보장되
어 있다는 의미에서의 배경 명제이다. 이렇듯 문장의 진리조건적 의미의
관점에 입각한 배경 명제를 의미론적 전제라고 한다. 다른 하나는 전체 문
장이 전달하고자 하는 주요 메시지와 달리 이미 화·청자가 머릿속에 공유

하고 있는 것이라는 의미에서의 배경 명제이다. 이와 같이 문장의 정보 전달 기능과 관련된 의사소통의 흐름이라는 관점에 입각한 배경 명제를 화용론적 전제라고 한다. 의미론적 전제와 화용론적 전제는 흔히 겹쳐서 나타나지만 반드시 동일한 것은 아니다.

예를 들어 (1나) "철수가 이번 계절학기에 듣는 수업은 전공 수업이다."라는 문장의 배경이 되는 '철수는 이번 계절학기에 어떤 수업을 듣는다'라는 명제는 전체 문장이 참이든 거짓이든 상관없이, 즉 철수가 이번 계절학기에 듣는 수업이 전공 수업이든 아니든 상관없이 참인 지위를 가진다. 또한 이 배경 명제는 화자가 전체 문장을 발화할 때 새롭게 전달하고자 하는 전경 정보가 아니라 청자의 머릿속에 이미 존재하는 것으로 간주하는 명제이다. 그러므로 (1나)의 배경 명제인 '철수는 이번 계절학기에 어떤 수업을 듣는다'는 (1나)의 의미론적 전제이면서 화용론적 전제이기도 하다.

그러나 어떤 문장에 수반되는 모든 배경적인 전제가 항상 의미론적 전제이면서 동시에 화용론적 전제인 것은 아니다. 문장의 진리조건적 의미와 정보 전달 기능은 서로 관련이 있지만 구별되는 차원이므로, 의미론적 전제와 화용론적 전제는 개념적으로 구분되며 관련된 언어 현상도 상이하다. 이어지는 2절과 3절에서는 이 두 전제에 대해 자세히 살펴보도록 한다.

2

의미론적 전제

1) 의미론적 전제의 개념

앞서 의미론적 전제의 개념을 간략히 살펴보았지만, 보다 구체적인 설명을 위해서는 더 엄밀하고 자세한 정의가 필요하다. 의미론적 전제는 '어떤 문장 S에서 전달되는 배경 명제 P로서, S의 진리치와 상관없이 항상 참 값을 가지는 명제'로 정의된다.

> (2) 가. 철수가 이번 계절학기에 듣는 수업은 전공 수업이다.
>
> 나. 철수가 이번 계절학기에 듣는 수업은 전공 수업이 아니다.

예를 들어 (2가)와 (2나)는 동일한 내용에 대한 긍정문과 부정문인데, 모두 '철수가 이번 계절학기에 어떤 수업을 듣는다'라는 명제를 전제하고 있다. 즉, '철수가 이번 계절학기에 어떤 수업을 듣는다'는 전체 문장이 긍정이든 부정이든 상관없이 문장의 배경 명제로서 항상 참이 보장된 것으로, 이 문장의 의미론적 전제가 된다.

의미론적 전제의 판별법으로 위와 같이 문장을 부정했을 때 전제가 그대로 유지되는지를 확인하는 방법 외에 '거짓말 테스트'가 있다. 이는 어떤 문장 S의 발화에 대하여 상대방이 그 진리치를 반박할 때, 그 문장이 담고 있는 모든 의미와 내용이 반박의 대상이 되는 것은 아니며 특히 전제는 반박될 수 없다는 것이다.

(3) A: 철수가 이번 계절학기에 듣는 수업은 전공 수업이야.

　　B1: 아니야/그건 거짓말이야, 철수가 이번 계절학기에 듣는 수업은 교양 수업이야.

　　B2: #아니야/그건 거짓말이야, 철수는 이번 계절학기에 아무 수업도 듣지 않아.

(4) A: 철수가 이번 계절학기에 듣는 수업은 전공 수업이 아니야.

　　B1: 아니야/그건 거짓말이야. 철수가 이번 계절학기에 듣는 수업은 전공 수업이야.

　　B2: #아니야/그건 거짓말이야. 철수는 이번 계절학기에 아무 수업도 듣지 않아.

예컨대 (3)에서 A의 발화에 대하여 이를 "아니야" 혹은 "그건 거짓말이야"로 반박하는 경우, B1과 같이 전경 명제를 부정하는 대화는 자연스러운 데 반해 B2와 같이 전제를 부정하는 대화는 다소 부자연스럽다. 직관에 따라 B2가 가능하다고 볼 수도 있지만 그러한 경우에도 "아니야"나 "그건 거짓말이야"와 같은 표현보다는 "무슨 소리야?"와 같은 반응이 더 자연스럽다. (4)와 같이 긍정문에 대응하는 부정문에 대해 거짓말 테스트를 적용해 보면 "아니야"나 "그건 거짓말이야"를 통한 전제의 반박(B2)이 부자연스럽다는 점이 더욱 명확해진다.

어떤 의미론적 전제를 요구하는 문장에 대하여 그 전제 명제가 실제로 참이 아니고 거짓인 경우, 그 문장은 참도 아니고 거짓도 아닌 괴이한 상태가 된다. 이를 '진리치 공백'이라고 한다. 예컨대 철수가 이번 계절학기에 아무 수업도 듣지 않는 상황에서 누군가 (3)의 A와 같이 말했다면, 그 사람이 단순히 거짓을 말했다고 간주하기는 어려울 것이다. 그 발화는 참도

더 알아보기

전제 연구는 대머리 프랑스 왕에서 시작되었다?

현대적 관점의 언어 연구 역사에서 전제 현상이 포착되고 활발히 논의되기 시작한 것은 영어의 한정 명사구(정관사 'the'를 가진 명사구, 고유명사, 대명사 등)가 포함된 "The King of France is bald."와 같은 문장의 의미를 어떻게 바라볼 것인가 하는 러셀(Russell, 1905)과 스트로슨(Strawson, 1950, 1952)의 유명한 언어철학적 논쟁에서 연유한다. 러셀은 이 문장이 '프랑스 왕이 존재한다'와 '그는 대머리다'의 두 명제를 함의한다고 보고, 실제로는 프랑스 왕이 존재하지 않는 상황에서 이 문장은 거짓이라고 하였다. 반면 스트로슨은 이 문장에서 '프랑스 왕이 존재한다'는 함의가 아니라 전제라고 보고, 프랑스가 군주제가 아닌 현실에서 이 문장은 '전제 실패'를 겪어 참도 거짓도 아닌 '진리치 공백'이라고 하였다. 이와 같이 A를 지시하는 한정 명사구가 가지는 'A가 존재한다'는 의미를 흔히 '존재 전제'라고 부른다. 스트로슨의 설명은 더 거슬러 올라가 프레게(Frege, 1892)와도 일맥상통한다.

한편 스트로슨은 이후 논의에서 본래의 입장을 다소 수정하여 한정 명사구가 항상 존재 전제를 가지는 것이 아니라 그것이 정보구조적으로 화제일 때만 그러하다고 하였다(Strawson, 1964). 예컨대 "The King of France is BALD(프랑스 왕은 대머리다)."는 한정 명사구가 화제이므로 존재 전제를 가지고 실제 세상에서 이 지시물이 없다면 전체 문장은 진리치 공백이 되지만, "The King of FRANCE is bald(프랑스 왕이 대머리다)."는 한정 명사구가 초점이므로 단순히 거짓 문장이 된다는 것이다(화제와 초점의 개념은 3절을 참고).[1]

....

1 예로 든 문장에서 굵은 글씨체로 표시한 부분은 발화시 문장의 주 강세가 놓인 부분을 나타낸 것이다. 뒤에 나오는 예문 (15)에서도 마찬가지이다.

아니지만 거짓이라고 할 수도 없다. B2의 발화가 부적절한 것이 이를 보여준다. 이러한 상황에서는 B2와 같은 반응보다는 "무슨 소리야, 철수는 이번 계절학기에 아무 수업도 듣지 않아."와 같은 반응이 자연스럽게 뒤따를 것이다. 즉, 어떤 문장의 전경 의미를 부정하는 것과 그 문장의 배경 의미를 부정하는 것은 의미적으로도 형식적으로도 구별된다.

2) 의미론적 전제를 유발하는 한국어 표현

의미론적 전제는 특정 어휘나 문법 항목과 긴밀히 관련된다. 앞에서 살펴본 "철수가 이번 계절학기에 듣는 수업은 전공 수업이다."와 같은 문장은 'X는 Y이다' 꼴의 계사문이면서, 그 주어 X가 관형사절의 수식을 받는 명사구라는 형식적 자질이 '철수가 이번 계절학기에 어떤 수업을 듣는다'와 같은 의미론적 전제를 가져온다. 이와 거의 동일한 명제적 의미를 지니는 다른 문장, "철수가 이번 계절학기에 전공 수업을 듣는다."에서는 그와 같은 의미론적 전제가 나타나지 않는 것을 보면 이러한 형식의 효과가 더욱 분명하게 드러난다.

그렇다면 한국어에서 이 외에 또 어떠한 언어 표현이 문장의 의미론적 전제를 유발하는지 살펴보자. 대표적으로 분열문,[2] '알다'와 같은 소위 사실성 서술어, '시작하다, 그만두다'와 같은 상태 변화 서술어, '또'와 같은

....

2 분열문(cleft sentence)이란 하나의 명제를 두 부분 A와 B로 쪼개어 나타낸 'A는 B이다'의 계사문으로서, A에는 빈 논항을 가진 열린 명제가 관형사절로 '것'을 수식하는 구성이 오고, B에는 A에서 빈 논항의 값이 명시된다. 예를 들면 "철수가 공부하는 것은 의미론이다."는 "철수가 의미론을 공부한다."와 같은 일반적인 문장에 대응하는 분열문이다. 영어에는 'it' 분열문과 wh-분열문이 있다. 예를 들면 "It is semantics that John studies.", "What John studies is semantics."와 같은 구문이다.

반복 부사어, '도, 까지'와 같은 첨가 보조사 등이 의미론적 전제를 발생시키는 효과를 가진다. 각 표현이 문장에 쓰인 예와 그 문장이 가지는 의미론적 전제를 아래 (5)에 제시한다.

(5) 가. 철수가 이번 계절학기에 전공 수업을 듣는 것은 영희 때문이다.

　　가′. 철수가 이번 계절학기에 전공 수업을 듣는다.

　　나. 영희는 철수가 지난 학기에 의미론 수업을 들은 것을 알고 있다.

　　나′. 철수가 지난 학기에 의미론 수업을 들었다.

　　다. 철수는 이번 학기에 근로 장학생으로 일하는 것을 그만두었다.

　　다′. 철수는 이번 학기 전까지 근로 장학생으로 일했다.

　　라. 철수는 이번 학기에 또 근로 장학생으로 일한다.

　　라′. 철수는 이번 학기 전에 근로 장학생으로 일한 적이 있다.

　　마. 철수는 이번 학기에 의미론 수업도 듣는다.

　　마′. 철수는 이번 학기에 의미론 수업 외에 다른 수업도 듣는다.

예를 들어 (5가)의 분열문은 (5가′)의 명제를 전제로 가진다. (5가)의 문장이 참이든 거짓이든 상관없이 (5가′)는 항상 참이다. 만약 (5가′)가 거짓이라면 (5가)의 문장은 참도 거짓도 아닌 진리치 공백이 된다. (5나)~(5마)와 (5나′)~(5마′)의 관계도 각각 마찬가지이다.

(5가)~(5마)가 각각 (5가′)~(5마′)를 전제로 가진다는 것은 거짓말 테스트로도 확인할 수 있고, 아래 (6)과 같이 부정문이나 의문문에서 그러한 명제가 전제로 유지된다는 점에서도 알 수 있다.

(6) 가. 철수가 이번 계절학기에 전공 수업을 듣는 것은 영희 때문이 아니다.

　　가′. 철수가 이번 계절학기에 전공 수업을 듣는 것은 영희 때문이야?

나. 영희는 철수가 지난 학기에 의미론 수업을 들은 것을 {알고 있
　　　지 않다, 모른다}.

　나′. 영희는 철수가 지난 학기에 의미론 수업을 들은 것을 {알고 있
　　　지 않아?, 몰라?}

　다. 철수는 이번 학기에 근로 장학생으로 일하는 것을 그만두지
　　　않았다.

　다′. 철수는 이번 학기에 근로 장학생으로 일하는 것을 그만두었어?

　라. 철수는 이번 학기에 또 근로 장학생으로 일하지 않는다.

　라′. 철수는 이번 학기에 또 근로 장학생으로 일해?

　마. 철수는 이번 학기에 의미론 수업도 듣지 않는다.

　마′. 철수는 이번 학기에 의미론 수업도 들어?

　예컨대 (5가)의 부정문인 (6가)도 (5가)와 마찬가지로 (5가′)가 참이라는 것이 배경으로 존재한다. (6가′)와 같은 의문문의 경우 문장 유형의 특성상 그 자체의 진리치를 따질 수는 없지만, (5가′)가 참이라고 간주하는 화자만이 할 수 있는 질문이라는 점에서 역시 그러한 전제를 가지는 것으로 볼 수 있다.[3] (5나)와 (6나), (6나′)의 관계, (5다)와 (6다), (6다′)의 관계도 마찬가지이다.

　이때 (6라)와 (6마)는 부정소가 부사어 '또'나 보조사 '도'와 가지는 영향권 중의성 때문에 두 가지 의미를 가져서 판별이 분명하게 되지 않는 문제가 있다. 이에 아래 (7)과 같이 보조사 '은/는'으로 영향권 중의성을 해소하거나, 전체 절을 내포하여 부정하는 '-ㄴ 것은 아니다'와 같은 표현을 이용하여 부정문으로 만들면 좀 더 분명하게 전제 의미를 파악할 수

....

3　의미론적 전제가 살아남는 내포 맥락으로, 이 외에도 추측의 인식 양태('-ㄹ 것이-' 등), 조건절('-면') 등이 있다.

있다.[4]

> (7) 라. 철수는 이번 학기에 또 근로 장학생으로 <u>일하지는 않는다</u>.
>
> 라′. 철수가 이번 학기에 또 근로 장학생으로 <u>일하는 것은 아니다</u>.
>
> 마. 철수는 이번 학기에 의미론 수업도 <u>듣지는 않는다</u>.
>
> 마′. 철수가 이번 학기에 의미론 수업도 <u>듣는 것은 아니다</u>.

그런데 의미론적 전제를 유발하는 표현들로 제시한 분열문, '알다'와 같은 소위 사실성 서술어, '시작하다, 그만두다'와 같은 상태 변화 서술어, '또'와 같은 반복 부사어, '도, 까지'와 같은 첨가 보조사 등이 어떤 경우에나 항상 의미론적 전제를 불러일으키는 것은 아니다. 전제는 문장에서 사용된 여러 어휘와 문법의 상호작용에 의해 결정되는 전국적이고 복합적인 현상이므로, 그 관계를 보다 면밀히 살필 필요가 있다.

예를 들어 '알다'를 살펴보자. 이를 소위 '사실성 동사'라고 불러온 것은 그 보문이 의미론적 전제 지위를 가진다고 보기 때문이었다. 그런데 '알다'는 보문이 다양한 형식으로 나타날 수 있고, 이에 따라 그 절이 의미하는 명제가 전제인지 아닌지의 여부가 달라진다. 아래 (8)에서 보듯 '알다'의 보문은 '-음', '-ㄴ 것'으로 실현될 수 있으며, 이때 '-ㄴ 것'에는 조사 '을/를'뿐만 아니라 '으로'도 결합 가능하고, '-다고'와 같은 간접 인용절로도 나타난다.

....

4 (6라)의 문장은 부정소('않는다')가 '또'보다 넓은 영향권을 가지면 '(지난번에는 일했지만) 이번 학기에 또 일하는 것은 아니다'라는 의미를 나타내고, '또'가 부정소보다 넓은 영향권을 가지면 '(지난번에도 일하지 않았고) 이번 학기에도 일을 안 한다'라는 의미를 가진다. 마찬가지로 (6마)도 부정소가 '도'보다 넓은 영향권인 경우에는 '(다른 수업은 듣지만) 의미론 수업도 듣는 것은 아니다'라는 의미를, '도'가 부정소보다 넓은 영향권인 경우에는 '(다른 수업도 안 듣고) 의미론 수업도 안 듣는다'라는 의미를 가진다. (7)에서 '은/는', '-ㄴ 것은 아니다'를 통해 나타나는 의미는 부정소가 더 넓은 영향권을 가질 때의 의미이다.

(8) 가. 철수는 영희가 지수의 결혼식에 <u>참석했음을</u> 알고 있다.

　　나. 철수는 영희가 지수의 결혼식에 <u>참석한 것을</u> 알고 있다.

　　다. 철수는 영희가 지수의 결혼식에 <u>참석한 것으로</u> 알고 있다.

　　라. 철수는 영희가 지수의 결혼식에 <u>참석했다고</u> 알고 있다.

이때 (8가)와 (8나)에서는 '영희가 지수의 결혼식에 참석했다'가 의미론적 전제의 지위를 가지지만, (8다)와 (8라)에서는 그러한 전제가 발생하지 않는다. 즉 (8다), (8라)의 문장이 발화되는 맥락에서는 (8가), (8나)의 경우와 달리, '영희가 지수의 결혼식에 참석했다'가 반드시 참임을 배경으로 한다고 볼 수 없다. 이와 같이 상위문 서술어가 '알다'로 동일하더라도

함의와 전제

의미론적 전제는 7장에서 살펴본 '함의'와 구별된다는 점에 유의해야 한다. 함의와 전제는 아래와 같이 진리조건적으로 차이를 보인다.

p가 q를 함의함			p가 q를 전제함		
p		q	p		q
T	→	T	T	→	T
F	←	F	~(T∨F)	←	F
F	→	T∨F	F	→	T

　예를 들어 아래 문장 (가)는 (나)를 함의하고 (다)를 전제한다. 문장 (가)를 (가′)와 같이 부정하게 되면 이는 (나)를 더 이상 함의하지 않지만 여전히 (다)를 전제로 가진다.

　(가) 철수는 이번 학기에 근로 장학생으로 일하는 것을 <u>그만두었다</u>.
　(가′) 철수는 이번 학기에 근로 장학생으로 일하는 것을 <u>그만두지 않았다</u>.
　(나) 철수는 이번 학기에 근로 장학생으로 일하지 않는다.
　(다) 철수는 이번 학기 전까지 근로 장학생으로 일했다.

그 대상이 되는 명제가 어떠한 형식으로 실현되느냐에 따라 그 전제 지위는 달라진다.[5]

---

5   이는 '알다'뿐 아니라 '기억하다, 인식하다' 등도 마찬가지이다. 기존에 사실성 동사로 불린 '깨닫다, 잊다'는 (8가), (8나)의 문형만 가능하고 (8다), (8라)는 불가능하다는 점에서 '알다'류와는 다른 부류로 묶인다.

3

화용론적 전제

1) 화용론적 전제의 개념

화용론적 전제란 문장이 발화될 때 정보 전달의 차원에서 전경이 아닌 배경의 역할을 하는 이미 주어진 명제를 말한다. 화용론적 전제의 정확한 정의는 '문장 S가 전달하는 주된 단언 메시지가 아닌, 그것을 위한 배경으로서 청자가 이미 알고 있다고 화자가 가정하는 구정보 명제 P'이다.[6]

화용론적 전제의 짝이 되는 개념은 화용론적 단언(assertion)이다. 화

·············
6   보다 섬세하고 정확하게 기술하자면, '청자가 이미 알고 있는' 명제뿐만 아니라 '청자가 집근/추론 가능한' 명제까지 포함된다. 즉, 청자의 기존 지식에 존재하는 명제와 더불어 기존 지식과 연결되어 추론할 수 있는 명제까지 화용론적 전제에 포함된다. 전자는 직접적인 구정보, 후자는 간접적인 구정보라고 하겠다. 예컨대 (9가)를 발화할 때 화자의 생각에 '철수가 이번 계절학기에 어떤 수업을 듣는다'는 명제는 청자의 기존 지식에 직접 포함된 것일 수도 있지만, 그렇지 않고 철수가 이번 방학 때 학점을 따려고 한다는 것, 혹은 본가에 내려가지 않고 계속 학교 근처에서 살며 공부를 한다는 것 정도를 청자가 알고 있고 그로부터 추론되는 명제일 수도 있다.

용론적 단언이란 어떤 문장이 표현하는 정보 전달 차원의 전경 명제로서, 해당 문장의 발화를 통해 청자가 새롭게 알게 되는 문장의 주된 메시지를 뜻한다. 반면 화용론적 전제는 그 문장의 발화를 통해 비로소 청자가 알게 되는 정보가 아니라, 그 문장의 적절한 소통과 이해를 위해 청자가 미리 알고 있는 것으로 화자가 추정하거나 가정하는 명제이다. 아래 (9)를 통해 이를 구체적으로 살펴보자.

(9) 가. 철수가 이번 계절학기에 듣는 수업은 모두 전공 수업이야.
　　 나. 철수 여자 친구가 어제 철수한테 헤어지자고 했대.

(9가)를 말하는 화자는 '철수가 이번 계절학기에 어떤 수업을 듣는다'는 정보가 이미 청자에게 주어져 있다고 가정하고 발화하는 것이 일반적이다. 다시 말해 화자는 그 내용을 청자에게 알리기 위해 이 문장을 발화하는 것이 아니라, 이는 이미 청자가 알고 있다고 보고 '어떤 수업'이 바로 모두 전공 수업이라는 메시지를 전달하기 위해 이 문장을 발화한다. 그 외에 '철수는 대학생이다'라는 정보도 청자에게 주어져 있고, 더 나아가 '철수'라는 사람의 존재도 이미 화·청자에게 공유된 지식의 일부라고 화자는 생각한다. (9나)에서는 '철수에게 여자 친구가 있다'는 명제가 화용론적 전제로 존재한다.

이렇듯 정보 전달 차원에서의 배경 명제인 전제는 화자가 화·청자에게 이미 공유되어 있는 지식 혹은 정보라고 여기는 것으로, 대화 참여자들의 '공통 기반(common ground)'이라고도 한다. 담화가 전개되면서 기존의 공유된 지식에 새로운 지식이 추가되거나 기존 지식이 다른 것으로 수정되는 등 공통 기반은 계속 변화한다.

화용론적 전제는 넓은 의미의 전제와 좁은 의미의 전제로 나뉜다. 넓은 의미의 화용론적 전제는 발화에서 화·청자의 공통 기반에 속하는 모든 명제이다. 가령 (9가)의 문장이 발화되는 시점에서 화·청자가 공유하는 지식으로서의 명제는 앞서 언급한 것들뿐만 아니라 다양한 것들이 포함될 수 있다. 만약 '철수는 국어국문학과 학생이다', '철수는 수업을 열심히 듣는다' 등의 명제들이 화·청자의 공유된 지식에 속해 있다면, 이 역시 넓은 의미의 화용론적 전제에 해당한다. 즉, 광의의 화용론적 전제는 문장에서 표현된 언어 요소에 직접 반영되지 않을 수도 있다.

좁은 의미의 화용론적 전제는 문장에 표현된 언어 요소가 불러일으키는 공통 기반에만 국한되는 개념이다. 어떤 문장의 발화 시점에 화·청자에게 공유되어 있다고 간주되는 모든 명제들이 아니라, 그중에서 해당 문장의 표현에 반영되어 있는 것만 포함된다. 예컨대 (9가)를 발화할 때 화·청자가 공유하는 명제들 중 넓은 의미의 화용론적 전제에 속한다고 했던 '철수는 국어국문학과 학생이다' 등은 좁은 의미의 전제에는 해당하지 않는다. (9가)의 문장에 나타난 어휘나 문법 요소와 관련이 없기 때문이다.

한편 좁은 의미의 화용론적 전제 중에서도 해당 문장이 표현하는 단언의 짝이 되는 전제 명제가 있다. 청자의 지식과 의식 상태에 대한 화자의 가정이 문장 형식에 반영된 양상을 살피는 정보구조 연구에서는, 주어진 문장의 발화를 어떤 질문에 대한 대답으로 바라보고 이를 '실질적인 대답을 구성하는 부분'과 '배경을 구성하는 부분'으로 나눈다. 이때 대답에서 실질적인 신정보를 표상하는 부분을 초점(focus)이라고 하며, 초점 요소를 변항으로 대체한 명제를 전제라고 한다.[7] 이 전제가 단언의 짝이 되는 개념이며 좁은 의미의 화용론적 전제 중에서도 더 한정된 개념이다.

(10) 가. 철수 오늘 뭐 들어? - 철수 오늘 의미론 수업 들어.

....

7 이 장에서 소개하는 '초점'은 앞서 2장에서 주제적 의미를 설명할 때 '강조'와 유사한 의미로 다룬 '초점'과는 상이한 개념이라는 점에 주의해야 한다.

나. 누가 오늘 의미론 수업을 들어? - 철수가 오늘 의미론 수업을
　　　들어.

　　예를 들어 (10가)의 대화에서 대답 문장의 초점은 실질적인 신정보인 '의미론 수업'이다. 그리고 이 초점 요소를 변항 x로 대체한 명제인 '철수가 오늘 x를 듣는다'가 대답 문장의 전제가 된다. 즉, 이 대답 문장은 '철수가 오늘 x를 듣는다'를 전제하고 'x는 의미론 수업이다'라는 명제가 단언되는 정보구조를 가진다. 이는 질문에서 어떠한 정보가 이미 주어져 있고 대답에서 어떠한 정보가 새롭게 전달되는지에 따른 것이다. 요컨대 대답 문장에서 단언을 표현하는 요소(새롭게 전달되는 정보)가 초점이고, 그 나머지 성분(이미 주어진 정보)이 전제 요소가 된다.[8]

　　이러한 초점-전제 구조 분석은 문장이 발화되는 맥락에 따라 결정된다. 동일한 문장이라도 어떠한 맥락에서 발화된 것인지에 따라 초점과 전제가 달라질 수 있는 것이다. 예컨대 (10나)의 대답 문장은 (10가)와 거의 동일하지만 선행 질문을 고려하면 '철수'가 초점이고 'x가 오늘 의미론 수업을 듣는다'가 전제, 'x는 철수이다'가 단언인 정보구조를 가진다.

　　초점-전제 구조는 (10)처럼 명시적인 질문이 선행하는 대답 문장뿐만 아니라, 그러한 질문이 없는 문장의 경우에도 담화의 정보 흐름을 고려하여 분석할 수 있다. 이는 화자가 담화를 전개할 때 끊임없이 앞선 담화에서 만들어진 공통 기반을 고려하여 그 위에 새로운 정보를 쌓아 가는 방식을 택한다고 보는 관점에 기반한 것이다. 아래의 짧은 담화를 살펴보자.

....

8　전제가 모든 문장에서 존재하는 것은 아니다. 발화 맥락에 따라 한 문장의 부분들 전체가 초점에 해당하기도 한다. 예를 들면 "(너 얘기 들었어?) 철수가 어제 교통사고 당했대!", (문득 창밖을 보고) "비 온다." 같은 경우 문장 전체가 새로운 정보로서 초점이 된다.

(11) 가. 오늘 철수와 영희는 전공 수업을 하나씩 듣는다. 철수는 의미
　　 론 수업을 듣고, 영희는 통사론 수업을 듣는다.

　　나. 영희는 통사론 수업만 듣고, 지수는 화용론 수업만 듣는다. 두
　　 사람 모두 의미론 수업은 듣지 않는다. 의미론 수업은 철수가
　　 듣는다.

(11가)의 첫 문장을 발화함으로써 화자는 청자가 '철수와 영희가 각각 듣는 전공 수업이 무엇일까?' 하는 의문을 가지게 된다고 추정할 수 있고, 따라서 그에 맞는 정보구조를 가진 문장을 두 번째 문장으로 발화한다. 두 번째 문장의 선행절 '철수는 의미론 수업을 듣고'는 '철수가 무엇을 듣는가?'와 같은 암시적 질문에 대한 대답으로 기능하고, 이에 따라 '철수가 x를 듣는다'가 이 절의 전제가 된다. (11나)에서도 마지막 문장은 앞선 문장

더 알아보기

화제

문장의 정보구조는 '초점-전제'로만 나뉘는 것이 아니다. 관점에 따라 이를 더 세분하기도 하고, 아예 다른 방식으로 분절하기도 한다. 다른 방식의 분절 중에 '화제-평언'의 분절이 있다. 화자가 문장을 발화할 때 그 내용이 무엇에 대한 것인지하는 그 '무엇'에 해당하는 대상을 문장에 표시할 수 있는데 이것이 화제(topic)이고, 화제에 대해 진술된 나머지 부분이 평언(評言, comment)이다. 예컨대 "철수는 이번 계절학기에 전공 수업을 듣는다."라는 문장은 '철수'에 대한 것으로 해석되므로 '철수'가 이 문장의 화제이고 나머지가 평언이 된다. 한국어와 일본어에서는 화제가 주로 조사 '은/는', 'は(wa)'에 의해 표시된다. 영어에서의 화제 표현은 'John$_i$, he$_i$ is taking major classes this summer.'와 같은 좌분리(left-dislocation)를 들 수 있다.[9]

....

9　여기서 'John'과 'he'에 동일한 인덱스 'i'를 붙인 것은 두 명사구 표현이 가리키는 지시물이 동일함을 표시한다.

들로부터 자연스럽게 떠올릴 수 있는 '의미론 수업은 누가 듣는가?' 하는 질문에 대한 답으로 기능하며, 이때 이 문장은 '철수'가 초점, '의미론 수업은 x가 듣는다'가 전제인 정보구조를 가진다.

이와 같이 화용론적 관점에서의 전제는 발화시 화·청자의 공통 기반에 있다고 화자가 추정하는 명제들이라는 넓은 의미에서부터 문장의 정보구조적 분절로서의 좁은 의미에 이르기까지 다양한 개념으로 논의되어 왔다. 앞서 살펴본 의미론적 전제가 문장의 진리치와 관련된 배경 명제인 것과 달리, 화용론적 전제는 화자가 가정하는 청자의 지식 및 의식 상태와 관련된 배경 명제이다. 이 두 가지 전제는 겹치는 경우도 많지만 항상 일치하는 것은 아니다. 이에 대해서는 4절에서 다시 살펴볼 것이다.

2) 화용론적 전제를 유발하는 한국어 표현

의미론적 전제와 마찬가지로, 화용론적 전제와 긴밀히 관련된 어휘나 문법 항목이 언어마다 다양하게 존재한다. 특히 좁은 의미의 화용론적 전제는 그 정의상 문장에 표현된 언어 요소가 불러일으키는 공통 기반 명제라는 점에서 필수적으로 언어 형식에 수반된다. 예컨대 앞의 (9가) "철수가 이번 계절학기에 듣는 수업은 모두 전공 수업이야."를 발화하는 화자는 '철수가 이번 계절학기에 어떤 수업을 듣는다'라는 명제가 상대방에게 이미 구정보로 존재한다고 생각하고 이 문장을 발화하는 것인데, 이러한 전제는 이 문장이 'X는 Y이다'의 계사문이며 그 명제가 주어 X를 수식하는 관형사절로 나타났다는 형식적 자질과 직접적으로 관련된다.

넓은 의미의 화용론적 전제와 좁은 의미의 화용론적 전제 중 언어 형식과 긴밀히 관련되는 것은 후자이므로, 한국어에서 좁은 의미의 화용론적 전제를 유발하는 언어 표현을 살펴보기로 한다. 우선 분열문을 들 수 있다.

분열문에서 '것'을 수식하는 관형사절이 나타내는 명제는 청자에게 주어진 것으로 화자가 가정하는 명제이다(이 관형사절은 앞서 예로 든 'X는 Y이다' 구조에서 X를 수식하는 관형사절의 한 유형이다). 아래 (12가)는 (12가′)를 화용론적 전제로 가진다. 이 밖에 '또'와 같은 반복 부사어, '도, 까지'와 같은 첨가 보조사도 화용론적 전제를 표현한다.

(12)   가. 철수가 이번 학기에 의미론 수업을 듣는 건 영희 때문이야.

　　　가′. 철수가 이번 학기에 의미론 수업을 듣는다.

　　　나. 철수는 이번 학기에 또 근로 장학생으로 일한대.

　　　나′. 철수는 이번 학기 이전에 근로 장학생으로 일한 적이 있다.

　　　다. 철수는 이번 학기에 의미론 수업도 듣는대.

　　　다′. 철수는 이번 학기에 의미론 수업 외에 다른 수업도 듣는다.

예를 들어 (12나)를 발화하는 화자는 청자가 (12나′)를 알고 있거나 당연한 사실로 간주하고 있다고 생각하고 이를 발화하는 것이다. 만약 청자에게 이 정보가 주어져 있지 않다고 추정한다면, 화자는 일반적으로 (12나) 대신 "철수가 지난 학기에 근로 장학생으로 일했는데 이번 학기에도 또 한대." 정도의 문장으로 발화할 것이다. 마찬가지로 (12다)도 (12다′)를 화용론적 전제로 가진다.

(12가′, 나′, 다′)가 각각 (12가, 나, 다)의 문장들이 표현하는 새로운 정보인 단언이 아니라는 것은 이 문장들을 평서문이 아니라 아래 (13)처럼 부정문이나 (판정)의문문으로 표현해도 여전히 (12가′, 나′, 다′)의 의미를 품고 있다는 점에서도 뒷받침된다.

(13)   가. 철수가 이번 학기에 의미론 수업을 듣는 건 영희 때문이 아니야.

가′. 철수가 이번 학기에 의미론 수업을 듣는 건 영희 때문이야?

나. 철수는 이번 학기에 또 근로 장학생으로 일하지는 않는대.

나′. 철수는 이번 학기에 또 근로 장학생으로 일한대?

다. 철수는 이번 학기에 의미론 수업도 듣지는 않는대.

다′. 철수는 이번 학기에 의미론 수업도 듣는대?

부정문이나 의문문이 전달하는 주된 메시지는 그것에 대응하는 긍정 평서문이 전달하는 것과는 매우 상이하다. 예컨대 부정문 (13가)의 단언은 (12가)의 단언과 정반대의 의미이며, 의문문 (13가′)는 '철수가 이번 학기에 의미론 수업을 듣는 것이 영희 때문인지 아닌지'에 대한 대답을 요구하는 화행을 표현하므로 역시 (12가)의 주된 메시지와는 거리가 있다.[10] 그런데 (12가′)의 의미는 긍정 평서문과 그 대응 부정문 및 의문문에 모두 담겨 있고, 이는 화자가 문장을 통해 제공하고자 하는 새로운 메시지가 아니라 청자에게 이미 존재한다고 가정하는 배경 메시지의 지위를 가진다. 마찬가지로 (12나′)와 (12다′)의 의미도 긍정 평서문인 (12나), (12다)뿐만 아니라 부정문 (13나), (13다) 및 의문문 (13나′), (13다′)에서 유지됨을 알 수 있다.[11]

화용론적 단언과 전제는 통사적으로 각각 주절과 내포절에서 표현되는 경우가 많다. 앞서 살펴본 분열문 (12가)에서도 이런 대응이 발견된다. 하지만 내포된 관형사절이라고 해서 항상 화용론적 전제를 표현하는 것은 아니라는 점에 주의해야 한다.

....

10 '화행'은 12장에서 자세히 소개할 것이다.

11 (13다)의 문장은 직관에 따라 조금 어색할 수 있는데, 조사 '도'를 그것과 유사한 의미를 가진 조사 '까지'로 대체하여 표현하면("철수는 이번 학기에 의미론 수업까지 듣지는 않는대.") 수용성이 더 높다.

(14) A: 선생님들 어제 모임에서는 뭐 드셨어요?

B: 우리 어제 김 선생이 직접 끓여 준 해물라면 먹었어.

예를 들면 (14)의 대답 문장에는 '어제 김 선생이 직접 해물라면을 끓여 주었다'와 '우리는 어제 그 해물라면을 먹었다'라는 두 개의 명제가 함께 실려 있다. 그런데 여기서 관형사절 및 그 수식을 받는 명사가 나타내는 첫 번째 명제는 문장의 화용론적 전제가 아니다. 다시 말해 대답을 하는 화자는 청자가 '어제 김 선생이 직접 해물라면을 끓여 주었다'라는 사실을 이미 알고 있거나 당연한 것으로 취급한다고 생각하고 발화하는 것이 아니다. 화자는 이 명제를 청자에게 새로운 정보로 제시한다.

이제 좁은 의미의 화용론적 전제 중에서도 정보구조적으로 문장에서 초점의 상보적 요소인 전제가 한국어에서 어떠한 언어 표현과 상관관계를 가지는지 알아보자. 주어진 문장이 맥락상 어떠한 질문에 대한 대답인지에 따라 초점-전제 구조는 달라지는데, 이 개념의 전제는 운율(문장의 주강세), 조사, 어순, 통사 구성과 같이 다양한 언어 요소를 통해 표시된다.

(15) 가. A: 철수는 오늘 뭐 들어?

B: 철수 오늘 의미론 들어./#철수 오늘 의미론 들어.

가'. A: 누가 오늘 의미론 수업 들어?

B: #철수가 오늘 의미론 들어./철수가 오늘 의미론 들어.

나. A: 철수는 오늘 뭐 듣지?

B: 철수가 오늘 의미론 수업 듣지./철수는 오늘 의미론 수업 듣지.

나'. A: 누가 오늘 의미론 수업 듣지?

B: 철수가 오늘 의미론 수업 듣지./#철수는 오늘 의미론 수업 듣지.

우선 (15)는 운율과 조사가 문장의 초점-전제를 특정한 것으로 표시함을 보인 것이다. (15가)와 (15가′)에서 알 수 있듯이 문장의 주 강세는 문장의 초점 성분에 놓인다. 초점이 아닌 요소에 문장 강세가 놓이면 맥락상 부적절한 발화가 된다. 조사 역시 정보구조와 관련되는데, 주어가 초점이 아닌 경우 (15나)처럼 '이 / 가'와 '은 / 는'이 모두 쓰일 수 있지만 (15나′)처럼 주어가 초점인 경우에는 '이 / 가'가 자연스럽고 '은 / 는'은 어색하다.[12]

(16)　가. A: 철수가 오늘 뭐 듣지?
　　　　　　B: 오늘 의미론 수업 듣지, 철수가. / #철수가 오늘 듣지, 의미론 수업.
　　　가′.A: 누가 오늘 의미론 수업 듣지?
　　　　　　B: #오늘 의미론 수업 듣지, 철수가. / 철수가 오늘 듣지, 의미론 수업.
　　　나. A: 철수는 오늘 뭐 들어?
　　　　　　B: 철수가 오늘 듣는 건 의미론 수업이야. / #오늘 의미론 수업을 듣는 건 철수야.
　　　나′.A: 누가 오늘 의미론 수업 듣지?
　　　　　　B: #철수가 오늘 듣는 건 의미론 수업이야. / 오늘 의미론 수업을 듣는 건 철수야.

(16)은 통사 구성이 초점-전제 구조를 반영하는 경우이다. (16가)와

....

12 (15나′)에서 '은 / 는'의 쓰임이 불가능한 것은 아니다. 맥락에서 '의미론 수업을 들을 가능성이 있는 사람들'의 한정된 집합이 존재하고 '철수'를 그 집합의 다른 원소들과 대조하는 경우에는 '철수는'으로 대답할 수 있다.

화용론적 전제의 수용

> (가) A: 너 이 카페에서 아르바이트 했었어?
>
> 　　B: 네, 작년에 휴학했을 때 일했었어요.
>
> (나) A: 전에 어디에서 아르바이트 했어?
>
> 　　B: 저희 이모 카페에서 일했었어요.

(가)에서 B의 대답 문장은 자신이 작년에 휴학했었다는 사실을 배경으로 하지, 그것을 새로운 정보로 알리려고 하는 것이 아니다. 그런데 A는 이 사실을 몰랐을 수도 있다. 이 경우 A는 B의 발화를 통해 B가 휴학했었다는 사실을 새롭게 알게 된다. A는 B가 이 명제를 새롭게 알리려는 것이 아니라 배경으로 깔고 있다는 것도 충분히 인지하여, 이 명제를 '순순히' 머릿속에 입력한다. 이러한 현상을 '수용(accommodation)'이라고 한다. (나) 역시 마찬가지이다. '화자에게 이모가 있다', '화자의 이모가 카페를 운영한다' 등이 청자에게 기존 지식으로 없었더라도 전제로 수용된다. 화자 B도 이 정보가 반드시 공통 기반에 있을 것이라고 가정하는 것은 아니다.

이러한 전제의 수용은 청자가 가진 기존 지식에 모순되지 않으면서 별 논란이 없는(uncontroversial) 내용만 가능하다. 만약 (나) 대화의 화자 B가 20대 대학생인데 "저희 조카 카페에서 일했었어요."와 같이 대답한다면, B에게 카페를 운영할 정도로 나이를 먹은 조카가 있다는 정보는 특별하고 놀라운 것이므로 순순히 수용되기 어렵다.

한편 수용과 비슷해 보이지만 그보다 한층 더 화자의 적극적이고 전략적인 전제 구조의 사용을 보여 주는 현상으로 프린스(Prince, 1978)에서 논의한 '정보적 전제'가 있다.

> (다) 헨리 포드가 우리에게 주말을 선사한 것은 불과 50년 전이다(It was just about 50 years ago that Henry Ford gave us the weekend).

신문 기사의 첫머리인 (다)의 문장은 '…것은' 부분이 표현하는 명제가 일반적으로 화·청자의 공유 기반일 것으로 여겨지는 분열문인데, 위 맥락에서는 그 명제가 엄밀히 말해서 전제되어 있다고 보기 힘들다. '헨리 포드가 우리에게 주말을 선사하였다'는 정보가 청자에게 주어져 있다고 추정하고 화자가 이 문장을 발화하는 것은 아니다. 이러한 현상은 사용역이나 담화 유형의 영향을 받으며, 논란이 될 수 있는(controversial) 신정보이지만 수사적 효과를 위해 전제 구조가 이용된 것으로 본다.

(16가′)는 일반적으로 서술어 앞에 위치하는 성분을 서술어 뒤에 놓는 후보충(後補充, afterthought) 구문도 정보구조와 관련됨을 보인 것이다. 문장의 전제에 속하는 성분은 후보충 구로 나타날 수 있지만 초점 성분은 이것이 부자연스럽다. (16나)와 (16나′)는 앞서 본 분열문이 선행 질문에 따라 다르게 구성됨을 보인 것이다. 이와 같은 예들을 통해 초점과 전제가 다양한 방식으로 문장 형식에 반영됨을 알 수 있다.

4

의미론적 전제와 화용론적 전제의 관계

　지금까지 문장이 표현하는 전경 명제가 아닌 배경 명제로서의 전제를 진리조건적 의미의 관점에서 그리고 의사소통의 정보 전달의 관점에서 살펴보고, 이러한 전제를 표현하는 언어 형식을 알아보았다. 이 두 가지 배경 명제는 개념적으로 서로 유사하고 관련성을 가진다. 전체 문장이 전달하고자 하는 단언 메시지의 배경으로서 기능하는 명제는 그 사실성을 보장받는 것이면서 청자의 머릿속에 이미 존재하는 것인 경우가 많다. 즉, 문장의 배경 명제는 의미론적 전제이면서 화용론적 전제인 것이 일반적이다.

　그러나 이 두 가지 전제가 반드시 일치하여 나타나는 것은 아니다. 앞서 관련된 언어 형식들을 몇 가지 살펴보았는데, 두 가지 전제와 모두 깊게 관련된 표현도 있었지만 어느 한쪽과만 밀접한 관계를 가진 표현도 있었다. 우선 분열문의 '것'을 수식하는 관형사절이 표현하는 명제는 앞서 (6)과 (12)의 설명에서 보았듯이 의미론적 전제이면서 화용론적 전제이기도 하다. '또'와 같은 반복 부사어, '도'와 같은 첨가 보조사 역시 그러한 특성을 지닌 것으로 확인하였다. 그런데 사실성 서술어나 상태 변화 서술어의 보문은 전체 문장의 의미론적 전제이지만 반드시 화용론적 전제인 것은 아니다.

(17) 가. A: 너 철수가 의미론 수업 듣는 거 알았어?

B: 아니, 정말?

나. A: 살면서 가장 후회되는 일이 뭐야?

B: 저는 돌아가신 할머니께 사랑한다고 말씀드리지 못한 게 가장 후회돼요.

다. A: 새해가 되었으니 우리 이제 나쁜 습관을 하나씩 없애 버리자.

B: 그래. 나는 요새 매일 밤 배달 음식 시켜 먹던 걸 그만두겠어.

'알다'가 쓰인 (17가)의 A와 같은 의문문은 화자가 '철수가 의미론 수업을 듣는다'가 참이라고 믿는 상태에서 발화하지, 그것이 거짓이라고 믿는 상황 혹은 참·거짓을 알지 못하는 상황에서 발화하지는 않을 것이다. 즉, 이 의문문은 '철수가 의미론 수업을 듣는다'라는 명제를 의미론적 전제로 가진다. 그런데 이 명제를 문장의 화용론적 전제라고 보기는 어렵다. (17가)의 의문문은 청자에게 '철수가 의미론 수업을 듣는다'라는 명제를 이미 알고 있었는지 아닌지를 묻기 위한 것이므로 화자가 이 질문을 하면서 동시에 청자에게 이미 이 명제가 주어져 있다고 가정하는 것은 모순이다.[13]

(17나)의 대답 B에서는 '후회되다'라는 서술어가 쓰였는데, 'X를 후회하다', 'X가 후회되다'의 보문 X는 의미론적 전제의 대표적인 사례이다.

....

13 (17가)는 '철수가 의미론 수업을 듣는다'를 청자가 알고 있었는지 아닌지를 묻는 축자적 해석도 가지지만, 이 보문 명제를 새로운 정보로 알리는 관습적 용법도 가지고 있다. 즉, "너 P 알았어?"의 문장은 명제 P를 화용론적으로 단언하는 기능도 가진다.

전체 문장을 부정해도 이 보문 명제는 항상 참이기 때문이다. 그런데 (17나)의 맥락에서 이 명제는 화용론적 전제의 자격을 가지지 않는다. 화자가 '나(화자)는 돌아가신 할머니께 사랑한다고 말씀드리지 못했다'라는 사실을 청자가 반드시 이미 알고 있다고 생각하고 이 문장을 발화하는 것은 아니기 때문이다.

상태 변화 서술어 '그만두다'의 보문도 마찬가지이다. (17다)에서 B의 발화의 의미에는 'B는 요새 매일 밤 배달 음식을 시켜 먹었다'와 같은 명제가 포함되는데, 이 역시 화자의 생각에 청자에게 구정보일 수도 있고 신정보일 수도 있으므로 화용론적 전제라고 할 수 없다.

1 아래 ㄱ~ㄹ의 문장들이 가지는 의미론적 전제에 대하여 탐구하고자 한다. 어떤 문장들에서 의미론적 전제가 나타나는지, 나타난다면 그것은 어떠한 명제인지, 그리고 문장의 어떠한 표현과 관련되는지 등을 알아보시오.

> ㄱ. 나는 철수가 한국에 돌아온 사실을 잊고 있었다.
> ㄴ. 나는 철수가 한국에 돌아왔다는 사실을 잊고 있었다.
> ㄷ. ??나는 철수가 한국에 돌아온 소문을 들었다.
> ㄹ. 나는 철수가 한국에 돌아왔다는 소문을 들었다.

2 처음 방문한 도시에서 길을 잃은 A는 지나가는 행인 B에게 아래와 같이 길을 물었지만 B의 대답을 듣고도 길을 찾을 수 없었다. 화용론적 전제 개념을 이용하여 그 이유를 생각해 보시오.

> A: 저기, 길 좀 여쭤 봐도 될까요? 여기서 인주역에 가려면 어떻게 해야 하죠?
> B: 시민은행 사거리 가시면 나와요.

3 아래 문장은 어떠한 질문에 대한 대답인지에 따라 초점-전제 분절이 다양하게 이루어질 수 있다. 이 문장이 대답으로 기능할 수 있는 적절한 질문들을 상정하고, 각 경우의 초점-전제 구조를 분석해 보시오.

> 철수가 어제 우체국에서 영희와 싸웠다.

- 영어를 대상으로 하여 전제 연구의 흐름을 소개한 고전적 연구로는 레빈슨(Levinson, 1983 / 1992)의 4장을, 최근 연구로는 후앙(Huang, 2007 / 2009), 회

르츠(Geurts, 2017) 등을 추천한다.

- 의미론적 전제를 유발하는 표현이 언제나 그러한 전제를 발생시키는 것은 아니고, 문장에서 함께 쓰인 다른 표현들과의 상호작용에 따라 전제의 발생 여부가 달라진다. 이와 같이 맥락에 따라 전제 발생 여부가 달라지는 현상을 선행 연구들에서는 '전제 투사' 혹은 '취소 가능성'으로 설명해 왔다. 전자의 입장으로 카르투넨(Karttunen, 1973)이, 후자의 입장으로 가즈더(Gazdar, 1979)가 대표적이다. 후앙(Huang, 2007 / 2009)의 3장에서 이러한 논의들을 자세히 정리해 놓았다. 참고로 후앙(Huang, 2007 / 2009)은 화용론 개론서이긴 하지만 여기서 다룬 전제는 '의미론적 전제'에 더 가깝다.

- 전제는 언어철학과 의미론에서 먼저 논의되었으며, 화용론의 조명을 받게 된 것은 스탤네이커(Stalnaker, 1972, 1974)의 영향이 컸다. 켐프슨(Kempson, 1975)의 '화자 전제', 클라크와 하빌랜드(Clark & Haviland, 1977)의 '선행어' 등도 화용론적 전제와 흡사한 개념이다.

- 문장의 정보구조적 초점–전제 분절은 촘스키(Chomsky, 1969), 자켄도프(Jack-endoff, 1972) 등에서 그 시초를 찾을 수 있다. 초점–전제를 표현하는 영어 형식에 대하여는 프린스(Prince, 1986)가 도움이 되며, 정보구조 이론 안에서 전제를 상세히 고찰한 람브레히트(Lambrecht, 1994)의 2장, 5장도 추천한다. 한국어 논의로는 최윤지(2018)에서 화용론적 전제의 하위 유형을 나누고 각 유형과 밀접히 관련된 한국어 표현을 살펴본 바 있다.

12장

화행

출처: 정훈(2019). [정훈이 만화] 〈겨울왕국2〉 아빠, 엘사 인형 사줘!(『씨네21』 1234호) 중 일부를 허가하에 수록.

위의 만화는 세 가족이 「겨울왕국」이라는 애니메이션 영화를 보고 난 뒤에 엘사 인형의 구입을 두고 벌어진 에피소드를 그린 것이다. 「겨울왕국」을 아주 재미있게 본 아이는 아빠에게 인형을 사 줄 것을 '요구'하지만 아빠는 완곡히 '거절'한다. 그러나 이미 엘사 인형을 사겠다고 굳게 결심한 아이는 인형을 사 줄 것을 아빠에게 재차 '요구'한다. 아빠를 '비난'하는 엄마의 말로 미루어 보아 결국 아빠는 아이에게 엘사 인형을 사 준 모양이다.

여기서 세 가족이 사용한 말은 「겨울왕국」의 엘사 인형을 둘러싼 여러 가지 일을 기술하기 위해서만 사용된 것이 아니다. 아이는 아빠에게, 아빠는 다시 아이에게, 그리고 엄마는 아빠에게 자신의 의도를 말에 담아 상대에게 표현했으며, 이 말을 들은 이는 상대의 말에 영향을 받아 응답을 하거나 인형을 구입하기도 하였다. 이처럼 어떤 의도를 가지고 상대에게 영향을 미치기 위해 한 말은, 마주 대하거나 헤어질 때 예를 표하기 위해 손을 흔들거나 고개를 숙여 인사를 하는 몸짓 행위와 매우 유사하다. 말과 몸짓 모두 사회적 상호작용을 하는 상대에게 의도를 가지고 행하는 것이라는 점에서 그러하다. 따라서 위의 만화에서 세 가족이 한 말을 '행위'라고 다루어도 좋을 것이다.

이 장에서는 다음을 중심으로 화행의 전반을 살펴보려고 한다. 첫째, 화행의 개념을 이해하고, 하나의 발화를 통해 동시에 수행되는 화행의 세 가지 국면을 탐색한다. 둘째, 화행의 유형을 이해한다. 셋째, 성공적인 화행이 수행되기 위해 필요한 적정 조건을 탐색한다. 넷째, 화행과 언어 표현의 관계를 살펴보고 나아가 간접 화행을 탐색한다.

1

화행의 개념과 국면

1) 화행의 개념

위 사진은 도서관의 모습이다. 이와 관련하여 다음의 언어 표현을 살펴
보자.

　　(1)　이곳은 도서관입니다.

(1)은 '문장(sentence)'이 될 수도 있고 '발화(utterance)'가 될 수도 있다. '문장'이 된 (1)은 위 사진과 같은 사태를 언어를 써서 표현한 것으로, 사태와의 대응 여부를 통해 참과 거짓을 판별할 수 있는 명제로 기능한다. 반면에 '발화'가 된 (1)은 발화하는 화자와 이 발화를 듣는 청자가 참여자가 되고 맥락이 개입하여 의사소통을 위한 기능을 한다. 문장과 발화 중에서 화행은 발화와 관련이 있다.

가령 다음과 같은 상황에서 (1)이 발화되었다고 가정해 보자. 도서관 열람실에서 화자와 청자가 마주 보고 있고, 청자가 옆 사람과 시끄럽게 떠들고 있다. 화자는 청자가 시끄럽게 떠드는 탓에 공부에 집중할 수 없는 상태다. 화자의 발화에는 청자가 조용히 해 주기를 바라는 의도가 포함되어 있고, 화자는 청자에게 (1)을 소리 내어 요구함으로써 청자의 심리적 태도와 행동에 영향을 미치려고 했다. 이처럼 화자가 청자에게 자신의 의도를 발화에 담아 전달함으로써 청자의 믿음, 태도, 행동에 영향을 미치는 언어 행위를 '화행(speech act)'이라고 한다.

화행 이론의 창시자인 존 랭쇼 오스틴(John Langshaw Austin)이 화행의 기본 개념을 제시할 무렵인 1930년대에는 논리실증주의(logical positivism)가 의미론과 철학에서 주류를 이루고 있었다. 이 이론의 입장에 선 철학자와 수학자들은 명제의 의미는 그 명제를 검증하는 방법과 동일하다는 원칙에 따라 검증 가능한 명제만이 의미를 가질 수 있다고 여겼다. 따라서 참 혹은 거짓의 진술을 만들어 내는 다음과 같은 문장의 의미에 큰 관심을 보였다.

(2) 가. 소크라테스는 철학자이다.
나. 지구는 둥글다.

그러나 우리가 일상적으로 사용하는 문장에는 참과 거짓을 따지기 어려운 것들이 셀 수 없이 많다. 나이가 몇이어야 '젊다'고 할 수 있는지, 두 피에 어느 정도로 머리카락이 없어야 '대머리'라고 할 수 있는지, 서울과 부산의 어느 장소를 기준으로 해야 차로 5시간이 걸린다고 할 수 있는지는 정확하지 않고 모호하다. 그러므로 아래 (3)의 문장에 대해서는 진위를 판단할 수 없다.

(3) 가. 우리 할아버지는 참 젊다.

나. 그는 대머리이다.

다. 서울에서 부산까지는 차로 5시간이 걸린다.

또한 (4)의 문장은 상대에게 인사를 하기 위해 일상적으로 쓰일 뿐 무언가를 진술하는 데는 사용되지 않는다는 점에서 참과 거짓을 따질 수 없다.

(4) 가. 안녕하세요?

나. 또 봐요.

다. 안녕히 계세요.

라. 새해 복 많이 받으세요.

진술로 쓰이지 않는 문장은 (4)와 같은 예뿐만 아니라 더 있다. 특히 (5)의 문장들은 참 조건의 분석을 거부하고 적극적으로 의사소통 행위를 수행한다는 특징이 있어서 오스틴의 관심을 끌었다.

(5) 가. 저는 이 배의 이름을 을지문덕호라고 명명합니다.

나. 본 판사는 피고가 원고에게 위자료 명목으로 5천만 원을 주어야 한다고 판결합니다.

다. 나는 당신에게 평생 행복하게 해 주겠다고 약속해요.

라. 나는 당신에게 이곳을 떠나라고 명령합니다.

마. 저는 어제 아무런 근거도 없이 당신을 나무란 것에 대해 당신
　　에게 깊이 사과합니다.

'-다고/라고'가 이끄는 인용절 (5가)~(5라)와 '것'이 이끄는 내포절 (5마)는 독립된 사태로 기술되지 않고 화자가 수행하고 있는 어떤 행위의 일부로 사용되고 있다. 오스틴은 (5)와 같이 능동문이면서 1인칭 명사를 주어로 갖고 현재 시제에다 직설법 형태의 '명명하다, 판결하다, 약속하다, 명령하다, 사과하다'라는 수행동사를 포함하는 예들을 '수행문(performative)'이라 하여, 사태를 기술하면서 참과 거짓을 판별할 수 있는 문장인 '진술문(constative)'과 구분하였다. 하지만 얼마 지나지 않아 오스틴은 진술문을 화행이라고 간주하지 않았던 종전의 태도를 바꾸어 수행문뿐만 아니라 진술문도 청자의 믿음, 태도 및 행동에 영향을 미치는 화행을 수반함을 주장하게 되었다.[1]

2) 화행의 세 가지 국면

화자가 청자를 향해 "이곳은 도서관입니다."라고 소리 내는 것은 물리

....

1　오스틴이 수행문과 진술문의 구분을 포기한 이유는 다음 두 가지 때문이었다(Huang, 2007/2009). 첫째, 수행문과 마찬가지로 진술문 역시 그 발화문이 실패하지 않고 성공하기 위해 충족해야 할 조건을 갖는다. 가령 현재 프랑스 왕이 없는 것을 알면서도 화자가 "나는 프랑스 왕이 대머리라고 확신한다."라는 진술문을 발화한다면, 오스틴이 제시한 적정 조건 중 '절차에 명시된 대로 상황과 인물이 적정해야 한다.'에 위배되므로 수행문과 마찬가지로 적정하지 못하다. 둘째, (2)와 같이 검증 가능하여 참과 거짓을 판별할 수 있는 전형적인 진술문과 달리, (3)의 예와 같이 느슨한(loose) 진술문은 문장의 참과 거짓을 판별하기 어려워 진술문과 수행문의 경계가 뚜렷하지 않다.

적으로 하나의 발화이지만, 이 발화를 통해 다음 세 가지 행위가 동시에 수행된다는 점을 주목해야 한다. 첫째, 화자는 '이곳'이 가리키는 장소를 발화 맥락에서 찾고, 한국어 문법 구조에 적합하게 단어들을 조합한 뒤, 이를 한국어의 음운 체계와 구조에 부합하는 소리로 산출해 내는 행위를 하고 있다. 이와 같이 특정 언어에 적절한 소리열이나 문자열을 구성하고, 이를 말소리로 내거나 문장을 만들어 의미 있는 언어 표현을 산출하는 행위를 '언표 행위(locutionary act)'라고 한다.

둘째, 화자는 "이곳은 도서관입니다."라고 말하는 가운데 자신의 바람을 담아 청자에게 이곳 도서관에서 조용히 해 줄 것을 '요구'하는 행위를 하고 있다. 이렇듯 화자는 언표 행위를 하는 가운데 자신의 의사소통 의도를 함께 표현하게 되는데, 이 행위를 '언표 수반 행위(illocutionary act)'라고 한다.

셋째, 화자가 청자에게 "이곳은 도서관입니다."라고 말함으로써 청자가 그 말에 영향을 받아 조용하게 되었다면 이는 "이곳은 도서관입니다."라는 발화가 청자에게 끼친 결과가 된다. 그런데 화자가 의도한 대로 청자가 반응할 수도 있지만 항상 그런 것은 아니다. 동일한 소리열을 가진 "이곳은 도서관입니다."를 듣고서도 화자의 기대와 달리 청자는 "그걸 모를까 봐요? 이곳이 도서관이라는 것을 잘 알고 있어요."라고 반응할 수도 있다. 이처럼 언표 수반 행위를 통해 의도적이든 아니든 청자에게 미친 결과로서의 행위를 '언표 효과 행위(perlocutionary act)'라고 한다.[2]

....

2   이 책에서는 'locutionary act', 'illocutionary act', 'perlocutionary act'를 각각 '언표 행위', '언표 수반 행위', '언표 효과 행위'라고 번역했지만, 연구자에 따라서는 '발화 행위', '발화 수반 행위', '발화 효과 행위'로 번역하기도 한다. 두 종류의 번역에는 장단점이 있다. '언표'는 비교적 낯선 반면 '발화'는 독자에게 익숙하다. 하지만 '발화'는 'utterance'의 번역어로도 매우 활발하게 사용되기 때문에, '발화'라고 하면 'locution'과 'utterance'를 혼동할 가능성이 크다. 그래서 이 책에서는 비록 독자에게 낯설겠지만 용어에서 비롯될 수 있는 오해를 최소화하기 위하여 '언표 행위', '언표 수반 행위', '언표 효과 행위'를 사용하였다.

2

화행의 유형

언표 수반 행위를 중심으로 한 화행의 유형은 여러 가지로 나눌 수 있다. 오스틴(Austin, 1962 / 1992)은 수행문에 쓰인 수행동사를 기준으로 화행을 다섯 가지로 나누었다. 첫째, 판정 행위(verdictives)이다. 이는 어떤 대상에 대해 평가하거나 판단을 내리는 행위를 말한다. (6)과 같이 법정에서 판사가 피고의 유죄 여부를 가리는 행위, 운동 경기에서 심판이 선수의 규칙 위반의 여부를 가리는 행위 등이 대표적이다.

(6) 가.「형사소송법」제325조 후단에 의하여 피고인에게 무죄를 선고한다.
　　 나. 우리 심판진은 김○○ 선수의 방망이가 돌았다고 판정합니다.

둘째, 권한 행사 행위(exercitives)이다. 이는 사회 제도에 의해 또는 대화 상대와의 관계에 따라 권한을 부여받은 화자가 청자나 어떤 대상에 영향력을 행사하는 행위를 말한다. 운동 경기에서 감독이 선수에게 작전을 지시하는 행위, 대통령이 누군가를 특정한 자리에 임명하는 행위, 부대장의 명의로 군사 지역에 무단으로 들어오는 것을 금지하는 행위 등이 예가 될 수 있다.

(7)　가.○○○ 별정직 공무원(3급 상당)에 임함. 대통령 비서실 행정관에 보함.

　　　나.이 지역은 군사시설 보호구역이므로 무단 진입을 금지함.

셋째, 다짐 행위(commissives)이다. 이는 어떤 일에 대해 책임을 지고 약속을 하는 행위를 말하며, (8)의 나이팅게일 선서가 이에 해당한다.

(8)　나는 일생을 의롭게 살며 전문간호직에 최선을 다할 것을 하느님과 여러분 앞에 선서합니다. 나는 인간의 생명에 해로운 일은 어떤 상황에서도 하지 않겠습니다. 나는 간호의 수준을 높이기 위하여 전력을 다하겠으며, 간호하면서 알게 된 개인이나 가족의 사정은 비밀로 하겠습니다. 나는 성심으로 보건의료인과 협조하겠으며, 나의 간호를 받는 사람들의 안녕을 위하여 헌신하겠습니다.

넷째, 평서 행위(expositives)이다. 이는 앞서 누군가가 한 말이나 논증에 대하여 자신의 반응을 표현하는 행위로, 대답하기, 긍정으로 답하기, 부정으로 답하기, 논쟁하기 등이 이에 속한다.

(9)　가.『연합뉴스』구성원의 대표인 전국언론노동조합 연합뉴스지부는 이들 중 한 명이 진흥회 이사 후보로 추천되는 것을 결연히 반대한다.

　　　나.저는 관계 전문가를 지정하는 건축법에 적극 찬성합니다.

다섯째, 처신 행위(behabitives)이다. 이는 다른 사람의 사회적 행동에 대한 화자의 태도를 표현하는 행위를 말한다. 처신 행위에는 사과하기, 축하하기, 위로하기, 감사하기 등이 속한다.

(10) 가. 선배님, 이번 정기 인사에서 승진하신 것을 진심으로 축하드립니다.

나. 제 아들의 못난 행동으로 인해 실망하셨을 분들께 아비로서 아들과 함께 머리 숙여 사과드립니다.

그런데 지나치게 빨리 달려서 사고의 위험이 있는 대화 상대에게 "천천히!"라는 부사를 발화함으로써 권한을 행사하거나 지시할 수 있듯이, 꼭 수행동사를 써야만 화행을 할 수 있는 것은 아니다. 설(Searle, 1975)은 오스틴이 일관된 분류 기준 없이 수행동사를 중심으로 화행의 유형을 나누었다고 비판하면서, 구체적인 의사소통 맥락에서 화자의 발화가 어떤 의도를 전달하려고 하는가에 초점을 맞추어 화행을 다섯 가지 유형으로 나누었다.

첫째, 단언 행위(assertives)이다. 이는 화자 자신이 어떤 것을 진심으로 믿고 있음을 청자에게 알리는 행위로서, 단언하기, 주장하기, 보고하기, 진술하기 등이 포함된다.

(11) 가. 경구 치료제에 대한 높아진 기대감에도 불구하고 우리 정부가 확보한 초도 물량은 수요에 턱없이 부족하다. (『한국일보』, 2021.12.24.)

나. 어떤 문장을 말하는 것이 어떤 행위로 해석될 수 있는지는 그 문장의 단어들이 고정적으로 갖고 있는 어휘적 의미들을 합친 그 문장의 명제적 의미와 그 문장이 발화된 맥락 등을 종

합적으로 고려하여 결정된다. (이성범, 『소통의 화용론』)

다. 잘 보렴. 이건 소금이 아니라 설탕이야.

둘째, 지시 행위(directives)이다. 이는 화자가 청자에게 자신이 원하는 일을 하도록 지시하거나 명령하는 행위이다. 요구하기, 질문하기, 지시하기, 명령하기, 요청하기 등이 대표적이다.

(12) 가. 여기 물 좀 주세요.

나. 여기서 제일 가까운 주유소는 어디인가요?

다. 얘야, 여기서는 조용히 하는 게 좋겠구나.

셋째, 다짐 행위(commissives)이다. 이는 화자가 자신이 미래 행동에 전념할 것임을 청자에게 알리는 행위로서, 약속하기, 서약하기, 보증하기, 위협하기 등이 속한다.

(13) 가. 내일은 꼭 일찍 들어올게.

나. 우리 부부는 친환경 생활 실천을 서약합니다.

다. 네가 자꾸만 일을 벌이면 난 다시는 너에게 말하지 않을 거야.

넷째, 정표 행위(expressives)이다. 이는 화자가 청자를 향해 자신의 심리나 감정을 표현하는 행위이다. 정표 행위에는 사과하기, 비난하기, 칭찬하기, 축하하기, 감사하기 등이 있다.

(14) 가. 이 먼 곳까지 와 주셔서 정말 감사합니다.

나. 두 분의 결혼 20주년을 진심으로 축하합니다.

다. 아무 일도 안 하고 그렇게 떠나다니 넌 너무 못됐어.

다섯째, 선언 행위(declarations)이다. 이는 제도적인 틀 안에서 사회적 관례에 의존하여 발화 당시 사태의 일부에 즉각적으로 변화를 주는 행위이다. 선언하기, 선포하기, 제명하기, 해고하기 따위가 이 행위에 속한다.

(15)   가. 2019 광주 세계수영선수권대회 개회를 선언합니다.
　　　　　나. 재석 210인 중 찬성 92인, 반대 95인 그리고 기권 23인으로서 신○○ 의원 외 36인이 발의한 「청소년보호법 일부개정법률안」(대안)에 대한 수정안은 부결되었음을 선포합니다.

연구자에 따라 화행의 유형을 조금씩 다르게 나누기는 하지만, 기존에 오스틴과 설이 제시한 유형에 기반을 두고 있다는 점에서는 차이가 없다.

3

화행의 적정 조건

화행을 성공적으로 수행하기 위해서는 몇 가지 적정 조건(felicity con-dition)을 충족해야 한다. 설(Searle, 1969)은 화행이 성공적으로 수행되기 위한 적정 조건을 명제 내용 조건, 예비적 조건, 성실성 조건, 본질적 조건으로 구조화했는데, 아래 (16)의 두 발화에서 공통적으로 수행되는 '요구하기' 화행을 예로 들어 각 조건의 내용을 구체적으로 살펴보자.

(16) 가. 나는 당신에게 어서 이곳을 떠나라고 간곡히 요구한다.
　　　나. 부디 어서 이곳을 떠나시오.

화자 및 청자가 미래에 행할 내용을 담게 되는 명제 내용 조건(proposi-tional content condition)은 오스틴(Austin, 1962 / 1992)에서 예시한 수행문을 살펴보면 이해하기 어렵지 않다. (16가)의 수행문은 화자를 가리키는 '나', 수행동사 '요구하다', 그리고 '당신이 어서 이곳을 떠나다'라는 명제로 구성되어 있다. 예를 들어 (16가)로 수행되는 '요구하기' 화행은 '당신이 어서 이곳을 떠나다'로 표현된 명제의 내용이 청자가 미래에 할 사태여야 한다. 그런데 만약 명제 내용이 청자에게 이미 일어난 사건이라면 '요구하기' 화행에 적정하지 않다. 이는 (16나)도 마찬가지이다.

예비적 조건(preparatory condition)은 화자가 특정한 화행을 수행하기 전에 미리 전제해야 하는 사태의 조건이다. (16)의 두 발화에서 화자는 청자가 곧 이곳을 떠날 수 있는 능력이 있다고 믿고 있다. 다만 청자가 화자에게 그 요구를 받지 않아도 이곳을 곧 떠날지는 분명하지 않다. 만일 청자가 이곳을 곧 떠날 능력이 없는 것을 화자가 알고 있는 상황에서, 혹은 청자가 곧 이곳을 떠날 것임이 분명한 상황에서 화자가 (16가), (16나)를 발화한다면 이는 요구하기 화행에 적정하지 않다.

성실성 조건(sincerity condition)은 화행의 명제 내용에 관해 화자가 품은 심리적 태도를 말하는 것으로, 화자가 발화를 할 때 발화 의도나 감정을 실제로 갖고 있어야 한다는 것이다. (16)의 요구하기 화행에서 화자는 청자가 어서 이곳을 떠나기를 바란다. 만약 청자가 어서 이곳을 떠나기를 화자가 바라지 않는데도 화자가 (16가), (16나)를 발화한다면 이는 요구하기 화행에 적정하지 않다.

본질적 조건(essential condition)은 화행의 궁극적인 특성을 나타내는 조건으로, 발화를 통해 청자는 화자가 무엇을 의도하는지 파악하게 된다. (16)의 요구하기 화행이 적정해지기 위해서는 화자가 한 (16가)와 (16나)의 발화에서 청자가 이곳을 어서 떠나도록 화자가 의도한다는 사실을 청자가 인식할 수 있게 해야 한다. 이를 따르지 않고 "어서 이곳을 떠나든가 말든가."와 같이 모호한 발화를 한다면, 청자가 이곳을 어서 떠나도록 화자가 의도한다는 것을 청자가 좀처럼 알기 어려우므로 이 발화는 요구하기 화행에 적정하지 않다.

한편 적정 조건은 화행의 종류에 따라 달라지며, 의사소통에 참여하는 이가 속한 언어 공동체의 사회 제도나 문화 등에 영향을 받는다. 다음의 신문 기사를 살펴보자.

(17) "ⓐ <u>이 배를 ○○○호로 명명합니다.</u> 이 배와 항해하는 승무원 모두의 안전한 항해를 기원합니다." 23일 오후 경남 거제의 ○○ 조선소에서 세계 최대 컨테이너선 ○○○호 명명식이 열렸다. 이때 선박의 이름을 명명한 이는 김○○ 여사였다. ⓑ <u>김 여사는 송사를 마친 뒤 선체와 선대를 연결하는 '명명줄'을 잘랐고, 액운을 쫓는다는 의미의 '샴페인 브레이킹'(샴페인 병을 선체에 터뜨리는 의식)도 했다.</u> 선주의 축사는 이후 진행됐다. 명명식 행사는 조선소에서 건조한 선박을 선주에게 인도하기 전 선박의 이름을 붙여 주는 행사로서 ⓒ <u>선박과 선원들의 안전한 항해를 기원하기 위해 여성이 선박에 연결된 줄을 끊고 샴페인을 깨뜨리는 역할을 해 왔다.</u>

ⓐ는 컨테이너선의 이름을 정해 널리 알리기 위해 김○○ 여사가 수행한 '선포하기'라는 행위이다. '선포하기'는 선언 화행의 한 유형으로, 일정한 제도적 틀 안에서 적정한 조건을 갖추었을 때 성공적으로 수행될 수 있다. (17)에서 선박의 이름을 선포하는 행위가 성공적으로 수행되기 위한 조건을 찾아보자면, 우선 ⓐ의 언어 행위가 있고 나서 ⓑ의 행위가 이어져야 하며 두 행위의 순서가 바뀌어서는 안 된다. 그리고 무엇보다 ⓐ의 행위는 여성 발화자가 수행해야 적정하다. 그 이유는 ⓒ와 같은 해양수산업계의 관례 때문이다.

4

간접 화행

화자는 자신의 의도를 청자에게 효과적으로 전달하기 위해 적절한 언어 장치를 사용하여 언어 행위를 한다. 이때 사용하는 언어 장치를 '언표 수반력 표시 장치(illocutionary force indicating device)'라고 부른다. 아래 (18)의 밑줄 친 수행동사가 언표 수반력을 표시하는 대표적인 장치이다.

(18) 가. 피고인의 상고는 이유 있어 원심판결을 파기하고 사건을 다시 심리·판단하도록 원심법원에 환송하기로 하여, 대법관의 일치된 의견으로 주문과 같이 <u>판결한다</u>.

나. 나는 의술을 주관하는 아폴론과 아스클레피오스와 히기에이아와 파나케이아를 포함하여 모든 신 앞에서, 내 능력과 판단에 따라 이 선서와 그에 따른 조항을 지키겠다고 <u>맹세한다</u>. (「히포크라테스 선서」 중)

다. 나는 자랑스러운 태극기 앞에 자유롭고 정의로운 대한민국의 무궁한 영광을 위하여 충성을 다할 것을 굳게 <u>다짐합니다</u>.

(「국기에 대한 맹세」)

한국어에는 수행동사 외에도 언표 수반력을 표시하는 다양한 장치가 있다. 이를테면 부사 '제발, 어서' 같은 단어도 언표 수반력을 표시할 수 있는데, 이들 부사는 (19가), (20가)와 같이 명령문에서 사용된 경우는 물론 (19나)와 (20나)처럼 단독으로 사용된 경우에도 지시나 요구의 행위를 할 수 있다.

(19) 가. 제발 그거 이리 주세요.
      나. 제발!
(20) 가. 어서 대답해.
      나. 어서!

그리고 특정한 언표 수반력을 포함하고 있는 다음과 같은 관용 표현도 있다.

(21) A: 어서 먹어.
      B: 아이고, 이걸 <u>누구 코에 바르겠니</u>?

밑줄 친 '누구 코에 바르겠니'는 '나누어 주기에는 양이 너무 적다'라는 뜻을 가진 관용 표현으로서, 비록 의문문의 형식을 갖추었지만 항상 진술이나 단언의 언표 수반력을 가진다. 관용 표현 '누구 입에 붙이겠는가'도 '누구 코에 바르겠는가'와 같은 뜻이며 화자가 상대에게 갖는 불만을 과장해서 진술 및 단언하기 위해 쓰인다. '누구 코에 바르겠니' 외에도 대부분의 속담은 문장 유형과 상관없이 진술이나 단언으로 쓰이는 편이다.

앞에서 언표 수반력을 표시하는 장치로 수행동사와 일부 부사를 언급했지만, 한국어에서 발화의 언표 수반력을 관습적으로 표시하는 전형적인 문법 수단은 종결 어미라고 할 수 있다.

(22) A: 어디 가니?

　　　B: 학교에요. 근데 늦었어요.

　　　A: 그럼, 어서 가라.

(22)의 대화에서 화자 A는 종결 어미 '-니'를 사용하여 만든 의문문 "어디 가니?"로 B에게 대답을 요구하는 질문을 하였고, B에게서 대답을 들은 다음에는 종결 어미 '-아라/어라'를 사용해서 만든 명령문 "어서 가라."로 B에게 빨리 학교에 가기를 지시하는 명령을 하였다.

이처럼 발화 의도를 청자에게 드러내기 위해 특정한 언표 수반력 표시 장치를 관습적으로 사용하는 화행을 '직접 화행(direct speech act)'이라고 하는데, 좁게는 문장의 종결 어미가 나타내는 문장 유형과 언표 수반 행위 간에 직접적인 대응 관계가 존재하는 화행만을 지칭하기도 한다. 그런데 문제는 종결 어미와 언표 수반력의 관계가 필연적이지 않다는 것이다.

(23) 교사: 누가 떠드니?

　　　학생들: (일동 침묵한다.)

(23)에서 교사의 말은 수업 중에 학생들이 시끄럽게 떠드는 상황에서 발화된 것이다. 이때 교사가 사용한 의문사 '누구'와 의문형 종결 어미 '-니'로 보아, 떠든 이가 누구인지를 학생들 중 누군가가 대답할 것으로 기대할 수 있다. 하지만 시끄럽게 떠들고 있던 학생들은 교사의 발화를 듣고 모두 조용히 한다. 비록 교사의 말에 '누구'와 '-니'가 쓰였지만, 학생들은 이를 조용히 하라는 명령으로 알아들었기 때문에 침묵으로 반응한 것이다.

언어 표현이 축자적으로 가리키는 언표 수반력이 실제 의사소통에서 실현된 언표 수반력과 일치하지 않는 화행을 일러 '간접 화행(indirect speech act)'이라고 한다. 한국어에서는 (23)의 교사 발화와 같이 종결 어미로 나타내는 문장 유형이 실제 의사소통에서 실현된 언표 수반력과 일치하지 않을 경우 간접 화행이 수행되었다고 말한다.

그런데 발화가 어떤 화행을 수행하는지는 발화가 쓰인 맥락 환경에서 궁극적으로 확인되므로 발화의 음성적·문자적 실현만으로는 간접 화행의 실행 여부를 판단하기가 매우 어렵다. 하지만 일부 간접 화행은 특정한 언어 표현과 관습적으로 연결되어 있는 경우가 많다.

(24)　가. 나는 저기에 있는 장애물을 뛰어넘을 수 있다.

　　　나. 나는 저기에 있는 장애물을 뛰어넘을 능력이 있다.

　　　다. 나는 저기에 있는 장애물을 뛰어넘을 줄 안다.

(25)　가. 저기에 있는 책 좀 주실 수 있으세요?

　　　나. #저기에 있는 책 좀 주실 능력이 있으세요?

　　　다. #저기에 있는 책 좀 주실 줄 아세요?

(24)에서 '-을 수 있-', '-을 능력이 있-', '-을 줄 알-'은 서로 교체 가능하다. 그러나 (25)에서 보듯이 '요구'를 위한 언표 수반력을 표시하는 장치로는 오직 '-을 수 있-'만 가능하다.

한편 간접 화행은 적정 조건의 내용을 드러내는 언어 표현에 의해서도 수행된다.

(26)　가. 저기에 있는 책 좀 주실 수 있으세요?

　　　나. 저기에 있는 책 좀 주시기를 바랍니다. / 저기에 있는 책 좀 주시면 좋겠어요.

(26가)와 (26나)는 "저기에 있는 책을 주십시오."와 같은 직접 화행과 '요구'라는 언표 수반력이 동일한 간접 화행의 발화이다. 축자적으로 해석해 보자면 (26가)의 화자는 청자에게 책을 줄 능력이 있는지를 질문하는 형식을 취했고, (26나)의 화자는 청자가 화자 자신에게 책을 주기를 희망하고 있다고 표현했다. (26가)와 (26나)가 명령문 형태의 발화가 아님에도 '요구'로 인식될 수 있었던 것은 이들이 '요구'의 예비적 조건과 성실성 조건을 담은 '-을 수 있-'(능력)과 '-기 바라-, -으면 좋겠-'(희망)을 각각 포함하고 있고, 이들이 환유적으로 해석되었기 때문이다.[3]

그런데 "저기에 있는 책을 주십시오."라고 하여 화자의 요구를 청자에게 명확히 알리면 될 것을 화자는 왜 (26)과 같이 간접적으로 자신의 요구를 알렸을까? 이는 '요구'라는 화행이 청자에게 부담을 줄 수 있기 때문이다. 따라서 이를 알고 있는 화자는 청자에게 부담을 덜 주기 위해 직접 화행보다 간접 화행의 형태를 쓰는 경향이 있다. 이와 관련된 자세한 내용은 14장에서 다룬다.

....

3   앞서 '의미의 확장'을 다룬 5장에서 환유란 동일한 틀 속의 한 개념적 요소나 실체를 통해 다른 개념적 실체에 접근하는 것임을 설명한 바 있다. 여기서 '요구하기' 화행을 이루는 적정 조건들은 '요구하기'라는 동일한 화행의 틀을 구성하는 요소들이다. 이 요소들 중 일부가 언어적으로 표현되어 '요구하기' 화행을 전체적으로 수행할 수 있다는 점에서 (26)은 개념적으로 환유적 확장을 거쳐 발화된 것이다.

1 다음은 시끌벅적한 식당에 온 손님(A)과 식당 주인(B) 간에 오간 대화의 일부이다. 몸을 움직여 동작하는 [04]의 행위와 비교하여 [02]의 음성 발화가 행위가 될 수 있음을 설명하시오. 그리고 [06]의 발화를 통해 동시에 수행되고 있는 화행의 세 가지 국면을 설명하시오.

> [01] A: 여기요.
> [02]   물 좀 주세요.
> [03] B: 네?
> [04] A: (식탁에 놓인 빈 잔을 식당 주인이 볼 수 있도록 높이 쳐든다.)
> [05] B: 아, 예.
> [06]   우리 가게에서는 물은 셀프입니다.
> [07] A: 그렇군요.
> [08]   그런데 물은 어디 있죠?
> [09] B: 저기 있습니다.
> [10] A: 고맙습니다.
> [11]   (물을 뜨러 정수기가 있는 쪽으로 간다.)

2 다음에 제시된 사과문을 읽고 사과하기 행위가 성공적으로 이루어지기 위한 적정 조건을 설명하시오. 또 이 사과문에 포함된 화행의 유형을 설명하고, 이들 화행이 사과하기 행위에 어떤 기여를 하는지에 대해 사과하기 행위의 적정 조건과 관련지어 설명하시오.

> 지난 9월 28일 오전 11시 40분경, 건물 소방 점검 중 발생한 예기치 못한 사고로 인해 전산시스템이 물에 젖는 불상사가 발생하였습니다.
> 이로 인한 업무 중단으로 그동안 저희 회사를 성원해 주시고 아껴 주시는 국민 여러분과 고객 여러분께 큰 불편을 끼쳐 드린 데 대해 머리 숙여 사과드립니다.
> 저희 임직원은 사고 발생 직후 비상 복구 체제에 돌입하였으며 철야 작업을 거쳐 9월 29일 아침에 전산시스템을 일부 복구하였으며 9월 30일 제반 시스템을 완전 복구하였습니다. 이번 사고는 침수로 인해 전산시스템의 전원이 차단되는 사고였으며 고객 여러분과 관련된 제반 데이터는 내화금고에 보관되어 이번 사고와 관계없이 완벽하게 보호되어 있습니다.
> 저희 회사는 이번 사고를 교훈 삼아 더욱 안전한 재난 대비 시스템을 구축하여 추후에 이러한 불상사가 다시는 재발하지 않도록 안전에 만전을 기할 것을 약속드립니다.
> 이번 사건으로 인해 저희 회사를 아끼고 사랑해 주신 국민 여러분, 고객 및 주주님 그리

고 관계당국에 심려를 끼쳐드린 점 다시 한번 깊이 사과드리며 이번 사고를 전화위복의 기회로 삼을 수 있도록 저희 회사에 대한 아낌없는 지도 편달을 부탁드립니다.
　감사합니다.

○○○○년 ○○월 ○○일
○○증권 대표이사 ○○○ 외 임직원 일동

3　다음은 한 휴대폰 광고이다. 해당 광고를 보고, 아버지가 평서문의 형식으로 발화한 "우린 아무것도 필요 없다."라는 발화가 이 광고에서 어떤 언표 수반력을 가지는지 타당한 이유를 들어 설명하시오.

①
내레이션: 고향부모 방문 연평균 6회 이하

②
아버지: 야, 참 신기하다.
어머니: 아범아, 잘 있지?

③
아버지: 우린 아무것도 필요 없다.

④
어머니: (지지직거리는 텔레비전을 치면서) 아무것도 안 나온다.
아버지: 연속극 옆집 가서 본다.

⑤
아들: 아, 아버지. 알았어요, 알았어요. 바꿔 드릴게요.

⑥
내레이션: 쇼를 하면 효자 된다.

출처: KTF 광고 「SHOW 대한민국 보고서: 고향부모 방문」(2007)

- 화행 이론의 얼개는 화용론 개론서에서 거의 빠짐없이 소개하고 있다. 우리말로 번역되어 쉽게 접할 수 있는 화용론 개론서로는 레빈슨(Levinson, 1983/1992), 메이(Mey, 2001/2007), 그런디(Grundy, 2009/2016), 율(Yule, 1996/2001), 페르슈에런(Verschueren, 1999/2003) 등이 있다. 만약 우리말의 화행 양상을 자세히 살펴보고 싶다면 이성범(2015)에서 도움을 얻을 수 있다.
- 오스틴의 화행 이론이 궁금하다면 오스틴(Austin, 1962/1992)을 직접 찾아보는 것이 좋고, 장석진(1987)을 찾아보는 것도 좋을 것이다.
- 한국어를 대상으로 한 화행 유형 연구는 주로 지시 화행에 집중되었으며, 김강희(2019), 이지수(2016), 홍승아(2016) 등의 박사학위논문에서 자세한 내용을 살펴볼 수 있다. 그 밖에 이혜용(2010)은 정표 화행을, 전정미(2008)는 칭찬 화행의 내용을 구체적으로 살펴볼 수 있다.
- 간접 화행은 이준희(1999)에서 종합적으로 정리해 놓아서 참고가 된다.

13장

함축

정보의 바다에 떠다니는 실화인지 창작인지 모호한 대화 한 꼭지를 옮기면 대략 다음과 같다.

> 손님: 아이스아메리카노 한 잔이요.
> 직원: 4천 8백 원입니다.
> 손님: 네, 여기…. (○○페이 앱을 열고 휴대전화를 내민다)
> 직원: 저 남자 친구 있어요.
> 손님: 무슨 말씀이신가요?
> 매니저: 손님, 죄송합니다. 이 친구가 아르바이트가 처음이라….

이 대화에서 카페 직원과 손님은 원활한 소통을 이어 나가지 못했다. 왜 그랬을까? 허버트 폴 그라이스(Herbert Paul Grice)의 견해에 따르면, 대화가 성공적으로 진행되기 위해서는 대화 참여자가 공동의 목적 아래 협력해야 한다. 카페에서 손님과 직원이 대화하는 목적은 무엇일까? 화폐와 상품의 교환, 즉 거래일 것이다. 손님은 거래라는 목적을 달성하기 위해 주문할 품목을 확인하고 그것에 해당하는 금액을 결제하고자 했다. 이를 위해 메뉴를 주문하고 결제 수단을 건넸다. 다만 결제 수단이 문제였다. 카페 직원은 휴대전화가 결제 수단으로 사용될 수 있다는 점을 몰랐기 때문에 손님의 의도를 정확히 파악할 수 없었던 것이다. 직원은 손님이 휴대전화를 건네는 행동을 호감의 표시, 자신에게 전화번호를 요구하는 행위로 파악하고 이에 대해 "저 남자 친구 있어요."라는 발화로 거절의 의사를 나타냈다. 이 발화에서 숨겨진(혹은 함축된) 의미는 '전화번호를 드릴 수 없습니다' 정도가 될 것이다. 직원이 대화의 목적에서 홀로 벗어난 순간 대화는 더 이상 진행될 수 없는 파탄에 이르게 되었다.

우리가 이 장에서 배울 '함축'이라는 개념은 화용론이라는 학문이 성립하는 데 중요한 계기가 되었다. 의미론은 자연 언어에 대한 불신으로부터, 화용론은 함축에 대한 관심으로부터 출발했다고 이야기할 수 있지 않을까? 이제 우리가 일상에서 사용하는 언어의 실체에 좀 더 다가가 보자.

1

말하는 것 이상의 의미

1) 문장 의미와 발화 의미

우리는 문장이 단어들로 이루어져 있고 문장을 구성하는 단어들의 의미를 안다면 문장의 의미를 파악할 수 있다는 점을 이미 배웠다. 이것을 합성성의 원리라고 한다. 합성성의 원리에 의해, 즉 문장을 구성하는 단어들과 그것들이 결합하는 규칙을 통해 결정되는 의미를 문장 의미(sentence meaning)라고 한다. 다시 말해 "난 내일 학원 수업이 있어."라는 문장의 의미는 그것을 이루는 구성 요소들의 의미합이라는 뜻이다.

합성성의 원리에 의하면 하나의 문장을 이루는 단어들과 각 단어들의 결합을 결정하는 문법적 규칙을 이해한다면 문장의 의미를 파악할 수 있다. 그런데 실제로는 문장이 발화된 맥락을 파악하기 전까지 우리는 문장의 의미를 정확히 이해하기 힘들다. 예를 들어 "난 내일 학원 수업이 있어."라는 문장은 누가 그것을 발화하느냐에 따라 의미가 달라진다. 동일한 문장이라도 다른 맥락, 즉 '나'의 의미가 결정되는 데 따라 문장의 의미가 달라진다. 이렇게 문장 의미에다 맥락으로부터 보충된 의미를 합하여 '말해진 것(what is said)'이라고 한다. 문장 의미에 맥락 정보가 추가되어야 비로소 해석 가능한 명제의 의미가 결정된다고 볼 수 있다. 그렇다면 아래 (1)의 대화에서 "난 내일 학원 수업이 있어."라는 발화가 최종적으로 전달하는 의미는 무엇일까?

(1) A: 내일 운동장에 모여 야구를 하기로 했는데 같이 할래?
    B: 난 내일 학원 수업이 있어.

이 대화에서 B의 대답은 A의 제안에 대한 거절이 분명하다. B의 발화로부터 함축된 의미를 추론해 보자면 '나는 내일 야구 시합에 참여하지 못한다' 정도가 될 것이다. 이처럼 '말해진 것'에 더해 발화에 의해 전달되는 추가적 의미를 함축의미라고 한다. 의사소통 과정에서 최종적으로 전달되는 의미는 '말해진 것'과 함축의미를 모두 포괄하며, 이를 발화 의미(utterance meaning)라고 한다.

'말해진 것'과 함축의미는 맥락에 의존하며 자체로서 명제가 된다. 반면 문장 의미는 맥락으로부터 독립적이며 자체로서 명제가 되기에는 부족하다. 즉, "난 내일 학원 수업이 있어."라는 문장에서 '나'의 정체를 알지 못하더라도 그 대략의 의미를 파악할 수는 있지만, 이 문장의 참과 거짓을 판정할 수는 없다.

한편 '말해진 것'은 문장 의미에 의해 제약을 받지만 함축의미는 그렇지 않다. 문장 의미로부터 '말해진 것'이 결정되는 과정을 다시 떠올려 보자. '말해진 것'은 문장 의미에서 결정될 수 없는 '나'의 지시 대상을 맥락으로부터 추가하여 'B'로 대체하는 방식으로 결정되지만 기본적으로 합성성의 원리를 준수한다. 그러나 '나는 내일 야구 시합에 참여하지 못한다'라는 함축의미는 원래 문장 의미를 구성하는 구성 요소에 의해 제약을 받지 않는다.

2) 함축의 개념

함축(implicature)[1]은 원래의 문장이 가진 의미와 다른 의미를 전달하는 행위를 가리킨다. 일상적인 대화에서 화자는 겉으로 드러나는 의미가 아니라 내포된 의미를 통해서 자신의 의사를 전달하는 경우가 많다. 사람들이 대화 중에 축어적 표현 대신 함축을 사용하는 이유는 다양하다. 의사소통, 사회적 관계의 유지, 대화의 왜곡, 발화의 효율 등이 모두 함축을 일으키는 동기에 해당한다. 함축과 관련된 의사소통이 원활히 이루어지기 위해서 청자는 통사론이나 의미론의 규칙을 넘어서 화자의 의도를 정확히 이해해야 한다.

함축은 앞서 배운 함의와는 다르다. 함의는 논리적인 필연에 의해 발생한 의미이기 때문에 그 의미를 취소하는 것이 불가능하다. 하지만 함축은 논리적인 필연이 아닌 화자의 의도나 맥락에 의해 발생하기 때문에 그 의미를 취소할 수 있다.

(2) A: 내일 운동장에 모여 야구하기로 했는데 같이 할래?

B: 난 내일 학원 수업이 있어. 하지만 네가 간다니까 학원 하루 뺄까 봐.

....

1 현대적 의미에서 '함축'이라는 용어와 그 핵심적인 개념을 최초로 제안한 인물은 허버트 폴 그라이스(Herbert Paul Grice)이다. 그의 주요 업적은 사후에 *Studies in the Ways of Words*(1989)라는 책으로 출판되었다. 한 가지 흥미로운 사실은 이미 한 세기 정도를 앞서서 밀(Mill, 1867)이 함축의 핵심적인 개념을 제시한 바가 있었다는 점이다. 물론 밀은 '함축'이라는 용어를 사용하지는 않았다.

앞의 예문 (1)에서 B가 발화한 "난 내일 학원 수업이 있어."에는 거절의 의미가 담겨 있었다. 그러나 똑같은 문장이 포함된 예문 (2)에서는 이 거절의 의미가 사라졌음을 확인할 수 있다. 이와 관련한 논의는 뒤에 나올 '대화함축의 특성'에서 다시 다루기로 한다.

2

대화함축과 협력의 원리

1) 협력의 원리와 대화 격률

앞서 언급한 대로 '말해진 것'으로부터 함축을 도출할 때는 맥락과 화자의 의도가 중요한 역할을 한다. 그런데 함축의미를 결정하는 과정에는 맥락과 화자의 의도뿐만 아니라 특정한 원칙이 적용된다. 이러한 원칙은 대화에 참여하고 있는 사람들이 합리적·이성적 사고를 하며 동일한 대화의 목적 아래 서로 협력하고 있다는 가정을 바탕으로 한다. 또한 대화 참여자들이 논쟁이나 다툼을 벌이고 있을지라도 이들 간의 협력은 대화를 지속하는 한 유지된다고 가정한다. 그라이스(Grice, 1989)는 이상적인 화자와 청자라면 다음과 같은 규칙들을 지켜 가며 대화한다고 주장했다.

협력의 원리(The Cooperative Principle)
대화가 진행되는 각각의 단계에서, 대화의 목적이나 방향에 맞추어 대화가 성공적으로 진행될 수 있도록 노력하라.

대화 격률(Maxims of Conversation)
1. 질의 격률
   진실을 말하도록 노력하라.
   (i) 거짓이라고 믿는 것을 말하지 말라.
   (ii) 적절한 증거 없이 말하지 말라.
2. 양의 격률
   (i) 현재 대화의 목적에 필요한 만큼 정보를 제공하라.
   (ii) 필요 이상의 정보를 제공하지 말라.
3. 관련성의 격률
   관련성을 유지하라.
4. 태도의 격률
   최대한 알기 쉽게 하라.
   (i) 모호한 표현을 쓰지 말라.
   (ii) 중의성을 피하라.
   (iii) 간결하게 하라.
   (iv) 조리 있게 하라.

그라이스가 제시한 대화 격률은 대화에 참여하는 사람들이 의무적으로 지켜야 하는 규칙은 아니다. 하지만 화자와 청자, 모두가 대화의 격률이 존재한다는 점을 공유하는 것은 중요하다. 청자가 대화의 격률을 인지하고 있는 한, 화자는 격률을 지키기도 하고 때로는 의도적으로 어기기도 하면서 대화를 진행할 수 있다. 즉, 대화 격률은 대화 참여자들에게 배경으로 작용하는 일종의 가정에 해당한다. 그렇다면 대화 격률은 대화함축에 어떤 방식으로 적용되는 것일까?

단순화한 대화함축의 해석 과정은 다음과 같다. 대화의 과정에서 화자는 협력의 원리와 대화 격률을 지키며 발화를 생성한다고 가정한다. 청자

역시 해석의 과정에서 청자와 동일한 가정을 받아들인다. 즉, 협력의 원리와 대화 격률을 고려한다. 청자가 실제로 이야기하는 것과 다른 것을 전달하고자 하는 화자의 의도를 인식하면 청자는 다음의 세 방식을 적용하여 대화함축을 파악한다. 첫째, 화자가 말하는 것을 확인한다. 둘째, 협력의 원리와 대화 격률을 적용한다. 셋째, 이들과 관련된 배경 지식(맥락)을 활용한다. 화자 역시 청자가 이러한 과정을 통해 자신의 발화를 이해할 것이라는 점을 예상할 수 있다.

2) 대화 격률의 준수와 위반

앞에서 대화의 진행에 적용되는 협력의 원리와 대화 격률을 알아보았다. 대화가 진행되는 가운데, 화자는 협력의 원리와 대화 격률에 대해 다음의 네 가지 선택지 가운데 하나를 수용할 수 있다. 첫 번째는 격률을 준수하는 것이다. 적정한 양을, 증거를 바탕으로, 관련된 내용을, 알기 쉽게 이야기하면 된다. 두 번째는 격률을 위반하는 것이다. 이 경우에 청자가 격률이 위반되었다는 사실을 알 수 없어야 한다는 점이 중요한 조건이다. 격률의 위반에 해당하는 대표적인 사례는 거짓말이다. 세 번째는 격률의 의도적 위반(flouting)이다. 이 경우에 화자는 비록 격률을 위반하기는 하지만 청자 역시 격률이 위반되고 있음을 알아차리기를 기대한다는 점이 격률의 위반과는 다르다. 마지막 선택은 격률로부터 벗어나는 것이다. 이 선택은 대화의 종결로 이어진다. 여기서는 각각의 격률에서 나타나는 격률의 준수와 위반 사례 그리고 의도적 위반 사례를 좀 더 상세히 살펴보기로 하자.

① 질의 격률
질의 격률은 '진실을 말하라'라고 요약할 수 있다. 물론 일상에서 항상 진실만을 이야기하는 것은 불가능하다. 따라서 '진실이라고 믿는 것을 말하라'라고 요약하는 편이 좀 더 현실에 가까운 규칙이 될 것이다. 질의 격률을 준수하는 데에는 사실상 별도의 추론이 작용하지 않는다. 단순히 화자가 말하는 것이 사실에 해당하면 그만이다. 질의 격률을 위반하는 사례로 가장 대표적인 것은 거짓말이다.

(3) A: 난 정말 공부하기 싫어. 엄마는 학교 다닐 때 공부 잘했어?

B: 그럼. 전교 일등을 놓치지 않았지.

예문 (3)에서 엄마 B의 대답은 아마도 부모가 자식에게 하는 가장 흔한 거짓말이 아닐까? 모든 시험에서 전교 일등을 했던 극소수를 제외하면 엄마의 이야기는 거짓말일 가능성이 매우 높다. 흔히 말이 사실에 부합되지 않을 때 거짓말이라고 하지만, 조금 더 복잡한 조건들이 부여되기도 한다. 거짓말은 그것이 사실에 부합되지 않을 것, 화자가 거짓말을 하고자 하는 의도를 가질 것, 그리고 화자가 청자를 속이고자 하는 의도를 가질 것과 같은 조건을 충족시킬 때 성립한다. (3)의 예문은 거짓말이 성립할 조건을 충족하며 질의 격률을 위반하고 있다.

② 양의 격률

양의 격률은 필요한 양의 정보를 제공하고 필요 이상의 정보를 제공하지 않기를 요구한다. 양의 격률에 관해서는 대화 격률의 연구 가운데 가장 주목을 받았던 첫 번째 항목인 '현재 대화의 목적에 필요한 만큼만 정보를 제공하라'를 중심으로 살펴보자.

(4) 가. 요즘 팔리는 플라스틱 제품이 대부분 재활용이 가능하다. +〉 요즘 팔리는 플라스틱 제품이 모두 재활용이 가능한 것은 아니다.

나. 요즘 팔리는 플라스틱 제품이 모두 재활용이 가능하다.

　　(4가)에서 '+〉'는 함축이 발생했음을 가리키는 기호이다. 일반적으로 이 기호 다음에는 함축의미가 제시된다. 즉, (4가)에서는 '요즘 팔리는 플라스틱 제품이 모두 재활용이 가능한 것은 아니다'라는 함축의미가 발생한다. 이러한 함축이 발생하는 원인은 무엇일까? 이는 화자가 양의 격률을 지킬 것이라고 기대하기 때문이다.

　　좀 더 자세히 살펴보기 위해 요즘 판매되는 모든 플라스틱 제품이 재활용된다고 가정해 보자. 이때도 (4가)는 논리적으로 참에 해당한다. 하지만 이러한 상황에서는 (4나)가 그 자체로 참일 뿐만 아니라 (4가)보다 대화의 목적을 달성하기에 충분한 정보를 제공하므로 (4나)를 발화할 것이라고 추론할 수 있다. 이렇게 하는 것이 양의 격률에 부합되기 때문이다. 반면 (4나)가 아닌 (4가)를 발화했다는 것은 모든 플라스틱이 재활용되지는 않는다고 판단했기 때문일 것이다. 다시 말해 양의 격률이 (4나)를 배제하는 논리를 제공한다. 또한 실제 판매되는 플라스틱 제품의 대부분을 재활용하는 것이 가능할 뿐이며 전부를 그렇게 할 수 없다면, (4나)는 여전히 더 많은 정보를 제공하고 있지만 거짓에 해당하기 때문에 질의 격률을 위반하게 된다. 따라서 (4가)의 함축의미가 대화의 목적에 부합한다.

　　'대부분', '모두'와 같이 등급을 이루는 관계에서 발생하는 함축을 등급함축이라고 한다. 지금까지 살펴본 대로 등급함축은 양의 격률의 첫 번째 항목과 관련하여 발생한다. 일반적으로 발화에서 등급과 관련된 표현은 그보다 높은 등급을 배제하는 함축의미를 발생시킨다. 등급함축이 발생하는 예들을 (5)에서 확인해 보자.

　　(5)　가. 이 물은 따듯하다. +〉 이 물은 뜨겁지 않다.
　　　　　나. 나는 너를 좋아해. +〉 나는 너를 사랑하지 않아.

다. 정수가 도서관에 자주 간다. +〉 정수가 도서관에 늘 가는 것은
아니다.

마지막으로 양의 격률을 위반한 사례를 살펴보자.

(6) A: UFO는 존재합니까?
B: 미국 영공을 침범하는 비행물체는 확인되거나 그렇지 않거나
진지하게 추적되고 있습니다.

(6)에서 B의 답변은 양의 격률을 위반한 것이다. 이 답변에서는 양의
격률 가운데 첫 번째 항목인 대화의 목적(UFO 존재 여부의 확인)을 위한
충분한 정보가 부족하다. 만약 B가 A의 질문에 '네'나 '아니요' 등의 분명
한 대답을 해서 양의 격률을 충족한다면, 충분한 근거를 확보하지 못한 상
태에서 대답한 셈이 되므로 질의 격률을 위반하게 된다.

③ 관련성의 격률

관련성의 격률은 발화와 맥락의 관계를 규정한다. 즉, 이에 따르면 발
화는 앞에 나오는 발화나 뒤에 나오는 발화 그리고 상황과 일정한 관련성
을 가져야 한다. 관련성의 격률의 준수와 위반 여부는 좀 더 섬세한 관찰과
판단을 요구한다. 종종 명백한 격률의 위반으로 판단되는 발화가 궁극적
으로는 격률을 준수한 결과로 이어지기 때문이다. 다음의 예를 살펴보자.

(7) A: 엄마, 피시방에 가도 돼요?
B: 다음 주부터 시험 기간이다.

예문 (7)에서 엄마인 B의 대답은 양의 격률과 관련성의 격률을 어겼으

나 이 대답이 촉발한 함축은 대화의 목적과 관련성을 유지하고 있다. 따라서 실제로 격률이 위반되었다고 볼 수 없다. 이 대화에서 B는 분명히 협력의 원리를 어기고 있으나 여전히 깊은 층위에서 상호 협력을 가정하고 있다고 본다. 일반적으로 시험을 앞두고 피시방에 가는 일은 공부를 방해하는 행동으로 판단할 수 있고, 이러한 행동을 부모의 입장에서 허락하기는 어렵다. 이 대화에서 아들인 A의 질문은 피시방에 가는 것에 대해 허락을 구하고 있는데, 그 대답이 '안 돼'라는 의도를 담고 있다면 이것은 관련성의 격률을 준수하는 것으로 볼 수 있다.

④ 태도의 격률

태도의 격률은 '모호한 표현을 피할 것', '중의성을 피할 것', '간결할 것', '조리 있게 할 것' 등 네 가지 항목으로 나누어진다. '모호한 표현을 쓰지 말라'라는 격률은 청자가 이해하기 어려운 표현을 사용하지 말라는 의미이다. '중의성을 피하라'라는 격률은 다양한 방식으로 해석될 수 있는 발화를 삼가라는 의미이다. '간결하게 하라'라는 격률은 가장 간결한 방식으로 정보를 전달하라는 의미이다. 마지막으로, '조리 있게 말하라'라는 격률은 정보를 전달하는 순서에 혼란을 일으키지 말라는 뜻이다.

(8) A: 참 맛있어 보이네. 그 접시 좀 나한테 줄래?
     B: 간장 게장? 불고기?

(8)의 대화처럼 '그 접시'라는 표현에 해당하는 정확한 지시 대상을 확인하기 어려운 경우에 청자는 문장을 정확히 이해하기 어렵다. 모호한 표현을 사용하여 태도의 격률을 위배한 예이다.

(9) A: 오늘 학교 끝나고 같이 피시방 갈래?

B: 음, 글쎄. 집에 가야하는데 게임도 하고 싶다. 몸도 별로고 배도 고픈데….

한편 (9)에서 B의 대답은 간결하고 조리 있는 답변이 아니므로 태도의 격률을 위반한 것이다.

⑤ 격률의 의도적 위반

대화함축은 때때로 격률을 의도적으로 위반하는 방식으로 생성되기도 한다. 화자는 격률을 의도적으로 위반할 경우에 그 사실을 청자가 인식하기를 기대한다.

(10) A: 내가 수수께끼 하나 내 볼까?
      B: 좋아.
      A: 네가 맞히면 내 전 재산을 주지.

(11) A: 이게 뭐야? 그냥 빈손으로 오면 되지 왜 과일 바구니를 사 가지고 와?
      B: 길 가다 주웠어.

예문 (10)에서 A는 상대방이 수수께끼를 맞히면 자신의 소유를 모두 넘겨줄 것을 약속하고 있다. 물론 이것은 실현될 수 있는 내용이 아니기에 거짓말이라고 볼 수 있고, 따라서 질의 격률을 위반한 결과를 낳는다. 하지만 이러한 함축의 위반은 의도적인 것이다. 절대로 실현될 수 없는 일을 약속함으로써 자신이 내는 수수께끼를 상대방이 맞힐 수 없다는 함축을 전달하고자 한 것이다. (11나) 역시 과일 바구니를 길에서 주웠을 리 없으므로 B의 대답은 거짓말에 해당하며, 질의 격률을 의도적으로 어긴 발화이다. 길에서 주울 수 있는 정도라면 과일 바구니의 가치는 매우 낮을 것으로 추론할 수 있다. 이렇게 과일 바구니의 가치를 낮춤으로써 '부담을 갖지 마'라는 함축의미를 생성한다.

3) 대화함축의 특성

① 취소/강화 가능성

대화함축의 특성 가운데 가장 중요하고 널리 알려진 것은 함축의미가 취소될 수 있다는 점이다. 대화함축은 그 의미가 발화, 대화 격률, 맥락에 따르는 추론에 의해 결정된다. 그런데 추론에 의해 결정된 함축의미라 하더라도 추가되는 발화 등에 기인한 맥락의 변화에 따라 기존의 함축의미는 취소될 수 있다. 이러한 대화함축의 특성을 취소 가능성(cancellability)이라고 한다. 만약에 그 의미를 취소할 수 없다면 그것은 대화함축이 아니다.

> (12) 가. 오늘 저녁은 꼭 피자였으면 좋겠어. +〉 피자가 아닌 다른 메뉴는 먹고 싶지 않다.
>
> 나. 오늘 저녁은 꼭 피자였으면 좋겠어. 하지만 치킨이라면 그것도 좋을 것 같아. (함축의미의 취소)
>
> 다. 오늘 저녁은 꼭 피자였으면 좋겠어. 피자가 아닌 다른 메뉴는 먹고 싶지 않아.

(12가)에서 추론된 함축의미는 '피자가 아닌 다른 메뉴는 먹고 싶지 않다'라고 볼 수 있다. 그런데 (12나)에서처럼 "하지만 치킨이라면 그것도 좋을 것 같아."라는 발화가 추가되면 기존의 함축의미는 취소된다. 이렇듯 함축의미는 취소가 가능하다.

반대로 함축의미는 이를 강화하는 것도 가능하다. (12다)에서처럼 함축의미가 동일한 함축의미를 가진 발화 뒤에 나타날 경우 앞의 함축의미와 중복되지 않고 앞선 발화의 의미를 강화하게 된다. 이러한 특성을 강화가능성(reinforceability)이라고 한다. 대화함축의 취소／강화 가능성은 함축의미가 '말해진 것'에 속하지 않기 때문에 가능한 현상이다.

② 비분리성

대화함축은 겉으로 드러나는 언어 표현이 아니라, 사고 혹은 명제에 해당하는 '말해진 것'을 바탕으로 결정된다. 발화에서 사용된 단어를 교체한다 하더라도 '말해진 것'이 일정하면 그것으로부터 발생한 함축의미는 변화하지 않는다. 이러한 특성을 대화함축의 비분리성(nondetachability)이라고 한다.

(13) A: 우리 저녁 뭐 먹을까?
　　 B′: 어제 공유 나오는 드라마를 보는데 공유가 치킨을 너무 맛있게 먹더라.
　　 B″: 어제 「도깨비」를 보는데 공유가 치킨을 너무 맛있게 먹더라.
　　 B‴: 어제 김은숙 작가 신작을 보는데 도깨비가 치킨을 너무 맛있게 먹더라.

(13)에서 A의 질문에 대한 대답인 B′, B″, B‴는 각각 다른 언어 표현들로 이루어져 있지만 '말해진 것', 즉 명제 의미는 동일하다. 이들 모두 '치킨을 먹자'라는 동일한 함축의미를 나타낸다.

③ 비관습성

대화함축은 특정한 언어 표현에 의존하여 일관되게 나타나는 현상이 아니다. 앞서 지적한 바처럼 대화함축은 발화, 대화 격률, 맥락에 따르는 추론에 의해 그 의미가 결정된다. 따라서 동일한 언어 표현이 서로 다른 맥락에서 나타난다면 상이한 함축의미를 나타낼 수 있다. 이러한 원리를 대화함축의 비관습성(nonconventionality)이라고 한다.

> (14) A: 컴퓨터 바로 쓸 수 있나?
>
>　　　　B: 아, 방금 켰어요.
>
> (15) A: 너 컴퓨터를 왜 이렇게 오래 해?
>
>　　　　B: 아, 방금 켰어요.

(14)와 (15)에서는 모두 "아, 방금 켰어요."라는 대답이 등장한다. 여기서 '말해진 것'은 '방금 컴퓨터의 전원을 켰다'로 동일하다. 그런데 각각의 함축의미는 차이가 난다. (14)에서는 '(방금 컴퓨터를 켰으므로) 컴퓨터를 바로 사용할 수 있다'라는 의미를, (15)에서는 '(방금 컴퓨터를 켰으므로) 컴퓨터를 사용한 지 얼마 지나지 않았다'라는 의미를 함축의미로 갖는다.

④ 비확정성

맥락의 변화 없이 고정되어 있는 상태에서 하나의 발화에 복수의 함축의미가 나타날 수 있다. 이와 같은 특성을 대화함축의 비확정성(indeterminacy)이라고 한다.

> (16) A: 이번에 새로 부임한 이 팀장은 어떤 분인가요?
>
>　　　　B: 그냥 사람이 아니라 기계라고 생각하시면 됩니다.
>
>　　　　　 (함축의미1: 이 팀장은 차가운 사람이다)
>
>　　　　　 (함축의미2: 이 팀장은 굉장히 일을 많이 하는 사람이다)
>
>　　　　　 (함축의미3: 이 팀장은 정확하게 일을 처리하는 사람이다)

(16)에서 제시한 함축의미 외에 다른 의미를 생각해 낼 수도 있을 것이다. 만약 B의 대답 앞에 "상명하복에 익숙한 전형적인 공무원 스타일입니다."라는 문장을 추가한다면 '이 팀장은 수동적인 사람이다'라는 새로운 함축의미가 발생한다. 이와 같이 맥락이 추가되어 함축의미의 해석이 제한되면 비확정성은 사라진다.

3

관습함축

1) 관습함축의 개념

그라이스가 제안한 또 하나의 함축, 관습함축에 대해 알아보기로 하자. 관습함축은 '말해진 것', 즉 명제 의미에 속하지는 않지만 특정한 언어 표현에 관습적으로 부여된 의미를 가리킨다. 관습적 의미는 사회적 약속에 의해 언어 표현에 부여되기 때문에 '말해진 것'에 속하여 명제 의미를 이루는 것이 일반적이다. 하지만 관습함축은 예외적으로 발화 의미 가운데 '함축된 것'에 속한다.[2] 또한 대화함축과는 달리, 협력의 원리나 대화 격률 그리고 맥락의 영향을 전혀 받지 않는다. 다음 예문들을 살펴보자.

(17) 가. 민희는 머리가 좋다. <u>그러나</u> 결코 자만하지 않는다.
　　　나. 민희는 머리가 좋다. 그리고 민희는 결코 자만하지 않는다.

....

2　이와 관련된 좀 더 상세한 설명은 다음 절에 제시한 그라이스의 의미 모델을 참고하기 바란다.

다. 일반적으로 머리가 좋은 사람들은 자만한다.

(18) 가. 수업에서 영호<u>조차</u> A를 받았다.

나. 이 수업에서 영호가 A를 받았다.

다. 이 수업에서 영호가 A를 받을 가능성은 거의 없었다.

(17가), (18가)가 발화일 때, (17나), (18나)는 '말해진 것'에 해당하고 (17다), (18다)는 '관습적으로 함축된 것'에 해당한다. 여기서 두 가지를 확인할 수 있다. 우선 (17다)와 (18다)의 의미가 각각 (17가)와 (18가)의 '그러나'와 '조차'로부터 비롯되었다는 점이다. '그러나'는 '대조'의 의미가, '조차'는 '기대에 벗어남'이라는 의미가 맥락과 무관하게 언어 표현의 관습적 의미에서 나타난다. 또한 (17다)와 (18다)가 참인지 거짓인지는 (17나)와 (18나)의 참/거짓 여부와 직접적으로 관련이 없다. 즉, '말해진 것'와 '관습적으로 함축된 것'은 별개의 의미로 판단할 수 있다.

관습함축과 대화함축은 두 가지 공통점이 있다. 첫째, 예문 (17)과 (18)에서 확인했듯이 관습함축은 대화함축과 마찬가지로 명제 의미에 관여하지 않는다. 즉, 이들 의미는 명제의 참과 거짓을 결정하는 데 관여하지 않는다. 둘째, 관습함축과 대화 함축은 모두 문장 의미가 아니라 발화 의미에 해당한다.

2) 관습함축의 특성

① 취소 불가능성

관습함축은 특정한 언어 표현의 의미를 바탕으로 나타나기 때문에 그 의미가 맥락의 변화에 영향을 받지 않는다. 관습함축은 대화 격률이나 맥락 등으로부터 독립적이므로 추가되는 발화 등에서 비롯한 맥락의 변화에도 영향을 받지 않는다. 따라서 일단 관습함축이 발생하면 취소가 불가능하다(non-cancellability). 다음 예를 살펴보자.

(19) 민희는 머리가 좋다. 그러나 결코 자만하지 않는다. #일반적으로 머리가 좋은 사람들은 자만하지 않는다.

(20) 이 수업에서 영호조차 A를 받았다. #이 수업에서 영호가 A를 받을 가능성이 매우 높았다.

(19)와 (20)은 각각 예문 (17)과 (18)에 기존의 관습함축과 모순되는 의미의 발화를 추가한 문장이다. 이 경우 원래의 함축의미가 사라지지 않고 뒤따르는 발화의 의미와 모순이 되어 결국 발화의 적절성에 문제가 일어남을 확인할 수 있다. 이처럼 관습함축은 취소가 불가능하다.

② 분리성

관습함축의 의미는 발화 의미 가운데 '함축된 것'에 속하며 이것은 명제에 해당하는 '말해진 것'과 별개의 의미에 해당한다. 따라서 관습함축의 발생에 관여하는 특정한 언어 표현이 삭제되면, 그것으로부터 발생한 함축적 의미 역시 사라진다. 이와 같은 특성을 관습함축의 분리성(detach-ability)이라고 한다.

(21) 가. 민희는 머리가 좋다. 그러나 결코 자만하지 않는다.
      나. 민희는 머리가 좋다. 그리고 결코 자만하지 않는다.

(22) 가. 이 수업에서 영호조차 A를 받았다.
      나. 이 수업에서 영호가 A를 받았다.

앞서 설명했듯 (21가)와 (22가)는 관습함축을 일으키는 '그러나'와 '조차'라는 언어 표현을 통해 '일반적으로 머리가 좋은 사람들은 자만한다', '이 수업에서 영호가 A를 받을 가능성은 거의 없었다'라는 함축적 의미가 나타난다. 하지만 '그러나'와 '조차'가 다른 것으로 대체된 (21나)와 (22나)에서는 그러한 함축적 의미가 사라졌다. 단, 명제 의미에는 변화가 없음을 확인할 수 있다.

4

그라이스의 의미 모델

1) 자연 의미와 비자연 의미

그라이스는 의미를 두 가지 유형으로 분류했다. 하나는 '자연 의미(natural meaning)'이고 다른 하나는 '비자연 의미(unnatural meaning)'이다.

(23) 가. 멀리서 피어오르는 연기는 불이 났음을 의미한다.
　　　나. 독서광은 '책에 미친 듯이 책을 많이 읽는 사람'을 의미한다.

(23가)에서 '연기'는 '불'이라는 자연 의미를 갖는다. 멀리서 피어오르는 연기는 그 부근에 불이 있다는 신호가 되기 때문이다. '연기'와 '불'은 밀접한 연관성 아래 자동적으로 동시에 벌어지는 사건이며, 이 두 사건 사이에는 어떠한 의도도 개입되지 않는다. 반면 (23나)에서 '독서광'은 '책에 미친 듯이 책을 많이 읽는 사람'이라는 비자연 의미를 갖는다. 예를 들어 화자가 "그는 독서광이야."라고 발화한다면 당연히 청자가 '독서광'이

라는 단어에서 '책에 미친 듯이 책을 많이 읽는 사람'이라는 의미를 파악하기를 기대할 것이다. 따라서 '독서광'이라는 단어의 의미에는 의도가 개입된다. 또 '독서광'과 그 의미는 자동적으로 연결되는 것이 아니라 자의적으로 연결된 것이다. 아무리 오랜 시간이 지나더라도 자연 의미의 연결고리는 끊어지지 않지만 비자연 의미는 바뀔 수 있다. 즉, '독서광'이라는 단어의 의미는 시간이 지남에 따라 변할 수 있다.

2) 그라이스의 의미 분류

그라이스의 의미 모델에서 비자연 의미는 '말해진 것'과 '함축된 것'으로 구분된다. 여기서 '말해진 것'은 명제에 해당하며, 참과 거짓을 결정할 수 있는 대상이다. '함축된 것'은 앞서 설명한 것처럼 화자의 의도가 적극적으로 반영된다. '함축된 것', 즉 함축은 '대화함축'과 '관습함축'으로 구분된다. 대화함축은 그 의미가 발화, 대화 격률, 맥락에 의해 결정되지만, 관습함축의 의미는 특정한 언어 표현에서 나타나며 맥락의 영향을 전혀 받지 않는다. 그리고 대화함축은 다시 일반 대화함축과 특정 대화함축으로 구분된다. 일반 대화함축은 특정한 언어 표현과 관련되어 함축의미가 일관성 있게 결정되는 반면, 특정 대화함축은 그 의미가 발화와 맥락 조건의 상호작용에 의해 매번 새롭게 결정된다.[3] 지금까지 설명한 내용을 도식화하면 그림 13-1과 같다.

....

3 이 장에서 논의한 대부분의 대화함축은 특정 대화함축에 속한다. 단, 양의 격률을 다룰 때 설명한 등급함축은 일반 대화함축에 속한다.

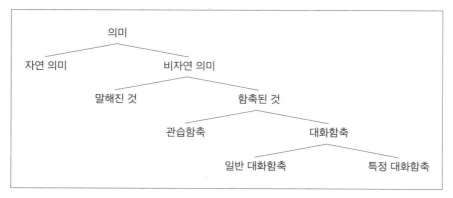

그림 13-1 그라이스의 의미 분류

1 다음의 발화들이 어긴 대화 격률이 무엇인지 밝히고, 그 이유를 설명하시오.

> ㄱ. 시간은 금이다.
> ㄴ. 박지성은 두 개의 심장을 가진 사나이다.
> ㄷ. 님은 갔지마는 나는 님을 보내지 아니하였습니다. (한용운, 「님의 침묵」)

2 대화함축의 특성인 취소/강화 가능성, 비분리성, 비관습성, 비확정성 등을 고려할 때, 다음 발화에서 추론된 의미를 대화함축으로 판정할 수 있는지 확인하시오. 대화함축으로 판정할 수 없다면 그 이유를 설명하시오.

> 발화: 강도가 집주인을 죽였다.
> 추론: 집주인이 죽었다.

3 몇몇 학자들은 다음 대화에서 나타나는 '-시-'가 관습함축에 해당한다고 주장하였다. 이러한 주장이 가능한 이유를 설명하시오.

> A: 선생님이 너를 찾으시더라.
> B: 왜 그러시지? 나 잘못한 거 없는데…

- 키넌(Keenan, 1976)과 본 핀텔과 메슈슨(Von Fintel & Matthewson, 2008)은 발표 시기의 차이는 크지만 그라이스 이론이 언어적 차이의 영향을 받는다는 점을 공통적으로 주장하고 있다.
- 임채훈(2016)은 한국어교육 분야에서 한국어 모어 화자와 외국인 학습자의 함축 해석 능력을 실험을 통해 밝힌 논문이다. 이론적 이해에 그쳤던 함축 연구를

데이터를 활용한 실증적 연구로 전환시켰다는 점에서 의의가 있다.

• 포츠(Potts, 2005)는 소강 상태에 머물러 있던 관습함축 연구에 새로운 돌파구를 열었다고 평가할 수 있는 중요한 저서이다.

14장

공손성

카페에 앉아 있는데 옆 테이블에서 대화 소리가 들려온다. 흰머리의 중년 남자와 청바지에 가죽점퍼 차림의 청년이 서류 뭉치를 앞에 둔 채 이야기를 나누고 있다.

> 중년 남자: (굽신거리면서) 바쁘시겠지만, 여기에 좀 사인을 해 주시면 좋겠는데요. 서류가 좀 많죠? 정말 죄송합니다.
>
> 청년: (종이를 가리키며 퉁명스럽게) 어디? 아니 왜 이렇게 사인할 데가 많아! 여기? 여기도?

지나치게 굽신거리는 중년 남자와 자기 아버지뻘로 보이는 사람에게 반말을 일삼는 청년의 모습에서 우리는 무언가 불편하다는 느낌을 받는다. 그리고 이들은 어떤 관계인지, 중년 남자가 무슨 큰 잘못을 저지르기라도 한 것인지, 만약 그렇다고 하더라도 청년이 지나치게 무례한 것은 아닌지 등 이 상황에 대한 의문이 꼬리에 꼬리를 물고 계속된다. 이 상황에서 우리가 문제를 느끼는 지점은 그들이 나누는 대화 내용보다도 말하는 방식에 있다. 말하는 사람의 사회적 지위가 높다고 하더라도 연장자에게는 예의를 갖추어 존댓말을 사용하는 것이 한국 사회의 약속이기 때문이다.

사람들은 자신이 속한 사회 문화에서 기대되는 어휘와 문법, 담화 구조를 선택하여 소통하며, 이를 끊임없이 익히고 훈련한다. 예를 들어 한 학생이 학교를 대표하여 공적인 스피치를 하는 상황에서 사용하는 언어 표현은 친구나 가족과 담소를 나눌 때와는 다를 것이다. 즉, 우리는 상황 맥락에 어울리는 적절한 표현들을 하고자 하며, 가능한 한 상대방의 기분이 나쁘지 않도록 배려하며 의사소통을 한다. 이것이 인간관계를 원활하게 하고, 궁극적으로는 자신의 의사소통 목적을 달성하는 데에도 효과적이기 때문이다.

이 장에서 공부할 내용은 바로 사회적 상호작용 속에서 표현되는 존중, 호감, 친근감, 유대감 등의 표시인 '언어적 공손성'에 관한 것이다. 우리는 인간관계를 원활하게 유지하고 맺어 나가기 위하여 어떠한 노력을 하며 살아가고 있을까? 의사소통의 원리 중 하나인 공손성의 개념과, 대화 격률과 대화 전략이라는 관점에서 공손성 이론이 어떻게 전개되어 왔는지 알아보도록 하자.

1

공손성의 개념

국어사전에 따르면 '공손(恭遜)'이란 말이나 행동이 겸손하고 예의 바른 것을 뜻한다. 예를 들어 버스에서 노약자에게 자리를 양보하는 행동, 아이가 "할아버지, 진지 드셨어요?"라며 존댓말을 하는 모습, 상대방의 말을 경청하는 태도 등에서 자연스럽게 '공손함'을 떠올릴 수 있다. 일상어에서 '공손'이라는 용어는 이렇게 예의범절이나 겸손한 태도, 공손한 언행 등과 관련이 있다. 특히 경어법이 발달한 한국어의 경우 '공손'은 연장자나 사회적 지위가 높은 사람을 대할 때 요구되는 사회 규범적인 성격이 짙다. 그러나 우리가 이 장에서 화용론적 특성으로 공부할 '공손성(politeness)'이란 예의범절이나 사회 규범의 차원에 국한된 개념이 아니다.[1]

....

1 화용, 즉 언어 사용의 원리로서 공손성의 개념은 한국어 문법 현상인 '경어법'이나 '공손'의
   사전적 정의와 맞물려 사회규범적인 것으로 오해되기 쉽다. 이에 이해영(1996)은 'polite-
   ness'를 '부담 줄이기'라는 용어로 번역할 것을 제안하기도 하였다. 많은 이론서에서 'po-
   liteness'의 번역어로 '공손'을 택하고 있으나, 이 책에서는 일반어인 '공손'과 개념적 차별을
   두고자 '공손성'이라는 용어로 번역하였다.

화용론에서 의사소통의 원리 중 하나로 언급되는 공손성이란 대화 참여자들이 우호적인 관계를 맺고 유지해 나가기 위해 수행하는 사회적 언어 행위의 한 속성을 뜻한다. 그러므로 공손성은 연장자나 지위가 높은 사람에게뿐만 아니라 나이가 어린 사람이나 지위가 낮은 사람, 사적인 관계나 공적인 관계 등 언어 사용을 통해 인간관계를 원활히 유지하고 싶은 모든 대상에게 적용된다. 또한 공손성은 화용적인 현상이므로, 대화 참여자들의 상호작용 맥락에 따라 다양한 표현이 선택된다. 따라서 어떠한 고정 표현이 공손성을 보장하는 것은 아니라는 점을 알아둘 필요가 있다. 다음의 예를 보자.

(1) (수업에서 같은 조가 된 두 사람)

[01] A: 안녕하세요. 저는 국문과 신입생, 권재이라고 합니다.

[02] B: 어! 저도 신입생이에요. 영문과 장제인이라고 해요.

[03] A: 저랑 이름이 비슷하시네요.

[04] B: 그러게요. 근데 말투를 들으니 혹시 부산이 고향이세요?

[05] A: 어? 맞아요, 부산! 어떻게 알았지? 고향이 부산이에요?

[06] B: (웃으며) 나도 부산! 친구야, 말 놔라. 부산 어느 고등학교 나왔는데?

[07] A: 나, 금정여고. 근데 재수했다.

[08] B: 아, 선배님이시네요! 언니, 엄청 동안이세요!

(1)은 학기 초에 어떤 수업에서 같은 조가 된 두 사람이 자기소개를 하는 장면이다. 이들은 처음에는 공적이며 낯선 관계에서 기대되는 경어를 사용하여 대화를 시작한다. 그러나 의사소통 과정 중에 이름, 말투, 고향 등에서 공통점을 발견하게 되자 대화 참여자들은 [05]부터는 경어법 등급을 낮추고, [06]에서는 "친구야"라는 호칭 사용과 함께 부산 방언을 써서

친근감을 드러낸다.[2] 그러나 [07]에서 A가 재수를 한 사실을 알게 되자 B는 [08]에서 '언니'라는 친족 호칭어를 사용하는 동시에 경어법 등급을 다시 높여서 '선-후배'라는 사회적 거리를 재조정한다. 그리고 '동안'이라는 '찬사'를 표현하며 친근감과 호감을 드러낸다. 이처럼 사람들은 의사소통을 할 때 정보를 전달하는 것뿐 아니라 인간관계를 원활히 유지하기 위해 상황에 맞게 경어법을 조정하고, 호칭을 달리하며, 찬사 행위를 하는 등 상대방의 기분을 좋게 할 만한 다양한 언어적 장치를 사용한다. 이때 어떠한 언어적 장치가 '공손성'을 획득하는 데 적합한지는 대화 참여자들이 속한 언어문화와 상황 맥락에 전적으로 달려 있다.

한편 사람들은 '부탁'이나 '거절'처럼 상대방에게 부담이 되는 내용을 전할 때 간접 화행을 사용하여 완곡하게 의사를 전달하곤 하는데, 그 이유를 공손성에서 찾을 수 있다. 대표적으로 '권유'에 대해 '거절'하는 다음의 대화 상황을 보도록 하자.

(2) (서로 알게 된 지 얼마 안 되는 A가 B를 집에 초대함)

[01] A: 이거 어제 제가 새로 볶은 커피인데요,

[02]　　 한번 좀 드셔 보시겠어요?

[03] B: 와, 정말 향이 좋네요!

[04]　　 근데 저도 정말 마시고 싶지만 요새는 오후에 커피를 마시면 밤에 잠이 안 와서요.

[05]　　 이제 나이 들어서 그런가 봐요.(웃음)

[06] A: (웃으며) 하긴 저도 그렇긴 해요.

....

2　웃음을 비롯한 제스처, 눈짓 등의 비언어적 요소와 말하는 어조, 높낮이, 크기 등의 준언어적 요소 또한 언어적 공손성을 실현하는 데 매우 중요하다. 그러나 이 책에서는 언어 표현으로 발화된 형태에만 국한하여 공손성을 언급하였다.

[07] 그럼 다른 음료 좀 드릴까요?

(2)의 대화에서 A와 B는 아직 친밀감이 강하지는 않으나 A가 자신의 집에 B를 초대한 것으로 보아 서로 호감이 있다고 추정할 수 있다. A는 [02]에서 '커피를 자신이 직접 볶았고, 신선하다'라는 사실을 알림으로써 이 커피가 특별하다는 설명을 먼저 한다. 그리고 [02]에서 B에게 "한번 좀 드셔 보시겠어요?"라는 간접적인 표현으로 커피를 권한다. '권유' 행위는 자칫 상대방에게 부담을 줄 수 있으므로 A는 직접적인 표현 대신에 질문의 방식을 취해 상대에게 선택권을 넘겨준 것이다. 이에 대해 B는 [03]부터 [05]에서까지 나타난 것처럼 상당히 복잡하고 간접적인 표현 방식으로 '거절'의 의사를 전달한다. 우선 [03]에서 "와, 정말 향이 좋네요!"라며 상대방이 직접 만든 커피에 대해 찬사를 보내고, [04]에서 자신도 '정말 마시고 싶다'라는 바람을 전한 후에야, "요새는 커피를 오후에 마시면 밤에 잠이 안 와서요."라며 자신이 커피를 못 마시는 이유를 제시함으로써 매우 완곡하게 거절을 하는 것이다. 그리고 [05]에서 "이제 나이 들어서 그런가 봐요."라는 재치 있는 발화로 웃음을 유도하며 대화를 마무리한다.

이들은 "커피 좀 드세요."나 "아뇨! 괜찮아요. 저는 커피 안 마셔요."와 같은 간단한 표현으로도 자신의 의도를 전달할 수 있었겠지만 이것 대신에 훨씬 우회적이고 완곡한 방식으로 대화하였다. 이는 정보 전달의 효율성보다는 인간관계를 잘 유지하기 위해 상대방을 배려하는 언어 표현을 선택한 결과이다.

그렇다면 자신의 의사를 우회적으로 표현하는 간접 발화는 항상 공손성을 담보하는 것일까? 앞에서 언급했던 것처럼 공손성은 '화용의 원리'이므로 어떤 형태가 무조건적으로 공손성을 보장할 수 있다는 편견을 버려야 한다. 예컨대 허물없는 친구 사이에서 커피를 권하는 친구에게 (2)의 B처럼 완곡한 거절 표현을 한다면, 상대방은 도리어 거리감을 느끼거나 평소와는 다른 상대방의 발화에 혹시 다른 의도가 있는 것은 아닌지 의아해할 수도 있다. 이처럼 공손성 여부는 상황 맥락에 따라 유동적으로 결정되며, 대화 참여자들이 기대하는 바에 얼마나 부합하는지가 관건이 된다. 공손성의 유동적 특징은 '감사'나 '축하' 화행 유형처럼 본질적으로 공손한 화행이나, 경어 사용처럼 '예의 바른 표현' 등에서도 예외 없이 드러난다.

(3) (유치원에서 집에 온 일곱 살짜리 아이가 엄마에게)

[01] 아이: 엄마, 목말라!

[02] 엄마: (우유를 주면서) 응. 이거 마셔.

[03] 아이: 엄마, 오늘도 항상 이렇게 우유를 챙겨 주시고 정말 감사드려요.

[04] 엄마: 응?

(3)은 유치원에서 돌아온 일곱 살짜리 아이가 엄마에게 우유를 달라고 요청하자 엄마가 이를 챙겨 주는 상황이다. 그런데 [03]에서 아이가 평소에 하지 않는 방식으로 감사 표현을 정중히 하자, 엄마는 공손함을 느끼기보다는 [04]에서 "응?"하며 의아해한다. 이는 엄마의 입장에서는 아이에게 우유를 따라 주는 행위가 정중한 감사 인사를 받을 만한 특별한 일이 아니라고 여기기 때문이다. 이처럼 언어 행위 그 자체가 공손하거나 표현이 정중하다고 해서 반드시 공손성을 지니는 것은 아니다. 공손성은 언어 행위 그 자체에 내재되어 있는 것이 아니라, 사건의 부담감이나 대화 참여자들의 친밀감, 사회적 지위와 권한 등의 위계 관계 등 상황 맥락을 결정하는 변수들에 의해 결정된다.

2

대화 격률의 관점에서 본 공손성

이 책의 13장에서 공부했듯이 그라이스(Grice, 1975)는 의사소통의 주된 기능이 정보의 효율적인 교환에 있다고 보고, 핵심적인 대화의 원리로 '협력의 원리'와 그 하위 격률들(maxims)을 제시하였다. 그러나 이 원리는 실제 대화에서 위배되는 경우가 많았다. 사람들은 정보 전달뿐 아니라 상대방과의 사회적 관계를 유지하고 증진하기 위해서도 의사소통을 하기 때문이다. 이를 설명하기 위하여 여러 학자들은 그라이스의 협력의 원리를 보완하여 '공손성 이론'을 제안하였는데, 그중 우리는 대화 격률로서 공손성 연구의 중심이 되어 온 레이코프(Lakoff, 1973, 1989)와 리치(Leech, 1983)를 살펴보기로 하겠다.

1) 레이코프의 공손성 규칙

레이코프(Lakoff, 1973, 1975)는 정보 전달에 대한 의사소통 원리와 대화 격률을 제시한 그라이스의 협력 원리를 보완한 초기의 연구이다. 레이코프는 보편적인 의사소통 규칙으로 '명확하게 말할 것(Be clear)'과 '공손하게 말할 것(Be polite)' 두 가지를 주장하였으며, '규칙(rules)'이라는 용어를 사용함으로써 그라이스의 '원리(principles)', '격률(maxim)'보다 좀 더 규율성이나 의무성을 강조한 것으로 보인다. 레이코프는 이 두 가지 의사소통 규칙이 상충될 때, 비격식적 대화 상황에서라면 서로의 관계를 재확인하고 강화하는 '공손하게 말할 것'이 '명확하게 말할 것'보다 우선한다고 주장하며 의사소통에서 공손성의 중요성을 강조하였다(Lakoff, 1973: 297-298). 레이코프가 제시한 공손성 규칙(Rules of Politeness)은 다음과 같다.

레이코프의 공손성 규칙
1. 격식성(formality): 거리를 유지하라.
2. 존중성(deference): 선택권을 주라.
3. 친밀감(camaraderie): 친근감 있게 대하라.

레이코프의 첫 번째 공손성 규칙인 '격식성'은 상대방과 적정한 거리를 유지하여 타인의 영역을 함부로 침범하지 않는다는 것이다. 즉, 남의 일에 지나치게 참견하고 간섭하여 상대방에게 부담을 주지 말라는 뜻으로도 풀이된다. 예컨대 처음 만난 사이에 "사귀를 사람은 있어요?", "월급은 얼마예요?" 등 사적인 질문을 한다거나 명절에 오랜만에 만난 조카에게 "학점은 몇 점이니?", "취업은 했니?" 등의 개인적인 정보를 캐묻지 말라는 것이다.

두 번째 공손성 규칙인 '존중성'은 상대방에게 선택의 자유를 주는 것으로, 자신의 견해를 일방적으로 몰아붙이지 않는다는 의미이다. 권위적인 조직에서는 아직도 "상사가 하라면 하는 거지, 뭐 그리 말이 많아!"와 같은 상명하복식 의사소통 문화가 남아 있는데, 이와 상반되는 발화 태도를 가지라는 것으로 이해하면 되겠다. 예컨대 상사가 부하 직원에게 일을 시킬 때 "김 대리, 내일까지 이 보고서 작성해 와!"라는 일방적인 표현보다는 "김 대리, 내일까지 이 보고서 완성할 수 있겠어?"처럼 청자에게 선택권을 부여하는 간접 표현을 사용할 때, 상대방은 존중받는다고 느끼며 공손성이 확보된다는 것이다.

마지막 공손성 규칙인 '친밀감'은 친근감 있는 표현을 하는 것으로, 구체적으로는 상대방에게 유대감, 공감 등 호의적인 태도를 표현하여 청자의 기분을 좋게 만드는 것이다. 예컨대 친한 친구가 연인에게 이별 통보를 받고 슬퍼할 때, "그 사람 정말 멍청하구나! 너를 차다니…. 그 사람 손해지 뭐!"라고 말하며 함께 분노하고 슬퍼하며 공감을 표현하는 것이 원활한 인간관계를 맺는 데 필요하다는 것이다.

정리하자면 레이코프가 말하는 공손성이란 다른 사람의 영역에 침범하지 않고, 상대방에게 선택권을 주며, 상대방의 기분을 좋게 만드는 것이므로 '갈등의 회피'라고도 이해할 수 있다.

한편 이 세 가지 규칙 중 '격식성'과 '친밀감'은 상충되는 면이 있어서 규칙들 간 우선순위를 정하기란 쉽지 않다. 예컨대 앞의 상황으로 돌아가서 연인에게 일방적으로 이별 통보를 받은 친구에게 규칙 1인 '격식성'을 적용한다면, "살다 보면 그럴 수도 있는 거겠지." 정도로 친구의 사적 영역을 지켜 주고 거리를 유지하며 점잖게 말해야 할 것이다. 한편 규칙 3인 '친밀감'을 적용한다면 "그 사람 정말 멍청하구나! 자기 손해지 뭐!"라며 친구에게 유대감과 공감을 적극적으로 표현할 수 있을 것이다.

이와 관련하여 레이코프는 문화마다 우선적으로 적용되는 공손성 규칙이 다를 수 있다고 하였다(Lakoff, 1973: 303). 계층화된 사회에서는 '격식성'과 '존중성'이 '친밀감'보다 우선하며, 평등한 사회에서는 '친밀감'이 나머지 두 가지 규칙보다 우선적으로 적용될 수 있다는 것이다. 그러나 공손성 규칙의 우선순위는 비단 계층화된 사회, 평등한 사회의 구분만으로 적용되는 것은 아닌 듯하다. 특정한 상황에서 격식성을 나타낼 것인지, 친밀감을 나타낼 것인지를 선택하는 기준은 대화 상대방과의 사회적 거리를 고려하고, 상대방이 자신에게 기대하는 바가 무엇인지를 알아차리는 것에 있기 때문이다.

2) 리치의 공손성 원리

리치(Leech, 1983)도 레이코프와 마찬가지로 그라이스의 협력의 원리만으로는 의사소통 원리를 설명하기에 충분하지 않다고 여기고, 이를 보완하기 위해 공손성 원리(Politeness Principle)를 제시하였다. 특히 리치는 사람들이 그라이스의 격률을 위반하고 명료한 표현 대신 간접 표현을 사용하는 이유를 공손성에서 찾았다. 리치의 공손성은 결론적으로 다음과 같이 대인관계 수사학의 영역에서 격률의 차원으로 제시되었다.

리치의 공손성 원리
1. 배려(tact)의 격률
   (i) 타인에게 주는 부담은 최소화하라.   (ii) 타인의 이익은 최대화하라.
2. 관용(generosity)의 격률
   (i) 자신의 이익은 최소화하라.   (ii) 자신의 손해는 최대화하라.
3. 칭찬(approbation)의 격률
   (i) 타인에 대한 비난은 최소화하라.   (ii) 타인에 대한 칭찬은 최대화하라.
4. 겸손(modesty)의 격률
   (i) 자신에 대한 칭찬은 최소화하라.   (ii) 자신에 대한 비난은 최대화하라.
5. 동의(agreement)의 격률
   (i) 타인과의 불일치는 최소화하라.   (ii) 타인과의 일치는 최대화하라.
6. 공감(sympathy)의 격률
   (i) 타인과의 반감은 최소화하라.   (ii) 타인과의 공감은 최대화하라.

리치의 공손성 원리는 의사소통에서 타인과 자신 사이에 실현되는 여섯 개의 하위 격률로 분류된다. 여섯 개의 격률은 다시 '최소화할 것'과 '최대화할 것'으로 짝을 이루어 반대되는 경우를 들고 있는데, 그 내용의 핵심은 타인에게 이득이 되는 것은 최대화하고 자신에게 이득이 되는 것은 최소화하라는 것에 있다. '배려'와 '관용'의 격률은 전자가 타인의 욕구를 존중하는 것이라면 후자는 자신의 욕구를 줄이라는 것이다. '칭찬'과 '겸손'의 격률은 타인의 인격은 존중하고 수용하되 자신과 관련된 것에는 겸손하라는 격률이다. 마지막으로 '동의'와 '공감'의 격률에서는 타인의 견해와 감정에 대하여 존중할 것을 언급한다.

리치의 공손성 원리의 특징은 여섯 가지 공손성 격률들이 특정한 화행 부류와 연계되어 있다고 보는 것이다. 예컨대 '배려의 격률'과 '관용의 격률'은 타인에게 부담을 줄 수밖에 없는 언어 행위인 명령, 요청 등의 지시 화행과 약속, 맹세, 보증 등의 다짐 화행(Commisive)[3]을 수행할 때 적용된다. 그리고 '칭찬의 격률'은 타인에 대한 비난과 칭찬, 찬사, 평가 등과 관련되어 있으므로 정표 화행 및 단언 화행 부류와 연계되며, '겸손의 격률'은 자신에 대한 칭찬, 험담 등과 관련이 있으므로 정표 화행, 단언 화행과 연계된다. 마지막으로 '동의의 격률', '공감의 격률'은 단언 화행에 적용된다. 아래의 실제 대화에서 리치의 공손성 원리가 화행과 연계되어 어떻게 적용되는지 살펴보도록 하겠다.

(4) (메신저 대화)

[01]A: 언니~ 내일 혹시 시간 되시면 오전에 경의선 숲길 워킹 가

....

3 설(Searle)의 기본 화행 부류 중 'Commissives'는 주로 '언약 행위'나 '위임 행위' 등으로 번역되어 왔으나 이 책에서는 '다짐 화행'으로 번역하였다. 이에 대해서는 12장 '화행'을 참고하기 바란다.

시겠습니까?ㅋㅋ 10:30경요?ㅎ

[02]　　오늘 저 방학식 했거든요ㅋ

[03]B:　오... 방학! 좋겠네요!^^

[04]　　아 저도 정말 같이 가고 싶은데 내일은 학회가 있구만요.

[05]　　아쉽네요.

[06]A:　아하 네네.

[07]　　그럼 다음에 다시 언니가 시간 되실 때 먼저 연락 주셔도 좋
　　　　구요~~

　　위의 대화는 메신저로 수행되었고, 대화 참여자들은 서로 호감을 지니고는 있으나 친밀도가 높지 않은 상황이다. [01]에서 A는 '제안' 화행을 수행할 때 '배려의 격률'을 따른다. "혹시 시간 되시면"이라는 울타리 표현⁴과 "숲길 워킹 가시겠습니까?"라는 의문형을 사용한 간접 발화 표현, 발화의 마지막에 넣은 'ㅋㅋ', 'ㅎ'와 같은 이모티콘 등은 모두 타인에게 주는 부담을 최소화하기 위한 노력이다. 이에 대해 B는 '거절'의 의사를 전달하기 위하여 복합적인 화행을 단계적으로 수행하는데, 이때 '동의의 격률'과 '공감의 격률'을 적극적으로 활용한다. 우선 [03]에서 방학을 한 상대방의 기쁨에 공감하는 '공감의 격률'을 따르고, [04]에서 "저도 정말 같이 가고 싶은데"라는 바람을 표현하면서 일단 B의 제안에 동의를 표시한다. 그러나 그 후 '내일은 학회가 있다'는 사실을 설명하며 '이유 대기'의 방식으로

············
4　울타리 표현(hedge)이란 발화 목적을 달성하기 위하여 화자가 청자와의 관계나 상황 등을 고려하여 자신의 발화 수위를 조절하는 우회적인 언어적 장치를 말한다(이찬규·노석영, 2012: 246). 자신의 생각이나 주장을 축소하거나 약화하여 표현하는 "저도 갈 수 있을 것 같아요.", "본의 아니게 결혼 날짜를 이렇게 잡게 되었습니다."와 같은 표현들이나 '실례합니다만, 미안합니다만, 죄송합니다만' 등의 예고 표현들, "이미 잘 알고들 계시겠지만", "관련 있는 말이 아닐 수도 있겠지만"처럼 대화 격률의 위배와 관련하여 미리 언급하는 표현 등을 들 수 있다.

거절 화행을 간접적으로 수행한다. 이는 자신과 타인의 불일치를 최소화하고자 한 것으로 '동의의 격률'을 따른 것이다. 그리고 여기서 그치지 않고 [05]에서는 "아쉽네요."라며 아쉬운 감정을 토로하며 상대방의 반감을 최소화하고 있는데, 이는 '공감의 격률'을 따른 것이다. 이에 A는 [07]에서 상대방의 거절에 대해 수긍한 후, 새로운 제안을 한다. 이때 "언니가 시간이 되실 때"라는 울타리 표현과 "먼저 연락을 주셔도 좋구요~~"라고 표현하여 타인의 부담을 최소화하고 자신의 이익을 최소화하는 '배려의 격률'과 '관용의 격률'을 따른다.

(4)의 대화에서 나타난 것처럼 '제안' 화행이 수행될 때, '배려의 격률'이 적용되면 공손성이 유지된다. 따라서 특정 화행 유형에 특정한 공손성 격률이 적용되어야 공손한 발화가 된다는 리치의 주장은 일견 일리가 있는 듯하다. 그러나 이러한 주장은 상황이나 문화적 맥락을 전혀 고려하지 않고 화행들의 언표 효과 행위를 고정값으로 정해 놓았다는 점에서 비판받을 소지가 있다. 과연 '명령', '요청'처럼 지시 화행에 속하는 하위 유형들은 항상

공손성 격률들 간의 우선순위

리치는 공손성 격률들이 모두 동등한 가치를 지니는 것은 아니라고 하였다. 최소화 전략이 최대화 전략보다 중요하며, 여섯 개의 공손성 격률 중에서는 배려의 격률이 관용의 격률보다, 칭찬의 격률이 겸손의 격률보다 중요하다고 주장하였다. 그러나 그 근거를 제시하지는 않았는데, 과연 공손성 격률들 간 우선순위를 매기는 일이 필요한지에 대한 근본적인 질문을 우선 던져 볼 필요가 있다. 또한 리치의 주장대로 공손성 격률들 간의 지위가 동등하지 않다면 그 이유는 무엇인지에 대해서도 탐구해 볼 필요가 있다. 이성범(2015)에서는 격률의 중요도에 차이가 있다면 언어 행위가 일어나는 곳의 문화와 관련이 있을 것인데, 이를 고려하지 않은 채 격률의 상대적 중요성을 논하는 것은 큰 의미가 없다고 언급한 바 있다. 이와 관련하여 훗날 리치가 제시한 보편적인 공손성 원리는 여러 언어를 연구한 문화 상대주의의 관점에서 비판받게 되었다.

공손성의 척도에서 볼 때 청자에게 이득이 되지 않고 부담을 주는 행위이므로 공손하지 않은 행위일까? 불이 난 응급 상황에서 119 구조대의 '명령' 행위가 본질적으로 공손하지 않다고 보기는 어렵다. 따라서 모든 지시 화행에서 '배려의 격률'을 적용해야 공손성을 지닌다고 말할 수는 없을 것이다.

3

체면 보호의 관점에서 본 공손성

공손성을 언어학 이론으로 체계화하여 가장 영향력 있는 공손성 이론을 제시한 사람들은 브라운과 레빈슨(Brown & Levinson, 1987)이다. 이들은 영어, 타밀어, 첼탈어의 모어 화자들이 유사한 언어 전략을 사용한다는 것을 발견하고, 공손성의 보편성을 가정하였다. 그리고 공손성 전략의 핵심은 사람들이 의사소통을 할 때 서로 지켜 주고자 하는 '체면'에 있다고 보았다. 브라운과 레빈슨의 공손성 이론을 이해하기 위하여 기본 개념인 체면에 대하여 먼저 알아보고, 그들이 제안한 공손성 전략을 구체적으로 살펴보도록 하자.

1) 체면

'체면(face)'은 브라운과 레빈슨이 사회학자인 고프만(Goffman, 1967 / 2008)에서 가져온 개념이다. 고프만은 사회의 모든 구성원은 다른 사람에게 자신이 어떠한 사람이라고 주장하고 싶은 '공적 자아상(public self-im-age)'을 갖고 있는데, 이것이 '체면'이라고 정의하였다. 브라운과 레빈슨은 정상적인 사회 구성원이라면 체면을 중요하게 생각하며 이를 지키고자 하는 기본적인 욕구를 가지고 있으므로, 의사소통을 할 때 서로의 체면을 지켜 주기 위해 협력한다고 보았다. 다음의 예에서 이를 확인해 보자.

(5) 가. (학생이 교수에게) 교수님, 죄송한데요, 지금 바쁘지 않으시면 잠깐 시간 좀 내주실 수 있을까요?
나. (친한 친구에게) 야, 시간 되지?

(5)는 같은 명제 내용이라도 상대방의 체면을 고려하여 다른 표현이 사용되고 있는 것을 보여 준다. (5가)에서 학생인 화자는 교수에게 '교수님'이라는 호칭어와 "죄송한데요"라는 양해를 구하는 말, "지금 바쁘지 않으시면"과 같은 울타리 표현, "좀"이라는 약화 표현, '-ㄹ 수 있을까요?'라는 상대방의 능력을 묻는 표현 등을 선택하여 '시간을 내 달라'는 요청 행위를 간접적으로 수행한다. 학생이 이러한 발화 형식을 선택한 것은 교수가 학생에게 기대하는 공적인 자기 이미지, 즉 교수로서의 체면을 세워 주기 위함이다. 반면 (5나)에서 화자는 친한 친구에게 "야"라는 호칭어, '확인'의 의미를 지닌 어미 '-지'를 사용하여 친구가 자신의 요청을 당연히 들어줄 것을 전제한 요청 표현을 선택한다. 친구 관계에서 체면이란 끈끈한 유대감과 막역함을 보여 주는 데서 지켜진다고 판단하였기 때문이다.

브라운과 레빈슨은 체면의 유형을 '소극적 체면(negative face)'과 '적극적 체면(positive face)' 두 가지로 구분하였다. '소극적 체면'이란 자유롭게 행동할 수 있는 개인의 권리, 타인에 의해 방해받지 않으려는 욕구로서, 개인의 자율성과 독립성을 원하는 욕구를 말한다. 반면 '적극적 체면'이란 타인에게 인정받고자 하는 욕구로, 다른 사람들이 자신을 인정해 주고 좋아해 주기를 바라는 욕구와 관련된다.

인간은 누구나 사회생활을 하면서 소극적 체면과 적극적 체면 모두가 잘 유지되고 충족되기를 원하지만, 상황에 따라서 어떠한 유형의 체면이 보호받고 유지되기를 원하는지는 달라진다. (5)의 예문에 나타난 것처럼 같은 '요청' 행위라 할지라도 학생과 교수 사이에서는 '소극적 체면'을, 친한 친구 사이에서는 '적극적 체면'을 살려 주는 것이 더 중요하다고 판단되기 때문이다.

2) 브라운과 레빈슨의 공손성 전략: 서로의 체면을 지켜 주라

브라운과 레빈슨(Brown & Levinson, 1987)은 모든 의사소통 행위는 잠재적으로 체면을 위협할 수 있는 행위(face threatening acts: FTA)라고 보았다. 그러므로 대화 참여자들은 의사소통 과정에서 상대방의 체면을 지켜 주기 위하여, 화자의 측면에서 보자면 체면 위협 행위(FTA)를 최소화하기 위한 언어적 장치를 사용하게 되는데, 이것이 그들이 제시한 '공손성 전략(politeness strategy)'이다.

> 브라운과 레빈슨의 공손성 전략
> 1. 완전 공개 전략(bald on record)
> 2. 적극적 공손 전략(positive politeness)
> 3. 소극적 공손 전략(negative politeness)
> 4. 비공개 전략(off record)

우선 '완전 공개 전략'은 화자가 자신의 의도를 노골적으로 드러내더라도 청자의 체면을 위협할 가능성이 없을 때 선택된다. 상대방의 체면을 전혀 고려하지 않고, 직접적으로 정보만을 전달해도 공손성이 확보되는 경우는 언제일까? 아래 (6)의 예들을 보도록 하자.

(6) 가. 불이야! 도와줘!

　　나. (응급 수술실에서 외과 의사가 레지던트에게) 메스!

　　다. (교수가 학생에게) 거기 편하게 앉아.

　　(6가)~(6다)에서 화자는 지시 사항을 매우 짧고 직접적으로 표현하고 있다. 그러나 각각의 상황에서 어떠한 청자도 자신의 체면이 손상되었다고 느끼지는 않을 것이다. (6가)의 긴박한 상황이나 (6나)의 과제 지향적인 대화 상황에서는 필요한 내용만을 직접적이고 짧게 말하는 것이 더 적절하기 때문이다. 만약 (6나)에서 외과 의사가 상대에 대한 존중을 표현하느라 "이보게, 김 선생, 정말 미안하지만 혹시 가능하다면 그 옆에 있는 메스를 좀 건네줄 수 없을까?"라고 요청한다면, 레지던트는 기대하지 않았던 표현에 매우 당혹감을 느낄 것이다. 어쩌면 전문의의 발화에 함축된 뜻이 무엇이었을지 밤새 고민하게 될지도 모른다.

　　다음으로 공손성을 확보하기 위해 다양한 언어적 보정장치(redressive)를 사용하는 '적극적 공손 전략'과 '소극적 공손 전략'에 대해 알아보자. 적극적 공손 전략은 존중과 인정을 받고 싶은 상대방의 마음을 알고 이를 언어로 표현해 주는 것이다. 일종의 '연대의 전략'이라고도 할 수 있는 적극적 공손 전략은 의사소통 참여자들의 친밀감과 유대감을 높여 준다. 상대방에게 동의하고, 공감하고, 우호적 태도를 표현하는 언어 행위들이 적극적 공손 전략의 예가 된다.

(7) 가. (SNS에 게시된 음식 사진에 대한 댓글) 우와아아아아, 정말 맛있 겠어요! 여기 어디예요?

나. (군에서 제대한 친구에게, 반가워하며) 얌마! 이 새끼 오랜만이
　　네! 살아 있었구나!

다. (남자 선배와 여자 후배의 대화)

　[01] 선배: 유미, 라면 먹을래?

　[02] 후배: 엉! 난 만두!

　[03] 선배: (씩 웃으며) 근데 너 이제 막 말 놓는다.

　[04] 후배: 아이~ 오빠~ 우리 사이에 뭘 그래요.

　　최근 적극적 공손 전략이 가장 활발하게 표현되고 있는 매체는 SNS이
다. 사람들은 (7가)처럼 댓글에 공감이나 관심을 다소 과장하여 표현함으
로써 자신이 상대방에게 우호적임을 드러낸다. 만약 SNS에 올린 게시물에
댓글이 전혀 달리지 않거나 비우호적인 댓글이 달린다면, 게시자의 적극
적 체면은 손상될 수 있다. (7나)는 사회적으로 동등한 관계의 젊은 남성
사이에서 비속어나 욕설 등을 사용하여 서로에 대한 친밀감과 유대감을
표현한다는 것을 보여 준다. 이 밖에 별명이나 농담 역시 남녀 구분 없이
동등한 관계에서는 서로에 대한 친밀감을 드러내어 상대방의 적극적 체면
을 살려 주는 데 사용된다. (7다)는 예능 프로그램에서 오랜 기간 촬영을
함께 하여 친밀감이 쌓인 선후배 연기자 간의 대화이다. 여자 후배는 남자
선배에게 [02]에서 "엉! 난 만두!"라고 존댓말 대신 반말을 하고, [04]에서
는 '선배님'이라는 호칭 대신 친족어인 '오빠'를 사용함으로써 선배는 후
배가 자신에게 친밀감을 느끼고 있음을 알게 되며, 결국 선배의 적극적 체
면은 올라가는 효과가 생긴다. 이상 (7)의 예들을 통해 브라운과 레빈슨의
적극적 공손 전략은 레이코프의 공손성 규칙에서 '친근감 있게 말하라'와
연결이 된다고 볼 수 있다.

　　소극적 공손 전략은 상대방의 자율성이나 독립성에 대한 권리를 인정
하고 배려하는 표현들과 관련된다. 이 전략은 특히 공적 관계 혹은 사적 관

계라 하더라도 거리감이 있거나 상대에게 부담을 주는 내용을 말해야 할
때 더욱 활성화된다. 이러한 측면에서 소극적 공손 전략은 예의나 정중함
과 관련이 있다.

(8) 가. (유튜버의 마지막 멘트) 저기… 괜찮으시다면, 좋아요 누르고
구독 알림 설정해 주실래요?

나. (메뉴를 고르는 상황에서)

[01] 스승: 난 이 집이 처음이라서…. 많이 와 봤다고 하지 않았
나? 뭐가 괜찮아?

[02] 학생: 이 집이 다 괜찮긴 한데요…, 제 입맛에는 국수가 좀
맛있는 것 같아요. 선생님, 어떤 걸 드시겠어요?

다. [01] A: 이번 주 토요일에 뭐해?

[02] B: 음, 아직까진 별 거 없어.

[03] A: 그럼, 영화 보러 같이 가지 않을래?

[04] B: 좋아! 몇 시?

(8가)는 유튜버들이 영상 마지막에 흔히 하는 말로 시청자들에게 채널
구독을 부탁하는 발화이다. 이 유튜버는 "구독 알림 설정해 주세요."라고
말하는 다른 유튜버들에 비해 상당히 공손한 표현을 사용하고 있어서 눈
에 띈다. "저기…"라는 주저 표현, "괜찮으시다면"이라는 울타리 표현, '-
해 주실래요?'라는 상대방의 의사를 묻는 방식의 '부탁' 표현은 시청자들
의 소극적 체면을 살려 주기 위해 선택한 전략이다.

(8나)에서는 메뉴를 추천해 달라는 스승의 요청에 학생은 "제 입맛에
는 국수가 좀 맛있는 것 같아요."라며 추측의 표현을 사용하여 주장을 하
고, "좀"이라는 말로 주장을 완화하여 대답한다. 학생은 겸양의 태도와 함
께 주장에 대한 완충 표현을 사용하여 만약 국수가 스승의 입맛에 맞지 않

을 경우 내용을 취소할 수 있는 여지를 남겨 둔 것이다. 이러한 전략은 스승의 소극적 체면뿐 아니라, 자신의 적극적 체면을 유지하는 것과도 관련이 있다. 그리고 마지막에 "어떤 걸 드시겠어요?"라고 물음으로써 스승에게 메뉴의 최종 선택권을 주고 있는데, 이는 소극적 공손 전략이 레이코프의 공손성 규칙 중 '거리를 유지하라', '선택권을 주라'와도 유사하다는 것을 보여 준다.

(8다)는 주 화행인 '제안'이 상대방의 소극적 체면을 위협할 가능성이 있는 경우, 대화 구조에서 예비 단계를 사용하여 체면을 보호하는 전략을 보여준다. A는 '영화를 보러 가자'는 '제안'을 대화의 도입부에서 바로 하지 않고, [01]에서 "이번 주 토요일에 뭐해?"와 같은 예비 질문을 한다. 이러한 대화 구조는 관습적으로 사용되는 경우가 많아서, B는 쉽게 A의 '제안' 행위를 예측하고, 마음의 준비를 할 수 있게 된다. 이로써 B의 소극적 체면은 다소 보호될 수 있는 것이다. 한편, 예비 단계는 제안을 하는 A의 입장에서도 자신의 적극적 체면을 보호하는 장치가 될 수 있다. 만약 예비 단계에서 B가 "이번 주에는 약속이 있어."라고 대답을 하게 된다면, A는 본격적으로 제안하는 행위를 멈출 것이기 때문이다.

마지막으로 비공개 전략은 자신의 의도를 최대한 숨기고 매우 암시적인 방식으로 말함으로써 상대방의 부담이나 체면 위협을 최소화하는 전략이다. 이 전략은 대화상의 함축을 이용해서 상당히 간접적이고 암시적으로 표현된다.

(9) 가. (회사 회의실에서 팀장이 다른 팀원들에게) 이 방, 약간 덥지 않아요? 나이 들어 그런가 나만 더운가요?

나. (어질러진 기숙사 방을 보며 룸메이트에게) 난 들어왔을 때 방이 정돈되어 있는 게 좋은데….

(9가)는 회의실이 덥게 느껴진 화자가 에어컨을 틀어 달라는 부탁을 하기 위해 선택한 표현이다. '에어컨 좀 트세요.'라는 직접적인 표현 대신 "이 방, 약간 덥지 않아요?"라는 다른 사람들의 의견을 묻는 표현으로 대화상의 함축을 이용해 간접적이고 암시적으로 자신의 의도를 전달하고 있다. 또한 후속 발화에서는 "나이 들어 그런가 나만 더운가요?"라면서 상대방이 부담을 느낄 수도 있는 부탁을 하게 된 것에 대한 일종의 변명을 하고 있다. 이러한 암시적 표현은 회의실이 덥다고 느끼지 않는 다른 사람들의 체면을 보호해 준다고 볼 수 있는데, 팀장인 화자가 다른 사람의 입장을 배려하여 말하고 있다는 느낌을 준다. (9나)는 매번 기숙사 방을 지저분하게 만들고 외출하는 룸메이트에게 '요청'의 의도를 암시적으로 표현한 것이다. 여기서 화자가 "방 치워!"라고 직접적으로 표현하는 대신 자신의 기호를 설명하는 매우 암시적인 방식을 택한 까닭은 룸메이트의 소극적 체면을 위협하지 않아야 앞으로 원만한 관계를 유지할 수 있기 때문이다.[5]

이상의 공손성 전략을 도식화하여 정리하면 그림 14-1과 같다(Brown & Levinson, 1987: 69).

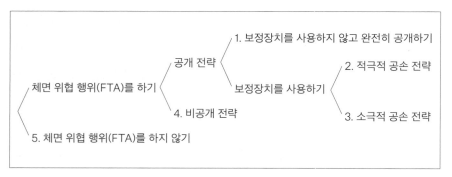

그림 14-1 브라운과 레빈슨의 공손성 전략

....

5 한편 (9가)를 상대방에게 부담을 주지 않으면서 상대방의 자율권을 존중하는 발화라고 본다면 소극적 공손 전략 표현이라고 할 수도 있다. (9나) 역시 B의 발화를 A와의 유대감을 높이고자 하는 발화로 본다면 적극적 공손 전략에 속한다고 할 수 있다.

그림 14-1은 브라운과 레빈슨의 공손성 전략이 계층적으로 선택된다는 점을 보여 준다. 화자는 의사소통을 시도할 때 제일 먼저 자신의 발화로 체면이 위협될 것인지 여부를 판단한다. 만약 체면 위협의 정도가 너무 크다고 생각되면 화자는 '5. 체면 위협 행위(FTA)를 하지 않기'를 택하여, 상대방에게 아무 말도 하지 않고 의사소통 행위 자체를 시도하지 않을 것이다. 예컨대 누군가에게 욕을 하고 싶을 정도로 화가 많이 났으나 꾹 참고 아무 말도 하지 않거나 그 자리를 떠나 버리는 경우를 상상해 볼 수 있겠다. 그러나 이를 제외하고 의사소통 행위를 시도한다면, 화자는 자신의 의

더 알아보기

브라운과 레빈슨의 공손성 이론에 대한 비판적 관점

브라운과 레빈슨의 보편적 공손성 전략은 다양한 문화적 가치에 기반하여 언어 행위 역시 다양하게 나타난다고 주장하는 여러 학자들에 의해 비판받아 왔다. 브라운과 레빈슨의 이론은 화자와 청자의 개인적인 맥락만 고려한 것이므로, 개인보다는 사회의 지향점이 행위의 규범이 되는 비서구 문화의 공손성을 설명하기에는 어렵다는 것이다.

예컨대 중국 문화에서 초대 행위는 상대방이 거절한다고 해도 공손한 행위로 간주된다. 그러므로 중국 문화에서는 서구 문화와 달리 초대 행위(제안)가 청자의 소극적 체면을 위협하는 행위라고 볼 수 없다(Gu, 1990). 일본 문화 역시 사회적 맥락과 사회 집단에서 결정된 규칙을 중요하게 생각한다. 그러므로 일본 문화에서 '체면'이란 개인의 맥락이 아니라 타인과의 관계 속에서 집단 안에 존재하며(Matsumoto, 1988), 이러한 사회에서 소극적 체면은 무시될 수도 있다(Kasper, 1990). 또한 비에주비츠카(Wierzbicka, 1985)는 언어가 사회문화적 산물이자 사회적 훈련이라는 관점에서 브라운과 레빈슨의 적극적 체면과 소극적 체면 개념이 보편적이라고 인정하기 어렵고, 이 가정은 허구라고까지 주장하였다. 상황에 대한 체면 위협 행위의 정도와 가부의 판단은 자신이 속한 사회문화적 환경에 따라 달리 평가될 수 있다고 보았기 때문이다.

물론 브라운과 레빈슨이 주장한 인간의 체면 유지 욕구나 공손성 이론의 보편성 자체를 부정하기는 어렵다. 그러나 문화마다 체면의 개념이나 체면 위협 행위의 종류, 공손성 전략, 언어적 표현 방식에 차이가 있다는 점은 부인할 수 없다.

사소통 시도가 상대방의 체면을 위협할 수 있다는 전제하에 두 가지 전략 중 하나를 선택하게 된다. 자신의 의도를 상대방에게 공개적으로 표현할지(공개 전략) 아니면 암시적으로 전달할지(4. 비공개 전략)를 결정하게 되는 것이다. 만약 자신의 의도를 공개적으로 표현하기로 했다면, 그림 14-1에서 1부터 3까지의 전략을 체면 손상에 대한 위험도에 따라 선택한다. 체면 손상에 대한 위험도는 1에서 5로 올라갈수록 커지므로, 공손성은 이러한 체면 위협 정도에 비례하여 증가한다. 그러므로 브라운과 레빈슨에 따르면 공손성 전략 중 1. 완전 공개 전략이 가장 덜 공손하고, 2. 적극적 공손 전략, 3. 소극적 공손 전략, 4. 비공개 전략 순으로 더 공손해진다고 할 수 있다.

3) 공손성 정도의 평가

브라운과 레빈슨은 사람들이 의사소통을 할 때 '사회적 거리(social distance)', '권력(relative power)', '부담의 절대적 등급(absolute ranking)'이라는 세 가지 사회적 요인을 고려하여 체면 위협 정도를 계산하고, 이에 적합한 공손성 전략을 선택한다고 보았다. 따라서 이들은 이 세 가지 사회적 변인을 더하면 체면 위협 행위의 정도를 측정할 수 있다고 주장하였다.

'사회적 거리'(D)란 대화 참여자들이 수평적으로 느끼는 사회적·심리적 거리를 말하며, 친숙함의 정도를 뜻한다. D는 친한 친구나 가족의 경우 0에 가깝고, 낯선 사람이나 공적인 업무로 만난 사람일수록 커진다. '권력'(P)은 대화 참여자들 간의 수직적이고 상대적인 힘을 뜻하는 것으로 권한이나 지위의 차이 등을 의미한다. '부담의 절대적 등급'(R)은 어떠한 행위에 대하여 그 문화에서 생각하는 부담의 정도를 뜻한다. 예컨대 과거 한국 사회에서 전화를 거는 행위는 상대방에게 부담을 주는 행위가 아니었다. 그러나 최근 젊은 세대의 문화에서는 텍스트 메시지나 이메일을 보내기 전에 바로 전화를 하는 행위는 상당히 부담스럽게 여겨질 수 있다.

브라운과 레빈슨은 D, P, R이라는 이 세 가지 사회적 변수가 체면 위협 행위에 영향을 미치는 요인들이고, 체면 위협 행위의 정도가 커질수록 더욱더 공손한 언어적 전략을 선택한다고 보았다. 예컨대 돈을 빌려달라는 '부탁'의 상황에서 화자가 D, P, R을 모두 최소로 평가할 때와 최대로 평가할 때 각각 공손성 전략이 다르게 선택된다는 것이다. 우선 D, P, R을 최소로 평가했을 때를 보자.

(10) (친한 친구에게)

[01] A: 야, 나 오천 원만!

[02] B: 너 나한테 돈 맡겨 뒀냐?

[03] A: 에이, 왜 이러셔. 우리 친구 아이가!

(10)에서 화자는 친한 친구에게 돈을 빌리는 상황이므로 이들 사이에 사회적 거리감(D)은 거의 없고, 사회적 권한(P)도 비슷하다. 빌릴 돈의 금액인 오천 원은 경우에 따라서는 상대방에게 부담이 될 수 있겠지만 그다지 큰 금액은 아니므로 부담감(R) 역시 적다. 따라서 체면 위협 정도가 매우 낮기 때문에 화자 A는 [01]에서 "야, 나 오천 원만!"이라는 명령형의 직접 발화와 [03]에서 "우리 친구 아이가!"처럼 친구와의 유대감을 강조하는 적극적 공손 전략을 선택하게 된다.

반면 화자가 D, P, R을 최대로 평가한 예를 살펴보자.

(11) (아르바이트하는 가게의 사장님에게) 사장님, 요즘 우리 가게 매출 사정도 안 좋은데 정말 죄송한데요, 혹시 가능하시다면, 월급

에서 50만 원만 좀 가불해 주실 수 있을까요? 제가 어머님 병원비가 꼭 필요하게 되어서요. 갑자기 벌어진 일이라 정말 죄송합니다. 제가 내일부터 1시간씩 일찍 나와서 일을 더 하도록 하겠습니다. 그리고 이 은혜는 절대로 잊지 않겠습니다.

(11)의 상황은 아르바이트생과 사장이라는 공적 관계이므로 사회적 거리감(D)이 있고, 고용주와 고용인의 관계이므로 사회적 권한(P)에도 확연히 차이가 있다. 그리고 빌리는 돈 50만 원은 상대방에게 부담(R)이 될 수 있는 금액이다. 따라서 부탁의 체면 위협 정도가 높다고 판단되므로 화자는 예의와 격식을 갖추어 매우 간접적으로 부탁을 하게 된다. (10)과 달리 화자는 소극적 공손 전략을 선택하게 되는 것이다.

이처럼 화자는 의사소통 행위의 체면 위협 정도에 따라 공손 전략을 선택한다. 그러나 세 가지 변수를 더하여 체면 위협 행위의 정도를 측정할 수 있다는 주장은 다양한 측면에서 비판받기도 하였다. 사회적 거리의 개념이 합의되지 않았고(Spencer-Oatey, 1996), 사회적 거리와 권력, 부담의 등급이라는 세 가지 변인은 상호 의존적이어서 하나의 변인이 극단적인 수치를 가질 경우 다른 두 변인은 그 영향력이 현저히 줄거나 사라지게 된다는 것이다(Watts, et al., 1992). 또한 제3자 개입의 영향력이나 문화적·언어적 맥락에 대한 고려가 간과되었다는 점에서도 비판을 받았다(Ehlich, 1992).

1 다음은 어떤 부부가 식당에서 메뉴를 고르다가 갈등이 생기는 장면이다. 이들의 의사소통에 문제가 생긴 이유를 레이코프의 공손성 규칙으로 설명해 보시오.

> [01] 종업원: 메뉴판 여기 있습니다.
> [02] 부인: 음. 난 비빔밥! 여긴 비빔밥이 맛있어.
> [03] 남편: (메뉴판을 보고 있음)
> [04] 부인: 글쎄, 더 볼 것도 없어. 여기 비빔밥이 최고라니까. 비빔밥이 맛있어!
> [05]   (종업원에게) 여기요! 비빔밥 두 개 주세요.
> [06] 남편: (벌컥 화를 내면서) 도대체 사람이 왜 그래? 지금 메뉴 보고 있잖아!
> [07] 부인: 아니, 내가 여기 많이 와 봐서 잘 아니까. 다른 건 별로라니까.
> [08] 남편: 맨날 그런 식이지. 지만 잘났대.
> [09] 부인: 참나! 기가 막혀서.

2 다음의 대화들은 적절하게 공손성을 유지하고 있다. 리치가 제안한 공손성의 원리로 그 이유를 설명해 보시오.

> ㄱ. (친구 집에 집들이를 와서)
>   [01] 친구: 와, 집이 정말 좋네. 환하고, 넓어 보이고.
>   [02] 집주인: 아휴, 아니야. 아직도 손 볼 데가 많아. 워낙 오래된 집이라서.
>   [03] 친구: 야, 지금도 너무 좋은데 뭘. 확실히 예전에 지은 집들은 방이 넓어서 좋아.
>   [04] 집주인: 아휴, 다 빚이다, 빚.
>
> ㄴ. (약속 시간에 늦은 선생님)
>   [01] 선생: 아이고, 미안 늦었지?
>   [02] 학생: 아니요, 선생님. 제가 일찍 왔어요. 차가 막힐까 봐 좀 일찍 출발했더니.
>   [03] 선생: 미안해서 어쩌나. 많이 기다렸어?
>   [04] 학생: 아니에요.
>   [05] 선생: 뭐 좋아하지? 내가 오늘 맛있는 거 많이 사 줄게!

3 다음의 상황에서 아이가 발로 좌석을 차지 않도록 요청하는 언어적 표현을 가능한 한 다양하게 만들어 보고, 그림 14-1에서 제시한 브라운과 레빈슨의 공손

성 전략에 따라 분류해 보시오. 그리고 그들의 주장대로 '완전 공개 전략〈적극적 공손 전략〈소극적 공손 전략〈비공개 전략' 순으로 공손성이 높아지는지에 대해 토론해 보시오.

> 당신은 현재 비행기 좌석에 앉아 있다. 비행시간이 12시간이나 되므로 잠시 안대를 하고 눈을 붙이려 한다. 그런데 뒤에 앉은 다섯 살쯤 되어 보이는 남자아이가 공룡 놀이를 하며 소리를 질러서 잠을 잘 수가 없다. 그리고 급기야는 내 좌석을 발로 차기 시작한다. 시간이 갈수록 꼬마의 공룡 놀이는 절정에 이르러 좌석을 점점 더 세게 차는데, 아이의 부모는 전혀 주의를 주지 않는다.

읽을거리

- 공손성 이론의 고전인 브라운과 레빈슨(Brown & Levinson, 1987)의 서문은 꼭 읽어 보기를 바란다.
- 리치(Leech, 1983)의 5장과 6장은 그라이스의 협력 원리를 보충하여 화용론의 원리로서 공손성을 다루고 있으므로 의사소통의 맥락에서 공손성을 파악하기에 좋다.
- 보편적 공손성에 대한 비판적 견해나 사회문화적 맥락을 중시하는 공손성 논의가 궁금하다면 구(Gu, 1990), 이데(Ide, 1989), 이혜용(2022)을 찾아보기 바란다.
- 한국어의 공손성 현상을 전체적으로 조망하기 위해서는 박사학위논문인 김명운(2009), 허상희(2010), 윤정화(2014)를 참고할 수 있다.

참고문헌

강규영(2017), 「연결어미 '-다고'류와 조사 '-이라고' 연구」, 서울대학교 석사학위논문.

강범모(2018), 『의미론: 국어, 세계, 마음』, 한국문화사.

고영근(2004), 『한국어의 시제 서법 동작상』, 태학사.

구본관·박재연·이선웅·이진호·황선엽(2015), 『한국어 문법 총론 Ⅰ』, 집문당.

김강희(2019), 「한국어 지시화행의 담화문법 연구: 의미, 형태, 사용에 대한 맥락 분석적 접근을 중심으로」, 연세대학교 박사학위논문.

김동환(2019), 『환유와 인지: 인지언어학적 접근법』, 한국문화사.

김명광(2009), 「국어 문법에서의 의미역 기능에 대한 재고」, 『언어와 정보 사회』, 11, 95-110.

김명운(2009), 「현대국어의 공손성 연구」, 서울대학교 박사학위논문.

김성화(1992), 『현대국어의 상 연구』, 한신문화사.

김영희(1976), 「한국어 수량화 구문의 분석」, 『언어』, 1(2), 89-112.

김윤신(2004), 「한국어 동사의 사건구조와 사건 함수 '-고 있다'의 기능」, 『형태론』, 6(1), 43-65.

김윤신(2006), 「구문의 구조와 의미: 논항 교체 구문을 중심으로」, 『국어학』, 89, 285-312.

김일웅(1982), 「지시의 분류와 지시사 '이, 그, 저'의 쓰임」, 『한글』, 178, 53-88.

김진웅(2022), 「제2언어교육 맥락에서 대화함축의 이론적 쟁점」, 『한국어의미학』, 78, 221-241.

김진해(2013), 「어휘관계의 체계성을 다시 생각한다」, 『한국어 의미학』, 42, 443-462.

김진해(2021), 「명사와 의미론: 합성명사의 해석과 어휘관계를 중심으로」, 『국어학』, 99, 467-509.

김현주(2018), 「"X-를 켜다" 구문의 등장과 그 환유적 확장: 신문물의 수용과 언어변화」, 『영주어문』, 38, 5-30.

남경완(2019), 「구조주의적 관점에서의 어휘 의미관계 고찰: 계열적 의미관계를 중심으로」, 『한국어 의미학』, 66, 1-33.

남광우(1990), 「국어의 어휘 변화」, 『국어생활』, 22, 20-41.

문세영(1938), 『조선어사전』, 조선어사전간행회.

문숙영(2009), 『한국어의 시제 범주』, 태학사.

민경모(2007), 「한국어 지시사 연구」, 연세대학교 박사학위논문.

박재연(2006), 『한국어 양태 어미 연구』, 태학사.

박재연(2014), 「한국어 환유 표현의 체계적 분류 방법」, 『한국어 의미학』, 45, 1-30.

박재연(2019), 『한국어 어미의 의미』, 집문당.

박진호(2007), 「의미의 쏠림 현상에 대하여」, 남성우 외, 『국어사 연구와 자료』, 태학사.

박진호(2011), 「시제, 상, 양태」, 『국어학』, 60, 289-322.

박진호(2015), 「언어에서의 전염 현상」, 『언어』, 40(4), 619-632.

박철우(2005), 「국어 총칭문의 의미 해석과 문장 구조 분석」, 이정민·최기용·강병모·김세중·남승호·신효필 편, 『의미구조와 통사구조 그리고 그 너머』, 한국문화사, 131-146.

박철우(2010),「'들'-표지 명사구의 구조와 의미」,『한국어 의미학』, 31, 51-75.

박철우(2011),「화시의 기능과 체계에 대한 고찰」,『한국어 의미학』, 36, 1-37.

박철우(2012),「양화사와 의미」,『한국어 의미학』, 39, 1-23.

박철우·김종명(2005),「한국어 용언 사전 기술을 위한 의미역 설정의 기본 문제들」,『어학연구』, 41(3), 543-567.

배도영(2002),「사전에서의 다의의 배열 순서 연구: 다의어 '손'을 중심으로」,『한국어학』, 15, 53-76.

심재기·이기용··이정민(1984),『의미론서설』, 집문당.

양명희(1996),「현대국어 지시용언 연구」, 서울대학교 박사학위논문.

유경민(2008),「개념 은유를 활용한 한국의 어휘·문화 교육: 인간관계에 대한 개념 은유를 중심으로」,『한국어 의미학』, 26, 153-182.

윤정화(2014),「한국어 공손 표현 연구」, 한양대학교 박사학위논문.

윤평현(2020),『새로 펴낸 국어의미론』, 역락.

이광호(2008),「대립어의 정도성 연구: 대립성과 부정성」,『우리말글』, 42, 115-134.

이기문(1991),『국어 어휘사 연구』, 동아출판사.

이기문(1998),『국어사개설』, 태학사.

이동혁(2008a),「'X-으면 Y-을수록' 구문에 대하여」,『국어학』, 51, 29-56.

이동혁(2008b),「'X-이 Y-을 Z-에게서 V-다' 구문의 의미」,『우리어문연구』, 32, 65-95.

이민우(2009),「다의성과 다의화」,『언어학 연구』, 14, 107-122.

이민우(2019),「문맥주의적 관점에서의 의미관계」,『한국어 의미학』, 66, 101-120.

이성범(2015),『소통의 화용론』, 한국문화사.

이수연(2016),「한국어 반복구성 연구」, 서울대학교 박사학위논문.

이익환(1994),「국어 심리동사의 상적 특성」,『애산학보』, 15, 25-45.

이준희(1999),「국어의 간접 화행에 관한 연구」, 한양대학교 박사학위논문.

이지수(2016),「한국어 명령문의 문법과 화행 연구」, 서울대학교 박사학위논문.

이찬규·노석영(2012),「의사소통에서 나타나는 울타리 표현의 특성에 관한 연구」,『화법연구』, 21, 245-286.

이해영(1996),「현대 한국어 활용어미의 의미와 부담줄이기의 상관성」, 이화여자대학교 박사학위논문.

이혜용(2010),「한국어 정표화행 연구: 정표화행의 유형 분류와 수행 형식」, 이화여자대학교 박사학위논문.

이혜용(2022),「한국 사회문화 기반의 공손성 이론 제안」,『한국어 의미학』, 78, 1-27.

이호승(1997),「현대국어의 상황유형 연구」,『국어연구』, 149.

이희자(2000),「용언의 동음이의어의 설정 기준에 대하여:『표준국어대사전』과『연세한국어사전』을 중심으로」,『새국어생활』, 10(1), 85-118.

임지룡(1995),「환유의 인지적 의미특성」,『국어교육연구』, 27, 223-254.

임지룡(1996),「다의어의 인지적 의미 특성」,『언어학』, 18, 229-261.

임지룡(2006), 「환유 표현의 의미특성」, 『인문논총』, 55, 265-300.

임지룡(2009), 「다의어의 판정과 의미확장의 분류기준」, 『한국어 의미학』, 28, 193-226.

임지룡(2011), 「다의어와 다면어의 변별 기준과 의미 특성」, 『언어과학연구』, 58, 169-190.

임지룡(2017), 『인지의미론』(개정판), 한국문화사.

임지룡(2018), 『한국어 의미론』, 한국문화사.

임채훈(2014), 「명사의 의미론: 문장과 텍스트 차원의 의미 생성과 해석 기제를 중심으로」, 『한국어학』, 62, 59-95.

임채훈(2016), 「한국어 학습자의 함축 해석 능력에 대한 연구: 한국어 모어 화자와의 비교·대조를 중심으로」, 『이중언어학』, 63, 127-156.

장경희(1985), 『현대국어의 양태범주연구』, 탑출판사.

장석진(1972), 「화시소(Deixis)의 생성적 고찰」, 『어학연구』, 8(2), 26-43.

장석진(1984), 「지시와 조응」, 『한글』, 186, 115-149.

장석진(1987), 『오스틴: 화행론』, 서울대학교출판부.

전영철(2013), 『한국어 명사구의 의미론: 한정성/특정성, 총칭성, 복수성』, 서울대학교출판문화원.

전정미(2008), 「대화 텍스트에 나타난 칭찬 화행의 양상」, 『겨레어문학』, 40, 99-117.

정연주(2015a), 「'하다'의 기능에 대한 구문 기반 연구」, 고려대학교 박사학위논문.

정연주(2015b), 「형용사의 특성으로 설명되지 않는 형용사절」, 『한국어 의미학』, 50, 189-209.

정연주(2017), 『구문의 자리채우미 '하다' 연구』, 태학사.

정유진(2020), 「다의어의 의미기술과 어휘표상 모형」, 『인문사회 21』, 11(3), 667-681.

정주리(2005), 「'가다' 동사의 의미와 구문에 대한 구문문법적 접근」, 『한국어 의미학』, 17, 267-294.

조경순(2019), 「구문의 의미」, 임지룡 외, 『한국어 의미 탐구의 현황과 과제』, 한국문화사.

조남신(1994ㄱ), 「다의어의 어휘의미 계층과 의미배열」, 『인문과학』, 69, 255-288.

조남신(1994ㄴ), 「사전에서 파생어의 의미기술」, 『언어』, 18(1), 67-88.

최경봉(2010), 「계열적 의미관계의 특성과 연구 목표: 유의 및 반의관계를 중심으로」, 『한국어학』, 49, 65-90.

최경봉(2015), 『어휘의미론: 의미의 존재 양식과 실현 양상에 대한 탐구』, 한국문화사.

최경봉(2019), 「구문과 어휘의미의 상관성 고찰」, 『국어학』, 89, 255-283.

최윤지(2018), 「전제의 두 가지 개념과 정보구조」, 『형태론』, 20(1), 140-153.

최종원·박진호(2019), 「바람직하지 않은 사태를 나타내는 '~려면 ~어야 하-' 구문」, 『언어와 정보 사회』, 38, 303-334.

허발 편역(1985), 『구조 의미론』, 고려대학교출판부.

허발(2013), 『언어와 정신』, 열린책들.

허상희(2010), 「한국어 공손표현의 화용론적 연구」, 부산대학교 박사학위논문.

홍승아(2016), 「한국어 지시화행에서 나타난 공손성의 이해와 사용 연구: 여성결혼이민자를 중심으로」, 이화여자대학교 박사학위논문.

Aitchison, J.(2004), *Words in the Mind: An Introduction to the Mental Lexicon*(4th ed.), Basil Blackwell Publishers.

Apresjan, J. D.(1974), "Regular polysemy", *Linguistics*, 14(2), 5-32.

Austin, J. L.(1962), *How to do things with words*, Oxford University Press. 김영진 역(1992), 『말과 행위: 오스틴 언어철학, 의미론, 화용론』, 서광사.

Barwise, J. & R. Cooper(1981), "Generalized Quantifiers and Natural Language", *Linguistics and Philosophy*, 4, 159-219.

Bloomfield, L.(1933), *Language*, Holt, Rinehart and Winston. 김정우 역(2015), 『언어 1』, 나남.

Brown, P., & Levinson, S.(1987), *Politeness: Some Universals in Language Usage*, Cambridge University Press.

Bybee, J. L.(2010), *Language, Usage and Cognition*, Cambridge University Press.

Bybee, J. L.(2013), "Usage-based Theory and Exemplar Representations of Constructions". In T. Hoffmann & G. Trousdale (eds.), *The Oxford Handbook of Construction Grammar*, Oxford: Oxford University Press.

Campbell, L.(2013), *Historical Linguistics: An introduction*(3rd ed.), Edinburgh University Press.

Carnie, A.(2007), *Syntax: A Generative Introduction*, Blackwell Publishing.

Chierchia, G., & McConnell-Ginet, S.(1990), *Meaning and Grammar*, MIT Press.

Chomsky, N.(1969), "Deep Structure, Surface Structure, and Semantic Interpretation". In D. Steinberg & L. Jakobovits(eds.), *Semantics*, Cambridge University Press.

Chomsky, N.(1981), *Lectures on Government and Binding*, Foris Publications.

Clark, H., & Haviland, S.(1977), "Comprehension and the Given-New Contract". In R. Freedle(ed.), *Discourse Production and Comprehension*, Ablex.

Comrie, B.(1976), *Aspect*, Cambridge University Press.

Croft, W.(1998), "The Structure of Events and the Structure of Language". In M. Tomasello(ed.), *The New Psychology of Language: Cognitive and Functional Approaches to Language Structure*, Lawrence Erlbaum Associates.

Croft, W. & D. A. Cruse(2004), *Cognitive Linguistics*, Cambridge University Press. 김두식·나익주 역(2010), 『인지언어학』, 박이정.

Cruse, D. A.(1986), *Lexical Semantics*, Cambridge University Press.

Cruse, D. A.(1990), "Language, Meaning and Sense: Semantics". In N. E. Collinge(ed.), *An Encyclopaedia of Language*, Routledge.

Cruse, D. A.(2000), "Lexical 'Facets': Between Monosemy and Polysemy". In S. Beckmann, P. König & T. Wolf(eds.), *Sprachspiel und Bedeutung*, Max NiemeyerVerlag.

Cruse, D. A.(2000), *Meaning in Language: An Introduction to Semantics and Pragmatics*, Oxford University Press. 임지룡 역(2002), 『언어의 의미: 의미·화용론 개론』, 태학사.

Dancygier, B. & E. Sweetser(2014), *Figurative Language*, Cambridge University Press. 임지

룡·김동환 역(2015), 『비유 언어: 인지언어학적 탐색』, 한국문화사.

Davidson, D.(1967), "Truth and Meaning", *Synthese*, 17, 304-323.

Ehlich, K.(1992), "On the Historicity of Politeness". In R. J. Watts, S. Ide, & K. Ehlich(eds.), *Politeness in Language: Studies in Its history, Theory and Practice*, Mouton de Gruyter.

Evans, V., & Green, M.(2006), *Congnitive Linguistics: An Introduction*, Edinburgh University Press. 임지룡·김동환 역(2008), 『인지언어학 기초』, 한국문화사.

Fillmore, C. J. (1968), "The Case for Case". In E. Bach & R. T. Harms(eds.), *Universals in Linguistic Theory*, Holt, Rinehart and Winston.

Fillmore, C. J. (1975), "An Alternative to Checklist Theories of Meaning", *Proceedings of the First Annual Meeting of the Berkeley Linguistics Society*, 123-131.

Fillmore, C. J. (1982), "Frame semantics". In Linguistic Society of Korea(ed.), *Linguistics in the morning calm*, Hanshin, 111-138.

Firth, John Rupert(1957), *Papers in Linguistics 1934-1951*, Oxford University Press.

Frege, G.(1892), "Über Sinn und Bedeutung", *Zeitschrift für Philosophie und Philosophische Kritik*, 100, 25-50.

Frege, G.(1948), "On Sense and Reference", *The Philosophical Review*, 57(3), 209-230.

Frege, G.(1960), "Function and Concept". In P. Geach & M. Black(ed. & trans.), *Philosophical Writings of Gottlob Frege*(2nd ed.), Blackwell.

Gale, J. S.(1897), 『한영자전(A Korean-English Dictionary)』, Kelly & Walsh.

Gazdar, G.(1979), *Pragmatics: Implicature, Presupposition and Logical Form*, Academic Press.

Geeraerts, D.(2010), *Theories of Lexical Semantics*, Oxford University Press. 임지룡·김동환 역(2013), 『어휘의미론의 연구 방법: 역사의미론에서 인지의미론까지』, 경북대학교출판부.

Geurts, B.(2017), "Presupposition and Givenness". In Y. Huang(ed.), *The Oxford Handbook of Pragmatics*, Oxford University Press.

Goffman, E.(1967), *Interaction Ritual: Essays in Face-to-Face Behavior*, Routledge. 진수미 역(2008), 『상호작용 의례: 대면 행동에 관한 에세이』, 아카넷.

Goldberg, A. E.(1995), *Constructions: A Construction Grammar Approach to Argument Structure*, University of Chicago Press.

Goldberg, A. E.(2006), *Constructions at Work*, Oxford University Press.

Goldberg, A. E.(2010), "Verbs, constructions and semantic frames". In M. Rappaport Hovav, E. Doron, & I. Sichel (eds.), *Lexical Semantics, Syntax, and Event Structure*, Oxford University Press, 39-58.

Grice, P.(1975), "Logic and Conversation". In P. Cole, & J. Morgan(eds), *Syntax and Semantics 3: Speech Acts*, Academic Press.

Grice, P.(1989), *Studies in the Way of Words*, Harvard University Press.

Grundy, P.(2009), *Doing Pragmatics*(3rd ed.), 박철우 역(2016), 『화용론의 실제』(3판), 커뮤

니케이션북스.

Gu, Y.(1990), "Politeness Phenomena in Modern Chinese", *Journal of Pragmatics*, 14(2), 237-257.

Haegeman, L.(1994), *Introduction to Government and Binding Theory*(2nd ed.), Blackwell.

Heim, I., & Kratzer, A.(1998), *Semantics in Generative Grammar*, Wiley-Blackwell.

Huang, Y.(2007), *Pragmatics*, Oxford University Press. 이해윤 역(2009), 『화용론』, 한국외국어대학교출판부.

Ide, S.(1989), "Formal Forms and Discernment: Two Neglected Aspects of Universals of Linguistic Politeness", *Multilingua*, 8, 223-248.

Jackendoff, R.(1972), *Semantic Interpretation in Generative Grammar*, MIT Press.

Jackendoff, R.(2002), *Foundations of Language*, Oxford University Press.

Jakobson, R.(1960), "Linguistics and Poetics". In T. Sebeok(ed.), *Style in Language*, Massachusetts Institute of Technology Press.

Jespersen, O.(1924), *The Philosophy of Grammar*, University of Chicago Press.

Karttunen, L.(1973), "Presuppositions of Compound Sentences", *Linguistic Inquiry*, 4(2), 169-193.

Keenan, O.(1976), "The Universality of Conversational Postulates", *Language and Society*, 5(1), 67-79.

Kempson, R.(1975), *Presupposition and the Delimitation of Semantics*, Cambridge University Press.

Klein, W.(1994), *Time in Language*, Routledge.

Koch, P.(2016), "Meaning Change and Semantic Shifts". In P. Juvonen & M. Koptjevskaja-Tamm(eds.), *The Lexical Typology of Semantic Shifts*, Walter de Gruyter.

Kövecses, Z.(2006), *Language, Mind, and Culture: A Practical Introduction*, Oxford University Press. 임지룡·김동환 역(2010), 『언어·마음·문화의 인지언어학적 탐색』, 역락.

Kövecses, Z. & G. Radden (1998), Metonymy: Developing a cognitive linguistic view, *Cognitive Linguistics*, 9(1), 37-77.

Lakoff, R. (1975), *Language and Woman's Place*, Harper and Row.

Lakoff, G.(2004), *Don't think of an elephant!*, Scribe. 유나영 역(2006), 『코끼리는 생각하지 마』, 삼인.

Lakoff, G., & Johnson M.(1980), *Metaphors We Live By*, University of Chicago Press. 노양진·나익주 역(1995), 『삶으로서의 은유』, 서광사.

Lakoff, R.(1973), "The Logic of Politeness: Or Minding Your p's and q's". In C. Corum, T. C. Smith-Stark, & A. Weiser(eds.), *Papers from the Ninth Regional Meeting Chicago Linguistic Society*, April 13-15, Chicago Linguistic Society.

Lambrecht, K.(1994), *Information Structure and Sentence Form: Topic, Focus, and the*

Mental Representations of Discourse Referents, Cambridge University Press.

Langacker, R. W. (1987), *Foundations of Cognitive Grammar*(Volume I), Stanford University Press.

Langacker, R. W. (1993), "Reference-point constructions," *Cognitive Linguistics*, 4(1), 1-38.

Leech, G.(1974), *Semantics*, Penguin.

Leech, G.(1983), *Principles of Pragmatics*, Longman.

Levinson, S. C.(1983), *Pragmatics*, Cambridge University Press. 이익환 역(1992), 『화용론』, 한신문화사.

Lyons, J.(1977), *Semantics 1*, Cambridge University Press, 『의미론 1: 의미 연구의 기초』, 강범모 역(2011), 한국문화사.

Lyons, J.(1977), *Semantics 2*, Cambridge University Press, 『의미론 2: 의미와 문법, 맥락, 행동』, 강범모 역(2013), 한국문화사.

Matsumoto, Y.(1988), "Reexamination of the Universality of Face: Politenss Phenomena in Japanese", *Journal of Pragmatics*, 12(4), 403-426.

Mey, J. L.(2001), *Pragmatics: an introduction*, Wiley-Blackwell, 이성범 역(2007), 『화용론 개관』, 한신문화사.

Mill, J. S.(1867), *An Examination of Sir William Hamilton's Philosophy*(3rd ed.), Longman.

Murphy, M. L.(2010), *Semantics Relations and the Lexicon: Antonymy, Synoymy, and Other Paradigms*, Cambridge University Press.

Nida, E.(1975), *Componential Analysis of Meaning*, De Gruyter. 『의미분석론: 성분분석의 이론과 실제』, 조항범 역(1990), 탑출판사.

Ogden, C. K., & Richards I. A.(1923), *The Meaning of Meaning*, Harcourt. 『의미의 의미』, 김봉주 역(1986), 한신문화사.

Palmer, F. R. (2001), *Mood and Modality*(2nd ed.), Cambridge University Press.

Portner, P. H.(2005), *What is Meaning?: Fundamentals of Formal Semantics*, Wiley-Blackwell.

Potts, C.(2005), *The Logic of Conventional Implicatures*, Oxford University Press.

Prince, E. F.(1978), "A Comparison of Wh-Clefts and it-Clefts in Discourse", *Language*, 54(4), 883-906.

Prince, E. F.(1986), "On the Syntactic Marking of Presupposed Open Propositions". In A. Farley, P. Farley & K. E. McCullough(eds.), *Papers from the Parasession on Pragmatics and Grammatical Theory at the 22nd Regional Meeting*, Chicago Linguistic Society.

Pustejovsky, J.(1995), *The Generative Lexicon*, MIT Press. 김종복·이예식 역(2002), 『생성어휘론』, 박이정.

Radden, G. & Z. Kövecses (1999), "Toward a theory of metonymy". In Panther, K. U. & G. Radden(eds.), *Metonymy in Language and Thought*, John Benjamins Publishing Company, 17-59.

Radford, A.(1988), *Transformational Grammar: A First Course*, Cambridge University Press.

Riemer, N.(2005), *The Semantics of Polysemy: Reading Meaning in English and Warlpiri*, Mouton.

Russell, B.(1905), "On Denoting", *Mind*, 14, 479-493.

Russell, B.(1923), "Vagueness", *The Australasian Journal of Psychology and Philosophy*, 1(2), 84-92.

Saeed, J. I.(2003), *Semantics*, Blackwell. 이상철 역(2004), 『최신 의미론』, 한국문화사.

Saeed, J. I.(2009), *Semantics*(3rd ed.), Wiley-Blackwell.

Saussure, F. D.(1916), *Cours de Linguistique Generale*, 최승언 역(2006), 『일반언어학 강의』, 민음사.

Searle, J.(1969), *Speech Acts*, Cambridge Press.

Searle, J.(1975), "A Taxonomy of Speech Acts". In K. Gunderson(ed.) *Minnesota Studies in the Philosophy of Science 9: Language, Mind, and Knowledge*, University Of Minnesota Press.

Singleton, D.(2000), *Language and the Lexicon: An Introduction*, Routledge. 배주채 역(2008), 『언어의 중심 어휘』, 삼경출판사.

Smith, C.(1991), *Parameter of Aspect*, Kluwer Academic Publishers.

Spencer-Oatey, H.(1996), "Reconsidering Power and Distance", *Journal of pragmatics*, 26(1), 1-24.

Sperber, D., & Wilson D.(1986), *Relevance: Communication and Cognition*, Blackwell. 김태옥·이현호 역(1993), 『인지적 화용론: 적합성 이론과 커뮤니케이션』, 한신문화사.

Stalnaker, R.(1972), "Pragmatics". In D. Davidson & G. Harman(eds.), *Semantics of Natural Language*, D. Reidel Publishing Company

Stalnaker, R.(1974), "Pragmatic Presuppositions". In M. Munitz & P. Unger(eds.), *Semantics and Philosophy*, New York University Press. (Reprinted in Stalnaker, R.(1999), Context and Content, Oxford University Press.)

Strawson, P. F.(1950), "On Referring", *Mind*, 59, 320-344.

Strawson, P. F.(1952), *Introduction to Logical Theory*, Methuen.

Strawson, P. F.(1964), "Identifying Reference and Truth Values", *Theoria*, 30, 96-118.

Tarski, A.(1935), "Der Wahrheitsbegriff in den formalisierten Sprachen" [The Concept of Truth in Formalized Languages], *Studia Philosophica 1*, 261-405.

Tarski, A.(1944), "The Semantic Conception of Truth and the Foundations of Semantics", *Philosophy and Phenomenological Research*, 4(3), 341-176.

Taylor, J. R.(1995), *Linguistic Categorization*(2nd ed.), Oxford University Press.

Taylor. J. R.(1999), *Linguistic Categorization: Protypes in Linguistic Theory*, Clarendon Press.

Urban, M.(2015), "Lexical Semantic Change and Semantic Reconstruction". In C. Bowern & B. Evans(eds.), *The Routledge Handbook of Historical Linguistics*, Routledge.

Vendler, Z.(1967), *Linguistics in Philosophy*, Cornell University Press.

Yule, G.(1996), *Pragmatics*, 서재석·박현주·정대성 역(2001),『화용론』, 박이정.

Watts, R. J., Ide, S., & Ehlich K.(1992), *Politeness in Language: Studies in Its History, Theory and Practice*, Mouton de Gruyter.

Wittgenstein, L.(1953), *Philosophical Investigations*, Blackwell.

Wittgenstein, L.(1968), *Philosophical Investigations*(3rd ed.), G. E. M. Anscombe, Trans.), Basil Blackwell.

Wierzbicka, A.(1985), "Different Cultures, Different Languages, Different Speech Acts: Polish vs. English", *Journal of pragmatics*, 9(2-3), 145-178.

Verschueren, J.(1999), *Understanding Pragmatics*, Oxford University Press. 김영순·지인영·이정화 역(2003),『화용론 이해』, 동인.

Von Fintel, K., & Matthewson, L.(2008), "Universals in Semantics", *The Linguistic Review*, 25(1-2), 139-201.

저자 소개

박철우 1장 「국어학과 의미론」, 7장 「문장 의미의 연구 방법」 집필
안양대학교 국어국문학과 교수
서울대학교 언어학과 박사
한국어의미학회 회장 역임
『한국어 정보구조에서의 화제와 초점』(2003)
『언어 의미학 개설』(2010, 역서)
『화용론의 실제』(2016, 역서)
『이름의 언어학』(2022)

김윤신 8장 「지시와 양화」 집필
인천대학교 국어교육과 교수
서울대학교 언어학과 박사
한국어의미학회 부회장
『국어 선생님을 위한 문법교육론』(2017, 공저)
『알타이언어 현지 조사 질문지』(2011, 공저)

김진웅 13장 「함축」 집필
경북대학교 국어국문학과 교수
텍사스주립대학교(오스틴) 언어학과 박사
연세대학교 국어국문학과 학사, 석사
『외국인을 위한 사전에 없는 진짜 한국어1』(2020, 공저)
『외국인을 위한 사전에 없는 진짜 한국어2』(2021, 공저)
『가볍게 읽는 한국어 이야기』(2022, 공저)

김진해 4장 「의미 구분과 의미 관계」 공동 집필
경희대학교 후마니타스칼리지 교수
경희대학교 국어국문학과 박사
『말끝이 당신이다』(2021)
『인지언어학 탐구의 현황과 과제』(2019, 공저)

박재연 10장 「시제·상·양태」 집필
아주대학교 국어국문학과 교수

서울대학교 국어국문학과 박사
『한국어 양태 어미 연구』(2006)
『한국어 문법 총론 Ⅰ, Ⅱ』(2015, 2016, 공저)
『한국어 어미의 의미』(2019)
『한국어학 개론』(2020, 공저)

이동혁 12장 「화행」 집필
부산교육대학교 국어교육과 교수
고려대학교 국어국문학과 문학박사
한국어의미학회 부회장
『쉽게 읽는 한국어학의 이해』(2022, 공저)
『체계기능언어학의 이해』(2021, 공역)

이지영 6장 「의미 변화」 집필
서강대학교 국어국문학과 교수
서울대학교 국어국문학과 박사
『한국어 용언부정문의 역사적 변화』(2008)
『한국어 어휘론』(2020, 공저)
「종결형의 변화와 근대적 문체」(2019)
「'그나마', '(-으)나마', '(이)나마'의 발달 과정에 대한 통시적 연구」(2022)

이찬규 2장 「의미의 정의와 유형」 집필
중앙대학교 국어국문학과 교수
중앙대학교 국어국문학과 박사
국어학회 회장(2023.03-)
『언어 커뮤니케이션』역(2003)
『글쓰기 1』(2010)
『미래는 AI 것일까』(2020, 공저)

이혜용 14장 「공손성」 집필
이화여자대학교 국어국문학과 강사
이화여자대학교 국어국문학과 박사

『간호사의 인수인계 의사소통–상호존중과 공감적 의사소통 방법론』(2018, 공저)
『한국어 정표화행 연구–정표화행의 유형 분류와 수행 형식』(2015)

임채훈 4장 「의미 구분과 의미 관계」 공동 집필

숭실대학교 국어국문학과 교수

경희대학교 국어국문학과 박사

『사건, 발화상황 그리고 문장의미』(2012)

『연결어미, 무엇을 어떻게 새롭게 볼 것인가』(2020)

정연주 5장 「의미의 확장」 집필

홍익대학교 국어국문학과 교수

고려대학교 국어국문학과 박사

『구문의 자리채우미 '하다' 연구』(2017)

조경순 9장 「의미역과 구문」 집필

전남대학교 국어국문학과 교수

전남대학교 국어국문학과 박사

『한국어 감정 표현 연구』(2018, 공저)

『동사의 의미 구조와 문장 구성 연구』(2014)

최경봉 3장 「의미 영역과 의미 분절」 집필

원광대학교 국어국문학과 교수

고려대학교 국어국문학과 박사

『의미 따라 갈래지은 우리말 관용어 사전』(2014)

『어휘의미론』(2015)

『우리말의 탄생』(2019)

최윤지 11장 「전제」 집필

인하대학교 한국어문학과 교수

서울대학교 국어국문학과 박사

『한국어 정보구조 연구』(2019)